이사야2
어떻게 설교할 것인가

두란노 HOW주석 시리즈 24

이사야2 어떻게 설교할 것인가

엮은이 | 목회와신학 편집부

펴낸곳 | 두란노아카데미
등록번호 | 제302-2007-00008호
주소 | 서울시 용산구 서빙고로 65길 38 두란노빌딩

편집부 | 02-2078-3484   academy@duranno.com http://www.duranno.com
영업부 | 02-2078-3333   FAX 080-749-3705
초판1쇄발행 | 2008. 5. 20.   8쇄 발행 | 2018. 1. 10.

ISBN 978-89-6491-074-0   04230
ISBN 978-89-6491-045-0   04230(세트)

이사야 2
어떻게 설교할 것인가

• 목회와신학 편집부 엮음 •

두란노 HOW 주석

HOW
COMMENTARY
SERIES
24

두란노아카데미

설교는 목회의 생명줄입니다

설교는 목회의 생명줄입니다. 교회 공동체를 향한 하나님의 음성입니다. 그래서 목회자는 설교에 목숨을 겁니다. 하나님의 말씀을 가감 없이 전하기 위해 최선을 다합니다.

이번에 출간한 「두란노 HOW주석 시리즈」는 한국 교회의 강단을 섬기는 마음으로 설교자를 위해 준비했습니다. 「목회와신학」의 별책부록 「그말씀」에 연재해 온 것을 많은 목회자들의 요청으로 출간한 것입니다. 특별히 2007년부터는 표지를 새롭게 하고 내용을 더 알차게 보완하는 등 시리즈의 질적 향상을 추구하였습니다. 독자 여러분의 끊임없는 관심과 격려를 부탁드립니다.

「두란노 HOW주석 시리즈」는 성경 본문에 대한 주해를 기본 바탕으로 하면서도, 설교에 결정적으로 중요한 '적용'이라는 포인트를 놓치지 않았습니다. 또한 성경의 권위를 철저히 신뢰하는 복음주의적 관점을 견지하고자 노력했습니다. 또한 성경 각 권이 해당 분야를 전공한 탁월한 국내 신학자들에 의해 집필되었습니다.

학문적 차원의 주석서와는 차별되며, 현학적인 토론을 비껴가면서도 고밀도의 본문 연구와 해석이 전제된 실제적인 적용을 중요시하였습니다.

이 점에서는 목회자뿐만 아니라 성경공부를 인도하는 평신도 지도자들에게도 매우 귀중한 지침서가 될 것입니다.

오늘날 교회에게 주어진 사명은 땅 끝까지 이르러 예수 그리스도의 복음을 전파하는 것입니다. 사도행전적 바로 그 교회를 통해 새롭게 사도행전 29장을 써 나가는 것입니다. 이 시리즈를 통해 설교자의 영성이 살아나고, 한국 교회의 강단에 선포되는 말씀 위에 성령의 기름 부으심이 넘치기를 바랍니다. 이 땅에 말씀의 부흥과 치유의 역사가 일어나고, 설교의 능력이 회복되어 교회의 권세와 영광이 드러나기를 기도합니다.

바쁜 가운데서도 성의를 다하여 집필에 동참해 주시고, 이번 시리즈 출간에 동의해 주신 모든 집필자들께 이 자리를 빌려 감사의 뜻을 전합니다.

두란노서원 원장

contents

발간사

I. 배경연구

II. 본문연구

I. 배경 연구

01

이사야서에 나타난
성령의 모습과 사역

그동안 한국 교회에서 성령론과 관련된 토론은 주로 '오순절 성령 강림의 단회성과 반복성', '은사론', '구원론'의 관점에서 이루어져 왔다. 이런 제한된 토론의 범주에서 잠시 벗어나 구약에 나타나는 성령의 사역을 살펴보면, 성령은 구속사의 흐름에서 일곱 가지 모습으로 등장한다. 즉 ① 천지창조와 인간 창조에서 '창조의 영' ② 출애굽과 광야 전통에서 '구원의 영' ③ 성막 건축에서 '은사의 영' ④ 사사들과 왕들의 신정 통치에서 '능력의 영' ⑤ 예언의 맥락에서 '예언의 영' ⑥ 장차 오실 다윗 계통의 메시아와 관련해 '지혜와 공의의 영' ⑦ 새 언약의 맥락에서 '영적 갱신과 성화의 영'이 그것이다.

이처럼 구약에서 '성령'은 구원사의 중심 영역에서 모두 나타난다. 다만 신약과 구약에서 성령의 사역은 '성령의 내주하심'이 있느냐 없느냐가 아니라 구약에서는 성부께서 성령을 보내고, 신약에서는 부활 승천하신 '성자께서'(filioque) 성령을 보내고 있다는, 성령 사역에 차이점이 있을 뿐이다. 따라서 구약의 성령론적인 관점에서 오늘날 우리의 성령론을 재조명해 볼 때, 우리는 올바른 성령론의 체계를 세울 수 있을 뿐 아니라, 구약에 나타난 풍부한 성령의 사역을 바탕으로 신약에 나타나는 더욱 넘치는 성령의 사역을 이해하게 되며, 나아가 오늘날 우리의 삶과 사역에 폭넓게 적용할 수 있을 것으로 여겨진다.

이 글에서 우리는 '이사야서에 나타난 성령의 모습과 사역들'을 살펴보고자 한다. 다시 말해 선지자가 과거의 전통을 어떻게 소화하여 자신의 삶 속에 적용시켜 나갔는지를 알아보고 이사야서에 나타난 성령 신학적 기여도를 고찰하고자 한다. 이 글에서 우리는 이사야서의 통일성을 전제하며, 주제적인 관점에서 저자의 성령론을 보고자 한다. 우리는 이 책에서 ① '창조의 영' ② '구원의 영' ③ '예언의 영' ④ 메시아에게 임하시는 '지혜와 공의의 영'으로 나타나는 성령을 발견하게 된다. '성령'이란 칭호는 신약에 나타나며(마 1:18, 20; 3:11; 12:32; 28:19 등), 구약에서는 대부분 '여호와의 신'이나 '하나님의 신'으로 나타나고, 세 번 '성신'(קֹדֶשׁ רוּחַ 루아흐 카도쉬 개역한글 시 51:11; 사 63:10, 11)으로 나타날 뿐이다. 우리는 용어의 통일을 위해 '성령'을 공식적인 명칭으로 사용하고자 한다.

'창조의 영'으로서의 성령(40:12~17)

1. 천지창조 하신 지혜와 총명의 신이신 성령

이사야 40:12~17은 바벨론에 포로로 잡혀 간 백성들이 장차 제2의 출애굽을 하리라는 '회복의 선포'(1~11절)와 '우상에 대한 논쟁'(19~26절) 사이에 나타난다. 그리고 천지창조에서 성령의 역할을 독특하게 말하고 있다. 새로운 구속사의 전환점과 우상 종교의 허구성에 대한 논증 사이에서, 선지자는 천지를 창조하신 하나님의 위엄과 솜씨를 노래하면서 오직 이스라엘의 하나님만이 비교 불가능하며 유일하고 참된 하나님이심을 증거하고 있다. 그리고 이 맥락에서 성령의 사역을 말한다.

에드워드 영은 여기서 "역사를 볼 때 주의 전지하심을 생각하게 된다"(Young 1972, 44)고 말하지만 이 본문(사 40:12~17)의 내부 맥락은 천지창조로 이루어져 있다. 먼저 12절에서 선지자는 온 우주(cosmos)를 가리키는 전통적 합성어인 '하늘과 땅' 대신에(창 1:1) '물'[מַיִם마임(A)]과 '하늘'[שָׁמַיִם샤마임(B)], 그리고 '땅'[אֶרֶץ에레츠(B')]과 '산들'[הָרִים하림(A')]을 사용하여 온 우주의 총체성을 새롭게 말하고 있다. 즉 그는 '바다(물)'와 '산들'이 외곽을 형성하며(A:A'), '하늘'과 '땅'

(B:B′)이 내곽을 이루도록 하여 창세기 1장에 나타난 하나님의 천지창조를 새롭게 반영해 준다.

특히 창조주 하나님께서 천지창조의 '명공'(名工)으로 나타나시는 점이 흥미롭다. 하나님의 창조의 정확성은 길이와 무게를 재는 측량 용어들인 '되다'(מדד마다드 measure), '재다'[תכן타칸, calculate(NRS)] 그리고 '달다'(שקל샤칼, weigh)라는 동사들로 나타난다. 또 '되'(שליש살리쉬), '명칭'(표준새번역 '저울'), '간칭'(표준새번역 '손저울')의 측량 도구들도 함께 나타난다. 이 도구들은 부정확한 측량 도구인 '손바닥'(שעל쇼알)과 '뼘'(זרת제레트)과 대조를 이룬다. '뼘'은 아마 측량 단위가 불분명한 '바구니' 같은 것을 가리키는 듯하다(Motyer, 1993, 303). 즉 오직 창조주 하나님만이 온 세상을 창조하실 때, 정확하게 치수를 재시고 무게를 다셔서 완벽하게 만드셨다는 뜻이다.

선지자는 창조주 하나님의 절대적인 지성을 변증하기 위해 네 개의 수사의문을 던진다. ① 누가 손바닥으로 바닷물을 헤아릴 수 있는가? 여기서 '헤아리다'는 '정확하게 재다'(gauge)는 뜻이다. 즉 사람은 그 손바닥으로 바닷물을 결코 정확하게 잴 수 없으며, 오직 하나님만이 거대한 바닷물의 양을 잴 수 있다. ② 누가 그 뼘으로 하늘을 잴 수 있는가? ③ 누가 땅의 티끌을 되에 담을 수 있겠는가? ④ 누가 간칭으로 작은 산들을 달아 보았겠는가? 선지자는 연속적인 수사의문을 통해 인간 지성과 능력의 한계를 제시하면서 오직 하나님만이 진정한 창조주가 되심을 강조한다(욥 38:5).

바로 이어서 선지자는 성령의 사역과 관련해 다섯 가지 수사의문을 던진다. ① 누가 여호와의 신을 지도하였는가(13상절)? ② 누가 그의 모사가 되어 그를 가르쳤으랴(13하절)? ③ 그가 누구로 더불어 의논하였는가(14상절)? ④ 누가 그를 교훈하였으며 그에게 공평의 도로 가르쳤는가(14중절)? ⑤ 누가 지식을 가르쳤으며 통달의 도를 보여 주었느뇨(14하절)? 대답은 '아무도 없다'이다. 여기서 천지창조의 맥락에서 '주의 영'이 나타난다는 점이 대단히 흥미로우며, 이 두 절(13~14절)에 나타나는 인칭대명사 '그'는 여호와를 가리킬 수도 있지만 '모사', '의논', '교훈', '공평', '지식', '통달의 도'라는 단어들이 성령의 사역과 연관되므로 '여호와의 신'을 가리키는 것으로도 볼 수 있다. 우리는 여기서 천지창조에 나타난 성령의 역사와 연관하여 몇 가지 점을 고찰하게 된다.

2. 성령은 단지 '하나님의 마음'이나 '내적인 생명'이 아니다

많은 학자들은 70인역을 따라(νοῦν κυρίου눈 퀴리우) '영'(루아흐)을 '마음'으로 읽지만 이 번역은 지나치게 정적이며, '영' 혹은 '신'이라는 번역이 훨씬 역동적으로 느껴진다. 베스터만은 '하나님의 영'을 '기적, 특히 구원과 연관된 기적을 이루시는 하나님의 능력'으로 본다(Westermann 1969, 50). 와츠에 따르면 "영은 정신, 목적, 계획을 포함하며 나아가 동기와 시행 수단을 포함한다"고 한다(Watts, 91). 오스왈트는 여기에 나타나는 '주의 영'은 "엄격한 의미에서 삼위일체의 제3위로서의 성령이 아니며(롬 11:34과 고전 2:15에 인용된 70인역과 같이), 단지 지성을 가리키는 '마음'(νοῦς κυρίου누스 퀴리우)도 아니며, 지정의를 포함하는 내적인 생명의 총체"로 해석한다(Oswalt 1998, 59). 즉 "누가 하나님의 그 측면을 정확하게 파악하고 그가 무엇을 해야 할 것인지에 대해 그에게 말해 줄 수 있는가"(Oswalt 1998, 59)?

3. 인격으로서의 성령

그러나 본 단락은 분명히 창세기 1:2과 시편 33:6을 반영하고 있으므로 '주의 영'은 단지 주님의 '지성'이나 '내적인 생명력'이라기보다 '하나님의 신'으로서 독립적인 인격으로까지 보아야 한다. 왜냐하면 '누가 주의 신을 지도하였느냐'에서 '지도하다'(티켄)는 동사는 바로 앞의 12절에서 '하늘을 재다'(티켄)와 같은 동사이며, 여기서는 '순조로이 진행하다'(on course), 혹은 '규격대로 재다'(to gauge)라는 뜻으로 나타나고 있다(Motyer 1993, 303). 즉 하나님의 신이 천지창조에서 모든 것을 측량하고 무게를 달아 보며 모든 일을 시행해 가실 때, 그를 지도한 자가 없다는 뜻이다. 나아가 '지도하다'(타칸)는 동사는 지혜문학의 배경에서 '지혜와 지능'을 가리킨다(잠 16:2; 21:2; 24:12). 따라서 하나님의 영은 창조의 맥락에서 무한한 능력과 지혜를 따라서 하나님의 계획을 시행하는 자로 나타나고 있다. 그는 창조의 사역자와 완성자로서, 물을 헤아리시고 하늘을 재시며, 산들과 작은 산들을 달아서 인간이 살 수 있는 세상을 만들었다. 따라서 하나님의 신은 지혜로운 건축자로서 하나님의 창조를 실행하고 완성한 자로 나타난다.

이 단락이 '바닷물'로 시작하여(12절) '통의 한 방울 물'로 이어져 간다(15절)는 점도 흥미롭다. 여기서 물이 반복되는 것은 우연이 아니며, 따라서 본문의 '주의 영'은 바로 창조 때에 물 위를 운행하신 지성과 총명의 영으로 이해되어야 한다(창 1:2; 사 34:16; 욥 33:4). 또한 이 단락의 마지막 절에서 '아무것도 아니다'(아인)와 '빈 것' 즉 '혼돈'(토후)이 등장하는 것도 창조의 반전을 말해 준다. 성령은 우주의 물리적 공간을 만드셨을 뿐 아니라 그 안에 있는 모든 생명에 생기를 불어 넣으시고 살게 하시는 분이며, 혼돈에서 질서를 만든 분이다. 이때에 그 어느 누구도 그를 지도한 적이 없다. "따라서 하나님의 신은 구약의 최초부터 만물의 존재와 존속의 원리이시며, 모든 움직임과 질서, 그리고 생명의 근원이시며 생성의 원인으로 나타나신다"(Warfield 1895; 윤영탁 1985, 110에서 인용됨).

동물 왕국을 다스리는 성령(사 34:16~17)

1. 에돔을 뒤덮는 혼돈과 공허

선지자는 '이스라엘과 그 하나님을 대적한 나라들의 대표'(마원석 1999, 75)로서 에돔의 멸망을 예언하면서, 그곳에 혼돈과 공허가 임할 것을 선언한다. "여호와께서 혼란(토후)의 줄과 공허(보후)의 추를 에돔에 베푸실 것인즉"(11절), 즉 에돔의 멸망은 에돔의 창조가 반전된 것이다. 이리하여 혼돈과 공허로 싸인 그 나라에는 귀인도 방백도 없게 될 것이며(12절), "그 궁궐에는 가시나무가 나며 그 견고한 성에는 엉겅퀴와 새품이 자라서 시랑의 굴과 타조의 처소가 될 것이니 들짐승이 이리와 만나며 수염소가 그 동류를 부르며 올

빼미가 거기 거하여 쉬는 처소를 삼으며 부엉이가 거기 깃들이고 알을 낳아 까서 그 그늘에 모으며 솔개들도 그 짝과 함께 거기 모이리라"고 한다(14~15절). 즉 에돔의 영광은 사라지고 도시들은 황폐해지며 "사막의 동물과 식물들이 온 땅을 차지하여"(Watts, 12), 들짐승의 왕국이 되고 말 것이다. 야생 짐승(호 2:12)과 숲이 다시 만들어지는 것(미 3:12하)은 파멸에 대한 전통적인 그림이다.

2. 야생 짐승들을 짝으로 모으시는 성령

이런 배경 속에서 선지자는 "너희는 여호와의 책을 자세히 읽어 보라 이것들이 하나도 빠진 것이 없고 하나도 그 짝이 없는 것이 없으리니 이는 여호와의 입이 이를 명하셨고 그의 신이 이것들을 모으셨음이라"(16절)고 말한다. "여호와의 책" 다음에 '이것들이 하나도 빠진 것이 없다'라고 할 때, '이것들'은 여성형이므로 남성형인 여호와의 책이 될 수 없고 바로 앞 절에 나오는 동물들을 가리킨다고 보아야 한다(박윤선, Young). 즉 위의 일곱 쌍의 짐승들이 에돔에 깃들게 될 때 하나도 빠진 것이 없을 것이며, 짝 없는 것이 없을 것은 "주의 입이 그렇게 되도록 명하셨고, 주의 신이 이것들을 모으셨"기 때문이다. 여기서 '주의 입'과 '주의 신'이 평행을 이루는 것이 의미심장하다. 마소라 사본은 상절을 "이는 입(혹은 내 입)이 그것을 명령하였기 때문이다"로 읽는다. 이것을 70인역은 "이는 주께서 명령하셨기 때문이다"로, 쿰란의 이사야 두루마리(1QIsa)는 "그의 입"으로(RSV, NEB, JPSV, NIV), BHS는 야웨(יהוה)를 '입'과 '그'(והוא) 사이에 넣어 "야웨의 입이…"로 읽도록 제시한다. 벌게이트는 "내 입"으로 읽고 있다.

여기서 '입'은 '명령하고' '그의 신'은 '모으는' 일을 별개로 보아야 하는가? 마원석은 17절에 '손'도 나타나므로 '입'과 '신'과 '손'은 모두 '인격적인 기관'으로서, '인격의 연장'이거나 '존재의 연장'(Jensen, 1973, 16)으로 보는 것이 적절하다고 본다. 즉 "이 구절에서 '루아흐'의 역할은 발화된 말이나 기록된 말에 영감을 불어 넣는 것이라기보다 야웨께서 발화한 것을 시행하는 것으로 나타난다"(마원석 1999, 78). 모티어는 '그의 입…', '그의 신…', '그의 손'(16, 17절)은 각각 "그의 진술된 의지(입), 거룩한 능력(신)과 직접적인 개인적 수단(손)을 가리키며 이것들을 통하여 이 사건이 꼭 이루어질 것을 보장한다"고 해석한다.

그러나 필자는 '입'과 '신'이 '명령하고 모으는' 일을 함께 하는 것으로 보아야 한다고 생각한다. 마치 시편 33:6의 "여호와의 말씀으로 하늘이 지음이 되었으며 그 만상이 그 입 기운으로 이루었도다"에서 '주의 말씀'과 '주의 입 기운'이 이중 기능(double-duty)을 가져 "여호와의 말씀으로 하늘(과 그 만상)이 지음이 되었으며 // (하늘과) 그 만상이 그 입 기운으로 이루었도다"로 해석되어야 함과 마찬가지다. 즉 천지와 그 안에 있는 모든 만상 창조에서 '말씀'뿐 아니라 주의 '입 기운'도 결정적인 역할을 하였음을 드러내 준다. 기본적으로 '입 기운'(פיו רוח 루아흐 피우)이란 용어는 창조적인 생기로서, 말씀과 밀접하게 연관하여 역사하는 생명의 힘이라고 볼 수 있다. 이것은 말할 때 입에서 나오는 기운이며(참고 사 11:4), 이 힘으로 모든 존재를 만드셨다(시 147:4; 사 40:26). 이사야 34:16은 '입 기운'보다 더 구체적인 '그의 신'(רוחו 루호)으로 나타나며, 이 두 구절은 천지창조에서 '말씀'과 '성령'의 역할을 동시에 강조해 준다. 즉 태초에 천지창조를 하실 때 모든 피조물에 생명을 부여하신 성령께서는 지금도 동물 왕국을 다스리고 계신다. 그는 모든 동물을 창조하셨을 뿐 아니라(시 104:30), 여전히 다스리시는 분이다.

구원의 영으로서의 성령

1. 근심하는 주의 성신(사 63:7~14)

'공동체 애가'(Westermann, Whybray)로서 역사적인 회고를 담고 있는 이사야 63:7~14은 구원사에 나타난 성령의 역사를 찾는 데 좋은 출발점을 주고 있다. 본문에서 선지자는 출애굽에서 가나안 정복까지의 여정에 나타난 주님의 구원의 은총을 말하면서 백성들의 반역을 대조적으로 말한다. 여기에는 언약의 용어들이 밀집되어 나타난다.

즉 "모든 자비"(רב-טוב라브 투브 7절), "긍휼"(רחם레헴 7절), "인자하심"(חֶסֶד헤세드 9절), "연민"(חֶמְלָה헤믈라 9절) 등의 핵심 단어들뿐 아니라 "그들은 내 백성이라"(8절; 출 6:7; 렘 31:33)는 전형적인 언약 형식까지 나타난다.

본문에서 주님의 구원사는 출애굽에서 시작한다. 그때 주님은 "그들의 모든 환난에 동참하사 자기 앞의 사자로 그들을 구원하시며 그 사랑과 그 긍휼로 그들을 구속하시고 옛적 모든 날에 그들을 드시며 안으셨"다(10절). 그러나 하나님의 놀라운 구원의 은총이 그들에게 임하였음에도 불구하고 백성들은 "반역"하였다(מָרָה마라 1:20; 3:8; 50:5). 여기서 이스라엘 백성들의 반역은 출애굽 여정에 있었던 어떤 특정한 사건과 연결되지 않고, "주의 성신을 근심케" 하였다로 해석되고 있다(10절). 여기서 우리는 다음 다섯 가지를 생각하게 된다.

1) '주의 성신'으로서의 성령

'주의 성신'(רוּחַ קָדְשׁוֹ루아흐 코드쉐카)이란 칭호는 구약에서 단 세 번 나타난다[시 51:11(히 13); 사 63:10, 11]. 이것은 "그의 극진하신 마음"(공동번역), "그의 거룩한 영"(표준새번역), "주의 성령"(개역개정)으로 번역되며, 그 의의에 대해 린드블롬은 '지상에서 야웨를 대표하는 자 혹은 나타나심'으로(Lindblom, 413), 브리그스는 '천사로 본다(Briggs, 144). 그러나 "주의 성신"은 바로 앞 절에 나타나는 "주의 임재의 사자"(מַלְאַךְ פָּנָיו말아크 파나우 the angel of his presence, RSV, NIV)와 평행을 이룬다. 따라서 전자를 독립적 인격으로 볼 수 있다면, '주의 성신'도 독자적인 인격으로 보아야 할 것이다(참고 시 51:13; 104:29; 139:7).

2) 인격으로서의 성령

'주의 성신이 근심하였다'는 표현은 성신의 인격성을 더욱 드러낸다. 성령은 단지 구원의 능력이 아니라 근심하는 인격이시다. "이 본문은 구약에서 성령의 인격화를 높이 드러낸다"(Skinner, 222). 여기서 '근심하다'는 동사(עָצַב아짜브)는 피엘형에서 '자신의 의지를 강요하다' 혹은 '다른 사람의 의지를 거스르다'(왕상 1:6; 대상 4:10; 시 56:5; 욥 10:8; 렘 44:19)라는 뜻으로 사용되기 때문에,

'반대하다' 혹은 '적대하다'는 뜻에 더 가깝다(마원석, 128). 이것은 성신의 인자하심과 인도하심에 대한 반역이었다. "여기서 성신은 인간 행동에 의해 상처받을 수 있는 인격으로 나타난다. 11절에서 그는 인간의 영혼에 능력을 주고 힘주는 임재의 영이시다"(Oswalt 1998, 608). 델리치는 여기서 "성결의 영은 그가 근심할 수 있다는 점에서 개인적 존재로서 그분(하나님)과 구별된다(참고 엡 4:30). … 따라서 여호와, 그의 얼굴의 사자, 그리고 그의 성신은 세 인격으로 구별될 수 있다"고 말함으로써 성령의 인격성을 극대화하였다(델리치 2, 456).

3) 홍해를 가르고 백성을 물에서 올라오게 하신 성령

출애굽 때 이스라엘 백성과 함께 하신 성령은 후일 백성들에게 큰 위로가 되었다. 따라서 새로운 역경에 처한 백성들은 "옛적 모세의 날을 추억하며" 말하기를 "백성과 양무리의 목자를 바다에서 올라오게 하신 자가 이제 어디 계시뇨 그들 중에 성신을 두신 자가 이제 어디 계시뇨"라고 탄식한다(11절). 여기서 바다는 홍해를 가리킨다. 후대 이스라엘 백성들은 옛 이스라엘 백성들이 바다에서 구원받은 사건을 성령과 연관하여 생각하고 있었음이 분명하다.

여기서 중요한 점은 이스라엘을 홍해에서 올라오게 하신 후부터 주님은 '그들 중에 성신을 두셨다'(בּקִרְבּוֹ쉼 + רוּחַ루아흐)는 데 있다. 여기서 '그들'은 이스라엘을 가리킨다. 따라서 여기에 나타난 성령의 사역은 다글라쉬(Daglash)가 "하나님은 자신의 영을 선지자들에게 부어 주셔서 가르치게 하신다"(느 9:20, 30; 슥 7:12)라고 말한 것처럼, 선지자에게 임한 영이 아니다. 또한 "하나님의 실재가 모세에게 힘차게 나타난 것"과 70장로에게 임한 것으로 보는 마원석의 입장도 적절하지 않다(마원석 1999, 129). 오히려 여기서는 출애굽과 홍해를 건너는 데 나타난 성령의 사역이 강조된다. 바로 다음 구절이 이 사실을 뒷받침해 준다(12~13절).

4) 이스라엘을 약속의 땅으로 인도하시는 성령

끝으로 선지자는 "여호와의 신이 그들로 골짜기로 내려가는 가축같이 편히 쉬게 하셨도다 주께서 이같이 주의 백성을 인도하사 이름을 영화롭게 하셨나이다"(14절)라고 한다. 이 구절은 성령께서 출애굽 후 광야를 통과한 옛 이스라엘 백성들을 젖과 꿀이 흐르는 땅으로 친히 인도하여 비로소 안식을 주었음을 말하고 있다.

5) '구름기둥'과 '불기둥'으로서의 성령

그렇다면 오경의 어디에 성령이 이스라엘 백성을 애굽에서 인도하여 내시고 홍해를 가르고 약속의 땅으로 인도하셨다고 기록되어 있는가? 현재 우리가 가진 출애굽기에서부터 신명기까지의 본문에는 '성령'께서 이런 역사를 이루셨다는 점을 찾아볼 길이 없다. 따라서 우리는 '구름기둥과 불기둥'의 영상으로 나타나신 성령을 생각하게 된다. '구름기둥과 불기둥'은 이스라엘 백성들이 출애굽을 한 직후부터 계속하여 그들을 인도하였으며(출 13:21~22), 특히 홍해를 건널 때 이스라엘을 보호하고 애굽 인을 치는 데 결정적인 역할을 하였다(출 14:19~20, 24). 태초에 혼돈과 공허와 물로 뒤덮여 있던 땅에 질서와 생명을 가져오신 성령께서(창 1:2), 이제 애굽의 학정이라는 역사의 혼돈과 공허 속에 살던 자기 백성을 건져내시고, 홍해의 물을 가르사 자기 백성을 건너게 하시고 약속의 땅으로 인도하시는 모습을 여기서 보게 된다.

여기서 우리는 혼돈의 물을 정복하고 새로운 질서를 만드는 '창조의 패러다임'이 '구원의 패러다임'으로 넘어가며, 또한 두 패러다임이 서로 이어지고 있음을 본다.

2. '심판하는 영'과 '소멸하는 영'으로서의 성령(사 4:2~6)

선지자는 미래에 시온에 임할 심판을 통한 구원을 예언하면서 출애굽에 나타난 불과 구름 기둥의 영상을 사용한다. 그는 먼저 "주께서 그 심판하는 영과 소멸하는 영으로 시온의 딸들의 더러움을 씻으시며 예루살렘의 피를 그 중에서 청결케 하실 때가 됨이라"(4절)고 말한다.

1) '심판'하고 '소멸'하는 성령

다른 곳에서와 마찬가지로 여기서도 '영'은 '바람/폭풍'처럼 비인격적으로도 볼 수 있고(왕상 22:21~23), 주의 성령을 뜻하는 것으로도 볼 수 있다. "심판하는 영"(루아흐 미쉬파트)과 "소멸하는 영"(루아흐 바에르)을 공동번역 성경에서는 "심판하는 입김과 쓸어가는 바람"으로 번역함으로써 비인격적인 것으로, 표준새번역에서는 "심판의 영과 불의 영"이라는 명사형으로 제시한다.

먼저 "심판하는 영"에서 '심판'(미쉬파트)은 단지 '공의를 시행하는 것'이 아니다. 물론 같은 단어가 이사야 28:6에서 '재판석에 앉은 자에게는 판결하는 신이 된다'는 표현이 나오지만 문맥은 다르다. 후자는 명백하게 '재판'의 배경을 갖고 있지만, 전자의 '심판'(미쉬파트)은 '정결케 하는 것'(바아르, cleansing)에 사용되며, 정결케 하는 심판을 가리키는 것이 분명하기 때문이다 (Widberger 1991, 170).

오스왈트는 '혼란의 영'(19:14, 개역한글 '사특한 마음', 표준새번역 '혼란시키는 영', 개역개정 '어지러운 마음'), '공의의 영'(28:6), '깊은 잠의 영'(29:10)과 같은 구절에서 '영'은 추상적인 개념을 가지므로, "심판의 영과 소멸하는 영"은 '불태움과 심판의 과정을 통하여'로 번역될 수 있다고 생각한다(Oswalt 1986, 148). 그러나 이사야 선지자는 주의 영을 충분히 독자적인 인격으로 인식한다. 따라서 성령이 '심판을 수행하고, 태워 정결케 한다'고 볼 수 있다. 평행법의 관점에서 보면, 뒤에 있는 '불태움'은 앞에 있는 '심판'을 꾸며 주며, 철저한 심판의 모습을 설명해 주는 역할을 한다. 특히 태우다(바아르)는 동사가 '완전히 태우다'라는 뜻이라면 '불세례'를 가리킨다고 볼 수 있다[시 83:14(히 15), 참고 마 3:1]. 특히 "여기서 '영'은 인간적인 대리인을 갖고 있지 않으며, 백성들에게 역사하는 하나님의 대리인으로 기능하고 있다"(참고 마원석 1999, 139).

2) 더러움과 폭력을 청결케 하시는 성령

성령이 '더러움을 씻으시며, 피를 그 중에서 청결케 하신다'고 할 때, 어떻게 하나님의 백성의 더러움과 피 흘린 죄를 불이 씻을 수 있는가? 불이 죄를 속죄할 수 있는가? 죄는 속함 받아야 하며(레 1:4; 16:20~22; 사 53:4, 5), 피 흘림 이 없이는 죄 사함을 받을 수 있는 길이 없다(레 16:11~19; 사 53:12). 그러나 후 대 문헌인 스가랴서에 따르면 메시아를 상징하는 '가지'가 유다의 죄책을 제 거하며(3:8, 9), 샘이 죄와 불결을 씻는다(13:1)(Oswalt 1986, 148). 현재의 문맥은 "여호와의 싹"으로 시작하며(2절), 이것은 메시아를 가리킬 수 있으므로 여기 서도 메시아적인 해석이 가능할 수 있다. 혹은 제단 숯불이 이사야 선지자 자 신의 죄를 씻고 정결케 하는 사역임을 암시할 수 있다(6:7). 우리는 "심판하고 소멸하는 영"이 어떻게 사람의 죄를 씻고 청결케 하는지 이사야 본문에서는 알 수 없지만, 용광로의 불이 모든 찌끼를 제거하는 과정을 고려해 볼 수 있 겠다.

3) 영광의 구름으로 임하시는 성령

이어서 선지자는 "여호와께서 그 거하시는 온 시온 산과 모든 집회 위에 낮이면 구름과 연기, 밤이면 화염의 빛을 만드시고 그 모든 영광 위에 천막을 덮으실 것"이라고 말한다(5절). 이 영상은 너무나 독특하다. 이 본문에서 이사 야는 전통적인 불기둥과 구름기둥의 용어를 벗어나서 "낮이면 구름과 연기, 밤이면 화염의 빛"을 창조할 것이라고 말하고 있다. 근본적인 내용에서 '불기 둥과 구름기둥'과 같은 개념을 말하고 있다. 따라서 옛날 모세 시대에 구름기 둥과 불기둥이 백성들을 인도하고(출 13:21상), 보호하며(출 14:20), 성막에 임재 한 것같이(출 40:34), 장차 새 시온에서도 같은 일이 일어날 것을 바라보고 있 다. 태초에 땅이 혼돈하고 공허할 때 주님의 신이 수면에 운행하시면서 땅에 질서와 생명과 평화를 가져온 것처럼, 주의 영이 시온의 혼돈과 공허를 제거 하고 새로운 창조를 이루실 것이다.

4) 언약의 완성을 가져오시는 성령

"그 모든 영광 위에 천막을 덮으실 것"이라는 구절에서 '천막'(חֻפָּה후파)은 항상 '결혼 신방'을 가리킨다(시 19:6; 욜 2:16). 즉 이사야 4:2~6을 메시아적으로 해석할 때, 여기서 메시아가 자신의 신부인 백성과 함께 사랑으로 연합하는 것을 볼 수 있다(Motyer). 이 본문에서도 성령의 역사가 구름기둥과 불기둥으로 이어져 있다는 점이 중요하다. 그렇다면 성령은 심판하고 소멸하는 영일 뿐 아니라 하나님의 임재의 영이며, 언약을 완성하는 신이시다. 이 본문에 나타나는 '구름과 연기와 화염'은 시내 산에 나타난 하나님의 임재(출 19:16, 18; 24:15~18)와 후일에 솔로몬 성전에 나타난 주님의 임재(왕상 8:10)로 이어진다. 따라서 이사야 4장은 시내 산의 배경을 언약의 완성이라는 관점에서 새롭게 조명한 것이며, '구름기둥과 불기둥과 영광의 구름'을 통하여 장차 신약의 오순절 사건의 발판을 만들고 있다. "사도들에게 임한 성령 강림의 사건은 의도적으로 시내 산 사건들을 회상시키려는 것이었다"(참고 Goulder 1964, 148).

3. 구원의 새 시대를 가져오는 성령(사 32:15~20)

1) 위로부터 오시는 성령

"위에서부터 성신을 우리에게 부어 주시리니"는 우리말 현대 번역본들에서 "하늘의 영기가 우리에게 쏟아져 내려"(공동번역), "저 높은 곳에서부터 다시 우리에게 영을 보내 주시면"(표준새번역), "위에서부터 영을 우리에게 부어 주시리니"(개역개정)로 새롭게 제시된다.

마소라 사본에는 '여호와의 영'(רוּחַ יהוה 루아흐 야웨)이 아니라 '위로부터 영'(רוּחַ מִמָּרוֹם 루아흐 밈아롬)으로 나타나며, 여기서 '위'는 높은 곳으로서 절대적인 의미에서 '하늘'(24:21; 40:26), 혹은 '하나님의 거처로서의 하늘'(삼하 22:17; 시 144:7; 사 33:5; 38:14; 57:15; 렘 25:30)을 가리킨다(Kaiser 1983, 333). 따라서 '위에서 오시는 영'은 바로 성령을 가리키며, 그가 '하나님으로부터 오심'을 말한다(욜 3:1).

2) 충만히 오시는 성령

여기서 '부어 주리라'(הָרָעֲ아라)는 동사는 '물이나 기름을 쏟아 부어 주는' 단어(שָׁפַךְ사파크)와는 다르다(욜 2:28; 슥 12:10). 이 단어는 기본적으로는 '벌거벗기다, 드러내다'는 뜻으로서 마치 '하늘 위에서 바닥이 다 드러나도록 펑펑 쏟아 붓는' 혹은 '텅 비도록'(emptying out) 쏟아 붓는다는 뜻으로 사용된 것 같다(말 3:10). 즉 성령은 마치 하늘이 비도록 충만히 임하실 것이다.

3) 총체적인 회복을 이루시는 성령

하나님께서 부어 주시는 성령은 '땅의 회복'(16절)과 '사회 정의의 회복'으로 나타난다(17절). 먼저 땅의 회복과 연관하여 성령은 광야가 아름다운 밭이 되며 아름다운 밭을 삼림으로 바꾸신다. 성령은 '생명의 시여자'로서 땅의 생산력을 갱신하신다(참고 30:23~26). 성령 사역의 풍성함은 농사의 영역에서 나타나며, 사막은 푸른 벌판이 된다(Motyer 1993, 260). 결과적으로 나라에는 농사의 실패(32:10)와 땅의 황폐(30:13~14)가 끝나고 풍년이 온다. 또한 여기서 '성령'은 '이스라엘의 역사를 새롭게 하는 능력'으로 나타난다(마원석 1999, 81). 주의 영이 회복된 나라의 모든 영역에 새 생명을 부어 주셔서 '공의와 정의와 평화와 안전'이 넘치는 낙원 사회를 이루신다(32:17~18).

4. 백성의 생명력을 회복하시는 성령(44:3~4)

1) 복의 근원이 되시는 성령

3하절에는 "나의 신"과 "나의 복"이 평행을 이룬다. 이때 '신'은 '바람'일 수 없으며(40:7, 24; 41:16), '생명의 원리'로서의 '영'을 가리킨다(42:5). '나의 신'과 평행을 이루는 '복'은 구체적으로 '단비'를 가리킨다(겔 34:26; 51:2). "복이란 적극적인 생명의 힘이며, 이스라엘에게 그것은 '다산'(fertility)으로 나타난다"(Pederson). 즉 성령은 이스라엘을 갱신시키며, 그의 복으로 이스라엘은 큰 나라가 된다.

2) 생명의 능력이 되시는 성령

여기서 하나님의 신은 '사막에 흐르는 냇물같이 생명의 능력'으로 나타난다. 4절의 '시내'(ּנֹזְלִים노즐림)는 '흐르다'(נָזַל나잘)라는 동사에서 나온 명사로서 물이 넘치게 움직이는 모습을 보여 준다. 이 단어는 '강과 같은 물'(시 78:16)과 소낙비(45:8; 욥 36:28)를 가리킬 때 사용된다. 넘치는 생수가 온 나라에 임하여, 백성들은 '푸른 시냇가의 버들' 같아질 것이다. 그들은 단지 숫자의 증가뿐 아니라 질의 변화를 경험할 것이다.

예언의 영으로서의 성령

구약성경에서 '성령'은 예언과 가장 밀접하게 연관되어 나타나며, 미가 선지자가 "오직 나는 여호와의 신으로 말미암아 권능과 공의와 재능으로 채움을 얻고 야곱의 허물과 이스라엘의 죄를 그들에게 보이리라"(미 3:8)고 말한 바와 같이 선지자들은 주의 신으로 말하고 일하는 자들이었다(민 11:17, 25; 대상 12:18; 욜 2:28 등). 그러나 이사야서에서 '예언의 영'으로서 성령의 사역은 뚜렷하지 않다. 마원석이 본서에서 두 개의 본문이 '예언의 영'으로서 성령의 사역과 연관되어 있다고 제시한다(30:1; 49:21).

1. 계획을 실행하시는 성령(30:1)

이 절에서 선지자는 "패역한 자식들"(1:2, 5, 23)을 꾸짖지만, 이들은 실제적으로는 정치 지도자들이다. 그는 이들에 대한 심판을 하나님의 직접적인 신탁 형식으로 선언한다. 그들의 죄는 첫째 "계교를 베풀며"(표준새번역 '계획을 추진하지만', 공동번역 '일을 꾸미며') 둘째 "맹약을 맺지만"(표준새번역, 공동번역 '동맹을 맺지만') '주님의 신'(1하절)과 '주님의 말씀'(2하절)을 따르지 않는 데 있다.

여기서 '계획을 세우는 것'과 '언약을 맺는 것'(원어는 '제주(祭酒)를 붓다' pouring out libation)은 현재의 문맥에서 이집트와 조약을 맺는 것이다. 즉 당대의 왕과 정치 지도자들은 이집트와 조약을 맺는 것이 주님의 뜻인지 아닌지 물어야 했지만 묻지 않았다. 이것은 하나님에 대한 반역이었다(왕상 22:5~6; 렘 37:17; 38:14~23). 왕들이 중요한 정치적, 군사적 결심을 하기에 앞서 선지자들과 상의를 하는 것은 당시 고대 근동 아시아에서는 일반적인 관습이었다(Malamat 1993, 136; 마원석 1999, 48에서 인용됨).

그러나 예루살렘 궁궐에 있는 왕의 모사들은 선지자의 영향력을 완전히 차단하고 하나님의 신탁을 거부하였다. 선지자들은 '하나님의 신'의 감동을 따라 중요한 신탁을 주는 중보자였기 때문에(미 3:8), 그들을 배제한 정치적 선택은 치명적이었다.

물론 "이사야는 그 어디에서도 야훼의 영이 자신의 예언적 메시지의 원천이라고 하지 않는다"는 데 약점이 있지만(마원석 1999, 48), 하나님께서 선지자에게 그의 신에게 감동을 주사 신탁을 주신다는 사실은 상식이었으므로, 굳이 다른 본문상의 증거가 필요하다고 여겨지지 않는다.

2. '예언의 말씀을 주시는' 성령(59:21)

이 본문은 이사야서의 성령 신학에서 대단히 중요한 자리를 차지하는 것으로 여겨진다. 왜냐하면 '성령'과 '언약,' '성령'과 '말씀' 그리고 '당대'와 '후손'이 밀접한 관련을 맺고 있기 때문이다. 여기서 성령은 두 가지 관점에서 새롭게 소개된다.

1) 언약의 영으로서의 성령

하나님께서 이제 이스라엘과 새로운 언약을 맺으실 것이다(59:21상). 여기서 '그들'(םֶתֹא오탐)이 누구를 가리키는지 분명하지 않지만, 바로 앞 절에 '시온'이 언급되기 때문에 '의인화된 시온'을 가리키는 것으로 볼 수 있다 (Emmerson 74, 마원석 134, n.117). 선지자는 앞에서 시온의 구속을 말하여 왔으며(59:16~20), 더 넓은 문맥에서 그는 '노아의 언약'(54:10)과 '다윗의 언약'(55:3)을 언급하여 왔다. 따라서 여기서 언약 사상이 등장하는 것은 이사야서에서 돌발적인 것이 아니다.

또한 "내가 그들과 세운 나의 언약이 이러하니"(개역한글, 표준새번역, 공동번역)는 "내가 그들과 세울 언약이 이러하다"로 수정되어야 한다. 왜냐하면 동일한 형식(אֲנִי בְּרִיתִי אֵת 아니 베리티 에트 '너' 혹은 '그들')이 노아 언약(창 9:9)과 아브라함 언약(창 17:4)에 나타나며, 모든 문맥에서 언약이 그 체결 시점에서부터 지속적으로 시행될 것임을 말해 주기 때문이다. 물론 이사야 59:21의 본문에는 언약 체결 의식이 나타나지 않지만 하나님의 직접적인 선언으로 의식을 대신하고 있다.

2) 예언의 영으로서의 성령

하나님께서 새롭게 시행하실 언약의 중심 내용은 "네 위에 있는 나의 신과 네 입에 둔 나의 말"이 지속될 것이라는 데 있다. 여기서 '너'는 누구를 가리키는지 분명치 않지만, 이사야 후반부의 중심 인물로 나타나고 있는 '여호와의 종'으로 보는 것이 적절하다. 그는 여러 본문에서 '성령'으로 충만하며 언약의 맥락에서 나타난다(42:6; 49:8; 54:10; 55:3). 그는 언약의 중보자이며, 그를 통하여 성신과 말씀의 복이 오고 오는 세대에 지속적으로 주어질 것이다. 즉 '주의 종'은 선지자적인 성격을 띠며, 이스라엘에 선지자적 직무를 가진 자가 계속될 것임을 말해 준다.

선지자로서 주의 종은 '하나님의 신'을 받을 뿐 아니라 '하나님의 말씀'을 계속 받는다. 즉 선지자의 말씀과 하나님의 말씀이 동일시된다(렘 1:9; 5:14). 성령의 감동을 받는 선지자의 예언이 구원의 새로운 시대에도 지속되어야 하는 것은 '예언과 선지자는 이스라엘의 특권'이기 때문이다(민 23:23; 신 18:15~22, Lindblom 1962, 276). 선지자가 사라지는 것은 하나님께서 자신의 백성과 거리를 멀게 하시는 것이다(시 74:9; 애 2:9; 겔 7:26; 암 8:11~12). 따라서 다가오는 구원의 시대에 예언이 공동체의 모든 사람에게 주어지는 것은 큰 특권으로 여겨질 수 있다(마원석 1999, 135).

메시아 위에 임하시는 성령

1. 왕인 메시아에게 임한 성령(11:1~4)

이사야 선지자의 임마누엘의 약속은 그의 당대에 이루어지지 않았다(7, 9장). 이사야가 메시아 왕으로 기대하였던 히스기야도 인간적인 정치가의 범주를 벗어나지 못했다. 이제 이사야는 먼 미래에 이스라엘의 이상을 이룰 메시아를 바라본다(1~9절). 그를 통하여 낙원이 회복되며, 완전한 우주적 평화가 이루어질 것이다(6~9절). 그는 주의 영으로 충만하다(2절). 구약에서 주의 신은 특별한 직무를 위해 선택된 사람에게 주어진다(출 31:2~3; 삿 6:34). 그러나 모세(민 11:17), 여호수아(민 27:18), 다윗(삼상 16:13), 엘리야와 엘리사(왕하 2:15)는 성령의 지속적인 내주를 누린 사람들로 소개된다. 본문에서 장차 올 이상적인 왕은 성령의 내주를 누리는 자이며, 성령으로 충만한 은사를 가진 자로 나타난다(참고 42:1; 59:21; 61:1). 여기서 성령은 '여호와의 신'으로 소개되며 그 왕은 세 가지 특징을 가진 자로 나타난다.

1) '지혜와 총명의 신'으로서의 성령

성령은 메시아에게 '지혜와 총명'을 주신다. 이것은 이상적인 왕의 모습이다. 드고아의 '지혜로운 여인'은 다윗에 대하여 말하기를 하나님의 사자처럼 선악을 구별한다고 말한다(삼하 14:17). 솔로몬은 그의 재판에 나타난 '지혜로운 판결'을 통해 이상적인 왕의 모습을 나타냈다(왕상 3:12, 28; 5:9). 아리아 왕은 스스로 '지혜와 총명'이 넘친다고 자랑한다(10:13). '지혜와 총명'은 '법적이고 정치적인 특성'이며(신 1:13; 왕상 3:9, 12, Motyer 1993, 122), 여기서는 성령께서 메시아에게 친히 주신다.

2) '모략과 재능의 신'으로서의 성령

잠언 8:14의 "내게는 도략과 참 지식이 있으며 나는 명철이라 내게 능력이 있으므로"에서 의인화된 지혜는 '모략'(건전한 지혜, 통찰)과 '능력'을 갖고 있다고 말한다. 여기서는 성령께서 친히 '모략'과 '재능'을 주신다. 이것은 단지 군사적인 능력을 넘어 왕권의 이념과 연관되며 평화를 이루는 힘으로 나타난다.

3) '지식과 여호와를 경외하는 신'으로서의 성령

이사야에게 '지식'과 '주를 경외함'은 대단히 중요한 용어다. 이 두 단어는 왕권 이념과도 이어지며(참고 삼하 23:3), 이스라엘 신앙에서 핵심적인 단어들이다. 왕에게는 지식과 주를 경외함이 다 필요하다. 본문에서 성령은 여섯 가지의 통치적 기능을 제공하며, 이상적인 메시아 왕에게 충만히 임할 것을 제시한다.

2. '여호와의 종'에게 임한 성령(사 42:1~7)

이사야 42장은 이사야 후반부에 나타나는 네 개의 유명한 종의 노래(49:1~7; 50:4~9; 52:13~53:12) 가운데 첫 번째 노래다. 이 노래에는 주의 종의 성품(1~4절)과 사역(5~8절), 본 예언의 필연적 성취(9절)가 나타난다. 여기서 하나님은 먼저 '나의 종'과 '나의 택한 자'(41:8, 9)를 소개하신다. '내 종'은 존칭이며, 이것은 세속적 용법에서 "궁궐 언어에서 나온 것으로서 왕의 재판 결과를 알리는 자"로 사용되었다(Muilenberg, 464). '택한 자'(בְּחִירִי바히르)는 사울과 다윗의 공식적인 칭호였다(신 17:15; 삼상 10:24; 삼하 21:6; 시 89:4, Koole 1997, 125). 여기서 '종'은 선지자와 왕의 모습을 동시에 갖고 있다. 그는 정치적이고 종교적인 인물로서 두 영역에서 일한다. 여기서 우리는 이사야의 성령론과 관련하여 두 가지 사항을 고려할 필요가 있다.

1) '내주하시는 성령'

여기서 종은 이미 '야훼의 성령을 받은 자'로 나타난다. '내가 나의 신을 그에게 주었다'(נָתַתִּי רוּחִי עָלָיו나타티 루히 알라이우)는 이사야서의 다른 부분에서는 찾을 수 없는 형식을 갖고 있다. 왜냐하면 성령의 선물은 대부분 미래형으로 나타났기 때문이다(32:15; 44:3). 그러나 여기서 '주의 종'은 이미 성령의 은혜를 누리고 있으며, 계속적으로 누릴 것이 강조된다. "종에게 주신 하나님의 성령은 일과적인 것이 아니며 항구적이다"(Koole 1997, 216).

2) '이방에 공의를 베풀게 하시는' 성령

'이방에 공의를 베풀다'에서 '공의'는 '가르침' 혹은 '계시'(Jensen 1973, 23), '하나님의 가르침과 중재'(Gottwald, 236), 혹은 현재의 문맥에서는 '법적인 판단'(judgment at law)으로서 "주님과 우상 사이의 재판 결과"(Motyer 1993, 318) 등으로 해석된다. '공의'라는 단어는 워낙 다양한 뜻을 갖고 있지만, 본문에서는 사사들(삿 3:10)과 이스라엘 왕들이 성령의 능력으로 법과 질서를 유지하며 전쟁에서 승리를 가져온 맥락에서 이해해야 할 것이다. 즉 '주의 종'은 '주의 신'을 받아 이제 뭇 나라에도 하나님의 법과 질서를 가져오실 것이다.

따라서 하나님의 영은 주의 종을 감동시키며, 그로 하여금 자신의 사명을 효과적으로 수행하게 하셔서 '공의를 베풀게 하신다.'

여기서 '베풀다'(אצי,야차의 히필형)라는 동사는 '(입에서)나오다, 즉 말하다'는 뜻이므로(욥 8:10; 잠 10:8; 렘 15:19) 판결을 내리는 것보다 설교하는 것을 가리킨다고 해석되기도 한다. 하지만 3절에는 설교 이상의 내용이 포함된다. "따라서 공의는 보편적인 하나님 왕국의 원리와 연관되며, 하나님이 원하시는 질서로 볼 수 있다"(마원석 1999, 93).

신약성경에서 이 구절은 예수 그리스도에게 적용된다(마 12:19~21; 눅 4:18, 19). 하나님의 공의를 세우는 예수 그리스도의 임무는 단지 하나님이 택한 백성들만을 대상으로 하는 것이 아니라 온 세상을 염두에 두고 있다. 시므온은 예언의 찬양 시편에서 아기 예수를 '이방을 비추는 빛이요 주의 백성 이스라엘의 영광'이라고 하였다(사 42:6).

3. 희년 선포자로서 메시아에게 임한 성령(61:1~3)

"주 여호와의 신이 내게 임하셨으니 이는 여호와께서 내게 기름을 부으사 가난한 자에게 아름다운 소식을 전하게 하려 하심이라 나를 보내사 마음이

상한 자를 고치며 포로된 자에게 자유를 간힌 자에게 놓임을 전파하며"에서 장차 올 메시아 시대의 축복은 기름 부음 받은 여호와의 종의 사역을 통해 희년이 회복되는 것으로 예언된다. 여기서 두 가지 점에 주목하게 된다.

1) 여호와의 종에게 임하는 성령

이스라엘의 초기 문헌에서 사울(삼상 10:1~13)과 다윗(삼상 16:13; 삼하 23:1~7)의 여호와의 종에게 임하시던 성령께서는 이제 장차 올 참된 여호와의 종에게 임하시고, 그에게 기름 부으신다. 이사야서에서 메시아는 성령으로 말미암아 하나님의 모략[9:6(히 5절)]; 11:2; 40:13~14; 50:4]과 능력을 갖는다[9:6(히 5절); 11:4; 42:4; 49:5; 50:9]. 이리하여 그는 이 세상에 공의와 의를 이루신다(11:2; 32:15~16; 42:1; 44:3; 48:16; 59:21). 이제 그가 희년을 이루고 있다.

마원석은 기름 부음 받은 자를 왕적인 존재가 아니라 선지자적 존재로 본다. "포로기 후기의 역사적 정황이 왕직을 허락하지 않고 있"기 때문이다(마원석 1999, 121). 그러나 이턴이 주장하는 바와 같이(Eaton 1979, 90) 기름 부음과 성령을 주심은 왕의 의식에만 나타나고, 이사야 본문에서 주인공은 왕의 직무를 수행하고 있으며, 특히 죄수를 석방하는 것과 '보응의 날'은 왕과 연관되므로(11:1~5), 여기서 주인공은 왕으로 나타난다고 볼 수 있다. 물론 앞에서 본 바와 같이 예언적이고 왕적인 요소가 다른 종의 노래들에도 중첩되어 나타난다(42:1~4; 49:1~6).

2) '희년의 기쁨을 가져오는' 성령

왕으로서 새로운 메시아는 성령의 은사를 충만히 받아 가난한 자에게 아름다운 소식을 전하고, 마음이 상한 자를 고치며, 포로된 자에게 자유를, 간힌 자에게 놓임을 전파할 것이다. 선지자는 여기서 희년에 사용되는 어휘들을 사용한다(레 25:10, 13; 27:24; 렘 34:8~10; 겔 46:17). 이 모든 직무는 왕으로서의 메시아 사역과 연관된다. 그는 "구원의 시대가 동터 옴을 선언하는 사자"다(마원석 1999, 125). 이 약속의 말씀은 이사야 11:2; 42:1; 49:8; 50:4~5에 있는 메시아 예언과 맥을 같이 한다. 이 예언에 담긴 메시아는 기본적으로 왕직을 수여 받은 분이다. 장차 희년을 회복해 줄 메시아는 새로운 다윗의 모습으로 등장한다(삼상 16:13; 삼하 19:22; 시 89:20). 이 희년의 참된 은혜는 성령께서 메시아에게 임하시고 그를 충만히 채우실 때 이루어진다.

맺는 말

구약성경에서 이사야 선지자는 성령 신학자로서, 천지창조, 출애굽, 신정 통치와, 메시아, 예언, 언약을 이어 가면서 이 주된 신학적 범주 안에서 성령의 모습과 사역들을 새롭게 전개하고 있다. 물론 그에게 성령은 사사들과 초기의 왕들에게 임한 카리스마의 신이나, 선지자들에게 황홀경 속에서 예언을 주시는 신이나(민 11:24~29; 삼상 11:5~7), 성막과 성전을 건축하는 은사의 영이나(출 31:2~5; 대하 21:2~18), 남녀노소를 포함하는 모든 공동체의 구성원에 임하시는 오순절적 성령이나(욜 2:28~32), 모두 새 언약의 영이다.

이사야 선지자는 성령의 모습이 두드러지지는 않지만(겔 36:22~32), 선지자들 가운데 가장 풍부한 성령론적 사색을 가장 창조적으로 우리에게 전해 준다. 무엇보다도 '인격'으로서의 성령과, 메시아의 영으로서 참된 '공의를 뭇 민족에 시행하며', 궁극적으로 하나님의 회복된 나라를 이루어 가는 성령이라는 이사야 선지자의 새로운 관점은 구약의 성령론에 매우 크게 기여하고 있다. 신약성경은 이사야가 바라본 성령의 모든 은혜가 예수 그리스도를 통하여 교회에 주어졌으며 그를 통하여 새 창조와 구속과 하나님의 나라가 완성될 것임을 증거하고 있다.

02

이사야서의 남은 자 사상

주전 8세기 예언자들의 민족 통합의 신학

다윗과 솔로몬 제국은 약 70년간(주전 1000~930년) 고대 근동을 제패하였다. 그러나 그 제국은 솔로몬의 종교적 배교와 솔로몬─르호보암으로 이어지는 2대에 걸친 전제군주적 통치의 결과로 쇠퇴일로를 걷다가 급기야 주전 922/921년경(혹은 931년경) 남유다─북이스라엘 왕국으로 분열된다(왕상 11:1~13). 남북 분열 이후 약 170년간을 위대한 '8세기 예언자들'(아모스, 호세아, 이사야, 미가)이 활동한다. 이사야를 비롯한 주전 8세기 예언자들이 활동하던 시기는 신앗수르의 제국주의적 위세가 절정에 이르던 때였다. 흑해와 카스피해 사이의 산악(앗수르의 북쪽 국경) 민족인 우라르투(Uratu) 족속을 정복한 앗수르 제국은 페니키아─시리아─팔레스타인─애굽으로 이어지는 지중해 지역을 제패하기 시작하였다(주전 745~727년에 재위하던 디글랏빌레셀 3세). 이때 공교롭게도 북이스라엘의 여로보암 2세와 남유다의 웃시야가 주도하던 번영이 쇠퇴하고 있었다. 이러한 전환기에 신학적인 예지(叡智)와 상상력으로 주전 8세기 예언자들은 당대의 역사 변동과 국내·국제 정세를 하나님의 목적과 의도 하에서 분석하고 하나님의 의도와 목적에 부합하는 살 길을 내놓았다.[1]

위에서 언급한 네 명의 예언자들은 남유다와 북이스라엘을 두 나라로 보지 않고 한 나라 안에서 각축하던 두 왕조로 보았다. 아모스와 호세아는 대부분 북왕국에서 활동했지만 유다의 장래에 관심이 많았으며, 거의 200년 동안 적대적 분단 상태를 유지해 오던 유다와 이스라엘의 정치적 통합과 영적 일치에 대한 전망을 잃지 않았다. 이들보다 약간 늦은 시기에 출현한 이사야와 미가는 남유다의 예언자였지만 그들 역시 예언적 전망 안에서 남과 북 왕국이 항상 하나로 취급되었다. 그들은 앗수르의 제국주의적 팽창과 침략이 남유다와 북이스라엘 백성들을 향한 하나님의 심판이요 존망지추의 위기라고 주장하였다. 한 걸음 더 나아가 남과 북으로 분열된 하나님 백성들의 정치적 통합과 영적 일치가 이 존망지추의 위기를 극복하는 데 필수적인 단계라고 보았다. 특히 그들 모두는 북왕조의 멸망이 새로운 다윗 제국의 부흥을 가져올 수도 있다고 믿었다. 그들은 유다에 의한 북이스라엘 난민의 일방적 흡수로 이뤄지는 민족 통합이 아니라 다윗적인 이상왕의 등극과 사사 시대의 부족 연맹체적 공평과 정의의 회복만이 진정한 민족 화해와 통일을 이루는 길이라고 믿었다(사 9, 11, 32장; 호 2:14~23; 3:5; 암 9:11~14; 미 5:2).

그 중에서도 이사야의 신학은 주전 8세기 예언자들의 민족 통합 및 통일 신학의 최고봉을 이룬다. 이사야의 민족 화해 신학은 이사야 메시아 예언시(9, 11장)들과 남은 자 사상(4:2~6; 10:20~23; 28:5~6) 속에 잘 집약되어 있다. 이 글의 목적은 이사야서의 '메시아 사상'과 '남은 자 사상'을 중심으로 이사야서의 민족 화해 신학을 살펴보고자 한다.

이사야의 소명 전후의 유다/이스라엘의 역사적 신학적 정황

이사야 1:2~6:13에서 야웨 하나님은 이스라엘/유다를 계약 파기의 죄로 기소하며 심판의 정당성을 옹호한다. 계약에 대한 불충함 때문에 이스라엘과 유다를 심판하지만 남은 자(심판을 거친 후 정결케 된 자)들이 미래 회복/구원의 수혜자가 될 것이다. 예루살렘이 악으로 얼룩진 도시가 되어 버렸기 때문에 하나님은 예루살렘의 죄인들을 심판할 것이며, 오로지 순전히 하나님의 은혜에 의해 살아남은 자가 의로운 백성들을 위해 정화된 예루살렘의 거주자가 될 것이다(1:21~31). 새롭게 회복된 공동체는 다윗 같은 의로운 왕과 관리들이 백성들을 섬기는 나라가 될 것이다(9, 11, 32장).

2장은 정화된 시온의 세계사적인 사명을 말한다. 내적 정화를 거쳐 완전히 새롭게 된 예루살렘은 이제 세계적인 선교 사명을 감당하는 토라 공부의 중심지가 될 것이며 열방 백성들의 순례지가 될 것이다. 시온은 토라를 공부하는 영적 훈련의 도량이 됨과 아울러 세계 분쟁과 국제 갈등의 해결 지점이 되어 열방이 서로를 향해 겨누던 살상용 무기들이 생산적인 농기구로 변할 것이다. 이런 시온의 미래상이 실현되기 위해 시온은 현재 그들의 오만과 얼룩진 영적 부패를 철두철미하게 정화하는 과정을 겪어야 할 것이다(2:1~4:6).

그러나 이사야는 미래의 시온과 이스라엘과는 전혀 다른 현실과 대면하고 있다. 세계 평화를 주도할 시온과 이스라엘은 칼과 말과 군대를 믿는 군사 대국화의 길을 따르고 있다. 특히 야웨의 토라를 따라 인도받아야 할 야곱의 두령들(북이스라엘의 지도자들)과 유다 백성들은 전쟁 준비와 이와 관련된 우상숭배로 인해 멸망당하고 있다(2:6~9). 특히 군사 대국화 정책이라는 우상을 높이고 하나님을 굴욕적으로 대우한 북이스라엘 왕국 백성들은 이미 그들을 굴욕적으로 낮추실 하나님의 응징과 심판을 받았다(2:10~22).

북이스라엘의 멸망 과정을 목격했으면서도 유다는 하나님의 역사를 깨닫지 못하였다. 그래서 야웨 하나님은 이제 유다와 예루살렘의 자기만족적인 오만(북이스라엘과 비교해 오히려 상대적인 안정감을 느낌)을 심판하실 것이다. 강대국을 의존함으로써 야웨 하나님을 버렸기 때문에 대파국적 심판을 받게 될 것이다(3:1~12). 이스라엘과 유다는 하나님과 맺은 계약을 파기하여 전혀 다른 열매, 들포도 열매를 맺은 하나님의 포도원이다. 하나님은 이방 나라들을 통해 그들을 굴욕적으로 심판하실 것이다(5:8~30). 한 강력한 제국이 일어나 이스라엘과 유다를 덮칠 것이며, 이 강력한 심판 도구는 잔인하고 철두철미하게 이스라엘과 유다의 신학적 오만을 갈아엎을 것이다(5:26~30). 그리하여 이스라엘과 유다는 이방 땅으로 유배될 것이며 오로지 주님만 존귀케 될 것이다(5:13~17).

이런 심판과 정화 후에 번영과 축복의 날이 다시 시작될 것이다. 남은 자들에 의한 소망의 역사가 시작될 것이다(4:2~6). 야웨의 싹이 움 돋아 낙락장송 될 것이다(사 11장; 렘 23장; 슥 3:6). 땅은 다시 풍요로운 소산물을 보증하며 하나님은 친히 보호하시는 임재로 그들 중에 계실 것이다(4:4~6).

이사야의 민족 화해 신학의 두 기둥인 메시아 사상과 남은 자 사상은 앗수르의 제국주의적 침략 앞에 먼저 멸망한 북왕국의 해체기와 북왕국의 전철을 밟아 가는 남왕국의 영적·정치적 몰락기에 나온 예언들이다.

'메시아[2] 예언시(9:1~7)'에 나타난 이사야의 민족 화해 신학

메시아 예언은 이사야의 예언 중 가장 급진적이면서 한편으론 가장 보수적인 예언이다. 당대 유다 왕조를 강력하게 비판하였다는 점에서는 급진적이지만, 다윗 왕조의 출범을 신학적으로 정당화한 다윗-시온 선택 신앙(삼하 7:12~16; 시 46~48, 132편)을 한 차원 더 깊게 옹호하였다는 점에서는 매우 보수적이다. 이사야의 신학에서 왕은 하나님의 우주적인 통치를 매개하는 구원사 드라마의 중앙 무대를 차지한다. '이스라엘의 거룩한 자', 즉 야웨의 왕권은 이사야서 1~66장을 하나로 묶는 중심 주제다. 소명묵시에서 이사야는 절대적으로 높이 들린 보좌 위에 앉아 계신 만군의 왕 하나님을 본다(6장). 절대적으로 높은 보좌에 앉아 계신 만군의 하나님 야웨를 왕으로 대면한 이사야의 소명묵시가 그의 메시아 예언(9, 11, 32장, 참고 33장)의 신학적 배경이다. 이사야서에 의하면 만군의 하나님 야웨의 왕국이 세계 속에 건설될 때 한 인간 대리자가 위임 통치한다. 그 하나님의 대리자는 1~39장에서는 다윗의 혈통에서 나온 한 이상적인 왕이다(특히 11:1~4).[3] 그의 정치 신학은 하나님의 절대 주권적 통치와 그것을 매개할 메시아의 위임 통치를 절묘하게 결합시키고 있다(32장과 33장의 병립). 9:1~7은 이러한 신정 통치적 이상이 메시아 위임 통치에 의해 실현될 것임을 예언하고 있다.

이사야 1~39장에서 현저하게 부각되는 야웨 하나님과 백성들 사이의 갈등과 긴장은 메시아 예언들에서 해소된다. 메시아 예언들에서 하나님의 심판의 결단/계획은 이미 집행이 완료된 것으로 전제되며 그것은 하나님의 미래적 구원 의지(salvific zeal)에 의해 치환된다. 메시아 예언들에서 묘사되는 이상사회는 이스라엘과 유다가 추구해야 할 대안·대조 공동체다. 이런 점에서 메시아 예언들은 현실 비판 및 초극의 기능을 한다.

이사야서의 1부 격인 1~12장은 두 차례에 걸친 앗수르 제국의 대범람(the Assyrian deluge)과 그 결과에 대한 신학적 해석을 제시한다(8:8~10; 17:12~14, 참고 54:9). 2~5장, 7~11장은 북왕국 이스라엘에 대한 앗수르 제국의 1차 범람(주전 832~722/721년)과 남왕국 유다에 대한 앗수르 제국의 2차 대범람 사건(주전 701년)을 하나의 연속적 사건(a sequential event)으로 보고, 그것이 이스라엘과 유다에 끼친 파괴적이고 창조적인 결과들을 기록하고 있다.

메시아 예언시 단락인 9~11장(9장 다윗에 의한 민족국가, 10장 북이스라엘 멸망과 앗수르의 멸망, 11장 다윗에 의한 세계 국가)은 앗수르의 야만적 세계 정복과 질서의 대안으로서 다윗과 같은 이상왕에 의해 다시 통일될 이스라엘, 즉 공평과 평화의 왕국을 제시한다. 9장은 앗수르에게 병탄당한 북이스라엘 지파들을 구원할 위대한 왕의 등극을 찬양하고 그의 메시아적인 통치를 예기하는 메시아 예언시다.[4] 10장은 자신에게 맡겨진 위임 사명의 한계를 넘어서 북이스라엘을 멸망시킨 오만한 앗수르 제국이 심판당할 것임을 선언한다. 11장은 앗수르 제국이 몰락하고 나서 세워질 하나님의 대안적 세계 국가, 메시아 왕국을 제시한다. 9~11장에는 다윗-솔로몬의 민족주의(제국주의)와 하나님 나라의 보편주의가 절묘하게 결합되어 있다(역사적 가현설의 경계). 하나님의 대안적 국제 질서는 다윗과 같은 이상왕이 남북 이스라엘 지파들을 통일해 인근 족속들을 아우르는 메시아적 국제 질서다(11:13~16; 16:5). 블레셋, 암몬, 에돔, 모압은 공평과 정의의 통치자 다윗 왕 같은 이상왕에 의해 다스려질 것이다. 앗수르 제국의 왕들은 피 묻은 군복과 야만적인 군화로 세계를 강제로 병합하고 압제와 폭력으로 다스렸으나, 이사야가 꿈꾸는 국제 질서는 다윗 왕과 같은 공평과 정의의 왕이 다스리는 세계다. 가장 연약한 어린아이가 평화의 행렬을 주도하는 세계다(11:6).

이사야 12장은 이새의 줄기에서 나온 한 싹이 주도하는 포로들의 고토 귀환을 즐거워하는 노래다. 그것은 하나님이 예비하신 새로운 출애굽을 위한 찬양이다. 12장은 출애굽기 14장의 미리암 찬양을 떠올리는 찬양으로서, 앗수르로 끌려간 이스라엘/유다의 포로들[5]이 귀환하는 것을 기뻐하며 찬양한 노래다. 이제 이상왕 다윗의 후손에 의해 주도되는 이스라엘/유다의 포로 귀환은 열국에게는 하나님의 구원 대사(大事)의 절정으로 비쳐질 것이다(11:10~12). 결론적으로 말하면 이사야 1~39장의 제1부 격인 이사야 1~12장이 제시하는 미래적 구원은 다윗적 이상왕에 의해 주도되는 앗수르/바벨론 포로들의 고토 귀환과 남북지파의 통일, 그리고 통일 이스라엘의 주변 민족에 대한 정치적 지배의 실현이다.

1. 본문 사역(私譯)

1하(MT 8:23하) 지난날 그가 스불론 땅과 납달리 땅을 굴욕적으로 낮추셨으나, 훗날에 요단강 건너 해변 길과 이방인들의 갈릴리를 영화롭게 하셨다.

2(1) 어둠 속을 걷던 백성들은 큰 빛을 보았다.
칠흑같이 깊은 어둠의 땅에서 살던 사람들, 그들에게 한 빛이 비취었다.

3(2) 당신께서 (그들의) 환희[6]를 몇 곱절로 크게 하셨고
그들의 기쁨을 크게 더하셨다.
그들이 추수할 때처럼, 전리품을 나눌 때처럼 기뻐한다.

4(3) 그들이 짐진 멍에를, 그들의 어깨 위에 걸려 있는 빗장을,
그들의 압제자의 몽둥이를, 당신께서 미디안을 치던 날처럼 부수셨다.

5(4) 유린하는 전사의 모든 군화들과
피로 뒤범벅된 모든 옷들이 불살라지며 소화(燒火)될 것이다.

6(5) 왜냐하면 한 아기가 우리를 위해 태어났으며

한 아들이 우리에게 주신 바 되었기 때문이다.

권세가 그의 어깨 위에 걸려 있다.

그는 환상적 지략가,[7] 강력한 용사,[8]

영원한 아버지,[9] 평화의 방백[10]으로 불린다.

7(6) 그의[11] 권세가 커질 것이며

다윗의 위(位)와 그의 왕국에는 끝없는 평화가 있게 될 것이다.

지금부터 영원까지 공평과 정의로 그의 왕국을 굳게 세우고 지탱함으로써.

만군의 야웨의 열심이 이루시리라.

2. 9:1~7의 역사적 배경과 삶의 자리(Sitz im Leben)

칼 마르티(K. Marti)를 필두로 역사 비평적 주석가들은 메시아 예언시의 역
사적 진정성을 부인해 왔다.[12] 크게 보면 언어적, 역사적, 교리적 근거에 의
거해 이사야의 친저성(親著性)을 부인한다. 마르티의 언어적 논거는 빈약하다.
어떤 시대에도 가능한 언어들이 사용되기 때문이다. 마르티나 그레이 둘 다
이 언어적 논거는 결정적일 수 없다고 인정한다.[13] 포로기 이전의 예언자들
은 거의 전적으로 위협적이고 심판적인 예언을 했으며 희망과 위로의 메시지
는 포로기 이후에 추가된 것이라는 19세기 마르티의 견해[14]는 설득력이 없다.
이런 원칙을 고수하는 주석가들마저도 이사야에서만큼은 적용되지 않는다는
것을 인정한다(Guthe). 극단적 역사 비평가들마저도 인정하는 이사야의 진정
성 예언 중에 위로와 희망의 메시지가 들어 있기 때문이다(7장 스알야숩, 임마누
엘 예언).

또한 이사야가 하나님 자신에 대한 희망을 피력하거나 정치적 의미가 퇴
색한 종교적 공동체로서의 미래에 대한 희망을 피력하기는 했지만, 9:1~7
과 같이 철두철미하게 정치적인 성격의 메시아—종교적 의미가 거의 없는—
를 선포한 적은 없었다는 마르티의 견해도 과장된 것이다.[15] 이사야는 왕, 관
리, 판관 등의 위계질서나 신정 통치의 지상 대리자를 배제한 미래 회복을 예

언한 적이 없다(1:26). 본문에는 왕조의 단절을 전제하거나 포로살이에서 회복되는 것을 암시하는 어떤 말도 없다. 포로기 혹은 포로기 이후 어떤 시점에도 다윗 왕조의 회복을 꿈꾸는 예언자적 감수성이 이사야 9:1~7에서처럼 표출될 수 있었던 역사적-신학적 계기를 찾을 수가 없다.

이상에서 우리는 9:1~7의 이사야적 진정성(Isaianic authenticity)을 부정하는 견해들이 매우 주관적이고 희박한 추론에 근거하고 있음을 살펴보았다. 보다 더 적극적으로 두 가지 이유 때문에 우리는 이 예언시의 이사야적 진정성을 옹호한다. 첫째, 우리는 이 단락의 역사적 맥락이 주전 8세기 이사야가 활동하던 시기와 일치하고 있음을 주목한다. 8:21~22(개역한글)은 명백하게 앗수르에 의해 북이스라엘이 정복되었음을 전제하는 역사적 단초를 담고 있다. 둘째, 우리는 이 예언시의 신학적 모태가 다윗 왕조의 공식적인 신학이었던 왕정 신학(다윗 언약)임을 주목한다. 왕정 신학은 포로기 이전의 유다 왕조에서 옹호되던 신학이었다는 사실과 이사야의 다른 많은 예언이 왕정 신학과 깊은 관련을 갖고 있음을 주목한다. 이 이유들 때문에 우리는 본 단락의 이사야적 기원을 옹호한다.

8:19~23(특히 21~22절, 개역한글 8:19~22)은 9:1~7의 역사적 배경을 제공한다. 이 예언시의 역사적 배경은 주전 732년 시리아-에브라임 전쟁의 결과로 북이스라엘 왕국의 북쪽 지역이 앗수르의 속주(屬州)로 편입된 사건이다. 8:19~23은 시리아-에브라임 전쟁 전후에 북이스라엘 왕국을 지배한 정치적 위기와 영적 곤경을 보여 준다. 북이스라엘이 재난 상황에서 하나님을 찾지 않고 죽은 자들을 찾은 것은 영적인 일탈의 극치를 보여 준다.[16] 지도자들은 하나님의 율법과 증거에 따라 지도하지 않고 백성들을 영적으로 오도(誤導)한다(21~22절). 그래서 결국 앗수르는 시리아-에브라임 동맹군을 궤멸하는 과정에서 시리아를 멸망시키고 북왕국 이스라엘의 북쪽 지역을 완전히 병합해 앗수르의 속주로 편입시킨다. 9장은 앗수르의 병탄(倂呑)으로 흑암에 빠진 스불론, 납달리(갈릴리) 지파의 구원자로서 이상적인 다윗 계통의 왕이 등극하는 장면을 소개한다.

이사야는 북이스라엘 왕국의 남은 백성들이 귀의(歸依)할 대안 공동체는 다윗과 같은 이상왕이 다스리는 통일 왕국임을 확신한다. 이사야는 당시 유다 왕조가 북이스라엘의 남은 백성들이 귀의할 만한 보금자리가 아니라고 보았다. 다윗과 같은 이상왕이 공평과 정의로 통치하는 것만이 분열 이전 시기, 12지파 통일 국가로 돌아갈 수 있다고 믿었다. 비슷한 맥락에서 그는 북이스라엘의 병탄된 지파들의 미래는 다윗 왕과 같은 이상왕의 군사적 정치적 수복 행위에 의해 담보될 수 있다고 믿었다. 이 예언시는 북이스라엘 왕국(스불론과 납달리 지파로 대표되는)이 앗수르의 속주로 병탄되어 앗수르의 무거운 폭력과 압제 아래 신음하고 있음을 증거한다.

한편 양식 비평적으로 분류하자면 9:1~7은 대관식 예언이다. 그것은 어떤 주석가들의 주장과는 달리 왕자(王)의 생물학적 출생을 다룬다기보다는 야웨의 아들로 태어나는 다윗 계열 왕의 왕위 즉위식을 다룬다. 다윗 계열의 왕들의 즉위식 때는 메시아적 통치 시대가 도래할 것에 기대가 있었을 것이다 (시 72편). 9:1~7의 특이한 삶의 자리가 대관식이고 그것이 이사야 생애에 선포된 대관식 예언이라면 그것은 히스기야의 왕위 대관식을 기점으로 선포되었을 가능성이 높다.[17] 어떤 히스기야 연대에 따르더라도 히스기야는 주전 725년(성경 자료를 근거로 계산한 클레멘츠의 주장[18])과 주전 715년(왕하 18:13과 앗수르 자료에 근거한 학자들과 필자의 주장) 사이에 왕위에 올랐음에 틀림없다.

북이스라엘의 병탄당한 지파들에 대한 이사야의 고뇌와 동정 어린 예언자적 열정이 히스기야 왕의 대관식 신탁시 속에 편입되어 다시 창조적으로 활용되었을 수도 있다. 그렇다면 이 예언시는 주전 732~715년 사이에 저술되고 히스기야의 대관식 즈음에 공표됐을 가능성이 높다. 9:1~7은 다윗 왕의 한 후손(히스기야)이 왕위에 오르자 다윗-시온 신학의 신봉자인 이사야가 시편 72편의 정신을 바탕으로 지은 예언시였을 것이다.[19]

지미 잭 로버츠(J. J. M. Roberts)가 지적했듯이, 9:1~7은 먼 미래를 위한 희망의 예언이 아니라 이제 막 왕위(다윗의 위)에 오른 새 왕의 치세에 대한 종교적, 정치 사회적 기대를 표명한 하나의 정치 신학적 신탁이다. 이 단락은 야웨 하나님이 다윗과 다윗의 후손을 그의 지상 나라의 부왕(副王, 메시야)으로 영원히 선택하였다고 주장하는 유다 왕정 신학의 신학적 확신을 반영한다.[20]

히스기야가 유다의 왕위에 오른 시기(주전 715년)는 북이스라엘 왕국이 역사의 무대에서 사라진(주전 722년) 후였다. 자연스럽게 다음과 같은 질문들이 떠올랐을 것이다. 이스라엘의 미래는 무엇인가? 북이스라엘의 남은 백성들은 누가 구원해 줄 것인가? 이런 질문들을 염두에 두고, 이사야는 현재 유다 왕(아하스) 말고 이상적인 다윗의 후손이 남북을 통일하고 앗수르의 압제에서 해방시키며, 앗수르에 끌려간 북이스라엘 10지파의 포로 귀환을 추진할 수 있을 것이라고 전망하였다. 앗수르의 압제적 통치 아래 신음하는 북쪽 지파들이 맛보게 될 구원을 예언한 9:1~7과 북이스라엘 왕국의 주요 지도층에 임박한 앗수르 유배와 국가 조직의 붕괴를 예고하는 9:8~21을 함께 읽어 보면 우리는 9장 전체의 메시지를 쉽게 파악할 수 있다. 9장은 주전 733~732년, 혹은 주전 722~721년 북왕국의 상황을 배경으로 북왕국 전체의 운명과 부흥한 다윗 왕국의 관계를 다룬다고 볼 수 있다.

3. 해석

9:1은 앗수르 제국에 의해 강제로 속주(Duru, Mugidu, Galuaza)가 된 납달리 지파와 스불론 지파의 굴욕적인 과거사가 메시아와 그의 왕국 등장의 전경(前景)임을 말한다. 1하절은 요단 강 바다 길과 이방인들이 거주하는 갈릴리 지역의 영광스러운 미래를 노래한다. 9:21과 11:13을 고려해 볼 때 이사야는 북이스라엘의 몰락과 굴욕을 남북 왕국 분열의 역사적 맥락에서 이해했던 것 같다. 8:23하~9:1의 짙은 어둠 속에 주저앉아 있는 백성이란 주전 732~722/721년에 앗수르의 압제 아래 살던 북이스라엘 백성들을 가리킨다.[21] 그러나 앗수르의 지배 하에서 어둠과 절망으로 신음하던 사람들에게 더 이상 절망은 없을 것이다. 그들에게 비춰어 올 '큰 빛'은 그들의 참담한 운명을 끝낼 것이기 때문이다. 여기서 '큰 빛'은 위대한 왕이 백성들에게 베푸는 통치의 혜택을 가리킨다. 앗수르 왕의 막대기와 몽둥이 아래 학대를 당하던

백성들을 신원(伸寃)하러 왕이 오실 것이다(10:24~27).

3절은 흑암 속에 살던 사람들에게 끼친 큰 빛의 효과를 말한다. '당신께서 환희를 몇 곱절로 크게 하셨고 기쁨을 크게 더하셨다. 그들이 추수할 때처럼, 전리품을 나눌 때처럼 기뻐한다.' 추수할 때의 기쁨과 전쟁에서 승리하여 전리품을 나눌 때의 기쁨보다 더 큰 기쁨이 학대받던 백성들을 지배하게 될 것이다(시 126편). 왜 이렇게 기쁜가? 여기에는 세 가지 이유가 제시된다.

첫째, 기쁨의 근원은 당신의 백성을 친히 속량(贖良)하시는 하나님의 구원 활동이다. 2인칭 단수로 표현된 '당신(야웨 하나님)'께서는 '그들이 짐진 멍에를, 그들의 어깨 위에 걸려 있는 빗장을, 그들의 압제자의 몽둥이를, 미디안을 치던 날처럼 부수셨기' 때문이다(4절).

둘째, 하나님 자신의 해방과 구원 사역이 대적에게 끼친 효과와 관련된다(5절). '유린하는 전사(戰士)들의 모든 군화들과 피로 뒤범벅된 모든 옷들이 불살라지며 소화(燒火)될 것이다'(5절). 결국 4~5절에서 흑암 속에 주저앉았던 백성들에게 베풀어질 구원은 정치적 군사적 구원이다. 앗수르의 정치적 지배에서 해방되는 것이 구원의 실체다. 앗수르 제국을 군사적으로 패배시키는 방법은 '야웨의 전쟁'(the holy war)이다. 즉 현실 정치적 차원의 갈등이나 군사적 대결을 통해서가 아니라는 것이다.

이 말은 앗수르 제국을 현실 세계에서 군사적으로 제압할 가능성을 차단하는 한편, 앗수르 제국의 분쇄는 하나님 자신의 전쟁 몫으로 유보한다는 말이다. 하나님의 적수(敵手)로 여겨지는 외국 군대는 현실의 전쟁으로는 도저히 이길 가망이 없는 거의 절대적인 세력을 가리킨다. 이사야가 앗수르의 압제에서 해방되는 일을 하나님의 '거룩한 전쟁'으로 말한 데는, 이런 예언이 앗수르에 대한 대항 정책이나 군사적 저항을 유도하는 데 사용되지 말기를 바라는 마음 때문이었을 것이다.

앗수르를 패배시키고 주실 구원은 하나님께 속한 일이기 때문에 섣부른 앗수르 대항 정책은 결코 사려 깊은 믿음의 행위가 될 수 없다는 분석이 가능할 것이다. 그래서 앗수르 제국은 하나님의 능력에 의해 분쇄될 것이며 그것은 인간의 예상과 기대를 초월하는 방식으로 이뤄질 것이다(10:12, 25; 14:24~27; 30:27~33).

이사야는 여기서 앗수르 제국의 정치적 지배를 종식시키는 하나님의 구원이 갑작스런 구원임을 강조하기 위해, 북이스라엘 왕국(므낫세 지파)에 알려진 유명한 기드온의 야웨 전쟁 전승에 호소한다(삿 6~7장). 기드온 사사 시대에 미디안 족속은 정규전으로는 이길 가능성이 없었던 적수였다. 그런데 하나님께서는 므낫세 지파의 가장 작고 소심한 기드온을 쓰셔서 미디안 세력을 격퇴하였다. 므낫세 지파의 기드온이 미디안과 전쟁을 벌일 때 도왔던 지파들이 바로 아셀, 스불론, 그리고 납달리 지파였다. 부분적으로는 이 예언시의 암묵적(가상적) 청중들인 스불론과 납달리 지파들이 관련된 구원사 전승에 호소하고 있는 셈이다(삿 6:31).

기드온의 예상 밖의 승전은 하나님의 승리로 기억되고 기념되어졌으며 '미디안의 날'은 야웨의 전쟁 승리를 기리는 국경일이 되었을 것이다. 이처럼 앗수르 군대가 이스라엘 땅에서 패퇴하여 철수하는 길은 하나님의 갑작스런 개입, 즉 하나님의 거룩한 전쟁으로만 가능한 일이라는 것이다.

이스라엘 역사에서 하나님의 거룩한 전쟁의 영원한 기념물은 다윗 제국이다. 주전 10세기 약 80년 동안 시리아-가나안 일대를 제패한 다윗 제국은 하나님의 거룩한 전쟁의 위력을 상기시키는 기념물이다. 이사야는 지난 200여 년간의 분열 왕국을 회고하면서 다윗 제국은 하나님의 거룩한 전쟁 결과로 주어진 선물(구원)임을 확신하게 되었을 것이다.

9~12장은 이사야가 출애굽 전승-사사 시대의 구원사 전승-다윗 제국의 구원 전승(거룩한 전쟁 전승), 즉 통합 이스라엘의 구원사 전승에 정통했음을 보여 준다. 미디안 족속에 대한 기드온의 거룩한 전쟁 전승에 기댄 호소는 이상적인 다윗의 후손, 메시아가 다스리는 나라가 도래할 것을 기대하며 이내 다윗 왕 같은 이상왕에 대한 학수고대로 귀결된다.[22]

찬탈자 베가(Pekah) 치하의 북이스라엘 왕국이 아람의 하수인이 되어 유다를 압박할 때 이사야는 북이스라엘의 멸망을 기탄없이 예언하였지만(7:1~7;

17:3~11), 정작 북이스라엘 백성들이 당한 환난에 직면해서는 통절한 예언자적 동정을 아낌없이 보여 준다. 그래서 북이스라엘 지파들 사이에 잘 알려진 므낫세 지파의 영웅 기드온 구원 전승에 기대 다시 한 번 '야웨의 전쟁'이 일어날 것을 예언한다. 이것은 북이스라엘의 남은 백성들에게는 실제로 위로가 되었을 수 있다. 이사야는 므낫세 지파로 대표되는 북이스라엘의 남은 백성들을 위한 '거룩한 전쟁'이 일어날 것을 기대하고 예언한다.

4~5절이 구원의 소극적 차원인 앗수르 제국의 정치적 압제에서 해방됨을 말했다면, 6~7절은 하나님 구원의 적극적 차원을 말한다. 앗수르의 채찍과 쇠빗장과 멍에에서 벗어나는 것이 구원의 전부가 아니다. 6~7절이 말하는 적극적이며 영구적인 구원은 공평과 정의로 다스리는 다윗 왕 같은 왕의 통치(나라) 아래 들어가는 것이다. 여기서 이사야(11:1~9와 더불어)는 폭력적인 앗수르 제국의 질서와 공평과 정의로 이상화된 다윗 제국을 대비한다. 비록 현실은 앗수르 제국의 군주들—어지러이 싸우는 군인의 갑옷과 피 묻은 옷을 입은—이 지배하는 것처럼 보일지라도 이사야는 한 아들, 한 아이가 다스리는 나라를 갈망한다. 이사야에게 다윗의 나라, 즉 공평과 정의로 다스리는 나라는 앗수르 제국의 대항 왕국이자 대안 왕국(alternative kingdom)이다.

앗수르 제국은 폭력으로 세계 질서를 장악하고 유지하는 공동체다. 약한 나라의 목과 어깨 위에 압제와 굴욕의 멍에를 짐 지우고 자신의 자유를 무한히 확대하려는 권력 의지가 앗수르 제국의 본질이다. 앗수르 제국은 하나님이 위임한 세계 심판 대행자의 위치에서 크게 벗어나 인근 나라들의 국가적 민족적 정체성을 파괴하였다. 뿐만 아니라 하나님 나라에 맞서는 자기중심의 세계 국가를 건설하려는 권력 의지의 화신이었다(10:7~19).

이런 앗수르 제국주의는 존재론적으로 볼 때 아주 불안정한 공동체다. 자기 권력의 무게를 이겨 내지 못하고 붕괴하는 나라다. 네루가 「세계사 편력」에서 설파하듯이 세계 역사는 제국들의 무덤이다. 이사야는 앗수르 제국의 존재론적인 취약성을 알고 그것을 신학적으로 단죄한다(10:5~19).

이러한 앗수르 제국의 대항적 대안적 왕국은 하나님의 부왕(副王), 다윗의 후손이 대리적으로 다스리는 나라다. 기쁜 소식은 새롭게 태어난 아들에 관한 소식이다. 그런데 6절은 왕세자(a royal prince)의 생물학적 출생을 가리키는 말이 아니다. 아이/아기의 '탄생'은 다윗 계열 왕의 등극을 가리킨다. 다윗의 위에 오르는 왕은 다윗 계열의 아들로서 하나님의 아들로 선포된다(시 2:7; 72편, 참고 삼하 7:12~16; 시 89, 132편). 7절이 이 점을 분명하게 밝힌다. 아이는 '탄생'하자마자 권위를 덧입고 공의의 허리띠와 정의의 요대(腰帶)를 착용함으로써 왕의 의관을 갖춘다. 고대 근동 사회에서 새 왕의 등극은 항상 기쁜 소식이었다. 대사면령이 내려지고 희년과 같은 경제적 정치적 부채 탕감이 선포되기도 하였다(메소포타미아의 mesharum 전통). 고대 메소포타미아의 왕정 신학의 핵심은 왕은 가난한 자의 구원자요 고아와 과부의 재판관이라는 사실이다. 왕은 신의 구원을 정치 경제적으로 중개하는 신의 대리자였다. 따라서 폭력으로 다스리는 자(막 10:41~45)의 쇠빗장 아래 신음하던 사람들에게 왕의 탄생(등극)은 기쁜 소식이었다.

앗수르 왕들은 자신의 원정 일지 및 연대기 통치 일지들(국제 종주 봉신 조약들)에서 자신들을 항상 땅 사방의 천하를 다스리는 대왕으로 부르며 온갖 수사학을 동원하여 자신을 '큰 자, 위대한 자'라고 선전한다. 그러나 다윗의 나라는 한 아기, 아들의 성품을 가진 왕에 의해 다스림을 받는다. '아이', '아기'라는 칭호는 다윗의 후손이 왕위 대관식 때 하나님을 향해 아들(메시아)로 입양되는 과정을 가리킨다. 그것은 하나님 아버지의 뜻에 온전히 순종하는 대리자임을 강조한다. 앗수르 왕이 권력 의지의 화신이라면 다윗의 후손은 하나님 앞에 자신을 완전히 부인한 하나님의 아들이다.

결국 6절에서 구원의 기쁨이 크게 더해진 세 번째, 가장 근원적인 이유가 제시된다. 그것은 앗수르 제국과 전혀 다른 나라를 건설하실 왕의 등극이다. 이사야가 이런 예언자적 전망을 피력할 당시는 유다 백성이 다윗 왕조 존속 자체에 의문을 제기하던 시대였다. 시리아-에브라임 전쟁의 한 가지 목표는 유다 내에서 다윗 왕조의 법통을 단절시키고 아람 출신 벤 다브넬을 왕으로 세우는 일이었다(7:5, 6)[23]. 다윗의 적법한 후손이 유다의 왕위에 오른다는 사실이 얼마나 큰 구원의 안도감을 주는 일인지 짐작할 수 있다.[24] 즉 아직도 다윗 계약이 유효함이 드러났기 때문이다.

7절의 '지금부터 영원까지'라는 표현은 왕위 계승에 관한 하나님의 계약적 사랑과 투신을 영속적으로 보증하고 있다. 여기서 주목할 만한 사실은 '한 아들(왕위 계승자)의 탄생(수동태로 표현)'은 하나님 자신의 구원 의지(다윗 왕조 유지 의지)의 산물로 표현된다는 점이다. 이 하나님의 구원 계획은 시리아-에브라임 동맹군의 악한 계획(7:5)들을 무력화하고 좌절시키는 하나님의 대항 계획인 셈이다. 다윗의 후손 왕위 계승자는 비록 인생 막대기와 채찍에 맞아 징계와 연단을 받을지언정 왕위 계승권을 박탈당하지는 않을 것이다. 다시 말해 다윗 계약의 핵심 조항은 결코 폐기되지 않았다. 이사야 7:14에서 이사야는 이미 임마누엘이라는 이름을 예언함으로써 다윗 계약에 대한 하나님의 계약적 투신과 사랑을 확증하였다.

임마누엘 즉 '하나님이 함께 하신다'는 다윗-시온 신학의 전통적인 공식 신조였다(시 46~48편). 임마누엘 예언은 다윗 왕조의 법통(法統)을 단절시키고 다윗 왕조에 대한 하나님의 계약을 원천 무효로 만들려던 시리아-에브라임 동맹군의 악한 계획의 좌절을 확증한 예언이었다. 시리아-에브라임 전쟁은 유다 내 다윗 왕조에 대한 충성심을 현저하게 약화시켰을 것이다. 심지어 유다 왕과 지배층들도 유다 왕조와 야웨 하나님 사이에 있다고 믿어진 다윗 계약의 유효성을 크게 의심하였을 수도 있다. 바로 이런 유다 안팎의 신학적 정치적 위기에 대한 대답은 임마누엘 예언과 그것의 시적 해설과 같은 9:1~7이었을 것이다.

이사야는 이상적인 다윗 계열의 왕, 즉 메시아를 생생한 시적 언어로 묘사함으로써 다윗 왕조를 뒤흔든 정치적 신학적 위기를 돌파하였을 것이다. 그는 하나님 나라와 다윗 왕조는 신인 과두(diarchy) 체제임을 주장하는 시편 89:3~4과 19~37장의 주장을 알고 있었을 가능성도 있다. 하나님의 우주적 나라는 다윗 왕조의 정치적 역량에 의해 대표된다는 것이다. 그런 점에서 '왕'의 탄생 선언에서 주목되는 사실은, 하나님 아버지와 아들-다윗(다윗의 후손)

사이에 정립된 양두(兩頭) 정치 체제적 관계다(시 89편). 이 양두 체제 관계는 다윗-솔로몬 왕정 신학의 뼈대 중 하나다. 다윗-솔로몬의 유다 왕정 신학은 세계가 하나님과 그 아들 다윗적인 왕의 공동 통치 영역이라고 본다(특히 시 89:27~28).

7절의 '다윗의 위(位)'는 사무엘하 7:12~16의 다윗 계약(the Nathan oracle)을 상기시키는 말이다. 여기서 '다윗 왕조는 반드시 다윗의 적법한 후손에 의해 유지될 것이라는 약속'이 상기된다. 이사야는 다윗 왕조에게 준 나단의 예언-다윗 계약-의 충실한 신봉자였다(7:3, 4). 이사야는 '왕'이라는 중보자는 하나님의 구원을 역사 속에서 구체화(materialize)할 수 있는 섭리적 도구라는 왕정 신학의 신봉자였다. 앞서 언급했듯이 이사야가 다윗의 위를 언급한 첫째 이유는, 최근에 일어난 시리아-에브라임 연합군에 의한 다윗 왕조 멸망 시도에 대한 야웨의 응답을 들려주기 위해서였다.[25] 다윗 언약의 한 가지 핵심은 다윗 후손에 의한 다윗 위의 항속적 유지였음을 생각해 보면, 다윗의 위에 이상적인 왕이 등극한다는 것은 다윗 왕조에 대한 야웨의 전폭적인 투신을 웅변하는 것을 의미하였다.

아울러 이사야는 이 예언시를 통해 '다윗의 위'를 언급함으로써 북이스라엘이 대부분 몰락하고 멸망되어 가는 역사적 신학적 위기에 모종의 응답을 주려고 한 것 같다. 즉 10지파가 완전히 해체될지도 모르는 시점에서 이사야는 분열 왕국 이전의 다윗 통일 왕국적 기상을 회복할 필요성을 말하고 싶었을 것이다. 다윗 제국과 같이 포용력 넘치고 정의로운 나라 건설이 오히려 남은 북왕국 백성들을 얻을 수 있는 기회가 된다고 보았을 것이다(참고 대하 30장; 북이스라엘의 멸망과 남유다의 잔존에 대한 편협한 이데올로기적 해석을 보려면 시 78:67~68을 보라).[26]

이처럼 이사야는 북왕국의 남은 백성들과 남왕국 유다 사이에 진정한 형제 자매적 우애가 회복되기를 열망하며 예언을 하였다(9:21; 11:13~14). 참다운 다윗 제국의 회복은 지파 간의 내분, 동포들 간의 분쟁과 적개심을 청산하고 형제 자매적 우의와 사랑을 회복하는 것과 궤를 같이 하였다. 앗수르 제국을 진정으로 제압하는 길은 앗수르 제국적인 폭력과 탐욕과 적개심으로 분열되어 싸웠던 남과 북이 하나가 되어, 형제자매적 우의와 사랑을 회복하여 앗수르 제국이 감히 실현할 수 없었던 가치와 덕을 구현하는 데서 발견된다고 보았던 것 같다. 다윗적 통일 왕국과 사사 시대적(12지파 통일적) 계약 공동체적인 가치 실현과 평화와 의에 입각한 삶의 질을 구현함으로써 앗수르적 폭력과 야만 질서를 초극하는 것이 길이었다.

다윗의 후손 왕이 왕위 즉위식 때 부여받았던 영예로운 칭호들이 그의 통치 방향에 대한 예언자적 기대가 어떤 것이었는지를 보여 준다. 그의 다스림은 북왕국의 남은 자들에게 위로가 된다(사 12장). 그 이상왕은 열국으로 흩어졌던 북이스라엘(과 남유다의)의 이산한 자와 포로들이 돌아가야 할 기준과 깃발을 제시하는 지도자와 동일시되는 것처럼 보인다(11:10~12). 이런 통일 이스라엘적 재결합과 회복의 지도자인 메시아 통치의 특징은 '권세'의 정당한 사용을 통한 무한한 '평화'의 창조다.

새 왕에게 주어진 네 가지 이름들은 그의 권세의 근거와 그가 창출할 평화의 질과 범위에 대해 말해 준다. 이 네 가지 칭호는 고대 이집트가 왕위 즉위식 때 부여한 다섯 가지 영예로운 칭호들과 견주어진다(왕상 3:1; 7:8; 9:16).[27]

6(5) 그는 환상적 지략가(יוֹעֵץ פֶּלֶא펠레 요에츠), 강력한 용사(גִּבּוֹר אֵל엘 기쁘르),

영원한 아버지(אֲבִיעַד아비아드), 평화의 방백(שַׂר־שָׁלוֹם사르 살롬)으로 불린다.

환상적인 지략가(펠레 요에츠)는 정책 결정이나 의사 결정 과정에서 탁월한 통치 능력을 발휘하는 왕을 가리킨다. 다윗의 후손 왕이 환상적인 지략가인 이유는 이사야 11:2에서 발견된다. '야웨의 영, 지혜와 통찰의 영이 그 위에 머물리라. 지략과 용맹의 영, 지식과 야웨를 경외하는 영이(그 위에 머물리라).'[28] 거의 동일한 시기에 선포된 또 다른 메시아 예언시인 11:1~9은 이사야 9:1~7과 쌍(doublet)을 이룬다. 야웨의 영을 상징하는 감람유가 대관식에 참석한 다윗의 아들 하나님의 부왕(副王)에게 한량없이 쏟아 부어진다. 그래서 그는 기름 부음을 받은 자(메시아)가 된다.

좀 더 구체적으로 말하면 환상적인 지략가는 전쟁의 도모와 계획에서 신적 재능을 과시하는 왕이다. 보다 더 많은 경우에 이 칭호는 전쟁 수행의 전문가요 탁월한 전략가를 의미하였다[29][36:5 '모략'(עֵצָה에차)과 '용맹'(גְּבוּרָה게부라)의 대구어로 사용]. 사무엘상 17장 부터 사무엘하 10장은 적어도 다윗이 어떤 점에서 '펠레 요에츠'의 범례적 인물로 불리는가를 증거하기 위해 숱한 승전 기록을 열거한다.[30] 결국 고대 근동 사회(이스라엘/유다)에서 '펠레 요에츠'라는 칭호는 왕으로서 최고의 영예가 아닐 수 없다.

'펠레 요에츠'의 의미를 강화시키는 '강력한 용사'(אֵל גִּבּוֹר엘 기뽀르)는 전쟁 시 용맹을 발휘하는 군사적 지도자를 가리킨다.[31] 그러나 어디까지나 '거룩한 전쟁'을 영도하는 지도자를 가리킨다. 따라서 현실의 군사 작전을 무모하게 추진하는 돈키호테식 무골형(武骨型) 지도자가 아니다. 고대 이스라엘/유다 사회에서 왕은 전시사령관이었다. 그들에게 필요한 것은 하나님이 함께 하심을 믿는 믿음이었다. 믿음으로 무장한 군사 지도자가 엘 기뽀르다.[32]

한편 이 칭호는 재판 과정에서 신적 지혜를 과시하는 재판관이라는 뜻도 가능하다. 시편 82:6과 출애굽기 22:28(요 10:34)은 '엘'(אֵל)/'엘로힘'(אֱלֹהִים)을 재판관이라는 의미로 사용한다(참고 사 10:21). '환상적인 지략가'이자 '강력한 용사'인 메시아 부왕(副王)은 인근 나라들을 정복하겠지만 그것은 어디까지나 공평과 정의의 확장 과정이다(16:5, 참고 11:1~9, 14). 그들은 군사적 정복자를 넘어서 공평과 정의의 재판관으로서 가난한 자들을 해방시키는 거룩한 전쟁 수행자여야 한다는 것이다.

영원한 아버지(אֲבִיעַד아비아드)는 가정을 돌보는 가장으로서의 자애로움과 근면한 행정관의 이미지를 표현한다. 메시아는 아버지로서 백성을 먹이는 책임과 돌봄을 완수하는 지도자다. 아비아드는 압제자의 이미지와 전혀 거리가 멀다. 섬기는 종, 청지기 같은 지도자가 바로 아비아드다.

마지막으로 하나님의 부왕은 '평화의 방백'으로 불린다. 여기서 '사르 샬롬'은 전제 권력을 휘두르는 권력 남용형 지도자[33]가 아니라 축소된 지방 행정관 같은 방백이다. 메시아 나라에서 왕위에 오른 지도자는 하나님의 부왕으로 자신을 급진적으로 축소시키고 부정한 사람이다. 권력 의지를 부인하고 종과 지방 행정관과 9급 공무원 같은 청지기 정신을 가진 왕이 다스리는 나라는 메시아 왕국에 근접한 공동체다. 이렇게 자기를 부인하는 하나님의 부왕의 왕좌는 굳건해지며 그의 왕국은 확고부동하게 세워질 것이다.

7(6) 그의 권세가 커질 것이며 다윗의 위(位)와 그의 왕국에는 끝없는 평화가 있게 될 것이다. 그의 왕국은 지금부터 영원까지 공평과 정의로 굳게 세워지며 지탱되리라.

메시아 왕국은 공평과 정의로 다스려지기 때문에 세월이 갈수록 확고부동해질 것이다. 평화는 공평과 정의의 토양에서 피는 꽃이기 때문에 공평과 정의로 다스려지는 다윗 제국은 지리적으로 끝이 없고 시간적으로 끝이 없는 평화를 이 세상에 가져올 것이다(32:16~20). 이런 메시아 왕국에 대한 예언자적 상상력을 점화시킨 역사적 실체는 공평과 정의로 다스렸다고 증언되는 다윗 제국이었다.[34]

사무엘하 8:15과 사무엘하 23:3은 다윗 통치의 특징이 공평과 정의의 실행이었다고 증언한다. 솔로몬이 공평과 정의를 집행하는 데 필요한 지혜와 모략을 하나님께 천 번이나 간구했을 때 그의 왕국은 견고해졌다(왕상 3:6, 참고 왕하 2:36). 공평과 정의는 하나님 보좌의 기초석이기 때문에 공평과 정의로 다스려지는 공동체만이 하나님의 다림줄 시험을 통과할 수 있다.

하나님은 한 왕조나 공동체가 안정성 있는 구조물/건축물인지 아닌지를 검증하기 위해 줄과 추를 사용해 가늠하신다. 공평과 정의가 부서진 곳은 하나님의 심판의 타격에 의해 무너진다(5:7; 5:16; 28:16~17; 시 89:12~13, 15). 공평과 정의의 기초석 위에 건축된 공동체만이 항구적으로 존속한다는 것이 이사야의 메시아 정치 신학의 핵심이다. 다윗의 후손, 메시아가 공평과 정의로 다스리는 한 그의 나라는 결코 붕괴되지 않고 세월이 갈수록 강성해지며 견고

해질 것이다.

그러나 현실의 이스라엘은 어떠했던가? 이사야의 메시아 예언은 이런 메시아적 기준에 아득히 못 미치는 현실, 아직도 하나님의 진노에 의해 진동하는 세계를 비판적으로 초극(超克)한다(5:25; 9:12, 17, 21; 10:4). 이사야의 메시아 예언들이 꿈꾸는 묵시의 세계로부터 눈을 돌려 현실을 보면 어떤가? 최근에 북이스라엘 왕국 백성들은 극단적인 위기에 내몰리자 신접한 자들을 찾아다니며 미래에 대한 불안을 해소하려 했고 왕과 하나님을 동시에 저주하였다(개역한글 8:19~21). 게다가 하나님의 진노의 그림자는 여전히 북이스라엘 위에 짙게 드리워져 있다. 에브라임은 지파 간의 내전, 유다에 대한 형제 상잔적 전쟁, 우상숭배와 외교적 파탄, 중대한 영적 정치적 오판으로 거의 침몰 직전의 기선과 같았다. 그들은 하나님께 매를 맞고도 각성에 이르지 못한 채 중대한 영적 정치적 위기를 미봉책으로만 대응하였다(9:8~21). 이사야는 북왕국의 중심 구성원들이 앗수르에 의해 포로로 잡혀 갈 것이라고 예언한다(9:14~16). 그들의 앗수르 유배는 야웨께 신실하지 못한데다 돌이킬 수 있는 회개를 거부함으로써 자초한 운명이었다(9:8~10:4).

한편 유다는 어떤가? 북이스라엘의 남은 백성들을 정치적으로 신앙적으로 포용할 만큼 충분히 성숙한 메시아 나라를 이루었던가? 이사야서는 메시아적 기준에 못 미치는 현실의 왕 아하스와 9장의 이상왕을 의도적으로 대조시킨다. 9장의 이상왕은 아하스 왕에 대한 대안적인 왕인 것이다.[35] 히스기야는 부분적으로는 다윗 왕적인 선정(善政)을 베풀었으나, 반(反)앗수르 저항 정책과 친애굽 동맹 정책(22:8~11, 14~22; 29:15~16; 30:1~5, 6~8, 15~17; 31:1~3)을 통해 나라 전체를 대파국적 재난으로 몰아갔다(6:11~13; 7:18~25, 참고 5:26~30). 그는 메시아적인 평화와 안정(구원)을 구하기보다 자가 추진적 구원 방책을 강구했던 것이다. 이런 상황에서 이사야는 메시아 예언시를 통해 현실을 비판하고 초극해 보고자 하였다. 그는 현실의 다윗 왕가가 그러한 메시아적 통치를 선취(先取)하도록 촉구하였다(28:12, 16~17; 30:15; 33:14~15, 참고 1:21~26; 32:1~8).

그럼 누가 이런 미래를 기획하고 실체화할 것인가? 이사야의 대답은 '하나님 자신이 창조하는 미래'라는 것이다. 여기에는 이런 미래를 창조하기 위한 인간의 노력과 책임을 사상(捨象)시키거나 축소시키려는 의도는 없다. 다만 인간의 노력만으로 넘을 수 없는 종말론적 차원이 있다는 말이다. 종말론적인 차원 혹은 하나님의 구원 의지에 맡겨진 미래 등의 말에는 이런 비전(vision)이 역사의 중간 시기에는 어쩌면 실현될 수 없는 꿈에 머물지도 모른다는 겸허한 시인이 포함되어 있다. 오로지 '만군의 야웨의 열심이 이를 이루시리라.' 하지만 분명한 것은 만군의 야웨가 과시할 열심은 인간의 자발적인 실천을 불필요하게 만들지 않는다. 오히려 하나님의 절대 주권적인 주도권은 인간의 실천 의지와 사명감을 한층 더 고양시킨다.

그러나 히스기야를 비롯한 어떤 유다의 왕도 이 놀랍고 영광스러운 통치를 지상에 구현하는 데 실패했음이 드러났다. 결국 극히 실현되기 어려운 영속적이고 이상적인 제왕의 덕목을 가진 이상왕을 제시한 이사야 9:1~7은 종말론적인 해석이 가능한 예언시다. 그런 점에서 이 예언시는 현실 초극의 예언시였으면서 동시에 미래에 오실 종말론적 이상왕에 대한 희망을 노래하였다.[36]

4. 소결론: 메시아 예언의 기투적(企投的) 읽기 – 갈릴리에서 오신 이, 나사렛 예수

이사야 9:1~7은 다윗의 한 아들로서 이방 민족(앗수르)의 압제로 고달픈 백성을 구출하는 메시아가 자신의 구원 사역을 가장 먼저 시작하는 곳이 바로 스불론, 납달리, 갈릴리 지역임을 증언한다.

따라서 이사야의 메시아 예언 전승에 의하면 메시아는 갈릴리에서 그의 구원 사역(큰 빛)을 착수해야만 한다. 마태복음은 예수가 갈릴리에서 오신 메시아라는 점을 강조한다(마 4:12~16, 참고 2:23).

" 예수께서 요한의 잡힘을 들으시고 갈릴리로 물러 가셨다가, 나사렛을 떠나
스불론과 납달리 지경 해변에 있는 가버나움에 가서 사시니, 이는 선지자 이
사야로 하신 말씀을 이루려 하심이라 일렀으되, '스불론 땅과 납달리 땅과

요단강 저편 해변 길과 이방의 갈릴리여 흑암에 앉은 백성이 큰 빛을 보았고, 사망의 땅과 그늘에 앉은 자들에게 빛이 비취었도다' 하였느니라. 이때부터 예수께서 비로소 전파하여 가라사대 회개하라 천국이 가까왔느니라 하시더라"(마 4:12-17).

다윗의 위에 앉을 이상왕이 앗수르의 제국주의적인 통치 아래 신음하는 백성(이스라엘)들을 구출해 주듯이 나사렛 예수, 다윗의 위에 앉은 나사렛 예수는 갈릴리에서부터 이상왕의 구원 활동을 시작함으로써 이사야가 예언한 바로 그 다윗의 아들, 이새의 줄기에 나온 싹(ㄱ꺄네체르 나사렛 사람, 마 4:23)임을 입증하신다. 예수는 하나님 나라가 무정부 상태에서 전쟁과 분쟁을 일삼는 세계의 대안임을 선포하신다(막 1:14, 15). 주기도문에도 하나님 나라의 지상 건설이 으뜸 되는 청원 대상이 된다(33:5, 참고 창 18:19). 모든 나라와 왕국들이 그리스도의 나라로 흡수되고 병탄될 것이다(계 11:15).

이사야 9:1~7은 현실 비판적 예언임과 동시에 메시아적 미래를 향해 스스로 기투(企投)하는 존재가 될 것을 초청한다. 이사야에게 메시아적 미래는 물이 바다를 덮음같이 야웨를 아는 지식으로 가득 차는 메시아 왕국의 실현이다. 그것은 역사의 중간기에서 실현되지 못한 채 종말의 시점으로 유보된다. 메시아 왕국 예언의 실현이 종말의 시점으로 유보된 까닭은 청중/독자들로 하여금 그런 미래를 현재 속으로 끌어들이도록 촉구하는 하나님 자신의 선교 활동 공간을 확보하기 위함이다. 결국 메시아 예언을 현재 시점에서 실현하려고 기투(企投)하는 사람은 종말을 현재 속에 앞서 끌어들이는 사람이다. 이사야의 메시아 예언에 대해 가장 적확하게 응답한 사람이 바로 나사렛 예수다.

나사렛 예수는 이사야의 메시아 예언에서 자신이 걸어가야 할 메시아의 길을 발견하였다. 나사렛 예수는 종말의 한 시점으로 실현을 유보한 메시아적 예언들을 자신의 현재 속에 선취(先取)함으로써 메시아의 길을 걸어가셨다. 그는 메시아로 태어나셨을 뿐만 아니라 메시아 예언들에 자신을 결박하고 순종함으로써 메시아로 성장하고 성숙해 갔다.

'남은 자' 사상에 나타난 이사야의 민족 화해 신학

두 차례에 걸친 앗수르의 침략으로 거의 초토화된 후 멸망해 버린 9와 1/2 지파의 땅, 북왕국 백성들은 총체적으로 방황하고 있었다(주전 732, 722년). '이스라엘'이라고 불리는 고유한 하나님의 백성이자 약속된 족장들의 정통적인 계승자였던 9와 1/2지파는 이제 영원히 소멸되고 말 것인가? 그렇다면 아브라함-이삭-야곱에게 주신 약속도 용도 폐기되고 마는가? 이러한 신학적 질문들에 대한 이사야의 응답이 바로 '남은 자' 사상이다. '남은 자' 사상은 한마디로 '난민(難民) 신학'이요 해체당한 공동체의 창조적 미래를 기도(企圖)하는 신학이다. 이사야는 '남은 자 신학'을 통해 북이스라엘의 난민들을 신학적으로 흡수, 포용하고 사사 시대적인 이상 사회, 즉 하나님이 친히 왕이 되는 미래를 꿈꾸었다. 이사야는 한편으로는 메시아 사상을 통해 다윗 왕국적인 통합의 논리를 제시하고 또 다른 한편으로는 인간 왕이 시작되기 이전 사사 시대의 평등하고 형제우애적인 이상 사회를 통하여 통합의 논리를 제시한다(참고 4:2~6).

이사야의 '남은 자 사상'은 다음 구절들에 의해 다뤄진다. 첫째, 주전 732~722/721년 이스라엘 멸망기(전쟁 및 앗수르의 공격)에 살아남은 북이스라엘의 남은 자와 그 미래를 언급하는 본문들이다(7:3~4; 10:20~23; 28:5~6). 둘째, 남유다의 '남은 자'를 언급하는 본문이다(1:8~9; 30:17). 셋째, 남유다와 북이스라엘의 포괄적인 남은 자와 그 미래를 언급하는 본문들이다(6:11~13; 4:2~6). 남은 자 사상은 시적인 암시의 형태로 이사야의 소명묵시에서 이미 발견된다.[37] 그러나 그의 예언자적 목회 활동[38]을 연대기로 추적해 보면, 북이스라엘의 멸망이 남은 자 사상을 통해 희망에 찬 미래를 예언하도록 촉발한 첫 번째 역사적 신학적 계기였음을 알 수 있다.

주전 732~722/721년이 북이스라엘의 남은 자들에 대한 예언의 역사적 시점이라고 볼 수 있고, 주전 701년은 산헤립의 유다 침략으로 초토화된 남유다의 '남은 자' 그리고 남북 이스라엘의 '남은 자들'의 연합에 대한 예언의 배경을 이룬다. 여기서 우리는 주전 701년 전후의 남은 자 사상을 드러내는 4:2~6은 다루지 않고 북이스라엘의 정치적 해체기 전후의 남은 자 사상에 대한 연구에 집중하려고 한다.

이사야의 남은 자 사상은 그의 긴 예언 활동을 통해 자체적으로 발전해 갔다. 처음에 이사야의 남은 자 사상은 그다지 깊은 신학적 차원을 갖지 못하였다(처음에는 군사적 의미만 부각). 그러나 시간이 지날수록 신학적 사상/개념이 발전해 갔다.

이사야의 소명묵시에서 묘사된 '거룩한 씨' 예언은 나중에 북이스라엘과 남유다의 남은 자들의 미래를 전망하는 데 출발점이 된다. 이사야의 남은 자 사상의 조감도 격인 6:9~13은 북이스라엘과 남유다의 남은 자들이 거룩한 씨로 보존되어 다음 세대 하나님의 구속 역사에서 동반자가 될 것임을 예언한다.

1. 이사야의 소명묵시에서 '남은 자' 거룩한 씨(6:9~13)

6:11~13은 대파국적 재난에서 살아남은 자들이 바로 남은 자들임을 선언한다. 하나님의 불가피한 대파국적 재난에서 살아남은 자들이 거룩한 씨이며, 이 거룩한 씨는 다음 세대 하나님의 구속 역사를 위해 선택된 인간 동반자들이다.

> 13 비록 그 땅 안에서 십분의 일의 땅에 남아 있을지라도, 그것마저 불타게 될 것이다. 베임을 당하더라도 그루터기를 남기는 밤나무와 상수리나무처럼, 거룩한 그 씨가 이 땅의 그루터기다.

13절의 전체 문맥인 11~13절은 주전 701년 앗수르 산헤립의 유다 침공을 내다보는 예언이다.[39] 결국 이사야의 '강퍅케 하는 소명'(the hardening commission)은 주전 705~701년 히스기야의 반(反)앗수르 봉기와 이에 대한 산헤립의 유다 침공으로 종료되는 '앗수르 위기'(the Assyrian crisis)라는 역사적인 재난을 통해 실현되었다. 이사야 6:9~10의 관점에서 보면 주전 701년 산 헤립의 유다 침공은 백성들의 마음을 무디게 한 이사야 사역의 결실이다. 그러나 앗수르 침략이 가져온 성읍과 도시 및 가옥의 파괴, 국토의 황폐화와 거민들의 유배가 천상 어전회의에서 내려진 하나님의 결단의 궁극적인 목적은 아니다. 13절은 처음으로 하나님의 심판의 긍정적 효과를 암시적으로 언급한다. "밤나무와 상수리나무가 베임을 당하여도(참고 10:17~19) 그 그루터기가 남아 있는 것같이 거룩한 씨가 이 땅의 그루터기니라." 하나님은 당신의 거룩함을 드러내기 위해 넘치는 공의와 파멸의 심판을 행하시지만(5:16; 10:22~23; 28:22; 33:5) 그 심판을 통해 당신의 거룩함을 드러낼 거룩한 씨를 남겨 둔다. 이런 점에서 이사야의 궁극적인 사역은 거룩한 씨 보존에서 발견되는 하나님의 변증법적인 '계획/결단'(עֵצָה에차)에 초점을 맞추고 있다(1:4~9; 4:2~6; 7:3~4; 10:20~23; 14:32; 28:5~6, 16; 30:14~17; 37:30~32).

여기서 거룩한 씨란 본래부터 하나님의 심판을 피할 만큼 도덕적이고 윤리적으로 청결한 의인들이 아니라 이사야 자신처럼 국가적인 재난으로 집행될 수밖에 없었던 하나님 심판의 불가피성을 인정하고 그 거룩한 심판의 불길을 통과한 사람들이다. 하나님 결단의 신학은 단순히 제국주의 앗수르를 무기력하게 인정하는 것이 아니라 궁극적으로 하나님 백성들이 자신의 도덕적이고 신앙적인 책임을 깨닫고 다시 한 번 하나님과 새로운 관계를 설정하기를 바라는 신학적 기도(企圖)였다(1:9~20; 30:17). 이 거룩한 씨 보존의 말씀이 이사야의 남은 자 사상(4:2~6; 28:5, 6; 10:20~23)—그것이 북이스라엘의 남은 자건 남유다의 남은 자건 상관없이—에 대한 예언적 전망으로 발전되었다. 심판의 불길을 통과한 하나님의 거룩한 씨들, 남은 자들의 미래는 하나님의 꺼지지 않는 구원의 열심(salvific zeal)에 의해 향도(嚮導)될 것이다(9:6; 37:32).

2. 남은 자 사상의 발전(7:3, 4; 10:20~23; 28:5, 6)
위에서 암시했듯이, 이사야의 남은 자 사상은 발전한다. 처음에는 '남은 자'가 전쟁 및 군사적 대재난에서 살아남은 자(30:17, 참고 1:8, 9)를 가리켰으나 나중에는 거룩한 씨로서 남은 자, 하나님의 목적과 의도를 성취하기 위해 남은 자(신학적 남은 자)로 개념이 바뀐다. 이사야가 신학적 차원에서 남은 자에 대해 처음 언급한 것은 북이스라엘이 정치적으로 쇠락하고 마침내 멸망으로 치닫던 때였다.

1) 시리아–에브라임 동맹군 '남은 자'들의 초라한 귀국(7:3, 4)

이사야가 처음으로 '남은 자'라는 말을 사용한 것은 주전 735년경 시리아–에브라임 전쟁이 일어나던 초기였다. 주전 733~732년경 시리아–에브라임 동맹군에게 포위된 아하스 왕을 도와주러 갈 때 이미 그의 아들 스알야숩이 등장하기 때문이다. 7:3~4은 스알야숩의 첫 등장을 시리아–에브라임 위기라는 역사적 맥락 속에 배치한다.

(1) 본문 사역(私譯)

3 그래서 야웨께서 이사야에게 말씀하셨다. "너는 네 아들 스알야숩과 함께 세탁자의 밭 옆에 있는 윗못 수로의 끝에서 아하스를 만나라."

4 그리고 너는 그에게 말하여라. "조심하여 진정하라. 두려워하지 말며 이 연기 나는 두 부지깽이를 인하여, 르신과 아람과 르말리야의 아들의 격노를 인하여 네 마음이 낙담하지 않도록 하라.

(2) 해석

7:1~14은 북이스라엘에 대한 심판을 예언하는 한편 다윗 왕조에 대해서는 우호적인 예언을 한다. 시리아–에브라임 전쟁 때 이사야는 시종일관 북이스라엘에 대해 심판적 입장을 견지하였다. 본문에서 이사야는 아하스 왕에게 시리아–에브라임 동맹군을 두려워하지 말라고 설득하는 과정에서 그의 아들 스알야숩을 대동하라는 하나님의 명령을 받는다. 야웨는 이사야의 아들 스알야숩의 이름 예언을 상기시키며 아하스 왕에게 보내 두려워하지 말 것을 권

고한다. '스알야숩'의 문자적인 뜻은 '오직 남은 자만 돌아가리라'는 뜻이다.[40] 전쟁과 재난(홍수) 상황에서 '남은 자'를 언급할 때 그것은 대부분 전쟁과 재난에서 살아남은 적은 수를 가리킨다. 따라서 스알야숩 예언은 두 연합군 군사 중 오직 소수의 군사들만이 살아남을 것이라는 불길한 예언인 셈이다(참고 17:1~7).

스알야숩의 나이가 몇 살인지는 알 수 없지만 아마 적어도 3~4세는 되었을 것이다. 본문 중(3절) '(너와) 네 아들 스알야숩'을 강조한 것을 보면 이사야가 시리아-에브라임 동맹이 형성되는 초기부터(3년 전부터) 이 군사 동맹의 실패와 좌절을 예언했음을 알 수 있다. 이사야는 예루살렘의 정통 신학인 다윗-솔로몬 왕정 신학 전통[41]의 계승자였기 때문에 다윗 왕조가 끊어진다는 것은 상상도 할 수 없는 일이었다. 팔레스타인을 정치적으로 장악하기 위하여 시리아-에브라임 반앗수르 동맹군을 분쇄하려는 앗수르 제국의 정치적 야심에 대한 현실 정치적 통찰 위에 이러한 신학적 확신까지 가졌던 이사야는 시리아-에브라임 동맹군의 필연적 실패와 좌절을 확신하였다.

이사야의 '오직 남은 자만(시리아-에브라임 동맹군 중에서) 살아서 돌아가리라'는 이 '스알야숩' 예언은 1년이 못 되어 실현되었다. 실제로 주전 732년 시리아-에브라임 동맹군은 앗수르에게 철저하게 패한 후 두 나라 군대 모두 극히 일부만 살아 돌아갔다. 그 결과 시리아는 앗수르의 속주로 병합되어 정치적 실체를 상실했으며, 북이스라엘은 영토의 3분의 1이상을 앗수르에게 병탄당하고 '남은 자'만 간신히 생존하는 신세로 전락하였다.

2) 이스라엘의 남은 자여 이스라엘의 거룩한 자께 돌아오라(10:20~23)

시리아-에브라임 전쟁 동안 이사야는 베가 치하의 북이스라엘을 단죄하는 예언을 했으나 주전 722/721년에 북이스라엘이 앗수르에게 멸망당하자 북이스라엘에 대한 신학적 복권을 서두르며 북이스라엘의 남은 자들에게 동정적인 입장을 취한다. 10:20~23과 28:5~6이 이사야의 이러한 태도를 보여 준다. 먼저 우리는 10:20~23의 '남은 자만 돌아간다'(스알야숩)는 선언의 신학적 차원을 살펴본 후에 북이스라엘의 남은 자에게 준비된 미래에 대해 살펴볼 것이다.

(1) 본문 사역(私譯)

20 그 날에 이스라엘의 남은 자와 야곱 가문[42]의 피난한 자들이
　　다시는 자기를 친 자에게 기대지 않고
　　이스라엘의 거룩하신 자 야웨를 진정 의뢰하리라.
21 남은 자가 돌아오리라.[43]
　　야곱의 남은 자가 능하신 하나님[44]께 돌아오리라!
22 이스라엘이여 네 백성이 바다의 모래 같을지라도,
　　그 중에서 남은 자만 돌아오리라.
　　흘러넘치는[45] 공의로 파괴가 선언되었도다!
23 왜냐하면 주 만군의 야웨께서 온 땅에 이미 끝났다고 선언되고
　　작정된 일[46]을 행하시고 계시기[47] 때문이다.

(2) 해석

19절의 '스알'과 20~22절의 '스알'의 연결을 고려해 보면 10:16~19과 10:20~23 단락 사이에 대조적 대구가 이루어지고 있음을 알 수 있다. 앞 단락은 앗수르 제국이 거의 희소한 수의 나무를 남긴 채 작벌당하는 삼림처럼 멸당당할 것을 예언하고, 10:20~23은 앗수르 제국에 의해 멸망한 북이스라엘 왕국이 남은 자를 통해 명맥을 이어 갈 것을 예언한다. 앗수르가 붕괴되고 작벌당하는 바로 그 날에 '이스라엘의 남은 자'와 '야곱 가문의 피난한 자들'[48]이 자신들을 친 세계 열방들을 의뢰하지 않고, 오로지 이스라엘의 거룩한 자 야웨께로 돌아올 것이다. 본문과 10:24상("시온에 거한 나의 백성들아")을 동시에 고려해 보면 이 예언이 북이스라엘은 이미 멸망당하고 남유다는 아직 건재한 히스기야 시대에 이뤄졌음을 알 수 있다. 북이스라엘의 군사적 패배를 예고

하던 스알야숩이라는 이름 예언이 본문에서는 신학적 현실 정치적 의미로 재전용(再轉用)된다.

20절은 이사야의 초기 스알야숩 예언의 재적용(adaptation) 사례를 보여 준다. 20절은 북이스라엘의 피난민들과 남은 자들이 남유다로 쇄도하는 정경을 그린다. 실제로 북이스라엘 쇠락과 멸망이 이뤄진 주전 732~722년 동안에 많은 북이스라엘 백성들이 남유다로 밀려 왔다. 그래서 북이스라엘의 남은 자들에 대한 히스기야 왕실의 복속 노력도 진지하였다. 왕세자의 이름을 므낫세라고 지음으로써 북이스라엘의 남은 백성들을 품으려는 정치적 배려가 있었으며, 북이스라엘 왕국의 유월절 역법에 맞춰—남유다보다 한 달 늦게 유월절을 기림—유월절을 열고 북이스라엘의 남은 백성들에게 유월절 초청장을 보냈다(대하 30장). 유월절은 이스라엘 분열 이전 시기, 즉 12지파의 일치와 연합을 생생하게 상기시키는 역사적인 명절이었다. 이사야와 히스기야 등 남유다의 야웨주의자들은 북이스라엘의 남은 자들이 진정한 해방은 야웨 하나님께로 귀의함으로써 이뤄진다는 메시지를 깨닫기를 바랐는지도 모른다. 실제로 히스기야는 앗수르 왕으로 즉위한 산헤립이 초기 4~5년간을 우라르투 지역을 진압하고 바벨론의 반란과 제국 자체 문제를 해결하는 데 힘을 쏟는 동안 시리아—팔레스타인 일대에 지역 패권주의를 확립하였다. 블레셋의 에그론 왕 파디(Padi)를 자신의 반앗수르 동맹에 가담하지 않는다는 이유로 폐위시키고 예루살렘 감옥에 투옥하는가 하면, 에그론, 가사, 아스겔론 등 블레셋 지역을 군사적 정치적으로 제압하였다(대상 4:39~43; 왕하 18:8, 참고 사 11:13~14). 어떤 의미에서 히스기야는—적어도 군사적으로는—다윗 제국의 옛 영광을 회복하려고 분투하였다. 히스기야는—적어도 정치적으로는—북이스라엘의 남은 지역을 복속하려고 노력하였다. 10:20~23은 히스기야의 정치적 노력에 신학적 차원을 가미한 셈이다. 이사야는 유다 왕에게로 돌아오는 것을 넘어서서 이스라엘의 거룩한 자 야웨 하나님께로 돌아올 것을 전망했고 촉구하였다.

결국 이 짧은 예언은 북이스라엘의 남은 백성들이 '하나님께'(한편으로 히스기야. '강력한 용사'라는 칭호는 대관식 때 새 왕 히스기야에게 붙여진 이름임) 돌아올 것을 격려하고 남유다로 하여금 북이스라엘의 정치적 곤경과 국가적 패망을 신앙적, 정치적으로 포용할 것을 촉구하는 예언으로 작용했을 것이다. 그는 비록 현실의 유다 왕조가 북이스라엘의 난민들, 혹은 남은 이스라엘 백성들을 능히 포용할 수 있는 능력이 있는지 의심했을는지 모르나, 히스기야 왕실이 그의 예언적 전망에 호응하려고 노력한 점만큼은 부인할 수 없을 것 같다. 그런 점에서 이사야는 북이스라엘 왕국의 정치적 해체는 북이스라엘의 남은 자들이 이상적으로 승화된 다윗 왕조(유다 왕실의 이상화된 상태) 아래서 통일 이스라엘 부흥이라는 꿈을 실현시키는 데 쓰임 받을 수 있다고 믿었던 것 같다.[49]

22~23절은 북이스라엘의 많은 사람들이 앗수르로 끌려갔다고 해서 이스라엘에 대한 하나님의 약속(족장약속: "이스라엘의 자손의 수를 바다 모래처럼 번성케 하리라" 창 12, 15, 21, 32장)이 폐지되었는가?라는 질문에 대답한다. 양보절에 의하여 도입되는 22절은 이스라엘에 대한 약속은 유효한데 남은 자들에게 유효한 약속으로 남아 있게 될 것을 예언한다(롬 9~11장에서 구사되는 바울의 논리는 이사야의 논리 모방). 22~23절은—비록 똑같은 단어가 사용되지는 않지만 적어도 주제적으로는—이사야의 하나님 결단의 신학을 떠올리게 한다('작정', '행하다'). 하나님 결단의 신학은 이스라엘의 멸망이 어떤 의미에서 하나님의 공의의 흘러넘침—앗수르 제국의 흘러넘침과 대응—의 결과임을 인정한다. 적어도 23절의 '하라츠'(חָרוּץ, מַצֵּבָה에차의 유사어)와 '마아세'(מַעֲשֶׂה 일, '행하다'를 의미하는 עָשָׂה 아사의 명사형)는 이사야 6:11~13의 소명묵시와 주제에서 상응한다고 보아진다. 다시 말해 북이스라엘의 남은 자들이 능하신 하나님, 이스라엘의 거룩한 자 야웨께 돌아오는 것은 하나님의 공의의 심판 결정과 집행으로 이뤄진 정치적 파멸 상태에서 기대할 수 있는 일이다. 자손 번성과 관련한 족장 약속을 부정적인 맥락에서 언급하는 22절을 고려해 보면 이사야의 '남은 자' 사상은 족장 약속의 선별적 제한적 실현을 인정한다. "이스라엘이여 네 백성이 바다의 모래 같을지라도 그 중에서 남은 자만 돌아오리니." 따라서 이스라엘의 많은 지파들이 앗수르로 유배당하거나 애굽으로 망명을 떠나 다시는 옛날의 지

파 연합을 회복할 가망이 없을지라도 하나님의 약속은 '남은 자'를 통해 계승되며 실현될 것이다. 이 남은 자는 하나님의 은총의 유효성을, 즉 족장 약속의 유효성을 입증하는 증인들이다(암 5:15). 이사야의 남은 자 사상은 족장 약속(창 32:13, 참고 호 1:10; 2:1)의 변증법적 해석인 셈이다. 북이스라엘의 멸망으로 족장 약속이 폐기된 것은 아니었다. 다만 조건적 약속으로 수정되었다. 북이스라엘의 피난민들과 남은 자들 중에서 야웨 하나님께로 돌아옴으로써 남은 자가, 즉 족장 약속의 상속자가 된다는 것이다. 누가 참 이스라엘인가? 남은 자가 참 이스라엘이다. 누가 남은 자인가? 이스라엘의 거룩한 자 야웨 하나님과 능하신 하나님께로 귀의하는 자가 참으로 남은 자다. 남은 자는 돌이키는 자다. 그런데 언제 이스라엘 백성들이 돌이킬 수 있는가? 이사야 6:9은 하나님의 예지와 예정에 의해 이사야의 청중들은 돌이킬 능력을 잃은 것처럼 말한다. 28:12과 30:15은 이사야가 청중들에게 돌아오라고 촉구하지만 그들은 파국적 재난을 당하기 전에는 도저히 돌아올 기미를 보이지 않는다. 오로지 대파국적 재난을 겪은 후에 돌이킬 기회를 얻을 뿐이다. 이사야는 북이스라엘 왕국의 남은 백성들에게 이스라엘의 정치적 멸망은 그들이 야웨 하나님께로 돌이킬 기회가 된다고 주장하였다(대하 30:1, 참고 대상 9:1).

3) 그 남은 백성에게 영화로운 면류관이 되시는 야웨(28:5, 6)
28:5~6은 에브라임이 멸망한 원인을 분석한 단락(28:1~8)의 일부로서 에브라임의 남은 백성을 향한 야웨의 돌이킴에 대해 말한다.

(1) 본문 사역(私譯)

5 그 날에 만군의 야웨께서 그의 백성의 남은 자에게 영화로운 면류관이
  되시며 아름다운 화관이 되리라.
6 재판하러 앉은 자에게는 공평의 신이 되실 것이며 성문에서 싸움을
  물리치는[50] 자에게는 용력(勇力)이 되시리라.

(2) 해석

28:1~8은 에브라임이 멸망한 근인(根因)—오만과 영적인 감수성이 결여됨(술취함)—을 제시하는 동시에 남은 백성과 야웨의 관계에 대해 예언한다. 에브라임은 취한 자요, 사마리아는 그 교만한 에브라임의 자랑거리(요새?)요 면류관이었다. 그것은 기름진 골짜기에 세운 성채였으나(살만에셀 5세의 포위에도 3년간 완강하게 저항했으나 살만에셀의 아들 사르곤 2세 의해 함락됨) 그것은 쇠잔해 가는 꽃과 같은 헛된 영광에 도취되었다가 망하였다. 하나님은 우박과 파괴적인 광풍, 대파국적 홍수 같은 심판으로 에브라임을 굴욕적으로 낮추셨다. 여름 전에 처음 익은 무화과나무 열매처럼 앗수르의 손에 의해 신속히 따먹힌 열매였다(18:3~6).

28:1은 에브라임(북왕국) 혹은 에브라임의 오만한 정치 지도자들을 '교만한 면류관'이요 '영화로운 관'이라고 지칭한다. 그러나 에브라임의 교만한 면류관은 땅에 떨어졌고(왕조의 멸망) 북이스라엘은 정치적 실체를 상실하였다. 바로 그 날에, 야웨께서 그 남은 백성에게 친히 면류관(왕)이 되시며 영예로운 왕관이 되어 주실 것이다. 즉 야웨가 친히 왕이 되어 주실 것이다.

각각 네 보어들 앞에 붙어 있는 전치사 ﬥ는 야웨께서 본질적으로 각각의 관계로 발전되어 갈 것임을 보여 준다. 야웨가 단지 영화로운 왕관이요 공평의 신이라고 선언하는 것과 그런 관계로 발전되고 구현되어 간다는 진술은 미묘한 차이가 있다. 야웨의 영화로운 왕관이 되어 준다는 말은 이상적인 부왕(메시아)을 통한 위임 통치까지 포함한 야웨의 통치를 말한다. 이사야의 왕정 신학(메시아 신학)의 관점에서 보면 메시아의 대리 통치도 야웨의 왕적 통치와 사실상 동연적(同延的)이다(효과와 질에 있어서 동일하다).

여기서 우리는 다시 북이스라엘의 국가적 멸망은 야웨의 왕적 통치, 즉 메시아의 위임 통치 아래 복속될 수 있는 기회를 제공하였다고 보는 이사야의 예언자적 관점을 간취(看取)한다. 북이스라엘 왕국이 정치적 실체를 박탈당한 그 사건이 오히려 북이스라엘 왕국의 남은 백성이 야웨의 왕적 다스림(혹은 이상적인 다윗 계열의 왕의 다스림) 아래 복속되는 길을 열어 준다. 따라서 하나님의 왕적 통치 사건을 너무 먼 종말의 사건으로 파악할 필요는 없다.

그렇다면 야웨의 왕적 통치가 어떻게 매개되고 구현되는가? 공정한 재판을 지도하고 주장하는 공평의 신(판결)이 되어 주심으로, 성문을 향해 쳐들어오는 적군을 격퇴하는 군인들의 힘(군사력)이 되어 주심으로써 에브라임의 남은 백성들은 하나님의 왕적인 통치를 맛보게 될 것이다.

이새의 줄기에서 나온 싹은 지혜와 총명의 신, 재능과 지략의 신으로 가득 찬 왕이다. 그는 공평과 정의로 재판할 것이다. 야웨가 재판하는 자에게 공평의 신이 된다는 말은 하나님이 공평의 영으로 가득 찬 메시아적 왕과 관리들에 의한 메시아적 통치의 후견인이 된다는 말이다. 또한 성문에서 전쟁을 격퇴하는 자에게 용력을 준다는 말에서 우리는 하나님의 전쟁을 다시금 떠올린다. 하나님의 다스림은 공정한 재판과 튼튼한 안보(군사적 안전 보장)에서 실체화된다.

여기서 우리는 공평한 재판을 하는 나라야말로 하나님에 의한 안전 보장을 받을 수 있는 공동체가 아닌가 하는 생각을 하게 된다.[51] 에브라임이 멸망하게 된 원인 중 하나가 재판을 굽게 하고 고아와 과부의 소송을 멸시한 일이었다(암 5:7, 10, 12). 공정한 재판이 이뤄지지 않는 나라의 성문은 늘 외적의 침입에 노출되어 있다는 것이 이사야를 비롯한 예언자들의 신념이었다. 하나님께서 공평의 신이 되어 주심으로써, 성문을 지키는 용사들에게 군사적 용력이 되어 주심으로써 친히 에브라임의 왕이 될 것이다.

여기서는 이스라엘의 남은 자들 편에서 어떤 선행적(先行的)이거나 자발적인 돌이킴이 강조되지 않는다. 야웨 자신의 호의적인 돌이킴이 부각된다(호 11:8, 9과 일맥상통한다). 이사야는 에브라임의 남은 자에게 밝고 긍정적인 미래상을 제시한다. 야웨 하나님 자신의 돌이킴이 에브라임의 남은 백성에게 복음이 될 것이다.

이 짧은 단원 안에는 일방적인 하나님의 구원이 부각되어 있다. 에브라임의 교만한 면류관이 땅바닥에 내팽개쳐진 북이스라엘의 굴욕적인 패망은 에브라임의 남은 자에게 하나님의 왕적인 다스림을 덧입을 기회를 제공하였다.

이사야를 비롯한 주전 8세기 예언자들은 북이스라엘 왕국의 정치적 파멸이 하나님의 친정 통치(=메시아 통치)의 도래를 가져온다고 생각하였다.

요약 및 결론

이상의 연구에서 우리는 이사야의 메시아 예언(9, 11장)과 초기 남은 자 사상이 북이스라엘의 멸망 과정에서 발생한 난민들, 포로들, 이산민(離散民)들을 붙들기 위한 신학적, 목회적, 정치적 응답이었음을 발견하게 된다. 이사야가 예언 활동을 한 주전 738~701년 동안은 남북 분열 왕국 모두에게 형용키 어려운 재난의 시기였다. 민족 분단의 상처와 그것의 비극적 결말이 최고조에 도달한 시점에 이사야는 다윗 왕국적 대통합의 논리와 남은 자 사상을 주창하며 쓰러져 가는 북이스라엘의 난민들을 지탱하고 남유다가 직면한 총체적 난국을 돌파하고자 하였다.

북이스라엘 왕국은 주전 732년과 주전 722/721년에 앗수르 제국과의 전쟁에서 치명적으로 패배하였다. 주전 732년 시리아-에브라임 전쟁에 패하면서 북이스라엘의 북쪽 지역-스불론과 납달리 지역-이 앗수르의 속주로 병탄되어 버렸고, 주전 722/721년에는 호세아 왕과 사마리아가 3년간 끈질기게 저항했음에도 북이스라엘 왕국은 사르곤 2세에게 철저하게 멸망당하였다. 앗수르는 하나님의 포도원을 잠시 유린하고 짓밟는 징벌의 역할만 허용되었지만 세계 제국 건설의 야심 때문에 하나님의 고유한 위임을 위반하였다.[52] 그래서 북이스라엘은 국가적 정체성을 상실했고 많은 사람들이 앗수르로 끌려가거나, 애굽으로 피난 갔거나 아니면 유력자들은 남유다로 도망쳤다. 이사야는 이런 전무후무한 민족적 재난의 근인 중 하나를 우상숭배와 그것의 결과인 왕국 분열로 파악하였다.

앞서 지적했듯이 북이스라엘 왕국의 멸망 사건은 이스라엘 백성 전체 중 일부가 아니라 북이스라엘 왕국을 구성했던 12지파 중 9와 1/2지파의 상실을 의미하였다(열왕기서는 북왕국만을 이스라엘이라고 부름). 이러한 예기치 않은 북이스라엘 왕국의 돌연한 쇠락과 멸망(시리아—에브라임 전쟁 후폭풍과 주전 722/721년 사마리아의 완전 멸망)에 대한 이사야의 태도는 두 줄기의 구원 예언에서 나타난다. 북이스라엘 왕국의 멸망은 이사야에게 모종의 신학적 위기를 초래하였다.

신학적 의미의 남은 자 사상은 누가 참 이스라엘이며 누가 족장 및 이스라엘 공동체에게 주어진 신학적 자산을 상속받을 것인가를 묻는 과정에서 등장한다. 이스라엘 12지파의 절대 다수인 10지파가 멸망하였다면 이제 이스라엘은 무엇을 의미하는가? 이스라엘 백성의 대부분이 앗수르로 유배되어 앗수르 제국 내 다른 민족들과 뒤섞여 버렸다. 이제 회복의 가망성이 없는 수준으로 타락해서 다시는 기억되지 못할지도 모르는 상황에서 '이스라엘'이라는 말은 무엇을 의미하는가? 10지파로 구성된 선민 이스라엘의 역사는 사마리아의 멸망으로 끝나 버렸는가?[53] 하나님의 절대 주권적인 선택과 계약, 그리고 가나안 땅 정복의 전승은 앗수르 제국주의의 군사력 앞에 끝나고 마는 건가? 북이스라엘 왕국에 남아 있는 백성들의 신학적 정체성은 무엇인가? 그들은 여전히 고대 이스라엘과 맺은 약속들(구원사 전승들, 족장 약속들)의 합법적인 상속자인가? 누가 진정 이스라엘인가? 과연 앗수르 제국으로 유배당한 사람들의 운명은 어떻게 될 것인가? 이 수많은 질문에 대한 이사야의 신학적 응답이 바로 '남은 자 사상'이다.

이사야는 하나님의 선민 이스라엘의 이야기가 어떻게 계속 진행되고 있는지를 보여 주기 위하여 때때로 (북이스라엘의) 남은 자에 대하여 말한다(사 10:20~23, 참고 렘 5:10). 앗수르가 군사적으로 북이스라엘 왕정을 정복했지만 이스라엘을 선택하시고 계약 백성으로 삼으신 하나님의 구원사를 방해할 수는 없다. 왜냐하면 하나님은 북이스라엘의 남은 자—그들이 진실로 이스라엘이다. 이러한 신학 사상의 마지막에 신약 공동체가, 종말의 남은 자 공동체(쿰란 공동체의 경우도 비슷)라는 자의식을 가지고 탄생—들을 통해 원래 이스라엘을 통해 행할 구원사적 계획을 성취하실 수 있기 때문이다.

결국 이사야의 남은 자 사상은 혈통적 정치적 실체로서의 이스라엘 대신 신학적 실체로서의 이스라엘 개념을 참 이스라엘로 등장시키는 과도기적 신학 사상이다(겔 37:15~17). 그래서 이사야를 비롯해 구약성경의 예언서들에서 이스라엘은 야웨께 신실하게 남아 있는 백성을 의미하는 것으로 다시 정의된다(우리는 바울에게서 이런 예언자적인 남은 자 사상의 계승을 본다). 남아 있는 백성은 그 옛날 이스라엘 백성들의 출애굽 장정(長征)을 이끈 족장들에게 한 약속의 상속자다.

요약하자면, 이스라엘의 남은 자가 원래 이스라엘에게 준 약속들의 상속자라고 정의함으로써 이사야는 앗수르 대범람에서 살아남은 북이스라엘의 남은 자들(팔레스타인에 남은 자들과 해외로 도망치거나 유배당한 자 모두 포함)을 위한 두 가지 예언적 미래 전망을 제시하였다.

하나는 남은 이스라엘 유민들이 다윗 왕조(유다가 아니라) 아래로 복귀하는 것이며, 나머지 하나는 앗수르와 애굽에 포로로 잡혀가거나 혹은 스스로 도피한 북이스라엘 이산민들이 이새의 줄기에서 나온 한 영도자의 지도하에 이스라엘 고토로 회복되는 미래 전망이었다. 다시 말해 이사야는 북이스라엘의 남은 백성들이 다윗 계열에서 난 이상적인 왕의 다스림 아래서 통일되어 다시 팔레스타인 일대를 아우르며 옛 다윗 왕국을 회복하는 그 날에 대하여 예언한 것이다. 결국 이사야는 남은 자 사상과 메시아 예언으로 북이스라엘의 멸망이 초래한 신학적 위기에 대처하고자 했다. 이런 점에서 이사야는 역사적 재난이 민족 화해와 통합을 촉진하는 계기가 될 수 있다고 본 신본주의적 낙관주의자였다고 할 수 있다.

03

광야 선지자, 이사야

성경에 나타나는 하나님의 사람 중에는 선지자라고 불리는 사람들이 있다. 예를 들면, 아브라함은 하나님이 직접 선지자라고 말씀하셨고(창 20:7), 모세는 성경 사가에 의해 모세와 같은 선지자가 없다는 칭찬을 받았다(신 34:10). 호세아 선지자는 모세에 대하여 이렇게 증언한다. "여호와께서는 한 선지자로 이스라엘을 애굽에서 인도하여 내셨고 이스라엘이 한 선지자로 보호받았거늘"(호 12:13). 구약에서 선지자들은 시대마다 등장하여 하나님의 말씀을 가감 없이 전했다. 이에 대하여 아모스 선지자는 이렇게 말한다. "너희 아들 중에서 선지자를 너희 청년 중에서 나실인을 일으켰나니 이스라엘 자손들아 과연 그렇지 아니하냐 이는 여호와의 말씀이니라"(암 2:11).

구약의 선지자, 그들은 누구인가? 이 글의 주제는 이사야 선지자를 이해하는 데 있다. 특히 광야라는 관점에서 이사야를 이해해 보고자 한다. 그러기 위해 먼저 구약에 나타나는 선지자들의 특징을 살펴보자.

구약의 선지자들

구약의 선지자를 대표하는 인물은 역시 하나님의 이상이 희귀할 때에 어머니 한나의 기도로 세움을 받은 선지자 사무엘을 들 수 있다. 사무엘은 여호와의 선지자로 불리었고 엘리 가문으로 인한 제사권의 위기를 극복하고 왕정을 세우는 데 큰 공헌을 했다(삼상 3:20).

다음은 왕정 시대 특히 다윗 왕 때 활동한 선지자 나단을 들 수 있다. 나단 선지자는 다윗 왕의 영적 교사로서 다윗과 함께 한다. 어느 날 다윗이 자신은 백향목 궁에, 하나님의 언약궤는 휘장에 있음으로 인해 자책할 때, 나단은 하나님이 다윗 왕조를 세우셨으며 그 아들 솔로몬이 성전을 건축하게 될 것이라는 일명 '나단의 신탁'을 발표한다(삼하 7:2). 하지만 다윗이 밧세바를 취하기 위해 그녀의 남편이며 자신의 충복인 헷 사람 우리야를 죽인 후에 그 사실을 은폐하려고 하자 나단은 다윗을 준엄히 꾸짖는다(삼하 12:1~15).

> "당신이 그 사람이라 이스라엘의 하나님 여호와께서 이와 같이 이르시기를 내가 너를 이스라엘 왕으로 기름 붓기 위하여 너를 사울의 손에서 구원하고 네 주인의 집을 네게 주고 네 주인의 아내들을 네 품에 두고 이스라엘과 유다 족속을 네게 맡겼느니라 만일 그것이 부족하였을 것 같으면 내가 네게 이것 저것을 더 주었으리라. 그러한데 어찌하여 네가 여호와의 말씀을 업신여기고 나 보기에 악을 행하였느냐"(삼하 12:7중~9상).

다윗은 이를 계기로 하나님께 철저히 회개하고 그 유명한 시편 51편을 짓는다.

> "하나님이여 주의 인자를 따라 내게 은혜를 베푸시며 주의 많은 긍휼을 따라 내 죄악을 지워 주소서. 나를 주 앞에서 쫓아내지 마시고 주의 성신을 내게서 거두지 마소서"(시 51:1, 11).

후에 나단은 다윗의 아들 아도니야가 솔로몬의 왕권을 빼앗아 스스로 왕이 되려 하자 다윗 왕에게 충언하여 솔로몬이 왕권을 이어받게 만든다(왕상 1:22).

아히야는 솔로몬 시대 후기에 활동한 실로 출신의 선지자다(왕상 11:29). 아히야가 실로 사람임을 강조하는 까닭은 아마도 잃어버린 실로의 성막 정통성을 이으려는 애향심에서 비롯되었을 가능성이 높다. 아무튼 아히야 선지자는 여로보암이 솔로몬 왕 시절 장관이었을 때 그가 북왕국 초대 왕이 될 것임을 예언한다(왕상 11:29~39; 12:15).

위에서 선지자의 대표 격으로 사무엘을 들었는데, 사무엘은 건국의 기초를 놓은 선지자란 면에서 그렇고, 능력과 열심 면에서는 엘리야가 이스라엘 역사에서 빼놓을 수 없는 대표 격 선지자다. 엘리야는 가장 명예로운 칭호인 하나님의 사람으로 인정받았을 뿐 아니라(왕상 17:18, 24) 칠흑 같은 영적 혼돈기에 북왕국 이스라엘의 선지자로서 아합 왕의 혼합 정책의 결과물인 바알주의에 맞서 싸운 선지자였다(왕상 18:21). 그는 무너진 제단을 다시 수축하였을 뿐 아니라(왕상 18:30~31) 약속의 땅에 축복을 가져다주는 분이 이스라엘 하나님이심을 증거한 선지자였다(왕상 18:41~46). 갈멜 산의 영적 전투에서 엘리야는 오늘날 하나님의 종들이 반드시 기억해야 할 세 가지 요소를 담은 기도를 드렸다.

> "저녁 소제 드릴 때에 이르러 선지자 엘리야가 나아가서 말하되 아브라함과
> 과 내가 주의 종인 것과 내가 주의 말씀대로 이 모든 일을 행하는 것을 오
> 늘날 알게 하옵소서"(왕상 18:36).

즉 그의 기도를 통해 선지자란 하나님을 그 백성에게 알리는 사람이며, 사람의 종이 아니라 하나님의 종이며, 오직 주의 말씀대로만 행하는 사람임을 알 수 있다.

다음으로 주목할 만한 선지자는 엘리야의 후계자로 선정된 엘리사다. 호렙 현현 사건에서 하나님은 엘리야를 대신할 선지자로 엘리사를 지목하신다('너를 대신한 선지자' 왕상 19:16). 엘리사는 네 가지 별칭을 가지는데, 여호와께 물을 만한 선지자(왕하 3:11), 하나님의 사람(왕하 4:25), 사마리아에 계신 선지자(왕하 5:3), 이스라엘의 영적 아버지였다("내 아버지여" 왕하 6:21).

아브라함에서 시작된 선지자의 전통은 엘리야, 엘리사에 이르러 극점에 달하나 이후에도 선지자의 작고 큰 봉우리들이 영적 산맥을 이루며 약속의 땅 가나안의 지도를 형성해 나간다.

아합 시대의 미가야 선지자는 여호와께 물을 만한 선지자로 불리면서 천상회의의 관람객으로 초청을 받는다(왕상 22:7, 17~23). 요나는 앗수르의 수도 니느웨로 소명을 받으나 이를 거절하여 호된 대가를 치른다. 고난의 현장에서 회개한 요나는 마지못해 사명의 현장에서 사명을 다하나 여전히 이스라엘 민족주의적인 선민주의의 편협성 때문에 책망을 듣는다. 그럼에도 그는 열왕기 사가에 의해 '여호와의 종'이라고 불렸다(왕하 14:25).

아모스는 대적에 의해 선견자로 불렸으나(암 7:12) 정작 본인은 '나는 선지자도 아니요 선지자의 아들도 아니라'며 겸양을 보인다(암 7:14). 아모스 선지자를 통해 배울 수 있는 중요한 사실은 "주 여호와께서는 자기의 비밀을 그 종 선지자들에게 보이지 아니하시고는 결코 행하심이 없으리라"(암 3:7)는 것과 "주 여호와께서 말씀하신즉 누가 예언하지 아니하겠"(암 3:8)으며 자기 뜻을 사람에게 보이시는 분은 "그의 이름이 만군의 하나님 여호와"(암 4:13)라는 점이다.

호세아는 선지자의 고뇌를 보여 준다. 이스라엘에 메시지를 전달하기 위해 그의 삶이 모델이 된 것이다. 호세아를 통해 배울 수 있는 것은 선지자는 하나님의 명령에 철저하게 복종하는 삶을 살아야 한다는 점이다("여호와께서 내게 이르시되" 호 3:1). 호세아는 하나님께서 말씀하시는 방법은 선지자를 통하는 것이고 한 사람만이 아니라 여러 선지자를 사용하시며 그들에게 이상을 보였고 비유를 베풀었음을 강조한다(호 12:10). 하지만 이스라엘 백성들이 하나님의 말씀의 통로가 되는 선지자들의 부름을 거절하기 때문에 선지자가 이스라엘 백성에게 매가 됨을 아울러 강조한다(호 6:5; 11:2).

미가 선지자는 선지자가 갖춘 영적 능력의 근원을 자세하게 밝힌다.

"오직 나는 여호와의 영으로 말미암아 능력과 정의와 용기로 충만해져서

야곱의 허물과 이스라엘의 죄를 그들에게 보이리라"(미 3:8).
"오직 우리는 우리 하나님 여호와의 이름을 의지하여 영원히 행하리로다"
(미 4:5).

이와 같은 미가의 영적 능력은 예수 그리스도의 탄생을 고지하는 모습으로 나타난다.

"베들레헴 에브라다야 너는 유다 족속 중에 작을지라도 이스라엘을 다스릴 자가 네게서 내게로 나올 것이라 그의 근본은 상고에, 영원에 있느니라"(미 5:2).

예레미야는 선지자의 선택이 오래전에 예선된 것임을 보여 준다.

"내가 너를 모래에 짓기 전에 너를 알았고 네가 배에서 나오기 전에 너를 성별하였고 너를 여러 나라의 선지자로 세웠노라"(렘 1:5).

에스겔 선지자는 제사장으로 부름을 받은 사람으로서 세 가지 특징을 가지는데, 하나님의 이상을 보고 여호와의 말씀을 받고 여호와의 권능이 임한다(겔 1:1~3)는 것이다.

요엘 선지자는 기도하는 선지자였다("여호와여 내가 주께 부르짖으오니" 욜 1:19). 오바댜, 나훔, 하박국은 묵시 선지자로 알려졌다(욥 1:1; 나 1:1; 합 1:1). 특히 하박국은 선지자가 하나님의 말씀을 받을 때 일어나는 영혼의 떨림을 이렇게 설명한다.

"내가 들었으므로 내 창자가 흔들렸고 그 목소리로 말미암아 내 입술이 떨렸도다"(합 3:16).

스바냐 선지자는 선지자들의 삶이 신중하며 충직해야 함을 타락한 하나님의 선지자를 반면교사로 삼아 교훈한다("그의 선지자들은 경솔하고 간사한 사람들이요" 습 3:4). 학개는 여호와의 말씀의 통로가 된 선지자로(학 1:1; 2:1), 스가랴는 말씀과 비전의 선지자로서(슥 1:1, 8) 예루살렘 성전 안에 제사장뿐 아니라 선지자의 무리가 공존하였음을 알리는 중요한 자료를 제공한다("만군의 여호와의 전에 있는 제사장들과 선지자들에게 물어 가로되 내가 여러 해 동안 행한 대로 오월 중에 울며 근신하리이까" 슥 7:3).

스가랴는 선지자가 외친 말을 청종할 것을 권면한다.

"여호와가 이전 선지자로 외친 말을 너희가 청종할 것이 아니냐"(슥 7:7).

스가랴는 거짓 선지자들을 드라빔이며 거짓 복술을 행하는 자들이라고 비난하면서 그들의 거짓 증거 때문에 백성이 유리하고 곤고를 당한다고 말한다.

"드라빔들은 허탄한 것을 말하며 복술자는 진실하지 않은 것을 보고 거짓 꿈을 말한즉 그 위로가 헛되므로 백성들이 양같이 유리하며 목자가 없으므로 곤고를 당하나니"(슥 10:2).

구약의 마지막 선지자인 말라기는 특히 레위인들에게 경고한다(말 2:8). 또한 말라기를 통해 선지자 엘리야 즉 신약적 의미에서 세례 요한의 등장을 보게 된다.

"보라 여호와의 크고 두려운 날이 이르기 전에 내가 선지자 엘리야를 너희에게 보내리니"(말 4:5).

위에서 언급한 선지자 외에도 하나님의 사람이라고 불리는 무명의 선지자들도 주목해야 한다. 열왕기상 13:1에 늙은 선지자로서 여로보암에게 예언하라는 부르심을 받은 하나님의 사람을 속여서 넘어지게 한 무명의 선지자와

(왕상 13:1~13), 하나님의 사람이라고만 불리며 이름은 알 수 없는 선지자(왕상 20:13), 엘리사의 생도로 예후의 머리에 기름을 부은 소년 선지자(왕하 9:4, 6)도 이스라엘의 영적 지도에서 한 부분을 장식한다.

선지자들의 삶

선지자들은 단독으로 활동하는 경우도 있지만 무리를 지어 생활하며 함께 예언하는 경우도 구약에서 발견한다. 오늘날의 의미로 신학생들이라고 할까? 또한 동시대에 여러 곳에 선지자의 무리가 있었음을 보게 된다(선지자의 무리 삼상 10:5; 왕상 20:35; 왕하 4:38~44, 벧엘에 있는 선지자의 생도들 왕하 2:3, 여리고에 있는 선지자의 생도들 왕하 2:5, 15, 선지자의 생도 50인 왕하 2:7).

선지자들의 삶은 열악하기 짝이 없었다. 그들은 악한 세력의 희생이 되기도 하였고 가난의 상징이기도 하였다. 고난 받는 여호와의 선지자들에 대해 열왕기상 18:4은 이렇게 설명한다. "이세벨이 여호와의 선지자들을 멸할 때에 오바댜가 선지자 백 명을 가지고 오십 명씩 굴에 숨기고 떡과 물을 먹였더라."

엘리사 선지자 시대의 삶의 정황은 다음과 같았다.

"한 사람이 채소를 캐러 들에 나가서 들포도 덩굴을 만나 그것에서 들호박을 따서 옷자락에 채워 가지고 돌아와 썰어 국 끓이는 솥에 넣되 저희는 무엇인지 알지 못한지라"(왕하 4:39).

"한 사람이 바알 살리사에서부터 와서 처음 익은 식물 곧 보리 떡 이십 개와 또 자루에 담은 채소를 하나님의 사람에게 드린지라 그가 이르되 무리에게 주어 먹게 하라 그 사환이 이르되 어찌 이것을 백 명에게 주겠나이까 하나 엘리사는 또 이르되 무리에게 주어 먹게 하라 여호와의 말씀이 그들이 먹고 남으리라 하셨느니라 그가 그들 앞에 주었더니 여호와께서 말씀하신 대로 먹고 남았더라"(왕하 4:42~44).

이외에도 선지자 생도의 비좁은 생활(왕하 6:1~7), 빌려온 도끼(왕하 6:1~7), 가난한 선지자 생도의 아내 이야기들은 하나님의 선지자들이 매우 열악한 환경에서 주님의 종으로 살았음을 반증한다. "계집종의 집에 기름 한 그릇 외에는 아무것도 없나이다 … 기름을 팔아 빚을 갚고 남은 것으로 너와 네 두 아들이 생활하라"(왕하 4:1~7). 오 하나님의 선지자들이여!

그들의 사역이 문서의 형태로 전해지는 경우는 선지자의 이름으로 전해지는 경우와 역사서 안에 삽입된 경우로 나뉜다. 그 중 문서 형태로 우리에게 전해지는 선지자들은 15권의 선지서 안에 그들의 삶의 정황과 고뇌, 갈등, 절망, 환희들이 고스란히 담겨 있다. 성경은 크기에 따라 3권의 대선지서(이사야, 예레미야, 에스겔)와 12권의 소선지서(호세아, 요엘, 아모스, 오바댜, 요나, 미가, 나훔, 하박국, 스바냐, 학개, 스가랴, 말라기)로 나뉜다. 선지자의 삶과 메시지를 이해하기 위해서는 다양한 조명 방법이 있겠지만, 여기서는 선지자를 태생시켰던 광야라는 삶의 자리에 앵글을 맞춰 조명하되, 특히 66장의 긴 예언을 남겼을 뿐 아니라 다른 선지자나 선지서에 비해 삼위일체 하나님을 자세하게 소개한 이사야 선지자에게 초점을 맞추려고 한다.

이사야 선지자의 하나님 이해

이사야 선지자는 하나님에 대한 이해가 어느 선지자에 비해 심오하고 깊다.

이사야 선지자에게 삼위일체 하나님에 대한 인식이 있었는가라는 질문에 대해 필자의 대답은 긍정적이다. 비록 이사야 전 본문에 대한 이해가 동이 서에서 먼 것같이 학자들 간에 일치되지 않지만, 성경 본문이 가지는 거룩성에 대해 확고한 믿음을 가지고 있는 필자로서 이사야 본문이 증언하는 선지자가 직접 만나고 주님의 음성을 직접 들었던 현장 속으로 들어가 선지자 이사야가 만난 신적 경험을 우리도 가지기를 바란다. 다른 선지서에 비해 이사야가 설명하는 하나님에 관한 표현 방식은 실로 다양하다.

1 이스라엘의 거룩하신 분(קְדוֹשׁ יִשְׂרָאֵל 크도쉬 이스라엘 1:4)

2 주 만군의 여호와(הָאָדוֹן יְהוָה צְבָאוֹת 하아돈 야웨 쯔바옷 1:24)

3 이스라엘의 전능자(1:24)

4 주 아도나이(אֲדֹנָי 아도나이 3:18)

5 만군의 여호와이신 왕(6:5)

6 주 여호와(7:7)

7 용사이신 하나님(10:21)

8 야 여호와(12:2)

9 이스라엘의 하나님 여호와(17:6)

10 그를 만드신 분(17:7)

11 만군의 여호와 이스라엘의 하나님(21:10)

12 주 만군의 여호와(אֲדֹנָי יְהוִה צְבָאוֹת 아도나이 야웨 쯔바옷 22:5)

13 여호와 나의 하나님(25:1)

14 우리의 하나님(25:9)

15 여호와 우리의 하나님(26:13)

16 우리를 소유하신 분(26:13)

17 만군의 여호와(28:5)

18 그의 하나님(28:26)

19 야곱의 거룩하신 분(29:23)

20 이스라엘의 하나님(29:23)

21 주 이스라엘의 거룩하신 여호와(30:15)

22 여호와의 이름(30:27)

23 너희 하나님(35:4)

24 하나님의 보상(35:4)

25 다시 오실 하나님(35:4)

26 영원하신 하나님(40:28)

27 온 땅을 창조하신 하나님(40:28)

28 너와 함께 하시는 하나님(41:10)

29 나는 네 하나님(41:10)

30 너를 강하게 하시는 분(41:10)

31 너를 붙드시는 하나님(41:10)

32 너를 구속하시는 하나님(41:14)

33 야곱의 왕(41:21)

34 너의 이름을 부르시는 분(43:1)

35 너는 하나님의 소유(43:2)

36 너를 구원하시는 분(43:3)

37 너를 사랑하시는 분(43:4)

38 너를 만드신 하나님(44:2)

39 어머니 뱃속에서부터 너를 조성하신 자(44:2)

40 너를 도우시는 자(44:2)

41 처음과 나중이신 하나님(44:6)

42 새 하늘과 새 땅을 창조하시는 분(65:17)

이사야 선지서를 읽다 보면 위의 42가지로 표현되는 하나님의 이름, 속성, 사역에 파묻히게 된다. 이사야를 이해하려면 이사야가 만난 후 표현하는 하나님의 다양하심을 먼저 경험해야만 한다. 이런 경험 없이 성경을 해석하려 하면 성경 저자의 본 의도를 곡해하기 쉽다. 우린 얼마나 이사야가 만난 하나님을 우리의 하나님으로, 우리의 언어로 표현해 낼 수 있을까?

이사야가 만나고 이해한 하나님을 정리해 보면 다음과 같다.

1. 하나님이 아버지되신다

'짐승들도 누가 먹이를 주는지 아는데 나의 백성 된 이스라엘은 나를 경험
치도 않고 주목하지도 않는구나'(1:3)라는 하나님의 안타까운 심정을 대변하
는 선지자 이사야의 말을 계속 들어 보면 하나님의 아버지 되심이 나타난다.
이사야 예언 서두인 1:2에서 이사야는 아들을 길러 성장케 해주었는데 그들
이 패역하다고 탄식하는 하나님의 마음을 보여 준다.

2. 하나님의 초월성을 강조한다

'여호와만이 홀로 높으시다'(2:11, 17). 예수님은 하나님의 아버지 되심과 초
월하심을 산상수훈에서 이렇게 요약하셨다. "하늘에 계신 너희 아버지께"(마
6:1), "하늘에 계신 우리 아버지여"(마 6:9).

3. 하나님은 세상을 다스리시는 왕으로 만군의 여호와시다

만군의 여호와란 전쟁에 능하실 뿐 아니라 군대를 소집하시는 분이라는
의미다. 하나님은 좌정하여 바라만 보시는 비활동적인 신이 아니라 일하시고
그분의 손으로 역사를 주관하실 뿐 아니라 재편성하신다(3:1; 5:12; 6:5, 8; 7:7;
7:14; 10:16, 21, 33; 19:23~25).

4. 하나님은 거룩하시다

이사야가 강조하는 하나님은 거룩하신 하나님이시다. 하나님의 거룩성은
스랍의 고백에서 잘 나타나며 이로 인해 선지자의 부정이 드러나고 회개를
불러일으키며 소명을 다시 받게 된다. 하나님의 거룩함을 염두에 두지 않는
이사야서 해석은 근본적으로 잘못된 것이다. 이사야서를 읽을 때 하나님의
거룩하심을 느껴야만 나의 죄인 됨이 그 거룩 앞에 노출되며 회개와 그로 인
한 새 소명의 자리에 이르게 된다(6:1~7).

5. 징조를 친히 주시는 분이다(7:11, 14)

구약의 징조는 다음의 세 가지다.

1) 무지개 언약 징조

노아 홍수 이후 하나님께서 노아의 정결한 예물로 드려지는 예배를 흠취하신 뒤 다시는 세상을 홍수로 심판하지 않겠다고 약속하시는 언약의 징조를 세우시고 그 증표로 무지개를 떠오르게 하신다(창 9:8~17). 이 무지개 징조는 이사야가 바라본 장차 오실 메시아의 구속 사역에 중심 부분을 차지한다. 즉 메시아 구속 사역의 증표인 온 세상의 무지개는 하나님의 은총을 빛으로 드러내신다.

2) 할례

창세기 15장에서 하나님은 아브람에게 나타나셔서 그와 언약을 체결하신다. 짐승을 쪼갠 사이로 풀무 불과 연기가 지나가고 가나안 땅을 아브람과 그 자손에게 주시려는 하나님의 계획이 선포된다. 하지만 16장에서 아브람은 하갈을 취함으로 하나님의 계획을 지연시키는 잘못을 범한다. 하갈 사건은 하나님의 책망을 불러일으켰다. 아브라함이 99세 되던 해에 하나님이 그에게 나타나 말씀하셨다. "나는 전능한 하나님이라 너는 내 앞에서 행하여 완전하라"(17:1). 그 후에 하나님은 아브람의 이름을 아브라함이라 바꾸시면서 할례 언약을 시행할 것을 요구하셨다. 15장과 비교해 볼 때 그때 언약은 동물이 쪼개지는 언약이었다면 17장의 할례 언약은 아브라함의 살이 잘려 나가는 고통을 경험하는 예식이었다. 이로부터 아브라함은 하나님과의 언약을 몸에 지니고 다니게 되었다.

3) 안식일

구약의 안식일은 크게 두 가지 의미를 가진다.

첫째, 종교적인 의미로 거룩한 날이다. 창세기와 출애굽기가 말하는 안식일은 거룩한 날로 창조주 하나님의 쉼을 기념한다(창 2:1~3; 출 20:8~11).

둘째, 인도적인 차원에서 하나님의 사랑을 경험하는 날이다. 출애굽기와 달리 신명기에서는 안식일에 주인이 쉬는 것처럼 종뿐 아니라 심지어 짐승마저도 쉼을 누려야 함을 강조한다(신 5:12~15).

이사야의 메시아 이해

성부 하나님에 대해 다양한 표현을 하는 선지자 이사야는 그의 증언을 메시아에게로 향한다. 그 유명한 이사야의 메시아 징조 기록(7, 9, 11, 53장)은 아브라함이 행한 할례 언약의 의미를 가진다. 죄 없으신 어린 양 예수 메시아에게 하나님께서는 아브라함 자손의 모든 범죄를 전가하시고 고통의 십자가를 지게 하심으로 인류를 구원하신다. 그 모습을 이사야는 이렇게 증언한다.

> "그는 주 앞에서 자라나기를 연한 순 같고 마른 땅에서 나온 뿌리 같아서 고운 모양도 없고 풍채도 없은즉 우리가 보기에 흠모할 만한 아름다운 것이 없도다 그는 멸시를 받아 사람들에게 버림 받았으며 간고를 많이 겪었으며 질고를 아는 자라 마치 사람들이 그에게서 얼굴을 가리는 것같이 멸시를 당하였고 우리도 그를 귀히 여기지 아니하였도다"(53:2~3).

메시아라는 여명이 밝아 오던 전야를 이사야 선지자는 이렇게 설명한다.

> "흑암에 행하던 그 백성이 큰 빛을 보고 사망의 그늘진 땅에 거주하던 자에게 빛이 비치도다"(9:2, 마소라 1절).

이사야 시대의 광야적 절망은 약속의 땅의 몰락이었다.

르호보암 이후 다윗 왕조는 북이스라엘과 남유다로 분열되었고 무게 중심도 벧엘과 단, 그리고 예루살렘으로 나뉘었다. 북왕국 이스라엘은 느밧의 아들 여로보암의 범죄(벧엘과 단의 금송아지) 외에도 아합 왕조의 바알 숭배 정책으로 급기야 몰락을 향해 나아간다. 솔로몬이 이방 여인과 결혼함으로 생긴 종교 혼합주의는 약속의 땅의 분열과 멸망을 가져오는데, 이사야 선지자는 그 비참한 모습을 친히 목도하면서 그 처절한 절망 가운데서 하나님이 주시는 희망의 징조인 메시아를 보게 되는 것이다.

이사야 선지자는 이러한 절망적 상황에서 당시 통치자였던 아하스 왕에게 하나님에게서 오는 징조를 구할 것을 요구한다. 그것만이 분열되고 꺼져 가는 등불 같은 조국이 살 길이다. 하지만 아하스는 하나님의 징조보다 인간의 징조를 더 의존해 앗수르를 기웃거린다. 어디 아하스뿐인가? 히스기야 때도 그랬다. 인간은 항상 그런 것이다. 인간은 어리석게도 광야적 상황, 전쟁의 위협, 나라의 분열, 경제적 위기를 만날 때마다 인간의 도움에서 탈출구를 찾는다. 이에 대해 이사야는 이렇게 경고한다.

"도움을 구하러 애굽으로 내려가는 자들은 화 있을진저 그들은 말을 의지하며 병거의 많음과 마병의 심히 강함을 의지하고 이스라엘의 거룩하신 이를 앙모하지 아니하며 여호와를 구하지도 아니하나니 여호와께서도 지혜로우신즉 재앙을 내리실 것이라 그의 말씀들을 변하게 하지 아니하시고 일어나사 악행하는 자들의 집을 치시며 행악을 돕는 자들을 치시리니 애굽은 사람이요 신이 아니며 그들의 말들은 육체요 영이 아니라 여호와께서 그의 손을 펴시며 돕는 자도 넘어지며 도움을 받는 자도 엎드러져서 다 함께 멸망하리라"(31:1~3).

그렇다면 해결책은 무엇인가? 그것은 하나님에게서 오는 징조, 즉 메시아를 고대하는 것이다.

"보라 처녀가 잉태하여 아들을 낳을 것이요 그의 이름을 임마누엘이라 하리라"(7:14).

이사야 선지자는 우리의 의지와 상관없이 메시아가 오심을 이렇게 증언한다.

"이새의 줄기에서 한 싹이 나며 그 뿌리에서 한 가지가 나서 결실할 것이요" (11:1).

구약에서 이사야 선지자처럼 메시아이신 예수님의 탄생과 고난에 대해서 자세히 언급한 선지자는 없다. 이사야의 메시아에 대한 기록은 실로 많은 곳에서 잘 나타난다(7:14; 8:13~15; 9:1~7; 11:1~10; 28:16; 41:27; 42:1~4, 7; 49:3~5; 53장).

이사야의 메시아 사상은 다음의 몇 가지 특징을 지닌다.

첫째, 고통, 흑암, 멸시, 사망의 장소가 메시아를 통해 영화로운 빛의 장소로 변화한다. 둘째, 한 아기에게 통치권과 지혜와 권능과 공평, 정의, 평강과 영존이 존재한다. 셋째, 메시아가 오시는 것은 하나님의 열심 때문이다. 넷째, 메시아는 이새의 줄기에서 나오는 한 싹이며 뿌리의 한 가지다. 다섯째, 메시아는 여호와의 신─지혜와 총명의 신, 모략과 재능의 신, 지식과 여호와를 경외하는 신─이 충만하시다. 여섯째, 공정한 심판관으로서 공의로 허리띠를 삼고 성실로 몸의 띠를 삼으신다. 일곱째, 메시아가 도래하면 에덴이 회복된다. 메시아로 인해 여호와를 아는 지식이 세상에 충만해진다. 여덟째, 메시아는 열방의 기호가 되시며 그 거하는 곳마다 영화로운 곳이 된다. 메시아로 말미암아 제2의 출애굽이 일어난다.

이사야 선지자는 53장에서 그리스도의 고난과 부활을 보여 준다. 이사야 선지자가 묘사하는 고난당하는 메시아의 모습은 다음과 같다. '그의 용모는 연한 순 같고 메마른 땅에서 나온 줄기 같으며 고운 모양도 없고 풍채도 없고 흠모할 만한 미를 갖추고 있지 않다. 따라서 사람들은 메시아를 멸시하고 싫어하고 오해한다.'

55장에서 이사야 선지자는 메시아가 바로 하나님이 보내신 초청장임을 밝힌다. 개역한글에는 번역되어 있지 않지만 히브리어 원문에는 한탄사 '호이' (הוֹי 아이고, 안됐구나)로 본문이 시작된다. 하나님께서 한탄하시는 이유는 인생들의 목마름과 가련함을 보시기 때문이다. 실낙원의 특징은 생명수 강이 자주 마른다는 것이다(참고로 에덴동산에서 발원하는 네 강을 생각해 보라 창 2:10~14). 하나님이 한탄하시는 다른 한 가지 이유는 하나님의 초청을 받아들이기를 거부하는 인생들로 인함이다.

55장 1절은 하나님의 초청을 반영하며 2절은 하나님의 초청을 거부하고 다른 양식을 구하는 인생을 보여 준다. 하나님은 가련하고 목마른 인생을 위해 생명의 물을 준비하시고 값없이 그 물을 받아 마시기를 원하는 초청장을 발하심에도 인생들은 그것을 거부하고 오히려 갈한 목을 채울 수 있는 다른 양식을 구할 뿐 아니라(2절) 심지어 생명의 근원 되는 하나님을 버리고 물을 저축하지 못할 터진 웅덩이를 파고 있다(렘 2:13).

그러나 하나님은 절대로 포기하지 않으신다. 하나님의 첫 번째 초청을 거절한 인간에게 두 번째 초청장을 발하시는데 포기하실 수 없기 때문이다. 이 두 번째 초청장은 다윗의 자손 예수 그리스도와 세우신 영원한 은혜의 언약 안에 담겨 있다(55:3). 이사야가 증언하는 언약의 주인공인 메시아를 살펴보면 만민의 증거, 만민의 인도자, 만민의 명령자, 하나님이 영화롭게 하신 자의 모습을 갖추고 있다(4~5절).

따라서 이사야 선지자는 두 번째 초청장을 보여 주며 패역한 이스라엘 백성에게 가까이 다가오시는 하나님을 찾고 부르라고 권면한다.

만일 이사야가 내민 두 번째 초청장을 받을 경우 얻는 혜택은 이스라엘에만 국한되지 않고 온 세상에까지 확대된다고 밝힌다. 그 혜택은 기쁨과 평안함의 인도함을 받고, 자연이 아름답게 변하며, 영원한 표징이 온 세계에 세워지게 된다.

따라서 메시아의 탄생, 사역의 배경, 목적, 능력의 근거에 대해서 알려면 이사야의 문을 두드리지 않을 수 없다.

"스불론 땅과 납달리 땅과 요단강 저편 해변 길과 이방의 갈릴리여 흑암에 앉은 백성이 큰 빛을 보았고 사망의 땅과 그늘에 앉은 자들에게 빛이 비취었도다"(마 4:15-16; 사 9:1-2).

"주의 성령이 내게 임하셨으니 이는 가난한 자에게 복음을 전하게 하시려고 내게 기름을 부으시고 나를 보내사 포로 된 자에게 자유를 눈 먼 자에게 다시 보게 함을 전파하며 눌린 자를 자유롭게 하고 주의 은혜의 해를 전파하게 하려 하심이라"(눅 4:18-19; 사 61:1-2, 참고 사 42: 5-7).

"그가 곤욕을 당하여 피로울 때에도 그 입을 열지 아니하였음이여"(사 53:7, 참고 "여러 말로 물으나 아무 말도 대답하지 아니하시나" 눅 23:9).

"그가 찔림은 우리의 허물 때문이요"(사 53:5, 참고 "그 중 한 군인이 창으로 옆구리를 찌르니" 요 19:34).

이사야의 메시아 예언에서 보듯이 그의 중심 주제 중 하나는 고난 받는 여호와의 종이다. 그가 현재 당하는 고난은 미래 구원의 예정표이며 그가 하는 중요한 임무는 이방의 빛이 되는 것과 온 땅에 공의를 세우며 이스라엘을 구원하는 것이다(42:1~4, 6; 49:5~6). 이스라엘은 하나님의 백성이며 예루살렘은 하나님의 도성이요 성소인데, 열방이 이를 인정하게 되며 우상을 버리고 이스라엘의 하나님이 유일하심을 믿게 될 것이라고 믿는 점이다.

이사야가 만난 성령 하나님

기독교 삼위일체론의 3격이신 성령 하나님의 존재와 역할에 대한 구약의 증언은 오랜 역사를 가진다. 창세기 1:2에서 이미 창조의 준비자로서 성령 하나님은 수면 위를 운행하시면서 그 모습을 세상에 알린다. 그 후 인간 창조를 할 때 성령 하나님은 성부 성자 하나님과 대화하심으로 하나님의 형상과 이미지를 틀로 제공하신다(창 1:26). 창세기 3:22의 에덴에서 인간을 추방하실 때 나눈 대화에서도 성령 하나님은 선과 악을 아시는 일에 성부 성자 하나님과 동참하신다. 여기서 '아신다' 함은 '경험한다'라기보다 선하신 삼위일체 하나님께서 타락한 인간의 불순종으로 인해 벌어지는 모든 악을 아신다는 의미다. 선과 악을 아신다는 개념을 좀 더 풀이해 보면 하나님은 선하시기에 늘 선을 경험하시지만 악은 인간의 불순종의 결과로 하나님이 겪으시는 가슴앓이를 의미한다.

예를 들어 노아 시대 사람들이 저지른 악으로 인하여 하나님이 근심하시거나(창 6:5~6) 이사야 1장에 나오는 것처럼 진실이 포함되지 않은 종교 행위에 대해 하나님이 피곤함을 표하는 것(1:1~14)이 이에 해당한다. 하지만 욥이 증언하듯이 천상회의에서 하나님께서 욥을 칭찬하시는 네 가지 표현 중 마지막 부분 '악에서 떠난 자'의 의미는 선과 악의 선택의 기로에서 악을 떠나 선으로 향했기에 하나님을 기쁘시게 해드린 것이다.

성령님은 회복의 영이시다. 이는 창세기 18장의 죽은 자와 방불한 사라에게 임하셔서 잉태케 하시는 모습에서 잘 나타난다. "여호와께 능하지 못한 일이 있겠느냐 기한이 이를 때에 내가 네게로 돌아오리니 사라에게 아들이 있으리라"(창 18:14). 이 유명한 구절은 동정녀 마리아에게서 성령으로 잉태되실 예수 그리스도에 관한 가브리엘 천사의 수태고지 사건 기록과 일치점을 이룬다. "마리아가 천사에게 말하되 나는 남자를 알지 못하니 어찌 이 일이 있으리이까 천사가 대답하여 이르되 성령이 네게 임하시고 지극히 높으신 이의 능력이 너를 덮으시리니 이러므로 나실 바 거룩한 이는 하나님의 아들이라 일컬어지리라"(눅 1:34~35).

구약에서 성령 하나님의 활동이 두드러진 때는 사사 시대였다. 그 시대는 한마디로 신앙의 부재 시대였고 그로 인해 민족은 늘 어려움을 겪었다. "그때에 이스라엘에 왕이 없으므로 사람이 각기 자기의 소견에 옳은 대로 행하였더라"(삿 21:25). "사사들이 치리하던 때에 그 땅에 흉년이 드니라"(룻 1:1). 바로 이때 백성들이 불순종의 쓰라린 열매인 고난으로 인해 하나님께 회개하고 부르짖으면 하나님께서는 지도자를 일으키셨고 그들은 위기에 처한 조국을 구해 냈는데, 이때 지도자로 세움을 입는 표징으로 성령 하나님의 임재를 자주 언급하고 있다. "이스라엘 자손이 여호와께 부르짖으매 여호와께서 이스라엘 자손을 위하여 한 구원자를 세워 그들을 구원하게 하시니 그는 곧 갈렙의 아우 그나스의 아들 옷니엘이라 여호와의 영이 그에게 임하셨으므로 그가 이스라엘의 사사가 되어 나가서 싸울 때에 여호와께서 메소보다미아 왕 구산 리사다임을 그의 손에 넘겨 주시매 옷니엘의 손이 구산 리사다임을 이기니라" (삿 3:9~10, 참고 삿 11:29; 13:25; 14:19; 15:14).

정치 군사 지도자인 사사뿐 아니라 종교 지도자를 세울 때도 하나님의 영이신 성령께서 임하시는 모습이 성경에 나타난다. "여호와께서 모세에게 이르시되 이스라엘 노인 중에 네가 알기로 백성의 장로와 지도자가 될 만한 자 칠십 명을 모아 내게 데리고 와 회막에 이르러 거기서 너와 함께 서게 하라 내가 강림하여 거기서 너와 말하고 네게 임한 영을 그들에게도 임하게 하리니 그들이 너와 함께 백성의 짐을 담당하고 너 혼자 담당하지 아니하리라"(민 11:16~17). "여호와께서 구름 가운데 강림하사 모세에게 말씀하시고 그에게 임한 영을 칠십 장로에게도 임하게 하시니 영이 임하신 때에 그들이 예언을 하다가 다시는 하지 아니하였더라"(민 11:25). "모세가 그에게 이르되 네가 나를 두고 시기하느냐 여호와께서 그의 영을 그의 모든 백성에게 주사 다 선지자가 되게 하시기를 원하노라"(민 11:29).

여기서 우리는 선지자에 대한 귀중한 정보를 얻게 된다. 선지자란, 즉 하나님의 영이 임한 사람이다. 성령이 임하셔서 말하게 하신 것을 어찌 성령의 도움이 없이 해석할 수 있겠는가?

선지서 에스겔은 선지자 에스겔이 성령에 의해 장소 이동을 하는 경우를 많이 보여 준다. "그가 손 같은 것을 펴서 내 머리털 한 모습을 잡으며 주의 영이 나를 들어 천지 사이로 올리시고 하나님의 환상 가운데에 나를 이끌어 예루살렘으로 가서 … 이스라엘 하나님의 영광이 거기에 있는데 내가 들에서 본 모습과 같더라"(겔 8:3~4).

신약성경은 이사야가 증언하는 메시아 예수님도 성령에 의한 이끌리심을 받는다고 증언하고 있다. "그때에 예수께서 성령에게 이끌리어"(마 4:1), "성령이 곧 예수를 광야로 몰아내신지라"(막 1:12).

이사야 선지자는 성령의 기름 부으심과 성자 예수의 사역 사이에 긴밀한 연관이 있음을 보여 준다. 이사야 11:1~2 이하에 보면 이새의 줄기에서 돋은 한 싹과 그 뿌리에서 솟아난 가지에 하나님의 영이 임하시는 장면이 잘 나타난다. 싹과 줄기는 메시아이신 성자 예수 그리스도이시며 하나님의 영은 성령님이시다. "그의 위에 여호와의 영 곧 지혜와 총명의 영이요 모략과 재능의 영이요 지식과 여호와를 경외하는 영이 강림하시리니"(11:2).

이사야가 증언하는 성령 하나님은 메시아 예언을 담은 11장뿐 아니라 이사야의 성령 장이며 구약의 성령 장이기도 한 61장이 잘 말해 주고 있다.

> "주 여호와의 영이 내게 내리셨으니 이는 여호와께서 내게 기름을 부으사 가
> 난한 자에게 아름다운 소식을 전하게 하려 하심이라"(61:1).

이사야가 증언하는 성령을 다음과 같이 이해해 볼 수 있다.

첫째, 성령은 주 여호와의 영이다

둘째, 성령이 임하심은 기름 부으심에 비유할 수 있다.

셋째, 성령 강림의 목적은 복음을 전하기 위함이다.

넷째, 복음은 다음의 특징을 가진다.

> 하나, 온유한 자에게 기쁜 소식이다.
>
> 둘, 마음이 조각난 자들을 싸매 주신다.
>
> 셋, 사로잡힌 자들에게 해방이 선포된다.
>
> 넷, 갇힌 자들에게 석방이 주어진다.

이사야가 증언하는 메시아의 사역에 대해 베드로 사도는 이렇게 증언하고 있다.

"하나님이 나사렛 예수에게 성령과 능력을 기름 붓듯 하셨으매 저가 두루 다니시며 선한 일을 행하시고 마귀에게 눌린 모든 사람을 고치셨으니 이는 하나님이 함께 하셨음이라"(행 10:38).

광야 선지자 이사야

이사야서를 대하면서 얻는 선지자 이사야에 대한 느낌은 그가 비록 장수하였지만 빛을 보게 된 것은 인생의 마지막 황혼기라는 점에서 매우 어려운 고난의 삶을 산 선지자라는 것이다.

하나님께서도 그의 종 이사야의 사역을 이렇게 표현하시는 모습을 발견한다. "여호와께서 이르시되 나의 종 이사야가 삼 년 동안 벗은 몸과 벗은 발로 다니며 애굽과 구스에 대하여 징조와 예표가 되었느니라"(20:3).

벗은 몸과 벗은 발로 행하면서 그의 삶이 조국과 이웃 나라에 예표와 기적이 되는 삶, 이것이 이사야가 우리에게 보여 주는 광야 선지자의 삶이다.

유대 광야와 인접한 예루살렘은 화려한 색보다는 회색 빛깔의 3000년 고성이다. 유대 광야에서 캐온 붉은 빛깔의 대리석으로 장식을 해놓아도 유대 광야 먼지가 이내 뒤덮어 버리는 헤브론 돌 색깔의 회색 도시, 슬픔의 도시 예루살렘. "예루살렘아 예루살렘아 선지자들을 죽이고 네게 파송된 자들을 돌로 치는 자여 암탉이 그 새끼를 날개 아래 모음같이 내가 네 자녀를 모으려 한 일이 몇 번이냐 그러나 너희가 원치 아니하였도다"(마 23:37). 스데반이 이 땅에서 예루살렘 돌에 맞아 순교의 잔을 마셨고 하나님의 아들 독생자 성자도 죽음의 십자가의 고통을 맛보셨다.

이사야는 광야 선지자였다. 그는 예루살렘 사람으로 웃시야(주전 788/787~736/735), 요담(주전 758/757~742/741년), 아하스(주전 742/741~726년), 히스기야(주전 726~697/696년) 왕 시대에 활동하였다. 그를 광야 선지자라고 부르는 근거는 어디 있는가? 이사야 본문에서 찾아보자.

하나님께서 믿음의 조상 아브라함에게 약속하신 땅 이스라엘은 신명기의 표현을 빌리면 골짜기, 산지에 시내와 분천과 샘이 흐르고 밀, 보리, 포도, 무화과, 석류, 감람, 꿀의 소산지일 뿐 아니라 광물질(철과 동)도 풍부한 옥토요 아름다운 땅이다(신 8:7~10). 하지만 옥토를 조성하는 데 절대적 조건이 부가적으로 따른다. 그것은 가나안은 하나님께 대한 절대 신앙으로 묶여 있는 땅이라는 점이다(레 25:23; 신 11:11~12). 즉 만일 이스라엘 백성들이 하나님을 사랑하고 마음을 다하고 성품을 다하여 그를 섬기면 하나님께서 그 땅에 이른 비와 늦은 비를 적당한 때에 내리셔서 곡식과 포도주와 기름을 얻고 육축을 위하여 들에 풀이 나지만, 만일 이스라엘 백성들이 마음에 미혹되어 다른 신을 섬기면 하나님의 진노가 임하여 하늘이 닫히고 비가 내리지 않아 땅이 소산을 내지 않고 광야로 바뀌는 그런 조건을 가지고 있다(레 26:3~20; 신 11:13~17).

아모스의 아들 이사야는 어느 날 유다와 예루살렘에 대하여 이루어질 이상을 보게 된다. 이사야가 본 이상은 한 번에 끝나지 않고 유다의 네 왕 웃시야와 요담과 아하스와 히스기야에 걸쳐 계속된다는 점이 특징이다(1:1). 이사야는 이상을 볼 뿐 아니라 하나님의 말씀도 듣는다(1:2). 그가 본 이상과 받은 말씀은 장차 예루살렘과 유다에 임한 하나님의 심판과 구원에 집중되어 있다.

광야라는 관점에서 그의 심판과 구원을 이해하면 하나님의 심판은 황무한 시온으로(3:26), 구원은 메마른 땅의 기뻐함으로(35:1) 설명된다. 그는 아내와 두 아들을 가진 가장인데 두 아들의 이름을 통해 장차 임할 유다의 상황을 설명하고 있다[첫째 아들 스알야숩은 '남은 자가 돌아오리라'를 뜻하고(7:3) 둘째 아들 마헬살랄하스바스는 '매우 빠른 속도로 모든 것이 노략될 것이다'(8:3)를 뜻한다].

이사야를 이해하는 데 6장은 매우 중요하다. 6장에서 우리는 이사야가 이상 중에 만군의 여호와 왕이신 하나님을 직접 만나고 천사 스랍을 통해 외쳐지는 하나님의 거룩하심을 체험하며 한없이 절망하며 부정한 그의 입술이 스랍이 가져온 제단 숯으로 정결해진 것을 발견할 수 있다. 그 후 이사야는 주님의 소명을 귀로 듣고 이에 적극 반응하게 된다. 이와 같은 소명 양식은 모세(출 3:1~4:17)와 엘리야(왕상 19:9~18), 에스겔(겔 1:1~3)의 소명 양식과 견줄 정도로 자세하며 강력한 인상을 준다.

이사야 선지자는 하늘 문이 열리고 하늘 보좌 위에 좌정하신 만군의 여호와 왕이신 하나님을 보면서 천사 스랍들의 '거룩' 송가를 듣게 된다. 그때 그는 자신이 얼마나 보잘것없고 더러운 종임을 처절하게 깨닫는다. 히브리어로 스랍의 의미는 불태움이다. 스랍들은 처절하게 절망하는 이사야를 제단 불로 정결케 하는 동시에 유다와 예루살렘에 임할 재난을 예고하는 임무를 띠고 나타난다.

6장 소명장에 스랍을 통해 암시하는 예루살렘에 임할 재난은 이사야 선지서의 서론 격인 1장에 이미 명백하게 나타나 있다.

> "너희의 땅은 황무하였고 너희의 성읍들은 불에 탔고 너희의 토지는 너희 목전에서 이방인에게 삼켜졌으며 이방인에게 파괴됨같이 황무하였고 딸 시온은 포도원의 망대같이, 참외밭의 원두막같이, 에워싸인 성읍같이 겨우 남았도다. 만군의 여호와께서 우리를 위하여 조금 남겨 두지 아니하셨더면 우리가 소돔 같고 고모라 같았으리로다"(1:7~9).

아름답고 신실하던 예루살렘이 광야로 바뀐 이유는 무엇일까? 이사야는 스랍을 통한 하나님과의 직면 경험을 통해 그 이유를 발견한다. 6장이 증언하는 '입술이 부정한 백성'이라는 의미를 풀어 보면 하나님을 거역하였기 때문에(1:2), 깨닫지 못하기 때문에(1:3), 여호와를 버리며 이스라엘의 거룩한 자를 만홀히 여겨 멀리하고 물러갔기 때문이다(1:4).

그 결과 이사야는 예루살렘이 멸망할 것이며 유다가 엎드러지리라는 심판 선언(3:8)을 대하게 된다. 유다 거민들의 언어와 행위가 여호와를 거역하여 그 영광의 눈을 범하므로 이사야는 오호통제를 외치며 회개를 촉구하지만 조국 동포들은 들을 귀가 닫히고 볼 눈이 상실한 영적 귀머거리 소경이 되어 버렸다. 따라서 이사야는 돌이킬 바 없고 회복이 불가능해 보이는 조국의 수도 예루살렘과 주변의 광야를 애통해하면서 바라본다. "내가 그것을 황폐하게 하리니 다시는 가지를 자름이나 북을 돋우지 못하여 찔레와 가시가 날 것이며 내가 또 구름에게 명하여 그 위에 비를 내리지 못하게 하리라"(5:6).

약속의 땅의 노른자위인 예루살렘이 광야로 바뀔 뿐 아니라 언약 백성들의 바벨론 유수까지 이사야 선지자는 바라보게 된다.

> "내 백성이 무지함으로 말미암아 사로잡힐 것이요 그들의 귀한 자는 굶주릴 것이요 무리는 목마를 것이라"(5:13).
> "이로 말미암아 불꽃이 그루터기를 삼킴같이 마른 풀이 불 속에 떨어짐같이 그들의 뿌리가 썩겠고 꽃이 타끌처럼 날리리니 그들이 만군의 여호와의 율법을 버리며 이스라엘의 거룩하신 자의 말씀을 멸시하였음이라"(5:24).

이사야 선지자는 파노라마처럼 펼쳐지는 조국의 광야적 상황이 언제까지 계속될 것인지에 대해 하나님께 진지하게 질문한다.

> "내가 이르되 주여 어느 때까지니이까 하였더니 주께서 대답하시되 성읍들은 황폐하여 주민이 없으며 가옥들에는 사람이 없고 이 토지가 전폐하게 되며 여호와께서 사람들을 멀리 옮기셔서 이 땅 가운데 황폐한 곳이 많을 때까지니라"(6:11~12).
> "그 날에는 천 그루에 은 천 개의 가치가 있는 포도나무가 있던 곳마다 찔레와 가시가 날 것이라 온 땅에 찔레와 가시가 있으므로 화살과 활을 가지고 그리로 갈 것이요 보습으로 갈던 모든 산에도 찔레와 가시 때문에 두려워서 그리로 가지 못할 것이요 그 땅은 소를 놓으며 양이 밟는 곳이 되리라"(7:23~25).

회복의 길

회복이 되기까지 상당 기간 동안 나타나는 상황에 대해선 다음과 같이 증언한다.

> "마땅히 율법과 증거의 말씀을 따를지니 그들이 말하는 바가 이 말씀에 맞지 아니하면 그들이 정녕 아침 빛을 보지 못하고 이 땅으로 헤매며 곤고하며 굶주릴 것이라 그가 굶주릴 때에 격분하여 자기의 왕과 자기의 하나님을 저주할 것이며 위를 쳐다보거나 땅을 굽어보아도 환난과 흑암과 고통의 흑암뿐이리니 그들이 심한 흑암 가운데로 쫓겨 들어가리라"(8:20~22).

회복의 길은 없을까? 회복에는 두 가지가 있다. 하나는 심판을 면하는 회복이고 다른 하나는 매를 실컷 맞은 후 돌아와 얻는 회복이다. 첫 번째 회복을 경험하려면 다음이 필요하다고 이사야는 외친다.

> "스스로 씻으며 스스로 깨끗하게 하여 내 목전에서 너희 악한 행실을 버리며 행악을 그치고 선행을 배우며 정의를 구하며 학대 받는 자를 도와 주며 고아를 위하여 신원하며 과부를 위하여 변호하셨느니라"(1:16~17).

두 번째 회복은 심판을 통해 청결케 된 다음에 찾아오는 회복이다. 남은 그루터기만 남았을 때 하나님은 이새의 줄기에서 한 싹이 돋아나듯 여호와의 전을 예루살렘에 다시 세우신다. 이 성전은 물리적인 의미라기보다는 영적인 의미를 가진다.

> "말일에 여호와의 전의 산이 모든 산꼭대기에 굳게 설 것이요 모든 작은 산 위에 뛰어나리니 만방이 그리로 모여들 것이라 많은 백성이 가며 이르기를 오라 우리가 여호와의 산에 오르며 야곱의 하나님의 전에 이르자 그가 그

의 길을 우리에게 가르치실 것이라 우리가 그 길로 행하리라 하리니 이는 율법이 시온에서부터 나올 것이요 여호와의 말씀이 예루살렘에서부터 나올 것임이니라 그가 열방 사이에 판단하시며 많은 백성을 판결하시리니 무리가 그들의 칼을 쳐서 보습을 만들고 그들의 창을 쳐서 낫을 만들 것이며 이 나라와 저 나라가 다시는 칼을 들고 서로 치지 아니하며 다시는 전쟁을 연습하지 아니하리라"(2:2~4).

이사야는 광야가 변하여 회복되는 모습을 아침에 떠오르는 태양 빛처럼 묘사한다.

"전에 고통 받던 자에게는 흑암이 없으리로다 옛적에는 여호와께서 스불론 땅과 납달리 땅으로 멸시를 당하게 하셨더니 후에는 해변 길과 요단 저쪽 이방의 갈릴리를 영화롭게 하셨느니라 흑암에 행하던 백성이 큰 빛을 보고 사망의 그늘진 땅에 거주하던 자에게 빛이 비치도다"(9:1, 2).

광야가 회복되는 모습은 자유함으로 나타난다.

"그날에 그의 무거운 짐이 네 어깨에서 떠나고 그의 멍에가 네 목에서 벗어지되 기름진 까닭에 멍에가 부러지리라"(10:27).

광야가 회복되는 그 날은 꽃이 만개한 모습이다.

"그날에 이새의 뿌리에서 한 싹이 나서 만민의 기치로 설 것이요 열방이 그에게로 돌아오리니 그 거한 곳이 영화로우리라"(11:10).
"후일에는 야곱의 뿌리가 박히며 이스라엘의 움이 돋고 꽃이 필 것이라 그들이 그 결실로 지면에 채우리로다"(27:6).
"광야와 메마른 땅이 기뻐하며 사막이 백합화같이 피어 즐거워하며 무성하게 피어 기쁜 노래로 즐거워하며 레바논의 영광과 갈멜과 샤론의 아름다움을 얻을 것이라"(35:1~2).

광야가 회복되는 것은 홍해를 가르며 출애굽하는 날과 같다.

"그날에 주께서 다시 손을 펴사 그 남은 백성을 앗수르와 애굽과 바드로스와 구스와 엘람과 시날과 하맛과 바다 섬들에서 돌아오게 하실 것이라 여호와께서 열방을 향하여 기치를 세우시고 이스라엘의 쫓긴 자들을 모으시며 땅 사방에서 유다의 흩어진 자들을 모으시리니"(11:11~12).
"그의 남아 있는 백성 곧 앗수르에서 남은 자들을 위하여 큰 길이 있게 하시되 이스라엘이 애굽 땅에서 나오던 날과 같게 하시리라"(11:16).
"그것들이 여호와의 영광 곧 우리 하나님의 아름다움을 보리로다 너희는 약한 손을 강하게 하며 떨리는 무릎을 굳게 하며 겁내는 자들에게 이르기를 굳세어라, 두려워하지 말라, 보라 너희 하나님이 오사 보복하시며 갚아 주실 것이라 하나님이 오사 너희를 구하시리라 하라 그때에 맹인의 눈이 밝을 것이며 못 듣는 사람의 귀가 열릴 것이며 그때에 저는 자는 사슴같이 될 것이며 말 못하는 자의 혀는 노래하리니 이는 광야에서 물이 솟겠고 사막에서 시내가 흐를 것임이라 뜨거운 사막이 변하여 못이 될 것이며 메마른 땅이 변하여 원천이 될 것이며 승냥이의 눕던 곳에 풀과 갈대와 부들이 날 것이며 거기에 대로가 있어 그 길을 거룩한 길이라 일컫는 바 되리니 깨끗하지 못한 자는 지나가지 못하겠고 오직 구속함을 입은 자들을 위하여 있게 될 것이라 우매한 행인은 그 길로 다니지 못할 것이며 거기에는 사자가 없고 사나운 짐승이 그리로 올라가지 아니하므로 그것을 만나지 못하겠고 오직 구속함을 받은 자만 그리로 행할 것이며 여호와의 속량함을 받은 자들이 돌아오되 노래하며 시온에 이르러 그들의 머리 위에 영영한 희락을 띠고 기쁨과 즐거움을 얻으리니 슬픔과 탄식이 사라지리로다"(35:2~10).

광야가 회복되는 것은 진정한 화합이다.

"여호와께서 야곱을 긍휼히 여기시며 이스라엘을 다시 택하여 그들의 땅에 두시리니 나그네 된 자가 야곱 족속과 연합하여 그들에게 예속될 것이며" (14:1).

광야가 회복되는 날은 노래하는 날이다.

"여호와께서 너를 슬픔과 곤고와 및 네가 수고하는 고역에서 놓으시고 안식을 주시는 날에 너는 바벨론 왕에 대하여 이 노래를 지어 이르기를 압제하던 자가 어찌 그리 그쳤으며 강포한 성이 어찌 그리 폐하였는고 여호와께서 악인의 몽둥이와 통치자의 규를 꺾으셨도다"(14:3~5).
"이제는 온 땅이 조용하고 평온하니 무리가 소리 높여 노래하는도다"(14:7).

광야가 회복되는 날은 공평과 정의가 세워지는 날이다.

"다윗의 장막에 인자함으로 왕위가 굳게 설 것이요 그 위에 앉을 자는 충실함으로 판결하며 정의을 구하며 공의를 신속히 행하리라"(16:5).
"여호와께서 땅을 공허하게 하시며 황폐하게 하시며 지면을 뒤집어엎으시고 그 주민을 흩으시리니"(24:1).

이사야 35장의 의의

중세 유대인 주석가 라쉬(주전 1040~1105년, Solomon ben Isaac)에 의하면 이사야 35장에서 메마른 땅과 광야는 시온을 의미한다고 한다. 그의 주장은 이사야 64:10에 근거를 둔다. "주의 거룩한 성읍들이 광야가 되었으며 시온이 광야가 되었으며 예루살렘이 황폐하였나이다.” 또 라쉬는 레바논은 성전을 의미하며 시온의 영광이 돌아옴을 뜻하는 표현이라고 말한다. 유대인 중세 주석가인 라닥(주전 1160~1235년, David Kimhi)은 이스라엘 백성이 유배를 당한 후에 이스라엘 땅은 광야와 메마른 곳이 되었으나(“우리 조상들이 주를 찬송하던 우리의 거룩하고 아름다운 성전이 불에 탔으며 우리가 즐거워하던 곳이 다 황폐하였나이다” 64:11) 지금은 에돔의 파괴를 기뻐하고 즐거워한다로 해석하였다(34:1). 라닥에 의하면 ‘이스라엘 자손들이 고토로 돌아오면서 여호와의 영광을 보게 된다는 것’을 예루살렘의 영광이 회복된다는 의미로 해석하였다. 아브라함 이븐 에즈라(1089~1164)도 라쉬와 라닥과 동일선상에서 본문을 해석한다. 예루살렘은 회복되고 에돔은 망한다.

중세 유대인 주석가들은 35장을 앞장인 34장과 연관지어 해석한다. 그 이유는 34:8 이하에서 하나님께서 시온의 송사를 위하여 신원하시는 해가 도래하는데 그 표적으로 전통적인 시온의 대적인 에돔을 벌하신다는 기록 때문이다. 이사야 주석가인 차일즈(B.S. Childs)도 34장과 35장을 하나로 묶어 주석하면서 그 기능을 1~33장과 40~66장을 연결하는 교량으로 이해한다. 차일즈에 의하면 34장은 이사야의 전반부인 1~33장과 연결되어 있으며 특히 13장, 24장과 더욱 긴밀한 연관을 보이는 반면에, 35장은 이사야 뒷부분인 40~55장과 56~66장과 밀접하게 연결되어 있다. 또 34장과 35장의 형태와 기능은 특정 역사의 기간을 넘어서는 신의 계획을 반영해 줌과 동시에 시온의 종말론적인 회복과 아울러 하나님 나라의 궁극적인 기쁨의 도래에 초점을 맞추고 있다고 주장한다.

하지만 이사야 35장을 다른 장과의 관련성에 비추어 이해하기보다 이사야가 왜 35장에서 광야를 주제로 예언하였는가를 생각해 볼 필요가 있다. 주석가들의 말대로 35장이 특정 장과 관련되어 있다는 주장은 이사야를 지나치게 단순화해서 이해하려는 시도에서 비롯되었다.

차일즈의 견해처럼 35장이 이사야 후반부(학자들은 제2이사야나 제3이사야를 거론한다)와 깊이 관련되어 있다면 이사야 전반부에 이미 주어진 광야 예언은 어떻게 이해할 것인가? 예를 들어 이사야 33:9의 "땅이 슬퍼하고 쇠잔하며 레바논은 부끄러워하고 마르며 샤론은 사막과 같고 바산과 갈멜은 나뭇잎을 떨어뜨리는도다"란 말씀은 35장의 상황과 정반대다. 35장은 메마른 광야 같은 시온이 갈멜과 샤론의 아름다움을 보게 될 것이라는 희망의 메시지인 반면에 33장은 시온이 그리는 샤론과 갈멜이 황무하게 된다는 예언이 대조적으로 강조된다.

32:15에 이미 이사야는 광야가 바뀔 것을 예견하고 있다. "마침내 위에서부터 영을 우리에게 부어 주시리니 광야가 아름다운 밭이 되며 아름다운 밭을 숲으로 여기게 되리라." 또한 35장에 소경과 귀머거리의 치유 메시지도 6장 소명장에서 이미 예견된 것이며 6장은 35장의 내용, 즉 시온이 광야가 될 것을 이미 예견하고 있다.

"여호와께서 이르시되 가서 이 백성에게 이르기를 너희가 듣기는 들어도 깨닫지 못할 것이요 보기는 보아도 알지 못하리라 하여 이 백성의 마음을 둔하게 하며 그들의 귀가 막히고 그들의 눈이 감기게 하라 염려하건대 그들이 눈으로 보고 귀로 듣고 마음으로 깨닫고 다시 돌아와 고침을 받을까 하노라 하시기로 내가 이르되 주여 어느 때까지니이까 하였더니 주께서 대답하시되 성읍들은 황폐하여 주민이 없으며 가옥들에는 사람이 없고 이 토지는 황폐하게 되며 여호와께서 사람들을 멀리 옮기셔서 이 땅 가운데에 황폐한 곳이 많을 때까지니라"(6:9-12).

또한 학자들이 제3이사야라고 부르는 62:6~7 이하에서는 예루살렘 회복을 위해 하나님께서 일하시도록 기도할 것을 촉구하고 있다. 그렇다면 35장은 62장보다 더 뒤에 나온 예언으로 이해해야 하지 않을까?

"예루살렘이여 내가 너의 성벽 위에 파수꾼을 세우고 그들로 하여금 주야로 계속 잠잠하지 않게 하였느니라 너희 여호와로 기억하시게 하는 자들아 너희는 쉬지 말며 또 여호와께서 예루살렘을 세워 세상에서 찬송을 받게 하시기까지 그로 쉬지 못하시게 하라"(62:6~7).

중세 주석가나 현대 주석가들이 이사야를 한 사람으로 보지 않고 특정 장을 서로 연결짓는 교량으로 이해하는 방식은 이사야 성경을 지나치게 단순화해서 읽는 경향에서 나왔다. 네 왕에 걸쳐 예언자로 활동했던 선지자의 삶을 어찌 무 자르듯 쉽게 구분할 수 있으리요.

필자는 오히려 이사야서 전체가 이사야의 일생을 파노라마처럼 그린다고 주장하고 싶다. 선지자의 일생이 그 시대와 어우러져 그려짐과 동시에, 예루살렘 선지자로서 신앙의 중심, 나라의 근간이 되는 시온의 타락과 그로 인한 심판, 그 후에 있을 회복을 오랜 기간 동안 예루살렘과 그 주변 정세를 경험함으로써 생긴 시대 감각과 이에 덧붙여진 하나님의 초자연적인 계시적 예견을 이사야 전권에 담았다고 본다.

이사야 선지자는 예루살렘이 왜 멸망할 수밖에 없는지를 2장에서 이미 분명히 밝히고 있다. "주께서 주의 백성 야곱 족속을 버리셨음은 그들에게 동방 풍속이 가득하며 그들이 블레셋 사람들같이 점을 치며 이방인과 더불어 손을 잡아 언약하였음이라"(2:6).

3:8의 예루살렘 멸망 기록은 하나님의 심판 선언의 예언자적 기록 양식이며 이 선언문은 긴급한 회개를 촉구한다. "예루살렘이 멸망하였고 유다가 엎드러졌음은 그들의 언어와 행위가 여호와를 거역하여 그의 영광의 눈을 범하였음이라." 하나님의 심판의 결과로 "그 성문은 슬퍼하며 곡할 것이요 시온은 황폐하여 땅에 앉으리라"(3:26)고 예견하는 것이다.

이런 상황에서 이사야 선지자는 "야곱 집에 대하여 얼굴을 가리시는 여호와를 나는 기다리며 그를 바라보리라"(8:17)고 고백한다. 간절한 회복의 기다림 속에서 이사야 선지자는 "주께서 심판하는 영과 소멸하는 영으로 시온의 딸들의 더러움을 씻기시며 예루살렘의 피를 그 중에서 청결하게 하실 때"(4:4)를 기다린다.

"만군의 여호와 그를 너희가 거룩하다 하고 그로 너희의 두려워하며 무서워
할 자로 삼으라 그가 성소가 되시리라 그러나 이스라엘의 두 집에는 걸림돌
과 걸려 넘어지는 반석이 되실 것이며 예루살렘 주민에게는 함정 올무가 되
시리니"(8:13~14).

하지만 이스라엘 백성들은 심판 선언을 듣고도 자기들을 치시는 이에게
로 돌아오지 않고 만군의 여호와를 찾지 않아 선지자의 탄식을 불러일으킨다
(9:13). 결국 회개치 않는 이스라엘 백성을 치시는 하나님의 심판을 보며 선지
자는 탄식하며 그 근본 원인을 사악한 지도자와 거짓 선지자에게 돌린다.

"그러므로 여호와께서 하루 사이에 이스라엘 중에서 머리와 꼬리며 종려나무
가지와 갈대를 끊으시리니 머리는 곧 장로와 존귀한 자요 꼬리는 곧 거짓
말을 가르치는 선지자라 백성을 인도하는 자가 그들로 미혹하니 인도를 받
는 자가 멸망을 당하는도다"(9:14~16).
"이들은 포도주로 말미암아 옆걸음 치며 독주로 말미암아 비틀거리며 제사장
과 선지자도 독주로 말미암아 옆걸음 치며 포도주에 빠지며 독주로 말미암
아 비틀거리며 환상을 잘못 풀며 재판할 때에 실수하나니 모든 상에는 토
한 것 더러운 것이 가득하고 깨끗한 곳이 없도다"(28:7~8).

그러나 이사야는 심판 중에 베푸시는 하나님의 긍휼을 바라본다. 왜냐하
면 하나님은 자기 백성을 때리시기는 하나 아주 버리실 수 없는 자비의 하나
님이기 때문이다.

"그날에 주께서 다시 손을 펴사 … 열방을 향하여 기치를 세우시고 이스라엘
의 쫓긴 자들을 모으시며 땅 사방에서 유다의 흩어진 자들을 모으시리니"
(11:11~12).
"그의 남아 있는 백성 곧 앗수르에서 남은 자들을 위하여 큰 길이 있게 하시

되 이스라엘이 애굽 땅에서 나오던 날과 같게 하시리라"(11:16).

이것은 하나님의 생각이요 결심 때문에 가능하다고 이사야는 주장한다.

"만군의 여호와께서 맹세하여 이르시되 내가 생각하는 것이 반드시 되며 내가
경영하는 것이 반드시 이루리라"(14:24).
"그 나라 사신들에게 어떻게 대답하겠느냐 여호와께서 시온을 세우셨으니
그의 백성의 곤고한 자들이 그 안에서 피난하리라 할 것이니라"(14:32).
"다윗의 장막에 인자함으로 왕위가 굳게 설 것이요 그 위에 앉을 자는 충실
함으로 판결하며 정의를 구하며 공의를 신속히 행하리라"(16:5).

광야 가운데 살면서 조국의 수도이며 신실했던 예루살렘이 창기의 성읍으
로, 영적 갈멜과 샤론이 영적 광야와 메마른 땅으로 변해 가는 모습을 안타깝
게 지켜보는 이사야 선지자에게 하나님은 이사야 35장으로 회복을 보이시며
노래하게 하신다.

맺는 말

광야는 하나님이 만드신 것이 아니다. 슬픔, 괴로움, 질병, 가난, 저주, 고
통, 실패, 싸움, 재난, 미움은 하나님의 계획에 들어 있던 목록이 전혀 아니었
다. 어떻게 그것을 알 수 있는가? 창세기가 그것을 말해 준다. 하나님은 빛을
창조하셨다(창 1:3), 보시기에 좋으셨다(창 1:31), 모든 것이 하나님의 명령에 순
종하여 그대로 이루어진다(창 1장), 안식하셨다(창 2:2), 생령이 되었다(창 2:7),
일을 주신다(창 2:15).

하지만 인간은 타락 후에 빛을 잃어버렸다. 그래서 어두움이 찾아왔고 보
시기에 슬픈 인생이 되었다. 하나님의 말씀에 순종하지 않았고 쉬지도 않았

다. 생령으로 하나님과 대화하는 존재로 지음 받았건만 영에 대해 관심이 없는 존재가 되어 버렸다. 하나님의 동역자로 일감을 주셨건만 일에 대한 감격이나 감사, 그리고 성실을 요구하는 청지기 역할도 하지 않았다. 그래서 찾아온 것이 광야다. 광야의 모습은 어떠한가?

하나님을 피하는 존재(창 3:8), 뱀이 독사가 되고(창 3:15), 인간관계에 변화가 생기며(창 3:16, 돕는 관계에서 종속관계로), 땅이 저주를 받아 쉽게 소산을 내지 않으며(창 3:17~19상), 죽게 되고(창 3:19하), 에덴에서 추방된다(창 3:22~24).

광야를 뜻하는 히브리어는 '미드바르'(מִדְבָּר)다. 이스라엘에는 광야가 크게 넷 있다. 가장 큰 규모가 유대 광야, 그 다음 규모로 아라바 광야, 그와 접해 있는 바란 광야, 또 신 광야가 그것이다. 성경의 네 번째 책인 민수기를 히브리어로 '광야에서'라고 부른다. 재미있는 것은 히브리어는 때로 단어가 이중의, 또는 상반된 의미를 가질 때가 많다는 점이다. '미드바르'를 '메다베르'로 바꾸어 발음하면 '말씀한다'로 의미가 달라진다.

헬라어로 광야는 '에레미아'(ερημια)라고 부르는데 그 뜻은 '황량함'이다. 이스라엘의 역사는 이 광야를 중심으로 이루어져 왔다. 광야에서 많은 예언자가 탄생하였고 수많은 예언이 이루어졌다. 고대 문명은 풍요로운 땅에서 대개 이루어졌다. 풍요의 곡물은 다간으로 신의 이름으로 표현되어 섬겨졌고 포도주는 신에게 드리는 주제(酒祭)로 드려졌으며, 풍부한 비로 자라는 레바논의 백향목은 신전을 짓는 데 사용되었다.

그러나 광야는 하박국의 말처럼 가축도 포도도 백향목도 없는 곳이다. 더구나 물도 없다.

그렇지만 광야는 없는 것과 반비례로 있는 것도 많다. 그것은 하나님께 대한 신앙을 키워 주는 신비한 학교다. 고대 선지자들은 이 광야에서 훈련을 받았고 이곳에서 꿈을 꾸었다. 요셉은 양치는 목동이었다. 그러나 그가 꾼 꿈은 하늘의 별과 추수를 기다리며 희어진 들판에 관한 것이었다. 구원의 뜻을 가진 선지자 이사야도 광야에 대한 꿈을 다음과 같이 노래했다.

"사막에 샘이 넘쳐흐르리라
사막에 꽃이 피어 향내 내리라
주님이 다스릴 그 나라가 되면은
사막이 꽃동산 되리"

광야 선지자 이사야는 하나님의 참된 선지자였다.

이 사실은 그의 성전 취임 환상에서 잘 나타난다. 성경의 기록에 의하면 참된 선지자는 하나님에 의해 계시되는 환상을 본다(민 12:6, 참고로 민 22:8~9의 발람도 하나님을 보았기 때문에 이 증거만으로는 충분하지 않다). 따라서 이사야는 또 하나의 증거로 그의 참 선지자 됨을 드러낸다. 바로 선지자의 원형이라 할 수 있는 모세의 수준으로 선지자를 업그레이드하는데 여기서 사용되는 모티브가 스랍의 정결 모티브다(민 12:7~8). 천상 환상에서 하늘의 장엄한 장면이 묘사되고 이사야는 스랍에 둘러싸여 계시는 하나님 형상을 목도하게 된다. 온 존재를 뒤흔드는 이러한 직면에서 이사야 선지자는 자신이 하나님의 선지자로서 부적합함을 절절히 깨닫고 절망한다(6:5). 이는 천사인 스랍도 마찬가지다. 스랍조차도 얼굴과 다리를 가리고 하나님의 거룩하심을 선포한다(6:2~3). 그의 절망은 하나님의 희망을 불러일으켰다. 마치 이사야의 삶의 자리인 조국 광야가 그 날에 회복의 땅으로 변화하듯이.

04

하나님의 대행자,
그 기능과 사명

종과 종들의 주제는 이사야 40~55장에 나타난 여러 주제들 가운데 중요하면서 또한 난해한 주제일 것이다. 그동안 여러 학자들은 소위 종의 노래 본문(42:1~9; 49:1~6; 50:4~9; 52:13~53:12)에 나타난 종의 정체성에 대해 많은 논의를 하였으나 아직 만족할 만할 결론에 이르지 못하고 있다.[1] 또한 이사야 54~66장에 나타난 종들이란 주제는 아직 심도 있게 다루어지지 않고 있으나 종들의 정체성에 대한 여러 해석자들의 견해도 분분한 가운데 있다. 오히려 이사야서에 나타난 종과 종들의 주제에 관한 해석은 새로운 접근법을 요구하고 있다.

종의 주제를 다룰 때 소위 종의 노래 본문(42:1~9; 49:1~6; 50:4~9; 52:13~53:12)을 이사야서 전체 본문과 따로 분리해서 관찰하지 않고 이사야 40~66장의 좀 더 넓은 문학적, 정경적 문맥 가운데 고찰할 필요성이 대두된다. 따라서 종의 주제를 접근하는 본 소고의 논의는 종의 주제가 이사야 40~66장 안에서 어떻게 전개되는가를 살펴볼 것이다. 또한 종의 주제를 다룸에 있어 종의 정체성에 대한 부분과 함께 하나님의 대행자(God's agent)로서 종의 기능적 역할과 사명의 관점에서 종과 종들의 주제를 주로 다룰 것이다.[2] 마지막으로 종에서 종들로 주제의 전개 과정을 살피고 종들의 주제가 이사야 56~66장에서 어떻게 발전되었나를 다루게 될 것이다.

이사야 40~48장에 나타난 종

네 편의 종의 노래(42:1~9; 49:1~6; 50:4~9; 52:13~53:12) 가운데 제1의 종의 노래가 42:1~9에서부터 시작한다고 알려져 왔다. 그러나 종은 41:8에서 처음으로 나타난다. 41:8~16은 종을 이스라엘, 야곱, 하나님의 택한 자, 그리고 아브라함의 자손이라고 일컫고 있다(44:1~2, 21; 45:4; 48:20). 여호와께서는 종인 이스라엘에게 원수에게서 구원을 약속하시면서 두려워하지 말라고 격려하고 있다(41:10~16).

42:1~9은 독특한 종의 모습을 제시한다. 왜냐하면 이 본문은 종을 그 어떤 특정 인물과 동일시하지 않고 오히려 종의 자질(또는 인격)과 사명을 소개하고 있기 때문이다. 여호와께서는 이 종을 기뻐하여 택하셨고 자신의 영을 그에게 부어 주셨다(42:1). 42:1~9에 제시된 종은 현재의 이스라엘의 모습과 대조를 이루며 하나님께서 원하시는 이상적인 종(이스라엘)의 모습을 묘사한다.[3]

42:1~4에 나타난 종은 하나님께 지명된 왕적인 사명을 감당하는 인물이다. 왜냐하면 이 종의 역활은 열방에 공의를 베풀며 이 땅에 정의를 세우는 모습으로 묘사되기 때문이다(42:2~4절).[4] 하나님께서는 소경의 눈을 뜨게 하며 갇힌 자들을 놓아 주시기 위해 종을 의로 불러 백성의 언약과 이방의 빛으로 삼으실 것이다(42:6, 7절). 이 이상적인 종을 통하여 열방과 언약적 관계가 가능하게 되며 그들의 구원을 이루실 것이다.

42:18~44:23에 나타난 종은 42:1~9에 제시된 이상적인 종의 모습과는 달리 하나님의 저주 아래 있는 눈멀고 귀먹은 현재 이스라엘의 모습이 묘사된다. 이스라엘은 자신의 완고함과 고집으로 인하여 하나님께서 그들에게 허락하신 사명을 성취하는 데 실패하였고 하나님께서는 이스라엘을 약탈자와 강도들의 손에 넘기셨다(42:22~25). 이 완고한 종의 모습은 42:1~9에서 묘사한 이상적인 종의 모습과 역설적인 관계(paradoxical relationship)에 놓여 있다. 눈멀고 귀먹은 종의 주제는 하나님의 증인으로서 종의 사명을 소개하면서 43:1~13에서 지속된다. 종의 연약함에도 불구하고 하나님께서는 아직도 종

인 이스라엘을 사랑하시며 그들을 열방 가운데 자신의 증인으로 사용하기를 원하신다(43:8~12; 44:8).

하나님께서 종을 선택하신 근본 목적은 열방으로 하여금 하나님의 비교할 수 없는 주권적 능력을 경험하게 하는 것이며 그의 영광이 종을 통하여 열방 가운데 선포되는 것이다. 그러나 종인 이스라엘은 하나님의 사명을 감당하는 것에 지속적으로 실패한다(43:22~28). 그럼에도 불구하고 하나님의 무조건적인 은혜와 종인 이스라엘을 향한 구속의 언약은 반복적으로 다음 본문인 44:1~23에서 선포된다. 44:1~23의 독특한 면은 성령의 임하심으로 인하여 종의 자손들이 변화된다는 것(44:3~5)과 종인 이스라엘의 죄 용서함이 소개된다는 점이다(43:25; 44:21~23).

44:24~47:15은 모든 우상 위에 뛰어난 하나님께서 열방과 나약한 종 이스라엘을 향한 자신의 목적을 그의 대행자(God's agent)인 고레스 왕을 통하여 성취하실 것을 보여 준다. 여호와께서 자신의 목적을 이루기 위해 의로 부르신 고레스 왕은 41:2~3과 41:25에서 이미 암시되었다. 하나님께서 고레스 왕을 소환하여 열방들이 하나님 이외에는 다른 신이 없다는 사실을 알도록 열방을 항복시키는 사명을 그에게 주신다(45:1~7; 47:1~15; 48:14). 또한 고레스는 예루살렘을 재건하고 종 이스라엘을 본토로 귀환하게 하는 사명을 수행하는 하나님의 의로운 대행자(agent) 역할을 감당한다(44:24~28; 45:1~13). 비록 종이란 단어는 사용되지 않았으나 종의 주제는 48장에서도 지속적으로 나타난다. 이스라엘은 자신에게 위임된 사명을 성취하는 것에 실패하며(48:1~11) 하나님께서는 개인적인 선지자적 종을 부르시고 종인 이스라엘의 임무를 그에게 전이시키신다.

48:16은 1인칭 단수(나)를 사용하여 한 개인적 인물을 소개함으로써 40~48장을 마무리한다. 비록 본문은 이 개인적인 인물의 신원에 대해 분명하게 언급하지는 않으나 그의 임무는 48:17~22에 나타난 신탁을 전달하는 것으로 보인다. 이 선지자적 역할을 감당하는 종은 포로 공동체를 향해 새로운 질서와 출애굽 주제를 다시 적용하여 선포하는 자다. 이 개인적인 선지자

적 인물의 목소리는 종의 사명이 고난과 관련을 맺고 나타나는 49:1~6에서도 지속적으로 들린다.

40~48장에 나타난 종은 이스라엘, 이상적인 이스라엘, 완고한 이스라엘, 고레스, 한 개인적이며 선지자적인 인물들로 변화하며 전개되는데, 그런 가운데서도 하나님의 사명을 이룰 하나님의 대행자로서의 종의 기능은 일관성 있게 제시되고 있다.

이사야 49~53장에 나타난 종

이사야 49~53장은 하나님의 사명 대행자로서 종에 대한 강조가 지속적으로 나타나는 반면에 종의 주제는 중요한 전환 국면을 맞이한다. 40~48장 메시지의 주된 수신자는 전체적인 이스라엘(또는 야곱)이었으나 49~55장에 나타난 수신자는 49:1~6의 경우를 제외하고는 주로 시온(또는 예루살렘)으로 묘사된다. 49:1~13은 하나님의 사명을 감당하는 종의 직무에 초점을 맞추며 48:16에 나타난 개인적인 선지자적 종의 목소리를 다시 들려준다. 49:1~13에 나타난 종의 사명은 42:1~9에 나타난 이스라엘과 열방을 향한 종의 사명과 서로 연속성을 보여 주며 비슷한 모습으로 나타난다. 특히 이방의 빛(42:6; 49:6)과 백성의 언약(42:6; 49:8)이란 종의 사명은 변하지 않고 반복적으로 나타난다.

이 두 본문의 주된 관심사는 종의 사명에 있다. 그러나 49:1~13은 종이 사역을 감당할 때 고난과 좌절을 경험한다는 것을 소개하고 있다(49:4, 7). 게다가 종의 역할을 땅의 회복과 새 출애굽 모티프와 관련하여 포로들의 해방을 선포하고 있다(49:2, 8, 9; 61:1~4). 49:1~6에 나타난 개인적인 선지자적 종의 목소리는 50:4~9에서 다시 나타난다. 49:2에서 종의 선지자적 사역이 날카로운 칼과 갈고 닦은 화살의 이미지로 묘사된 데 반해 50:4에 나타난 종의 사역은 학자의 혀로 곤핍한 자를 말로 도와주는 것으로 소개된다. 종은 여호와의 가르침에 늘 신실하게 반응하지만 그는 자신의 사명을 수행하기 위해 고난을 경험한다(50:5, 6).

49:7에서 종은 감정적이며 정신적인 수욕을 경험하는 반면, 50:6은 종이 당하는 육체적인 고난을 강조한다. 종은 모든 고난에도 불구하고 하나님의 신원하심을 신뢰한다(50:7~9). 넓은 문학적 문맥 안에서 49:1~7과 50:4~11 사이에 일정한 패턴을 발견할 수 있다. '사명(49:1~6 비교 50:4)-고난(49:7상 비교 50:5, 6)-신원(49:7하 비교 50:7, 8)'이라는 패턴이 종의 주제 전개 과정에서 드러난다. 종의 고난과 신원이라는 주제는 52:13~53:12에서 더욱 발전되며 그 절정을 이룬다. 히브리어 본문, 문법, 그리고 의미의 복잡함과 모호함이 52:13~53:12에 나타나나 이 본문이 전하고자 하는 큰 주제는 고난의 종이라는 사실은 분명하다. 이 본문의 독특한 점은 종이 더 이상 1인칭 화자인 '나'(49:1~7; 50:4~9)로 나타나지 않고 주로 3인칭 단수 '그'로 소개된다는 것이다.

또 고난의 종을 여호와의 팔(53:1), 연한 순(53:2), 마른 땅에서 나온 줄기(53:2), 그리고 도수장으로 끌려가는 어린 양(53:7)과 같이 주로 은유적 표현을 사용하여 제시한다. 무엇보다도 고난의 종의 사역을 통해 백성에게 임하는 유익과 그에 따른 하나님의 신원에 강조점을 둔다. 그렇다면 52:13~53:12에 나타난 고난의 종의 사역이 백성들에게 어떤 영향을 미치며 그 사역의 결과가 무엇인지를 살펴보는 것이 중요하다. 왜냐하면 고난의 종의 사역과 그 결과가 종들과 긴밀한 관련을 맺기 때문이다.

1. 고난의 종의 사역과 그 보상들

고난의 종의 사역은 백성들을 위한 대리적 고난으로 특징지어진다(53:4~6, 10~12). 53장의 고난의 종의 대리적 고난에 대해 학자들 사이에 논쟁이 있어 왔다. 올린스키(Orlinsky)는 이스라엘 백성들은 그들의 죄악으로 인하여 포로로 끌려갈 때 이미 고난을 경험했고 따라서 종이 고난을 받아야 할 필요가 없다고 말한다.[5] 하지만 다음에 제시하는 근거는 고난의 종의 사역이 단지 다른 사람들의 고난에 동참하는 정도가 아니라 백성들을 위한 온전한 대리적 고난임을 증명한다. 본문에 나타난 주제 전개의 흐름에서 볼 때 '우리'라는 화자는 고난의 종이 겪은 고난의 참 이유는 바로 자신들의 죄로 말미암은 것임을 고백한다(53:2~6). 이 깨달음을 표현하기 위해 강한 확신을 표현하는 '실로'가 4상절에 사용되었다. 이외에도 고난의 종의 대리적 고난을 표현하기 위해 4절에서는 '그'와 '우리' 그리고 5절에서 '그가…'와 '우리의 …을 인함'이 강한 대조적인 표현으로 사용되고 있다. 즉 '그'와 '우리' 사이의 대비 구도를 통하여 '고난의 종'의 대리적 고난을 표현한 것이다. 6절에서 결국 '우리'는 "여호와께서 우리 무리의 죄악을 그에게 담당시키셨도다"라고 고백한다.

그렇다면 고난의 종의 사역은 어떤 결과를 가져오는가? 종의 대리적 고난으로 백성들의 죄악을 담당하고 그들을 의롭게 함으로써 구원을 가져다준다. 이 주장을 뒷받침하는 다음과 같은 증거들이 있다.

첫째, 53:1에 나타난 '여호와의 팔'은 고난의 종의 사역이 백성의 구원을 위한 것임을 입증한다. '팔'은 구원의 신탁을 선포하는 문맥에서 주로 나타난다. '여호와의 팔'은 51:5에서 '나의 구원', '나의 의' 그리고 51:9~11에서는 '여호와께 구속된 자들'과 함께 사용된다. '여호와의 거룩한 팔'은 52:10에 '우리 하나님의 구원'과 함께 나타난다. 이러한 인접 문맥의 문학적 정황으로 볼 때 '여호와의 팔'이란 은유적 표현은 하나님의 구원 계획을 의미한다. 51:5, 9~11과 52:10에 나타난 '여호와의 팔'은 53:1에서 하나님의 구원 방식을 전하는 고난의 종의 주제와 함께 다시 사용된다. 사람들에게 멸시받고 버림받은 고난의 종은 전혀 예상치 못한 모습으로 나타나서 하나님의 사명을 이룬다. 하나님의 대행자인 고난의 종과 그 직무를 통해 백성들을 향한 하나님의 구원이 성취된다.

둘째, 고난의 종은 백성들의 죄악을 사함으로 대속적 구원을 가져온다. 53장의 인접 본문인 50장에서 죄(1~3절)와 고난의 종(4~11절)이 언급된다(참고 33:24; 44:22). 백성들의 포로 생활의 원인은 다름 아닌 그들의 '죄악'과 '허물'로 인한 것이었다(50:1). 50장에 나타난 '죄악'과 '허물'이란 단어는 53:5, 8에서 다시 반복적으로 사용된다. 53장에서 이사야 선지자는 고난의 종의 사역을 백성들의 '죄악'과 '허물'을 담당하는 것으로 묘사한다. 즉 고난의 종은 자원하여 백성들의 죄악과 허물을 담당하고 결국에는 그들을 의롭게 한다(11절).

셋째, 53:10에 소개된 '속건제물'(□뱅아삼)의 의미는 고난의 종의 사역을 통하여 백성의 회복을 가져온다는 것을 제시한다. '속건제물'이란 단어는 레위기 14장에서 주로 문둥병자의 회복과 관련되어 사용되었다. 53장은 믿음의 공동체로부터 추방을 야기하는 두려운 질병들과 그 질병을 치유하는 '속건제물'로서 고난의 종을 제시한다.[6] 결국 고난의 종의 사역을 통하여 백성들을 회복하시고자 하는 하나님의 목적이 이루어진다(6, 10절). 종의 대속적 고난은 하나님에 의해 시작되었으며, 이는 백성의 회복을 위한 하나님의 구속사적 계획이었다(10절). 그렇다면 고난의 종의 사역의 수혜자들은 누구인가? 고난의 종의 사역의 수혜자들이 누구인가를 확인하는 것은 종에서 종들로의 변환을 이해하는 데 중요한 역할을 한다.

2. 고난의 종의 사역의 수혜자들

고난의 종의 사역의 수혜자들을 밝히는 문제의 핵심은 52:14~53:12에 나타난 '우리'와 '많은 사람'이 누구를 포함하는가를 밝히는 것과 연관되어 있다. 왜냐하면 본문은 이 두 부류가 고난의 종의 수혜자들이라고 묘사하고 있기 때문이다(52:14; 53:1~6, 11, 12). 52:13~53:12에 나타난 '우리'의 정체성은 학자들 사이에 논쟁이 되어 왔다. 와이브레이(Whybray)는 '우리'가 전 포로 공동체를 대변하는 제2이사야의 제자들이라고 주장한다.[7] 와이브레이는 제2이사야의 제자들이 고난으로부터 구원받음을 감사하는 찬송시로 이사야 53장을 편집했다고 주장한다. 그러나 이 해석은 본문의 증거가 부족하다. 멜루긴(Melugin)은 52:15에서 53:1의 자연스런 전환으로 인하여 '우리'가 열방을 가리킨다고 믿는다.[8] 그러면 본문이 증거하는 '우리'는 누구를 언급하고 있는가?

'우리'는 이스라엘 안에서 죄를 고백하는 공동체를 포함한다. 그 이유는 다음과 같다.

첫째, 53:1은 듣고 본 자들이 열방이 아닌 바로 '우리' 즉 이스라엘이라는 것을 강조하기 위해 수사학적 질문으로 시작한다. "우리의 전한 것을 누가 믿 었느뇨?"

둘째, 넓은 문맥 가운데 나타난 주제의 전개를 통해 볼 때, 53:1~6의 '우리'는 고난의 종의 사역에 반응하는 이스라엘 내부의 공동체를 일컫는다. 여호와의 말씀에 대한 신앙과 불신앙의 주제는 40~55장에 반복하여 나타나는 주제이며 이는 주로 열방보다는 지속적으로 하나님의 백성들과 관련되어 있다. 또한 하나님과 고난의 종에 대한 이스라엘 백성들의 반응은 이미 50:10에서 예견되었다. "너희 중에 여호와를 경외하며 그 종의 목소리를 청종하는 자가 누구뇨?" 따라서 53:1의 질문은 이스라엘 백성 가운데 하나님께서 나타내신 것을 보고 들은 것을 믿는 자들을 식별하는 기능을 한다.

셋째, 53:8에 언급된 '내 백성'은 결국 '우리'가 포로 공동체 가운데 죄를 고백하는 이스라엘 백성들을 언급한다는 주장을 뒷받침해 준다. 왜냐하면 '내 백성'은 인접 문맥 가운데서 주로 포로기 이스라엘 백성들을 언급할 때 사용되었기 때문이다(47:6; 51:4, 16; 52:4, 5, 6). 따라서 종의 사역의 수혜자들은 이스라엘 백성들 가운데 죄를 고백하며 고난의 종에 반응하는 자들이다.

그렇다면 종은 오직 이스라엘 백성들만을 위해 고난을 당했는가? 52:14, 15과 53:11, 12의 '많은 사람'(רבים라빔)은 과연 누구를 가리키는가?[9] '많은 사람'(라빔)의 정체성에 대해 여러 제안이 있어 왔다. 이방인, 민족들로 표현된 흩어진 유대인 디아스포라. 그러나 '많은 사람'(라빔)의 의미를 다룰 때 우리가 기억해야 할 것은 본문의 시적인 형태와 절제된 표현을 기억해야 하며 적어도 본문에 나타난 여러 증거들을 바탕으로 다음과 같은 가능성을 제시할 수 있다.

첫째, 52:14에 나타난 '많은 사람'(라빔)은 종의 대속적 고난의 수혜자 수가 많다는 것을 의미한다. 이 용어의 사용은 많은 사람들을 한 명의 의롭고 고난받는 종과 대조시키기 위해 사용되었다. 또한 시적 형태의 본문 구조는 종의 사역의 수혜자인 회복된 사람들을 강조하기 위해 '많은 사람'(라빔)을 반복적으로 사용하였고 이를 통하여 본문의 수미쌍관식 구조(52:13~15과 53:11~12)를 구성한다.

둘째, 52:15에서 사용된 '많은 사람'(라빔)과 '나라들'과 '왕들'의 병치 배열은 고난의 종의 사역이 단지 이스라엘뿐 아니라 열방들을 위한 것임을 말해 주고 있다. 본문은 열방들이 고난의 종의 구원 행동의 수혜자라는 의미를 그들이 여호와와 이스라엘 앞에서 놀라고 입을 봉하는 모습으로 소개하고 있다. 열방을 향한 고난의 종의 사역과 그들의 응답은 이미 49:7에서 예견되었다. 왕들이 종을 보고 일어서며 고관들이 그에게 경배하리라. 52:13~53:12은 49:5~9에 나타난 종의 수욕, 왕들과 통치자들의 반응, 그리고 하나님의 신원이라는 주제의 패턴이 반복적으로 나타난다. 이 두 본문 사이에 나타나는 주제적, 어휘적 연관성은 49:14~52:12의 전체를 구성하는 틀로 작용한다. 이 주제의 패턴은 열방을 향한 빛으로서의 종의 사명을 완성한다는 것을 제시한다(42:6; 49:6).

셋째, 53:11, 12의 '많은 사람'(라빔)은 넓은 문학적, 정경적 문맥 가운데 이스라엘의 자녀들을 포함한다. 종의 희생의 결과는 결코 헛된 것이 아니며 그 보상으로 49~51장의 주된 주제 가운데 하나인 자손들의 회복을 보게 된다. 이 개념은 '많은 사람'(라빔)과 '자손 또는 씨'(제라)와 같은 두 개의 반복되는 단어들을 통하여 더욱더 뒷받침된다. '자손 또는 씨'(제라)는 자녀들의 증가와 그 자녀들의 시온 거주를 표현할 때 사용된다(54:1~3). 왜냐하면 53:11, 12의 '많은 사람'(라빔)은 '자손 또는 씨'(제라)와 함께 나타나는 54:1과 연결되기 때문이다. 따라서 53장과 54장을 전체 문학적 정경적 문맥으로 볼 때 '많은 사람'은 열방뿐만 아니라 시온의 자손들도 의미한다.[10]

결론적으로 고난의 종의 사역의 수혜자는 두 개의 단어로 설명될 수 있다. '우리' 그리고 '많은 사람'(라빔). 이 두 단어는 죄를 고백하는 이스라엘, 반응하는 열방들, 그리고 이스라엘 백성의 자녀들을 포함한다. 여호와께서는 많은 순종하는 사람들을 탈취물과 함께 종에게 주시며 그의 종을 신원하신다(53:12). 이 많은 사람들은 종의 고난으로부터 주어지는 평화와 축복을 누리게 된다. 52:13~53:12에 나타나는 고난의 종은 49~54장에 나타나는 종이란 주제의 발전에서 결정적으로 중요한 역할을 한다. 왜냐하면 이 본문은 결국 54장에서 시온의 회복을 바라보기 때문이다.

52:13~53:12에 나타난 고난의 종의 사역은 결국 54장에서 시온의 회복과 시온의 거주자들(종들)을 배출하게 된다. 종의 대속적 고난으로 인하여 의롭게 된 자들은 결국 여호와의 종들의 일원이 된다(54:17; 56:65; 65:8). 즉 고난의 종의 사역은 결국 복수 종들을 배출한다.

3. 이사야 54:17에 나타난 종들

54:17에 나타난 '여호와의 종들'은 40~55장 안에서 처음으로 소개되는 독특하며 중요한 표현이다. 왜냐하면 이 구절은 종에서 종들로의 중요한 전환을 소개하기 때문이다. 그렇다면 54:17에서 소개된 종들은 본문에서 어떤 역할을 하는가? 우리는 종들에 대해 좀 더 살펴볼 필요가 있다. 먼저 종들은 40~55장과 56~66장을 연결하는 경첩 역할을 한다. 52:13~53:12에서 소개된 고난의 종의 사역의 수혜자들인 '우리', '많은 사람'(라빔), '자손 또는 씨'(제라)는 54:17에서 '여호와의 종들'로 다시 언급된다. 또한 종들은 56:6; 63:17; 65:8, 9, 13, 15; 66:14에서 다시 소개되므로 이 본문들이 주제적, 어휘적으로 이전 본문과 연결된 본문이란 점을 보여 준다.

나아가 복수 종들은 결국 공동체 내부에 두 그룹의 분리(의로운 자와 악한 자)로 인도하는 종의 민주화(democratization) 또는 개인화(individualization)를 제시한다. 종의 민주화 개념은 모든 사람이 왕의 잔치에 초대되는 55:1~3에서 더욱 발전된다. 다윗과 맺은 영원한 언약은 새로운 공동체 일원인 개개인들에게 확대 전이된다. "내가 너희에게 영원한 언약을 세우리니 곧 다윗에게 허락한 확실한 은혜니라"(55:3). 이 종의 민주화은 56~66장의 주된 관심사인 하나님과 이스라엘 백성의 관계를 재정립하는 기능을 한다. 그렇다면 이 종들의 주제는 56~66장에서 어떻게 발전되는가?

이사야 56~66장에 나타난 종들

40~55장은 주로 하나님의 의와 공의를 이방에 전하는 종의 사명을 소개한 반면, 56~66장은 여호와의 종들의 인격과 자질을 제시한다. 종들의 주제는 56:1~8에서 소개되고 있다. 이 본문은 이방인과 고자들도 여호와의 종들의 일원이 된다는 것을 나타낸다. 이는 종에게 반응하는 열방과 민족들도 고난의 종의 사역의 수혜자가 되며 종들이 된다는 점을 제시한 52:13~53:12과 다윗 언약의 민주화와 함께 모든 사람이 왕적인 잔치에 초대받은 55:1~3에서 이미 예견되었다.

56:1~6의 독특한 점은 종들의 일원이 되는 사람들의 자질을 소개하며 종의 주제를 더욱더 발전시킨다는 것이다. 종들의 일원이 되는 가장 근본적인 요구 사항은 안식일을 지키며 하나님의 언약에 충실한 삶을 통하여 의와 공의를 행하는 것이다(56:1 ,2). 종들의 공동체의 일원이 되기 위해서는 민족적, 인종적 구분이 없다. 심지어 이방인이나 고자라도 안식일을 지키며 하나님의 언약에 신실한 삶을 산다면 하나님의 종들의 일원이 될 수 있다. 56:1~8에서 소개되는 종들의 인격과 순종의 삶의 원리는 56~66장 전체 본문을 이해하는 데 기본적인 신학적 틀을 제공한다.

종들의 주제는 57, 58장에서 더욱 발전된다. 비록 57장과 58장에서는 종들이라는 단어가 사용되지 않았으나 이 본문이 종들의 자질을 설명하고 있다는 점에서 56:1~8과 연속성을 보여 준다. 우상을 섬기는 악인들과는 달리 종들은 주님을 신뢰하는 자들이며(57:13) 또한 하나님 앞에 통회하고 마음이 겸손한 자들이다(57:15). 58장은 종들의 공동체 일원이 되는 자질을 참 금식의 실천과 안식일 준수의 모습으로 제시한다. 이스라엘 백성들은 외형적이며 위선적인 종교적 열심으로 하나님의 관심을 사고자 했다(58:2, 3). 그러나 이러한 종교 행위는 오히려 하나님의 책망의 대상이 되었다(58:1~5). 백성들이 자신을 괴롭게 하며 한 금식들은 하나님의 귀에 들리지 않았다. 오히려 하나님께서는 이웃을 돌아보며 그들에게 의와 공의를 행하고(58:6~12) 하나님의 언약에 신실한 삶을 살아가라고 명하시며 이들에게 기업을 약속하신다(58:13~14). 또한 안식일 준수는 하나님께 대한 충성과 신실함의 증거(58:13)이기에 하나님의 종들이 존귀히 여기며 지켜야 할 규례다(56:1~8).

63:7~64:11에서 종들의 주제는 다시 나타난다. 이 본문에서 종들은 이스라엘 공동체를 위해 기도하는 자들로 묘사된다. 본문은 기도하는 자들을 '우리' 또는 '주의 종들'로 묘사하고 있다. 이들은 자신과 공동체의 죄악을 고백하며 하나님께 탄원하는 자들이다. 이스라엘 안에서 죄악으로 고백하는 그룹과 고난의 종의 사역을 통하여 배출된 종들 사이의 긴밀한 관계성에 대해 이미 살펴보았다(53:1~13; 54:17).

63:15~64:12에 소개되는 '우리'는 동일하게 죄악을 고백하는 공동체이며 이들은 주의 종들이다. 53:12에서 고난의 종이 범죄자들을 위해 기도하였듯이 주의 종들도 공동체의 죄악을 인하여 탄식하며 기도한다. 종들의 기도에 대한 여호와의 응답이 65장과 66장에서 소개된다. 여호와께서는 우상을 섬기며 패역을 일삼는 악인들은 심판하시며 주님을 신실하게 섬기는 종들에게는 복과 구원의 새 소망을 허락하신다.

종들의 주제는 종들에 대한 네 가지의 서로 다른 이름을 소개하며 65:9~16에서 그 절정을 이룬다. 이 본문에서는 종들을 야곱의 자손, 나의 산들을 기업으로 상속할 자들, 나의 택한 백성, 나를 찾는 나의 백성으로 소개한다. 종들을 일컫는 이 네 가지의 이름은 이미 이전 본문에서부터 발전되었으며 65:8~16에서 한 곳에 모아져 소개되고 있다. 야곱의 자손(43:5, 6; 44:3; 45:18~25; 48:19; 49:17~26; 53:10; 59:21; 60:4~9; 61:9; 65:9), 기업의 상속자들(54:17; 57:13하; 60:21), 하나님의 택한 백성들(41:8; 42:1; 43:10, 20; 44:1, 2; 45:4), 하나님을 찾는 자들(57:13하; 65:10).

이와 같은 현상은 종들의 주제가 종의 주제로부터 전개되었으며 이사야 40~66장 전반에 걸쳐 일관성을 가지고 진행되었다는 점을 설명한다. 이사야 65:8~16의 독특한 점은 종들과 악인들의 서로 다른 운명이 제시되었다는 것이다. 종들에 대한 축복은 '보라 나의 종들은'으로 소개되나[13절(3번), 14절] 악인에 대한 저주는 '너희'로 소개되며[13절(3번), 14절], 종들과 악인들이 서로 대칭 구조를 형성하며 나타난다. 신실한 종들은 새 질서에 참여하여 기뻐할 것이나 악인은 옛 질서 속에서 고통을 당하며 슬퍼할 것이다. 여호와께서는 주님의 종들을 위해 새 하늘과 새 땅을 창조하신다(65:17). 주님의 신실한 종들은 새 하늘과 새 땅의 영광스런 구원의 새 시대를 즐거워하며 누릴 것이다.

65장에 이어 66장도 종들에게 임할 하나님의 구원과 악인들에게 임할 하나님의 심판을 소개하고 있다. 주님의 종들은 마음이 가난하고 심령에 통회하며 여호와의 말씀을 인하여 떠는 자들이다(66:2). 하지만 악인들은 왜곡된 종교 행위와 우상숭배로 하나님 앞에 악을 행하는 자들이다(66:3, 4). 종들은 예루살렘의 풍성함, 기쁨, 위로, 평강을 누릴 것이다. 하지만 악인들은 불에 둘러싸여 강림하시는 여호와의 심판을 면하지 못할 것이다. 그들의 시체에 임한 벌레가 죽지 아니하며 그들에게 임한 불이 꺼지지 아니하는 형벌을 받을 것이다(66:24). 결국 종들의 주제는 이스라엘 공동체 내부에서 하나님을 떠나 우상을 숭배하는 악인들과 믿음으로 하나님께 반응하는 종들과 그들의 최후 운명을 소개하며 이사야서 전체를 마무리한다.

맺는 말

이사야서에 나타난 소위 종의 노래 본문들은 그 본문이 속한 문학적, 정경적 문맥과 분리하여 이해할 수 없다. 종의 주제는 40~66장의 본문 안에서 일관성과 연속성을 가지고 나타난다. 종의 주제에 대한 이사야 본문의 논지는 주로 하나님의 대행자로서의 종의 임무와 자질에 있으며 그 특징은 이사야서 40~66장의 넓은 문맥 안에서 종의 주제가 전개됨에 따라 나타난다.

종들은 고난의 종의 대속적 사역을 통하여 배출되며 열방 가운데 하나님께 반응하는 자들, 이스라엘 안에서 죄악을 고백하는 자들, 시온의 자녀들을 산출하게 된다. 종들은 국가나 민족의 장벽을 넘어 하나님께 의와 공의의 인격으로 신실하게 반응하는 자들이며 이웃을 돌보며 백성들의 죄악을 인하여 기도하는 자들이다. 종들은 결국 새 시대의 질서를 누리며 기뻐할 것이다. 결국 이사야서에 나타난 종의 사명은 예수 그리스도의 사역과 삶을 통하여 성취되며 이로 인하여 예수 그리스도를 믿고 순종하는 수많은 종들이 나오게 된다.

05

이사야서에 나타난
여호와의 종의 정체

이사야 42:1~9; 49:1~9을 중심으로

이사야서 전반부(1~39장)와 후반부(40~66장)의 특색 중 하나는 메시아에 관해 예언할 때 전자에서는 '만왕의 왕'으로, 후자에서는 '여호와의 종'으로 묘사된다는 점이다. 다시 말하면 전자에서는 '그 어깨에 정사를 메고 영화롭게 나타나는 평강의 왕이요'(9:1~7), 후자에서는 '풍채가 없는 여호와의 종으로'(42:1, 5; 3:2) 나타난 점을 주목해 볼 수 있다. 그러므로 이사야서를 공부하는 사람들에게 '왕으로서의' 메시아와 '종'으로서의 메시아를 추적해 보는 일은 매우 흥미로운 작업이다.

'여호와의 종'은 누구인가

하나의 성경 이사야서 안에 이런 특징이 존재하는 것은 어떤 학자들이 생각하는 것처럼 이사야서 전반부와 후반부의 저자가 서로 다르기 때문이 아니다. 비록 '호칭'은 다르나 '종'이라는 호칭 속에는 왕의 개념이 포함되어 있다. 그뿐 아니라 종이라는 호칭 속에는 선지자의 개념과 제사장의 개념까지 함축되어 있다. 좀더 자세히 말하면 후반부 본문을 보면, 그 종은 '진리로 공의를 베풀 자'(42:3)이며, 또 '아름다운 소식을 전할 자'(40:9; 1:27)라고 했는데 이것이 '선지자'의 모습을 보여 준 것이라면, "갇힌 자를 옥에서 이끌어 내며 흑암에 처한 자를 간에서 나오게 하리라"(42:7)는 말씀을 통하여서는 '왕'으로서의 면모를 보여 준다.

좀더 구체적으로 말한다면 "섬들이 그 교훈을 앙망"(42:4)하며, "이방의 빛"(42:6)이 되며, '기쁜 소식을 전하며'(41:27), '학자의 혀를 받은'(50:4) 선지자는 곧 '다스리고', '제도를 베풀며', '갇힌 자를 끌어내는' 권위를 행사하는 왕이기도 하다. 그 종은 또한 왕이기 전에 수난의 죽음을 당해야 하는 대제사장이기도 하다(52:13~53:12). 이런 점에서 왕으로서 본 이사야서의 전반부는 그 후반부에 와서 그 개념이 더욱 확대되고 심화된 것을 볼 수 있다

그런데 주제가 여호와의 종으로 표현된 이사야서의 후반부(40~66장)에는 이른바 '종의 노래'라는 네 개의 아름다운 시문(詩文)이 있다. 즉 42:1~9, 49:1~9, 50:4~11, 52:13~53:12이 그것이다. 이 네 개의 시문 중 50:4~11, 52:13~53:12은 메시아에 관한 예언임이 분명하나 첫 두 시문(42:1~9; 49:1~9)은 곧 메시아를 지칭한다고 보기에는 너무나 많은 논란이 있다.

이렇게 논란이 많은 학설들을 정리하면 다음과 같다. 첫째, 그 종은 개인 메시아가 아니라 '이스라엘'과 같은 공동체를 말한다는 주장이다. 이것을 흔히 '집단체적 해석법'(collective theory)이라고 한다. 둘째, 그 종은 꼭 메시아라고 할 수 없고, 다른 어떤 개체, 즉 다윗 혹은 고레스와 같은 인물을 가리키는 것이라는 설명이다. 셋째, '여호와의 종'이란 어떤 개인과 집단 사이를 서로 내왕하면서 양자를 연결하기도 하고 또 응결(凝結)시키기도 하면서 개(個)체와 전(全)체를 초월한다는 학설이다. 이것을 흔히 '유동체설'(fluid theory)이라고 한다. 필자는 우선 이 세 개의 학설을 간략히 설명하고, 그것들을 평가하고자 한다. 먼저 '집단체적 해석법'부터 살펴보기로 하자.

여호와의 종이 소경일 수 없다

먼저, 이사야 42:1~3을 보자.

"내가 붙드는 나의 종, 내 마음에 기뻐하는 나의 택한 사람을 보라
내가 나의 신을 그에게 주었은즉 그가 이방에 공의를 베풀리라
그는 외치지 아니하며 목소리를 높이지 아니하며
그 소리로 거리에 들리게 하지 아니하며,
상한 갈대를 꺾지 아니하며…."

이 본문은 분명 메시아, 곧 그리스도에 대한 예언이다. 신약성경을 아는 그리스도인이라면 아마도 부인하지 않을 것이다. 그것은 예수님 자신이 이 구절은 자기에 대한 예언임을 분명히 밝혔기 때문이다(마 12:17~21).

그렇지만 문제는 남아 있다. 본문에 뒤이어 따라오는 이사야 42:18~19은 "너희 귀머거리들아 들으라 너희 소경들아 밝히 보라 소경이 누구냐 내 종이 아니냐 누가 나의 보내는 나의 사자같이 귀머거리겠느냐 누가 나와 친한 자 같이 소경이겠느냐 누가 여호와의 종같이 소경이겠느냐"라고 한다. 같은 장 안에 계속되는 이 본문에서 '여호와의 종'을 복수(너희)로 표현하면서 '소경'이요 '귀머거리'라고 했다. 그렇다면 여기서 '종'은 누구인가? 메시아가 소경일수 없고 귀머거리일 수 없지 않은가?

그런데 이것을 의식해서인지 70인역(LXX)은 42:1의 '종'을 '이스라엘'과 '야곱'으로 번역하였다. 그 본문을 영어로 옮겨 보겠다.

"Jacob is my servant
I will help him,
Israel is my chosen
my soul has accepted him…."

위의 70인역은 '그 종'을 야곱과 이스라엘의 공동체로 보았다. 아마도 70인역의 역자들은 42:1 이하의 '여호와의 종'을 18절의 소경과 귀머거리라고 한 '여호와의 종'과 동일한 것으로 보았기 때문일 것이다.

신약을 부인하는 유대인 학자들과 일부 비평학자들은 70인역을 근거로, 여기에 나오는 '여호와의 종'은 메시아가 아닌 공동체 이스라엘을 가리키는 것이라고 단정한다. 그러나 우리가 70인역의 권위를 마소라(MT) 사본 위에 놓을 수 없고, 또 70인역과 같은 그런 입장은 본분의 문맥에도 맞지 않는다. 우선 본문 42:4 한 곳만 보더라도 그렇다. "그는 쇠하지 아니하며 낙담하지 아니하고 세상에 공의를 세우기에 이르리니 섬들이 그의 율법을 앙망하리라" 고 했다.

이 구절이 어떻게 집단체인 '이스라엘'에게 적용될 수 있겠는가? 위에서 '그의 율법'이라면 그것은 하나님의 율법과 동등한 어떤 큰 임금이 선포하는 율법일 수밖에 없다. 또 앞에서도 지적했듯이, 그 종은 '맹인의 눈을 밝히며 갇힌 자를 옥에서 이끌어 내며…'라고 했는데 이런 사역을 이루는 주체가 '공동체 이스라엘'일 수 없다.

이렇게 볼 때 '여호와의 종'은 큰 권위를 가진 절세(絕世)의 권력자, 어떤 개체(個體)일 수밖에 없다. 그렇기 때문에 어떤 학자들은 '여호와의 종'을 우선 다윗 왕이라고 보고자 한다. 그들은 성경에서 다윗을 나의 '택한 자'(시 89:3, 19)라고 했고, 또 "내가 '내 종 다윗'을 찾아 나의 거룩한 기름으로 부었도다"(시 89:20)라고 했음을 지적한다(이러한 표현은 사 42:1과 흡사하다).

물론 그들의 주장과 같이 다윗 왕의 권위로도 율법을 선포할 수 있고 "섬들이 그것을 앙망하리라"고 말할 수도 있을 것이다. 그러나 그렇게 볼 수 없는 이유는, 앞에서 본 바와 같이, 그 종을 주어로 하는 술어 동사들이 모두 미래형이라는 점 때문이다. 말하자면 '예언'으로 기록된 것이다(고대 사본이나 역본들이 모두 같다). 그러나 다윗 왕은 이미 지나간 고인(故人)이 아닌가?

또 본문에 보면 '그 종'은 "세상에 공의를 세우기에 이르리니"라고 했는데 여기서 '세상'이란 원문에서 모든 '이방인'(the gentiles)을 가리키는 말이요, '공의'는 히브리어 '미쉬파트'(מִשְׁפָּט)로 '심판'이라고도 번역될 수 있다. '그 종'이 이방 모든 족속(the gentiles, the nations)들에게까지 심판을 베풀 수 있는 자라면, 그는 다윗 같은 이스라엘 역사에 있었던 어떤 왕이거나 선지자일 수 없다. 어떤 학자는 고레스 왕을 말하기도 하지만 그렇게 볼 수 없다. 이방인인 고레스는 "이방의 빛"(42:6)이 될 수 없고, "백성의 언약"(42:6), 즉 언약의 백성들의 중보자가 될 수 없기 때문이다.

앞에서 보았듯이 히브리 인들 중에도 70인역을 중요한 근거로 삼는 헬라파 히브리 학자들은 '그 종'을 이스라엘 집단체로 본다. 그런데 팔레스타인 히브리 학자들은 그런 주장에 대해 모순을 느꼈는지, 자신들의 아람어 번역인 탈굼(Targum)에서는 70인역이 '이스라엘과 야곱'을 보충했던 것과는 달리 '나의 종 메시아'(עַבְדִּי מְשִׁיחַ 압디 마쉬아흐)라는 단어를 사용해 '메시아'를 보충하여 번역했다. 그들은 비록 신약의 '그리스도'는 모를지라도 그들이 기다리던 그들의 '메시아'가 본문의 주인공임을 인정한 듯하다.

여호와의 종은 몸의 머리로서 그리스도다

그렇더라도 아직 문제는 남아 있다. 즉 우리가 이 본문 42:1~9이 메시아, 곧 그리스도를 예언하는 것(막 12:17~21의 예수님의 말씀같이)이라고 단정한다 할지라도 42:18~19을 어떻게 이해할 것인가 하는 문제는 여전히 남는다. 앞에서도 지적했듯이 그리스도는 결코 귀머거리요 소경일 수 없기 때문이다. 게다가 그 본문의 주어는 '너희'라는 복수인데, 그것은 이스라엘 집단체를 가리킴이 분명하기 때문이다. 또 43:10에도 "너희는 나의 증인 나의 종"으로 택함을 입었다면서 복수(너희)가 사용된다. 그렇다면 인접 본문 중에 서로 연결되는 구절들이 이렇게 단수와 복수로 교차되는 것을 어떻게 이해할 것인가?

이러한 문제를 해결하기 위하여 델리치(Franz Delitzsch)의 설명을 기억함이 좋을 것이다. 그의 학설은 일종의 유동체설(fluid interpretation)이라고 할 수 있는데, 그는 다음과 같이 설명한다. 본문(42:1~9)의 '종'은 "어떤 집단체에도 적용될 수 없도록 강한 개체성을 드러내고 있다.

그러나 그 내용을 보면 그리스도 이외의 어떤 개인에게도 적용할 수 없는 것이 사실이다. 그렇다고 그 '여호와의 종'은 이스라엘 집단과 분리되어 있는 것이 아니다." 그는 계속 말하기를 "이사야 42:1의 '여호와의 종'은 41:8의 이스라엘 집단을 가리키는 '종'과 상호 연결되는 어떤 관계가 있음이 분명하다"고 했다.

그의 설명에 의하면 본문 42:1에 나타나는 그리스도는 이른바 다윗의 후손으로서의 '개념'을 나타내는 것이 아니라, 이스라엘의 축소체(縮小體) 내지는 응결체(凝結體, embodied idea)로서의 사상을 표현한다는 것이다.

그러나 그는 이런 사상이 어떻게 가능한가 하는 점은 설명하지 않는다. 즉 그리스도라는 한 개체가 어떻게 이스라엘이라는 집단 속에 축소되고 또는 응결(embodied)되느냐 하는 것이다. 다시 말하면 개(個)와 전(全)이 어떻게 유동하면서(fluid) 축소되고 응결될 수 있는가 하는 점을 그는 밝히지 않았다. 그렇다면 이제 이것을 밝히는 것이 우리의 몫일 것이다.

이 과제에 대한 해결은 42:6의 "백성의 언약"이라는 말과 직결되어 있다. 여호와의 종은 "백성의 언약"이기 때문에, 그는 하나의 개체(individual)이면서 단순한 개체가 아니라 여호와와 이스라엘 백성 간의 '고리'(bond of covenant)로서 또는 '대표자'로서 개체인 것이다.

"백성의 언약"이란 말은 백성의 언약의 '중보자'란 뜻이다. 이것을 신약의 술어로 말한다면 언약체(言約體)인 그 몸이 이스라엘이라면 그리스도는 그 머리다. 머리와 몸은 하나다. 그 머리를 여호와의 '종'이라고 부른다면 그 몸도 같은 '종'이라고 불러 마땅하다.

이스라엘이 언약의 실패자로서 귀머거리요(42:18) 소경이었다면(42:19), 그리스도는 "쇠하지 아니하며 낙담하지 아니하고" 마침내 '세상에 공의를 세우며' 드디어는 "섬들이 그 교훈을 앙망"하게 될 언약의 승리자로서의 종이었다. 그는 진실로 "이방의 빛"이요 "백성의 언약"이었다.

이상과 같이 고찰해 볼 때 이사야 42:1~9의 '여호와의 종'은 독립적인 그리스도가 아니라 '몸'의 머리로서의 그리스도임을 본다.

개체에서 집단으로 유동하는 종의 모습

이처럼 하나님의 언약을 중심으로 개체에서 집단으로 유동하는 '종'의 모습은 다음 제2의 종의 노래인 49:1~9에서 더욱 분명하게 나타난다.

이제 49:1~9의 본문은 이렇게 시작한다. "섬들아 나를 들으라 원방 백성들아 귀를 기울이라 여호와께서 내가 태에서 나옴으로부터 나를 부르셨고 내가 어미 복중에서 나옴으로부터 내 이름을 말씀하셨으며 내 입을 날카로운 칼같이 만드시고 나를 그 손 그늘에 숨기시며 나로 마광한 살을 만드사 그 전통에 감추시고 내게 이르시되 너는 나의 종이요 내 영광을 나타낼 이스라엘이라 하셨느니라"(1~3절). 여기서 여호와의 종은 누구인가?

그 종은 집단체인 '이스라엘'임이 분명하다고 권위 있는 학자들도 동의한다(Hitzing, Gesenius 등). 그 이유는 3절에 "너는 내 영광을 나타낼 이스라엘이라"고 분명히 말했기 때문이다. 그러나 이것을 인정하기는 어렵다. 왜냐하면 본문 49:5에 '나를 자기 종으로 삼으신 것'은 "야곱을 자기에게로 돌아오게 하시며 이스라엘을 자기에게로 모이게 하시려고"라고 했는데, 여기서 '종'을 이스라엘로 본다면 이스라엘이 어떻게 동일한 이스라엘을 '자기에게로 돌아오게' 할 수 있으며, 또 어떻게 '자기에게로 모이게' 할 수 있겠는가? 그것은 논리적으로 이해하기 어렵다.

이러한 모순을 느꼈기 때문인지 어떤 학자들(Christopher R. Noth 등)은 그것은 타락한 귀머거리요 소경이라고 책망 받은 이스라엘이 아니라 '남은 자' 이스라엘이라고 주장한다. 그러나 그것 역시 논리적 모순을 안고 있기는 일반이다. 즉 49:6에 "네가 나의 종이 되어 … 이스라엘 중에 보존된 자를 돌아오게 할 것은 오히려 경한 일이라"고 했는데, 이스라엘의 남은 자(보존된 자)가 어떻게 동일한 남은 자를 돌아오게 할 수 있겠는가?

그래서 델리치는 이 본문의 주인공은 집단체 이스라엘이 아니라 그리스도를 가리킴이 분명하다고 했다. 그는 말하기를 그리스도는 새 인류의 대표자로서 성경은 그를 제2의 '아담'이라 했고(고전 15:45), 또 약속된 왕국의 대표자로서 제2의 '다윗'(호 3:5)이라고 했다면, 또 그를 가리켜 구속받은 선민의 대표자로서 제2의 '이스라엘'이라고 말할 수 있음은 당연하다고 했다.

델리치의 주장이 아니더라도 49:1~9의 주인공인 '여호와의 종'은 이스라엘의 집단체일 수 없으며, 또 그 '남은 자'일 수도 없다. 그 종은 분명히 어떤 집단체가 아니라 한 개체임이 분명하다. 이 점은 다음 본문을 보더라도 그렇다. 즉 49:1의 "여호와께서 내가 태에서 나옴으로부터 나를 부르셨고 내가 어미 복중에서 나옴으로부터 내 이름을 말씀하셨으며"에서 '태에서' 또는 '어미 복중에서'란 말이 있다. 이것은 결국 출생한 자가 어떤 집단체일 수 없다는 뜻이기도 하며, 동시에 실제적인 인격체(개인)가 아닐 수 없다는 말이기도 하다.

그러므로 어떤 학자는 말하기를 여기의 제1인칭 '나'('I form)라는 호칭으로 되어 있는 종은 본서의 저자인 '이사야 자신'이라고 한다. 그러나 이사야 자신을 "이방의 빛"(49:6)이나 "백성의 언약"(49:8)이라고 할 수는 없다. 더구나 그 종에 대하여 본문은 계속 말하기를 "너를 보고 열왕이 일어서며 방백들이 경배하리니…"(49:7)라고 한 말은 선지자 이사야에게는 적합한 말이 아니다. 그래서 어떤 학자들은 고레스 왕을 가리킨다고 하기도 하지만 이것도 별로 설득력이 없다. 물론 45:4의 고레스 왕을 가리켜 "내가 나의 종 야곱, 나의 택한 이스라엘을 위하여 너를 지명하여 불렀나니"라고 한 말씀과 또 "열왕이 일어서며 방백들이 그 앞에 경배하리라"는 말이 고레스 왕에게 적용될 수도 있다. 그러나 그가 "이방의 빛"이요 "백성의 언약"이 될 수는 없다. 위에서 이미 설명한 바와 같이 여기의 '종'은 그리스도를 가리킴이 분명하다고 본다.

여호와의 종은 언약의 대표자로 보아야 한다

그러나 아직 문제는 남아 있다. 즉 우리가 '그 종은 곧 그리스도'라고 할 때 직면하게 되는 난제는 사도행전 13:47에 나타난 사도 바울의 인용문(사 49:6)

이다.

바울은 이렇게 말한다. "주께서 이같이 우리(바울과 바나바)를 명하시되 <u>내가 너를 이방의 빛을 삼아 너로 땅 끝까지 구원하게 하리라</u>." 밑줄은 필자의 것인데, 이 부분은 이사야 49:6의 인용이다. 여기서 '우리'는 물론 바울과 바나바일 것이다. 다시 말하면 사도 바울은 이사야 49장의 여호와의 종을 바울 자신과 바나바에게 적용한 것이다. 이같이 사도 바울은 '제2의 종의 노래'의 주인공인 '그 종'을 하나의 집단인 '우리'라는 복수로 보았다. 이 말은 곧 본문의 '여호와의 종'은 단순히 그리스도만이 아니라 '그 백성'(his people)을 가리킬 수도 있다는 것을 의미한다.

이 문제에 대하여 로울리(H. H. Lowley)는 '여호와의 종'은 분명히 한 인격체이면서 동시에 집단체인 이스라엘(교회)을 가리킬 수 있다고 했고, 그 이유는 "교회가 그리스도 선교의 계속적인 임무를 이어받았기 때문이다"라고 했다. 그는 선교학적 입장에서 49:6의 "이방의 빛"이란 말에 특별히 주의를 기울였던 것이다. 그러므로 그는 그리스도께서 "이방의 빛"이었던 것같이 후일의 교회도 "이방의 빛"임이 확실하며, 따라서 후일의 교회도 '그의 종'이라고 부를 수 있다고 했다. 이 문제에 대하여 브루스(F. F. Bruce)도 같은 말을 했다. 물론 이들의 설명은 옳았다.

그럼에도 불구하고 이들이 어떻게 한 인격체인 개체(그리스도)가 동시에 그 집단체인 교회를 포함할 수 있는가 하는 신학적인 문제를 해결한 것은 아니다. 이들은 사실 "이방의 빛"이라는 선교학적인 측면에서만 '여호와의 종'을 설명했다. 결국 "백성의 언약"이라는 신학적인 면을 설명하지 않은 것이다. 바로 이것이 결점이다.

우리는 '그 종'을 가리켜 "백성의 언약"(42:6; 49:8)이라고 한 말에 특별한 주의를 기울여야 한다. '여호와의 종' 그는 분명히 개체적인 인격체라 할지라도 언약체의 대표로서의 개체요, 하나님과 인간 사이의 '중보요 고리(bond of covenant)로서'의 개체다. 말하자면 '몸'(body)의 '머리'(the head)로서의 개체다. 머리와 몸은 하나다. 머리를 여호와의 종이라고 한다면 그 몸도 같은 '종'일 수밖에 없다. 그리스도와 교회는 한 몸이다.

'기독론적 유동체설'로 풀자

이처럼 하나님의 언약을 중심으로 볼 때, 여호와의 종의 모습은 개체에서 집단으로, 또 집단에서 개체로 서로 유동하면서 신비로운 일체(mystical unity)를 이룬다. 그는 언약의 '고리'이기 때문이다. 이것을 그림으로 그린다면 다음과 같다.

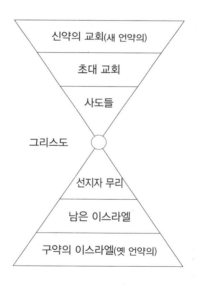

위에서 보듯이 구약 시대의 집단체인 이스라엘을 삼각형의 저변으로 한다면 그리스도는 그 정점을 이룬다. 그러나 신약 시대에는 그와 달리 그리스도를 기점(基点)으로 하고 그것을 연장하면 그 저변이 신약의 교회가 된다.

이것을 좀 더 구체적으로 말한다면 '구약의 이스라엘'은 종으로서의 실패자(귀머거리, 소경)였으므로 하나님은 다시 '축소된 남은 이스라엘'을 택하였다. 그 후 다시 소수의 '선지자 무리'를 택하여 종의 임무를 맡기셨으나 마침내는 그 아들을 택하여 종으로 삼았다. 이처럼 구약은 그리스도를 정점으로 바라보며 상승(上昇)된 것을 본다.

이것이 곧 구약에 나타난 여호와의 종이 집단에서 개체로 유동하는 모습이다. 반면 신약으로 넘어가면서 그 종의 모습은 구약과는 반대 방향으로 그리스도라는 한 개체를 기점으로 하여 확대되어 나간다. 즉 그리스도를 시작으로 하여 그 다음은 그가 택한 사도들이 종의 명분을 받게 되고, 다음 초대교회가 그 명분을 받게 된다. 마침내 오늘날의 기독 교회의 전체가, 또 모든 성도가 종의 명분을 받게 된다.

이처럼 구약은 그리스도를 정점으로 유동하고, 신약에 와서는 그리스도를 기점으로 전체 교회로 그 모습이 유동한다. 이것을 필자는 '기독론적 유동체설'이라고 부르고 싶다. 그러므로 우리는 이제 한 개체인 그리스도를 종이라고 하면서 곧이어 이스라엘 전체를 종이라 불렀다고 당황할 필요가 없으며, 또 바나바가 그리스도를 가리켜 예언한 말씀을 인용하여 '우리'라고 했다고 의심을 품을 필요도 없다. 개(個)와 전(全)이 하나로 엉켜져 서로 유동하는 모습을 안다면 위의 본문들은 자연히 이해가 될 것이다.

06

여호와의 종,
그의 고난과 승리

　전통적으로 이 본문은 구약의 어느 텍스트보다도 예수 그리스도의 고난을 생생하게 예언하고 있어 해마다 수난절이 다가오면 크리스천들에 의하여 가장 많이 읽혀지고 묵상되는 성경 말씀 중 하나다. 또한 신약의 기독론(christology)의 가장 중요한 구약적 배경이 이사야서 안에서 네 번째 '종의 노래'로 알려진 본문이라는 것도 일반화된 사실이다(Engnell).

　누가복음 22:37과 사도행전 8:30~35, 베드로전서 2:22~25 등에서 이 노래를 구성하는 구절들이 신약의 저자들에 의하여 직접 인용되고 있는 것도 이러한 평가를 뒷받침하고 있다. 신약 저자들의 사고에 의하면 이 노래가 묘사하고 있는 수난의 관을 쓸 수 있는 머리는 오직 하나뿐이었기 때문이다(Meyer). 바로 예수 그리스도의 십자가의 고난 외에는 본문이 노래하고 있는 고통에 걸맞은 사건이 없었던 것이다.

　본 노래의 목적은 종의 영광과 승리를 그의 고통과 죽음에 연관시켜 전하는 데 있다. 그러나 본문의 중심 주제는 종의 수난이 아니라, 그 수난을 이기고 굴욕을 이겨 내는 종의 승리에 있다(Pieper). 또한 종의 수난은 "이미 53:3~6에서 성취되었고, 나머지 부분에서 미래형 동사들이 사용되며 그의

＊이 글의 일부는 2004년 2월 21일에 열린 '남북나눔운동 연구위원회'에 월례 논문으로 발표된 적이 있으며 또한 일부는 2005년 1월 「한국기독교신학 논총」 37호(41~63쪽)에 실렸음을 밝힌다.

영광과 승리를 강조하고 있는" 것이다(Kelley). 즉 본문은 매우 미래 지향적인 성격을 띠고 있다.

바로 앞부분에서 선지자는 여호와의 구원이 임할 시기가 왔다고 외쳤다. 그는 그 구원이 과연 어떻게 임할 것인가를 다시 한 번 설명하고 있다. 이 구원은 여호와의 팔(53:1)이 하나님의 종을 통하여 이룩하는 것이다. 우리는 종의 정체와 사역에 대하여 일명 '종의 노래'라고 알려진 42:1~9; 49:1~6; 50:4~9; 52:13~53:12을 통해서 알 수 있다.

본문은 바로 이 '종의 노래'에 속하는 마지막 시이며 그의 사역과 고난을 절정적으로 드러내고 있다. 그러므로 여러 가지 차원에서 본문은 그동안 이사야가 제시했던 종의 노래의 내용을 요약적으로 반영하면서 동시에 새로운 면모를 제공하고 있다.

특성과 구조

그동안 학자들은 본 텍스트에서 다양한 특성과 흥미로운 구조들을 발견하였다. 그 중 몇 가지만 살펴보도록 하자. 먼저 디온(Dion)은 누가 말을 하고 있는가가 일종의 인클루시오를 형성하고 있음을 토대로 본문의 구조를 다음과 같이 제시했다.

52:13~15	53:1~10	53:11~12
하나님의 말씀	우리-그	하나님의 말씀
"나의 종"	"종의 수난"	"나의 종"

라베(Raabe)는 53:1~9의 구조가 "그가 징계를 받으므로 우리는 평화를 누리고 그가 채찍에 맞으므로 우리는 나음을 입었도다"(53:5)를 중심으로 형성되었음을 주장한다. 마소라 사본에 의하면 53:1~9이 17줄로 구성되어 있는

데, 바로 이 구절이 17줄 중 9번째 줄(즉 가장 중심 되는 줄)로 등장한다는 것이다. 또한 이곳(53:1~9)에서 종의 수난을 설명하는 데 사용된 단어 중 11개가 52:13~15; 53:10~12에서는 종을 높이는 데 사용된다. 그러므로 본문은 여러 가지 구조와 내용상 이 구절에 강조점을 두고 있다는 것이다. 본문의 초점은 바로 종의 대속적인 고통에 맞추어져 있는 것이다.

클라인스(Clines)는 인칭 대명사를 바탕으로 본문을 분석한 적이 있다. 그에 의하면 본문에서는 I, He, We, They가 조화를 이루고 있다. 그런데 특이한 것은 본문의 주인공인 '종'(He)은 정녕 한마디도 하지 않는다는 점이다. 종을 제외한 다른 사람들이 한결같이 종에 대하여 증거하고 있다.

베스터만(Westermann)은 성향상의 분석을 통해 본문이 '보고'(1~3절)–'고백'(4~6절)–'보고'(7~10절) 등 A–B–A'의 구조를 지니고 있다고 주장했다. 그의 분석에 의하면 중간 부분의 '간증과 묵상'이 가장 중요한 요소로 부각된다고 한다.

파이퍼(Pieper)는 '그때–지금'의 구조를 제시했다. 그의 관찰에 의하면 본문은 종의 고통에 대하여 한결같이 과거로 표현한다는 것이다. 반면에 종의 영광은 모두 미래로 표현되어 있다. 그러므로 본문의 초점이 종의 고통에 맞추어져 있는 것이 아니라, 그 고통을 이겨 내고 승리한 것에 맞추어져 있다는 것이다. 모든 것을 감안할 때, 다음과 같은 구조가 제시될 수 있다.

A 온 세상을 놀라게 하는 종의 '성공'(52:13~15)

  B 환영받지 못한 종(53:1~3)

    C 종의 고통이 '우리'를 치료함(53:4~6)

  B' 학대 받은 종(53:7~9)

A' 여호와를 놀라게 하지 않는 종의 '성공'(53:10~12)

1. 온 세상을 놀라게 하는 종의 '성공'(52:13~15)

마지막 종의 노래가 첫 번째 종의 노래를 시작했던 42:1과 비슷하게 시작한다. 그리고 첫 번째 노래가 하나님께서 그를 사역에 임명하셨다는 사실을 밝힘으로써(42:14) 사역의 근거를 밝혔다면, 본문은 이 사역의 결과를 성공으로 표현하고 있다. 종이 그의 하나님 여호와와 유지하고 있는 특별한 관계를 생각해 보자.

하나님의 종을 '형통하는(ישכיל 사칼) 자'로 소개한다(13절). 이 히브리어 단어의 기본적인 개념은 '지혜롭게 행하다' 혹은 '성공하다'라는 의미를 지니고 있다. 구약에서는 이 동사가 흔히 '지혜를 가지다'(시 2:10)와 '지혜를 사용하다'(삼상 18:5)라는 의미로 사용된다. 또한 이 단어는 인간이 노력하지 않고 얻는 '성공'에는 적용되지 않으며 항상 노력과 행동의 대가로 얻어지는 것을 뜻한다(Delitzsch). 본문에서 이 단어의 사용은 이 개념들을 모두 다 포함하고 있다. 무엇보다도 이 단어는 사람이 해야 할 일을 잘 알고 그것을 행하는 것을 의미한다. 즉 종이 자신의 소명을 잘 인식하고 그대로 순종하는 삶을 사는 것을 강조하는 것이다(Oswalt). 이것이 바로 하나님의 관점에서 바라보는 성공이다. 우리가 하나님을 위하여 얼마나 많은 공을 세우는가는 결코 우리의 성공 여부와 상관이 없다. 다만 우리에게 맡겨진 소명에 얼마나 신실하게 충성하는가가 이슈인 것이다. 그 한 예로 '십자가의 죽음은 아주 비참하고 실패적으로 보일지 모르지만 실상은 역사 속에서 버금가는 것이 없는 최고의 성공 사례'였던 것이다(Culver). 많이 가지게 되고 많이 이루는 것을 성공이라고 정의하는 현대 사회에서 우리는 과연 누구의 가치관에서 비롯된 성공을 추구하고 있는가를 끊임없이 질문하고 반성해야 할 것이다.

　이사야서 안에서 여호와께만 적용되는 단어들이 종에게 적용되고 있다. '받들어 높이 들려'는 구약의 다른 부분에서는 사용되지 않는 문구이며 이사야서 안에서만 네 차례 사용된다(6:1; 33:10; 57:15). 그런데 중요한 사실은 본문을 제외한 나머지 세 곳에서는 모두 하나님께만 적용되는 표현이라는 점이다. 즉 이 종은 다름 아닌 하나님이시거나, 최소한 하나님으로부터 그의 모든 권위를 위임받은 자이다. 몇몇 학자들이 주장하는 것과는 달리 메시아 외에는 이러한 표현에 적합한 사람이나 제도(institution)는 존재하지 않는다.

　또한 "지극히 존귀하게"라는 문구가 종에게 적용되고 있다. 그런데 이 개념들이(형통, 높이 들림, 존귀하게 됨 등) 종의 일생을 순서적으로 묘사하는 표현들인가, 아니면 같은 것을 다르게 표현하는 비슷한 말들인가? 순서적으로 이해하여 예수님의 생애에 적용하면 '부활, 승천, 보좌에 앉으심을 예언하는 것'으로 해석할 수 있다(Pieper). 반면에 비슷한 말로 간주하면 '종의 높임을 매우 강조하는 표현의 결집'이다(Urwick). 후자가 더 설득력 있는 해석으로 생각된다.

　선지자는 2장에서 자연적인 것이든 인간에 의하여 세워진 것이든 간에 "높이 들린 것들"은 모두 땅에 떨어지리라는 경고의 메시지를 선포하는 데 이 단어들을 사용했다. 인간의 교만을 뜻하는 부정적인 뉘앙스를 지니고 사용되었던 것이다. 저자가 2장에서 유일하게 긍정적인 뉘앙스를 가지고 이 개념들을 사용했을 때는 세상의 모든 높은 것들이 무너져 내리고 오직 여호와만이 높임을 받을 것임을 강조할 때였다. 이사야는 본문에서 긍정적인 의미로 이 표현들을 종에게 적용하고 있다. 하나님께서 다른 사람들은 모두 땅으로 떨어뜨리시는데 이 종만큼은 하나님 자신처럼 스스로 높이시는 것이다. 여기서 우리는 이 종이 결코 평범한 인간이 아님을 다시 한 번 직감하게 된다. 아울러 우리는 명예와 영광은 하나님께서 주시는 것이지 결코 우리 스스로 만들어 가는 것이 아님을 인정해야 할 것이다.

　한글 성경들이 한결같이 '놀라다'(52:15)로 해석하고 있는 히브리어 동사를 어떻게 이해할 것인가? 전통적으로 이 동사는 '(피를) 뿌리다'의 히필형으로 간

주되어 왔다(비교 NIV, NAS). 그러나 최근에 들어서는 많은 사람들이 이러한 해석을 부인하고 있다(비교 NRS, JPS). 그 근거는 이 동사가 특성상 절대로 뿌림을 당하는 사람이나 물건을 직접적인 목적어로 택하지 않는다는 점에 있다. '뿌리다'(יַזֶּה나자)라는 동사는 항상 피(뿌리는 것)를 목적어로 택하며(예로 영어의 give) 간접 목적어로는 히브리어 목적 표기어인 '에트'(אֶת)+뿌림을 당하는 사람이나 짐승'의 구조를 택한다(비교 출 29:21; 사 63:3). 그러므로 거의 모든 번역본들이 이 단어를 여기서는 '기뻐 뛰다, 놀라게 하다'로 해석한다(비교 개역한글, 표준새번역, 공동번역, 개역개정).

그러나 이 해석에는 본문의 문맥상 문제가 있다. 14~15절의 흐름을 살펴보면 14절에서 '무리'가 놀랐다. 그리고 15절에서 후에는 "그가 나라들을 놀라게 할 것"을 전한다. 그렇다면 사고적인 발전 면에서는 별 진전이 없다. 게다가 만약에 이 단어가 구약에서 '놀라게 하다, 기뻐 뛰다'라는 뜻으로 사용된다면 이곳이 유일하다. 이러한 문제들에 입각하여 나이버그(Nyberg)와 노스(Noth)는 이 단어가 본문에서 목적어가 필요 없는 절대형(absolutive)으로 사용되었다고 간주하고 '뿌리다'(sprinkle)를 그대로 유지한다.

이 섹션을 요약하면 다음과 같은 사실을 전하고 있다. ① 종은 성공한다. ② 여호와께서 그를 성공하게 만드신다. ③ 종은 심한 고통과 수난을 통하여 성공한다. ④ 종은 놀라서 말문을 잃은 열방의 왕들을 정결케 한다. ⑤ 열방의 왕들은 전에 알지 못했던 무엇인가를 깨닫게 된다. 즉 본 텍스트는 종의 사역의 결과를 간략하게 소개하고 있는 것이다.

2. 환영받지 못한 종(53:1~3)

이 단원은 이사야가 자주 사용하는 스타일인 수사학적인 질문들(이미 너무 당연한 답이 정해진 질문들)을 통하여 섹션이 시작되고 있다. 여호와의 구원이 종을 통하여 세상에 드러난 것에 대하여 모두 충격을 금할 수 없다(1절). 어느 누구도 그가 바로 '여호와의 구원의 팔'의 현현이라고는 전혀 예측하지 못했던 것이다. 무엇보다도 '강한 자'를 통해서 무언가가 일어난다는 세상적인 가치

관에서는 도저히 상상할 수 없는 일이 일어났기 때문이다. 하나님께서는 아무런 대꾸도 하지 않는 '연약한 종'의 죽음을 통해서 온 세상의 구원 사역을 이루셨던 것이다.

우리는 하나님의 일은 결코 힘이나 능력으로 하는 것이 아니라고 얼마나 자주 고백하는가! 그러나 이 원리가 우리의 삶에 잘 적용되고 있는가는 별개의 문제가 되어 버렸다. 우리는 입으로 고백하는 것을 실천하고 있는가? 우리의 연약함이 하나님의 기회라는 것은 바로 이러한 원리를 두고 하는 말이 아닐까?

종은 잘린 나무에서 자라는 순(비교 6:13)이었으며 메말라 갈라진 땅에서 자라나는 연약하지만 강인한 모습을 띤 싹이었다. 이렇게 볼품없는 환경에서 자라나는 순을 하나님께서 쓰신다는 것이 여러 사람에게 충격이 된 것이다. 또한 이 '순' 개념은 벌써 메시아와 연결되어 사용됐다(11:1). 저자는 이 '순'에게 온 열방이 모일 것을 예언했다(11:10). '마른 땅' 역시 메시아 시대와 연결되어 있다(35:7; 41:18; 44:3). 이처럼 메마른 땅을 적시는 홍수는 아직도 미래의 일이지만 어쩌면 본문은 이 종이 온 땅을 적셔 줄 생수로 나타날 것을 암시하고 있는 것은 아닐까?

선지자는 이미 여호와의 구원이 사람들이 전혀 기대하지 않는 곳에서 올 수 있다는 사실을 예언했다(비교 6:13). 또한 거룩하신 이가 오면 '통회하는'(אכָּד 다카) 자와 함께 하실 것을 예언했는데(57:15), 이 '통회한다'라는 단어가 여기에서 종의 '상함'(다카)을 강조하며 두 차례 사용되고 있다(53:5, 10). 종의 상함을 인정하는 자만이 통회할 수 있다는 뜻일까?

3. 종의 고통이 '우리'를 치료함(53:4~6)

저자는 이사야 53:1~3의 내용과 완전히 대조적인 입장에서 이야기를 진행해 나간다. '그러나 사실은…' 자신들의 경험을 회고하는 이들은 지금 마음속 깊은 곳에서 우러나오는 진실의 고백을 하고 있는 것이다. 이미 언급한 것처럼, 이 시의 중심이 바로 이 부분에 있다. 본문은 종의 고통을 표현하는 말들로 가득 차 있다. '우리의 질고를 지셨다', '우리의 슬픔을 당하였다', '징벌을 받았다', '맞으며 고난을 당했다', '그가 찔렸다', '그가 상했다', '그가 징계를 받았다', '그가 채찍에 맞았다'. 그런데 그는 왜, 무엇 때문에 이렇게 혹독한 고통을 당해야 했는가? 오늘날처럼 고대 근동에서도 사람이 이러한 벌을 받을 때는 그 사람이 그만큼 잘못했기 때문이라는 생각이 지배적이었다. 그러나 온 세상을 놀라게 하는 것은 이 종의 고통은 자신의 죄에서 비롯된 것이 아니라는 점에 있다.

종의 고통은 바로 '우리'가 나음을 입게 하기 위함이었다. 그의 고통과 아픔은 대리적이었던(vicarious) 것이다. 그는 '우리'가 죄 때문에 받아야 할 모든 징벌과 고통을 받았다. 그것도 모르고 '우리'는 그가 죄를 지었기에 하나님께 맞는 것으로 생각했다. 그러나 그가 죽는 순간, 모든 비밀의 베일이 걷혔다. 마치 진리의 해가 떠서 무지함의 진한 안개를 말려 버리는 것처럼 말이다. 진실을 알고 보니 '우리'가 감당하기 힘든 충격이었다. 바로 종의 모든 고통은 '우리' 때문이었던 것이다. 그는 '우리' 때문에 찔리고, 상처 입고, 징계를 받고, 매를 맞았던 것이다.

간혹 구약 안에 대리적인 고통은 없다고 주장하는 학자들이 있다(Orlinsky). 그러나 모세를 통하여 주어진 율법에 분명히 있다. 그리고 실제적으로 "대리적인 고통은 구약 사회뿐 아니라 그들의 이웃들에서도 발견된다. 다만 놀라운 것은 이 대리적인 고통을 감당하는 자의 보잘것없는 모습이라는 것이다" (Westermann). 즉 대리적 수난 자체가 놀라운 것이 아니라 어떻게 이 일이 이루어지는가가 놀라운 것이다. 예수님이 바로 '우리'를 위하여 모든 것을 희생하시고 고통을 대리적으로 받으신 분이 아닌가?

종이 '우리'를 위하여 고통을 대속하는 동안 '우리'는 무엇을 했는가? 이를 깨달은 것은 한참 후의 일이었다. '우리'는 모두 양처럼 길을 잃고 헤맸다(6절). '우리'가 갈 길을 모르고 갈팡질팡할 때, 하나님께서는 종에게 '우리'의 죄악을 지우셨던 것이다. '우리'라는 접미사가 이 구절의 첫 단어와 마지막 단어에 붙어 있어서 깨닫지 못하는 문제가 단순히 몇몇에게 제한되었던 것이 아니라,

세상 모든 사람들의 문제였음을 암시하고 있다(Oswalt). 또한 '양' 이미지는 혼란이 극치에 이르렀음을 역설하고 있다. 양은 매우 우둔한 짐승이다. 눈도 나쁘다. 한 가지 일을 하면 다른 것은 생각하지 못하는 짐승으로 알려져 있다. 그러므로 먹이를 먹는 동안은 자신이 어떠한 위치에 있는지, 어떠한 위험이 도사리고 있는지에 대해 아예 '감'을 잡지 못하는 짐승이다. 오직 눈앞에 놓인 풀이 먹음직스러울 뿐이다. 그러다가 위험을 느끼면 양들은 '각자' 사방으로 무절제하게 뛰기 시작한다. 양의 이러한 습성으로 인해 양은 길을 쉽게 잃어버리는 경향이 있다. 저자는 '우리'의 혼란을 양의 갈팡질팡함에 비교한 것이다. 성경이 성도들을 세상의 많은 짐승들 중에서 양으로 비교하는 데는 그만한 이유가 있지 않을까? 오늘날 교회들의 형편을 살펴보면 확실히 있는 것 같다.

4. 학대 받은 종(53:7~9)

바로 위 문단은 종이 당한 고통에 대하여 자세하게 언급했다. 본 문단은 위 문단에서 시작된 '양 비유'를 유지하면서 종의 죽음과 장례에 대한 이야기로 연결해 나간다. 물론 6절에서 사용된 양 비유는 혼돈과 방황을 의미하며, 7절의 양 이미지는 가해자에게 아무런 저항도 하지 않고 순종하는 모습을 뜻한다는 차이점이 있다. 그리고 후자(7절)의 '양 비유'는 세례 요한의 "보라 세상 죄를 지고 가는 하나님의 어린 양이로다"(요 1:29)는 외침의 구약적 배경이 되고 있다(Barrett, Schnakenburg). 그가 무엇을 짊어졌고 어떻게 짊어졌는가를 비교하는 것이 이 문단의 중요한 포인트다. 저자는 본문에서 세 가지를 강조하고 있다. ① 종의 순종 ② 그의 순결(무죄) ③ 그에게 주어진 판결의 부당함.

첫 문장(7상절)은 1~6절에 나열된 종의 모든 고통과 이러한 고통을 묵묵히 견디어 냈던 그의 모습을 종합적으로 요약하고 있으며, 마지막 문장(9하절)은 그의 무죄를 강조(한글 성경에는 말의 순서가 바뀌어 있음)한다. 문단의 중심을 차지하고 있는 8절은 종이 당한 고통은 그가 피고로 섰던 법정이 공의를 실행하는 데 완전히 실패했다는 점을 역설하고 있다. 그러나 종이 죽음을 당한 것은 잘못된 법정 때문이 아니라, 백성들의 죄 때문이라는 점을 기억해야 한다. 법정은 오직 이러한 어처구니없는 일이 일어나도록 이용당하고 있을 뿐이다. 또한 8절은 '도대체 믿어지지 않는 종의 사역' 테마를 지속시키고 있다. 그가 고통을 받아 죽는 것을 보고 아무도 그가 '우리'를 위하여 죽었다는 생각을 하지 못했던 것이다.

이러한 부당함에도 불구하고 종은 아무 말도 하지 않고 묵묵히 형의 집행을 받아들였다. 하나님께서 공의를 사랑하시는 것을 누구보다도 잘 알았던 그가 어떻게 하나님께 소리 한 번 질러 보지 않고 묵묵히 억울함을 당했는가? 그는 자신의 희생을 통하여 백성들과 하나 되기를 자청했던 것이다. 그는 죽어야 할 사람들을 대신해서 죽음으로써 그들과 하나 되었다. 성경을 살펴보면 성도들의 하나 됨은 어떠한 이권을 나누는 것이 아니라 고통과 아픔을 나누는 것에 있음을 의미한다. 예수님이 바로 이러한 진리를 자신의 삶과 죽음을 통해 완성하지 않으셨는가! '예수님께서 죽음을 통해 우리와 하나 되었다'는 사실은 우리에게 무엇을 시사하는가? 우리는 진정 하나님과 하나인가? 또한 우리는 서로와 하나인가?

종이 죽었는가, 아니면 죽지 않았는가? 본문을 단순한 감사찬송시라고 주장하는 와이브레이(Whybray)는 감사찬송시에서는 저자가 절대로 죽지 않기 때문에 본문에서도 죽지 않았다고 주장한다.

속긴(Soggin)은 '끊어짐'(8절)이 애가(lament)에서 사용되는 과장법이라는 점을 들어 죽지 않았다고 주장한다. 그러나 실제로 이 단어의 니팔형은 구약에서 네 차례밖에 사용되지 않았으며, 속긴이 주장하는 뜻으로는 오직 예레미야애가 3:54에서만 발견되는 드문 예다. 나머지 세 차례는 모두 '죽음'을 뜻한다(에 2:1, 비교 겔 37:11). 또한 구약에서 이 동사의 칼형이 여덟 차례 사용되는데, 이 중 최소한 다섯 번이(왕상 3:25~26; 왕하 6:4; 사 9:20; 합 3:17) 실질적인 '죽음'을 의미한다는 사실도 속긴의 주장에 심각한 오류가 있음을 드러내고 있다.

올린스키(Orlinsky)는 "12절에 의하면 그가 살아 있다. 그러므로 죽지 않았다"라고 주장한다. 부활을 믿지 않는 유대인으로는 당연한 결론일 것이다.

드라이버(G. R. Driver)는 본문이 제시하고 있는 "고통을 표현하는 단어들의 의미가 모두 뚜렷하지 않다. 그러므로 죽음이란 단어도 하나의 과장법이다. 예를 들자면 '심심해 죽겠어' 정도로 말이다"라고 주장한다. 별로 설득력이 없는 해석이다. 만일 죽지 않았다면 무덤과 묘실의 이야기(9절)는 무엇이란 말인가! 또한 그의 죽음은 분명히 "마땅히 형벌 받을 내 백성의 허물 때문이라"(8절)고 그 이유를 밝히고 있다. 본문을 책임 있게 해석한다면 종은 죽었다는 결론을 내릴 수밖에 없다.

긴스버그(Ginsberg)는 "본문의 전체적인 의미는 이 종이 남들의 죄를 해결하기 위하여 대리적으로 고통을 당했다는 점이다. 한 사람이 남을 대신해서 대가를 치른다는 것은 구약 안에서 유일하게 이 노래에서만 발견되는 사상이다. 그러므로 이런 해석을 받아들이는 것이 자연히 어려울 수밖에 없다. 그러나 객관적으로 해석해서 얻는 결론은 이 의미밖에 없으므로 아무리 이런 예가 없더라도 이 해석을 받아들여야 한다"고 주장했다.

저자는 본 문단을 종의 무고함을 강조하며 마치고 있다(9절). 종은 그를 핍박하는 자들 앞에서 자신을 변명하거나 정당화하려는 발언을 하지 않았다(7절). 뿐만 아니라 거짓도 말하지 않았다(9절). 종의 침묵에 관한 이야기로 문단을 시작했던 저자가 종의 침묵에 관한 회고로 문단을 마치고 있다. 이 과정에서 우리는 종의 침묵에 대한 언급이 순종에서 무죄함으로 그 초점이 바뀌어가고 있음을 관찰할 수 있다. 과연 어떤 사람이 다른 사람들을 대신하여 형벌을 받을 수 있으며, 자신의 고통을 통하여 그들과 하나님 사이에 회복과 치유를 가져올 수 있는가? 자기 자신이 같은 형벌을 받지 않아도 되는 무고한 사람만이 가능하다. 한 사형수가 다른 사형수를 대신해서 죽을 수는 없다. 그는 오직 자신의 죄 때문에 죽을 뿐이다. 종은 하나님께 어떠한 죄도 범하지 않은 무고한 사람이었기에 사람들의 죄를 대속할 수 있었던 것이다.

베스터만(Westermann)은 종의 '죽음'을 노래하는 8절에서 그의 '묻힘'으로 이어지는 9절은 마치 사도신경이 예수님의 '죽음'에서 '장사'로 옮겨 가는 것과 같다고 설명한다. 그러나 종이 죽은 후에도 종에 대한 부당한 대우는 계속된다. 그가 죽은 다음에 무덤에 묻히는 과정에서도 계속 부당한 대접을 받는 것이다. 여호와의 "의로운 종"(11절)이라 평가되는 종이 '악한 사람들'과 함께 묻혔다. 본 구절의 해석적인 난제는 "그 무덤이 악인과 함께 되었으며 그 묘실이 부자와 함께 되었도다"(개역한글, 표준새번역)의 의미를 어떻게 해석하느냐이다. 공동번역은 이 문장을 "그는 죄인들과 함께 처형당하고 불의한 자들과 함께 묻혔다"로 번역하고 있다. 즉 본문에서 평행을 이루고 있는 "악인"과 "부자"의 관계를 어떻게 이해할 것인가이다. 만일 전통적인 해석인 "그 무덤이 악인과 함께 되었으며 그 묘실이 부자와 함께 되었도다"로 이해하면 사람들이 그를 죄인들과 함께 묻으려 했지만, 그들의 계획이 성사되지 않고 오히려 부자들의 무덤에 묻혔다는 뜻이 된다(비교 NIV, NRS, NAS).

반면에 "그는 죄인들과 함께 처형당하고, 불의한 자들과 함께 묻혔다"(공동번역, 비교 JPS 난외주)로 해석하는 것은 두 가지 여건에서 가능하다. 부자라는 단어를 악인으로 수정하든가, 아니면 '부자'를 '악인'의 비슷한 말로 해석하는 것이다. 이러한 해석이 가능한가? 구약은 하나님께서 의인들에게 부를 축복으로 내려 주신다는 것을 거듭 강조하고 있다(시 112:1~3; 잠 10:22; 14:24 등). 그러나 부가 의로움을 입증하는 증거는 될 수 없다(시 49:16~20; 잠 11:4; 28:11 등). 오히려 부는 흔히 착취와 뇌물 등과 연루되어 있다(시 49:5~6; 52:7; 잠 18:23; 28:6, 20; 렘 17:11; 미 6:12 등). 그러므로 부자는 "불의한 자"와 비슷한 말이 될 수 있는 것이다(Oswalt). 예수님도 이러한 현실을 의식하셨기 때문에 "낙타가 바늘귀로 들어가는 것이 부자가 하나님의 나라에 들어가는 것보다 쉬우니라"고 말씀하시지 않으셨던가(마 19:24)!

이 해석은 나름대로 매력이 있어 보인다. 그러나 전통적인 해석이 신약이 묘사하고 있는 예수님의 장례와 더 어울린다(마 27:57~60). 아리마대의 부자 요셉이란 사람이 빌라도를 찾아와 예수님의 시신을 가져가 장사할 수 있도록 허락해 달라고 요청했다. 허락이 떨어지자 그는 예수님의 시신을 잘 닦은 뒤 자신의 새 묘에 모셨다. 예수님께서는 말 그대로 "부자"의 무덤에 묻히셨던 것이다. 만일 요셉이 나서지 않았더라면 예수님께서는 함께 처형당한 "악인들"과 함께 묻히지 않으셨겠는가! 본문은 이러한 일의 진행에 대하여 예언하고 있음이라!

5. 여호와를 놀라게 하지 않는 종의 '성공'(53:10~12)

비록 세상은 종의 사역을 보고 입을 다물 수 없을 정도로 충격을 받았지만, 하나님께서는 이 모든 일을 지극히 당연한 것으로 여기셨다. 부당한 대우를 받은 종의 일생과 죽음은 인류의 역사가 빚어 낸 사고(accident)가 아니라 하나님의 계획에 의하여 진행된 일이었기 때문이다. 하나님께서는 이미 그의 억울한 수난과 죽음을 통하여 사람들이 다시 그들의 하나님 여호와께 돌아오는 것을 계획하셨던 것이다. 물론 그렇다고 해서 종이 연극을 한다거나 하나님의 고통이 약화되었다는 말은 아니다.

종은 하나님의 뜻에 의해 상함을 받았고 질고를 당했다(10절). 우리는 흔히 하나님께서는 그의 자녀들에게 복되고 좋은 것만을 주신다고 생각한다. 그러나 그것은 착각이다. 하나님께서는 우리가 하늘나라에 도착할 때까지 우리의 여정을 책임져 주시고 인도하신다는 것을 약속하셨을 뿐이다. 그렇기 때문에 때로는 우리의 성장을 위하여 혹독한 아픔과 시련이 우리가 가야 하는 길에 엄습할 수도 있다. 물론 '좋으신 하나님이 어찌 나쁜 것을 자녀들에게 주시겠는가?'라는 주장도 일리는 있다. 그러나 '나쁜 것'을 단순히 우리가 '싫어하는 것' 혹은 '우리를 당혹케 하는 것' 정도로 해석하는 것 자체가 더 커다란 문제를 안고 있는 게 아닐까?

때로 하나님께서는 우리에게 고통과 수난을 요구하신다. 더 원대하고 위대한 목적을 위해서 말이다. 하나님께서는 본문에서 종에게 이러한 희생과 고통을 요구하시지 않았는가! 그리고 종의 수난을 통하여 놀라운 하나님의 역사가 이루어지지 않았는가! 우리는 하나님께서는 더 커다란 선(善)을 이루시기 위해 필요에 따라 우리의 삶에도 고통을 요구하실 수 있다는 것을 마음에 새겨야 한다. 그리고 그러한 고통이 올 때 '왜 하필 나여야 하나요?' 하고 탄식하지 말고 본문이 묘사하고 있는 종처럼 묵묵히 견디어 낼 수 있어야 한다. 하나님의 사역에, 그리고 종의 수난 사역에 동참할 수 있는 기회를 허락하신 그분께 감사하며 말이다.

그의 삶은 속건제로 드려졌다(10절). 그가 여호와께 순종했기에 그는 많은 '자손들'을 보게 되고 '그 날은 길게' 된다. 이 말씀은 종의 사역이 결코 허무한 것이 아니었으며 그의 사역을 의식하고 그가 자신들을 대신해서 죽었다는 사실을 시인하고 받아들일 사람들이 많다는 것과 그의 사역의 영향력이 오랫동안 지속될 것을 의미한다(Oswalt). 종은 자신을 죽게 내어 줌으로써 오히려 많은 수확을 올릴 수 있었던 것이다. 땅에 떨어진 한 알의 밀알처럼 말이다(요 12:24). 우리는 우리의 몸을 하나님께 산(生) 제사로 드리기를 원한다는 기도를 자주 한다(롬 12:1). 짐승이 제물이 되기 위해서는 먼저 죽어야 한다. 그러나 우리는 왜 '살아서 펄펄 뛰고' 있는 것일까? 성화(聖化)의 가장 기본적인 조건은 끊임없는 죽기 연습이다. 종은 죽음을 통하여 살게 되었다. 하나님께 드리는 산 제사의 예물이 되기를 소원하는 우리도 죽어야 한다.

개역한글의 "그의 손으로 여호와의 뜻을 성취하리로다"(10절)보다는 '하나님께서 기뻐하시는 뜻이 그의 손 안에서 번영하리라'(비교 개역개정, NAS)가 더 적절한 해석이다. 종이 하나님께 죽기까지 순종하니 하나님의 기쁨이 커져만 가는 것이다. 성도의 삶의 최종 목표에는 하나님을 기쁘게 하는 것이 포함되어 있다. 그렇다면 우리는 과연 어떻게, 무엇을 통해 하나님의 즐거움을 확대해 갈 수 있단 말인가? 바로 충성이다. 죽기까지 충성하는 것보다 하나님을 더 기쁘게 하는 것은 세상에 존재하지 않는다.

지금까지 '우리'는 종의 의로움과 억울함에 대하여 회고했다. 11절부터는 이제 하나님께서 직접 종의 의로움을 인정하신다. "나의 의로운 종"이라고 인정하신다. 종이 세상 사람들과 하나님께 자신의 의를 인정받고 있는 것이다. 하나님과 사람들에게 인정받는 것은 인간이 누릴 수 있는 최고의 축복이다. 종은 죽음에까지 이르는 순종으로 이 위대한 축복을 이루어 낸 것이다. 그렇다면 우리가 하나님과 사람들에게 인정받기 위해서는 무엇을 해야 하는가?

종은 그의 "지식으로 많은 사람들을 의롭게" 한다(11절). 본문의 어려움 때문에 어떤 사람은 "지식"을 '겸손'으로 해석하여 '종이 자신의 겸손(죽음)으로 많은 사람들을 의롭게 한다'로 해석하기도 하고(Thomas), '순종'으로 해석하여 '종은 순종을 통하여 많은 사람들을 의롭게 한다'로 해석하기도 한다(Reicke). 그러나 "지식"을 그대로 유지하는 것이 바람직하다. 그렇다면 어떻게 "지식"이 사람을 의롭게 할 수 있는가? 선지자는 이미 이스라엘의 영적인 문제는 그들의 무지함에 있다고 여러 차례 암시했고, 심지어는 그들이 무지해서 포로로 끌려 갈 것임을 경고했다(5:13). 이제 종은 그들의 죄를 대속했을 뿐만 아니라, 그들이 죄를 짓게 된 동기인 무지함도 치유하는 것이다. 종이 여호와에 대한 참된 지식을 그들에게 가르치니(비교 50:4~5) 그들이 무지함 때문에 범죄 할 상황에서 자유하게 되었다. 그러므로 종은 많은 사람들을 의롭게 하는 것이다.

종종 주변에서 "배워서 남 주나?"라는 말을 듣는다. 지식을 쌓는 것은 자신의 이익을 위함이라는 의미다. 그러나 크리스천들은 배워서 남에게 주어야 한다. 우리의 삶이 하나님과 남을 위한 것인 것처럼 우리의 배움도 남을 위한 것이다. 메시아께서 자신의 지식으로 남들을 구원한 것처럼 우리도 남들을 위하여 작은 몸짓을 해나가야 하는 것이다.

맺는 말

한 개인의 수난이 그 어디에서보다 잘 묘사되어 있는 본문의 주인공은 과연 누구일까에 대하여 끊임없는 논쟁과 제안이 오늘날에도 되풀이되고 있다. 아직도 여호와의 종의 정체를 논하는 많은 책들이 출판되고 있다. 그러나 우리가 잠시 모든 것을 멈추고 텍스트의 세계를 통해 저자의 의도를 찾으려 한다면 이 노래가 과연 누구에 관한 것인가를 파악하는 것은 그리 어려운 일이 아니다. 신약 저자들도 이 노래가 묘사하고 있는 수난의 관을 쓸 수 있는 머리는 오직 하나뿐이라고 생각했다(Meyer). 바로 예수 그리스도의 십자가 고난 외에는 본문이 노래하고 있는 고통에 걸맞은 사건이 인류의 역사에는 없었기 때문이다.

이 노래는 무엇보다도 주인공이 여호와께서 그를 위해 계획하셨던 고난에 순종함으로써 하나님의 눈에 가장 성공하고 존귀한 자가 되었음을 강조하고 있다. 인류의 구원 사역은 우연히 된 일이 아니며, 오래전부터 창조주 하나님께서 계획하셨던 일이다. 뿐만 아니라 성공병에 걸린 현대 사회를 살아가는 크리스천들에게 종이 세상의 눈에 실패함으로써 하나님의 눈에 성공한 자가 되었다는 사실은 잔잔한 감동과 함께 커다란 도전이 될 수밖에 없다. 하나님의 판단 기준이 결코 세상의 것과 같지 않다는 것을 의식하면서 말이다.

아울러 이 노래는 메시아가 영광을 받기 전에 먼저 고통을 받아야 하는 것을 암시한다. 이 세상을 살아가는 크리스천들은 일종의 작은 메시아들이다. 그러므로 우리는 하나님께 영광을 구하기 전에 먼저 성도로서 겪어야 할 고통과 아픔을 기꺼이 받아들여야 할 것이다. 그렇다면 크리스천으로서 이 세상을 살면서 고난의 길을 피할 수 없단 말인가? 세상은 악하여 하나님을 미워하기 때문에 하나님을 사랑하는 크리스천도 함께 미워한다. 그러므로 성도의 삶이 고난을 피해 가는 것은 쉽지 않은 일이다. 간혹 접하게 되는 예수만 믿으면 모든 것이 형통하고 풍요로움만을 즐기게 될 것이라는 가르침은 본문의 가르침에 위배될 뿐만 아니라 성경이 제시하는 성도의 삶과 무관한, 비성경적이고 성경의 세계관과는 이질적인 것에 지나지 않는다. 미래에 우리에게 임할 하나님의 영광을 기대한다면, 오늘 이 순간 세상에 펼쳐져 있는 하나님의 고통에도 함께 동참해야 한다.

고난 받는 어린 양에 대한 구원론적 설교

학자들은 이사야 42:1~9; 49:1~7(6); 50:4~11; 52:13~53:12을 흔히 '종의 노래'(servant songs)라고 부른다. 이사야 52:13~53:12은 마지막 노래로서 이스라엘 동포뿐만 아니라 열방 백성들과 열왕들까지 놀라게 하면서 야웨의 구원을 선포하는 대속적인 고난의 종을 소개한다.

52:13~53:12에서 이 종은 특별한 문맥상 포로 생활을 거친 이스라엘과 부분적으로 동일시되지만, 다른 한편으로는 대다수의 이스라엘 동포들과는 구별되는 '특별한 종'이다. 그는 자신의 '고난'을 통하여 다른 사람들을 의롭게 하고 그들에게 야웨의 구원을 선포하는 종이다. 그의 굴욕적 고난과 뒤이은 극적 영화(榮化)는 열방들과 열왕들을 경악케 하며 동포들의 양심을 찌름으로써 죄책 고백과 대속 효과를 가져온다. 사역(私譯)을 통하여 본문을 보고자 한다.

52:13~53:12의 사역

1. 두 번 경악하는 많은 사람들과 열왕들(52:13~15)

13 보라 내 종이 지혜롭게 행하리니(받들어 높이 들려서)[1] 지극히 존귀하게 되리라. 14 많은 사람들이 그를[2] 보고 경악하였던 것처럼… 그의 얼굴이 어떤

사람보다 더 망가졌고 그의 외모는 사람의 모습 이하로 (망가졌도다[3])[4]··· 15 이번에는 많은 열방들이 그를 인하여 경탄하게[5] 되리라. 열왕들은 그들의 입을 봉하리라. 왜냐하면 그들이 그들에게 아직 전파되지 않은 것을 볼 것이요, 아직 듣지 못한 것을 깨닫게 될 것이기 때문이다.

2. 대속적인 고난을 겪은 야웨의 종을 보고 돌이켜 참회하는 '우리'(53:1~11상)

1 그가 우리가[6] 들은 것을 누구로 하여금 믿게 하였는가? 야웨의 팔이 뉘게 나타났던가? 2 그는 우리 앞에서 연한 순같이 자랐고 마른 땅의 싹 같았다. 고운 모양도 없고 풍채도 없었다. 우리가 그를 보았으나 외견상 흠모할 만한 것이 없었다. 3 그는 사람들에게 멸시를 받고 배척을 받았다. 슬픔의 사람, 질고(疾苦)를 아는 사람,[7] 마치 사람들이 피하여 자신들을 가리울 정도로 기피되었던[8] 사람처럼, 그는 멸시를 당하였고 우리도 그를 귀히 여기지 아니하였다. 4 진실로 그는 우리의 질고를 지고 우리의 슬픔을 지고 갔거늘 그러나 우리는[9] 그가 하나님께 징벌을 받아서 맞으며 고난을 당한다고 생각하였다. 5 그러나 그는 우리의 죄악 때문에 찔렸으며 우리의 죄책 때문에 짓이겨졌다. 우리에게 평화를 가져다준 징벌은[10] 그에게 가해졌고 채찍에 맞은 그의 상처로 인하여 치료가[11] 우리에게 임하였다. 6 우리는 다 양 같아서 그릇 행하여 각기 제 길로 갔거늘 야웨께서는 우리 모두의 죄악을 그에게 짐 지우셨다. 7 그가 압제를 당하였다. 그러나 그가 굴욕적인 고난을 당하였을 때에도, 입을 열지 않는다.[12] 마치 도살장으로 끌려가는 어린 양 같고 털 깎는 자 앞에 잠잠한 양 같았다(입을 열지 않는다).[13] 8 그는 압제적[14] 재판으로 끌려갔으니 누가 그의 세대를[15] 생각하는가?[16] 왜냐하면 그가 산 자의 땅에서 끊어졌으며 그들[17]의 패역한 죄악 때문에 타격이 그에게[18] (가해졌다). 9 그의 무덤이 악인들 옆에 주어졌고 죽을 때 부자 옆에 (묻혔다). 그는 강포를 행치 아니하였고 그 입에 궤사가 없었기 때문이다.[19] 10 야웨께서 그를 짓이기고 그가 질고(疾苦)를 당하는 것을 기뻐하셨다. 만일 그의 영혼이 속건제물로

드려지면[20] 그가 그 씨를 볼 것이며 그의 날들을 장구(長久)하게 하리라. 야웨의 기쁘신 뜻이 그의 손으로 성취되리라. 11 자기 영혼의 고통으로부터 그가 보리라. 그의 앎 안에서 그가 만족하리라.[21]

3. 야웨의 고난 받는 종의 사역에 대한 하나님의 총론적 평가(53:11하~12)

11 하나의 의로운 종이 많은 사람들을 의롭게 하리라. 그가 친히 그들의 죄악을 담당하리라. 12 이러므로 내가 그로 많은 사람들 가운데 한 몫을 차지하게 하리라. 그래서 그는 강한 자들과 함께 노략품을 나누리라. 왜냐하면 그는 자기 영혼을 사망에 이르도록 쏟았고 범죄자 중 하나로 헤아림을 입었기 때문이다. 그러나 그 자신은[22] 많은 사람들의 죄를 짐 지며 범죄자를 위하여 중보기도 하였다.

주해를 통한 본문 이해

본문은 고난의 종이 겪는 배척과 승귀(昇貴)의 과정을 변증법적인 용어로 진술한다. 야웨의 종은 결국 자신이 받은 고난을 통하여 그를 배척하던 사람들마저 구원한다. 야웨의 종이 겪은 경이적인 굴욕은 그의 한층 더 경이롭고 영화로운 승귀 경험에 의하여 불균형적으로 대칭된다.

52:13(~15)에서 화자(話者)는 야웨 하나님이고(나의 종), 53:1~11상에서 화자는 '우리'(참회하는 나머지 이스라엘 백성들)이며, 그리고 53:11하에서 다시 화자는 야웨 하나님(나의 의로운 종)이다. 야웨의 종은 왕적인 지혜로운 처신(통치)을 통하여(שׂכל사칼 형통케 되는 행위를 통하여) 마침내 지극히 존귀케 될 것이다. 여기서 야웨의 종은 왕적인 인물임이 암시된다. 왜냐하면 '지혜롭게 행하다'(to act wisely)라고 번역되는 שׂכל(사칼)은 메시아적 왕의 통치 행위를 묘사할 때 사용되는 동사이기 때문이다[렘 3:15; 23:5; 삼상 18:14, 15; 왕상 2:3; 왕하 18:7; 시

101:2(70인역)]. 그러면 왕은 어떻게 '지혜롭게 행하는가?'

52:13에 의하면 '지혜롭게 행함으로' 야웨의 종은 엄청나게 존귀케 된다. 지혜롭게 행하는 것은 왕으로서(사자 같은 왕) 마치 도살장에 끌려가는 어린 양처럼 행동하는 것이 지혜롭게 행하는 모습이다. 야웨의 사자는 아주 지혜롭게 행동하는데 자신은 사자같이 강한 왕이지만 어린 양처럼 유순하고 수동적으로 자신에게 강요된 굴욕적 고난을 묵묵히 감수한다. 그러다가 그는 얼굴이 상하고 비참하게 짓이겨지게 된다. 그래서 야웨의 종을 박해하고 압제하는 데 연루된 많은 사람들(열방들)과 열왕들은 그의 참혹한 굴욕과 전락에 소스라쳐 놀랐다(참고 사 49:7). 그러나 잠시 후 그들은 이제 그의 훨씬 경이롭게 역전된 운명을 보고 또 한 번 경악하게 될 것이다.

52:15은 많은 사람들과 열왕들이 놀라는 이유를 말한다. 한 번도 들어 보지 못한 일들을 볼 것이며 깨닫게 될 것이기 때문이다. 즉 그들에게 야웨의 종의 비인간적인 굴욕과 낮아짐과 그 후에 야웨의 종이 덧입을 존귀함과 영화로움은 도저히 상상할 수 없는 하나님의 기습적인 구원의 드라마였기 때문이다.

53:1~11상은 '참회하는 우리'[23]로 대표되는 화자(話者)가 등장한다. 내용상 '우리'는 엄청난 굴욕적 고난으로 짓이겨진 그들의 대속자를 알아차리지 못하였다. 53:1은 애가형 질문으로 시작된다. '우리'는 야웨의 종이 지극히 존귀케 된 사건을 목격하면서 그가 처음으로 굴욕적 고난을 당하는 시점을 참회하듯이 회상한다. 고난의 종이 겪은 참혹한 고난의 비밀은 아무도 믿지 않았던 시점으로 돌아간다. 야웨의 팔에 의하여 심판당하기도 하고 구원을 받기도 한 야웨의 종의 기막힌 대속적 고난의 비밀을 누가 과연 이해하고 믿었던가?

'야웨의 편 손'은 보통 하나님의 심판 행위를 상징한다(5:25; 9:12). 그러나 또 다른 한편 그것은 은총과 회복 사역을 의미한다("다시 손을 펴사" 11:11). 그러나 아무도 이 진실을 알아차리지 못한다. 더욱 한탄스러운 것은 이스라엘 백성은 야웨의 종인데도 야웨의 팔의 역사를 알아차리지 못하고 영적인 몽매 상태에 빠져 있었다는 점이다(6:9~10).

2~3절은 '왜 아무도 야웨의 고난 받는 종의 그 굴욕적인 낮아짐의 진상을 이해하지 못했는가'를 설명한다. 왜냐하면 야웨의 종은 레바논의 백향목 같은 풍채 좋은 거목이 아니었기 때문이다. 그는 간신히 자라는 사막의 떨기나 무처럼 아주 연한 순처럼 점진적으로 조금씩 자라기 때문이었다. 그가 자라는 토양 자체가 흠모할 만한 아름다운 곳이 아니다(마 2:23). 이 연한 순은 이새의 뿌리에서 나오는 싹과 견주어진다(11:10). 11:1, 10에서 발견되는 병행 어구인 '순—싹'(쇼레쉬—요네크)이 여기서 사용되는 것을 볼 때 야웨의 특별한 종은 다윗 계열의 왕적인 인물임을 가리키는 것으로 보인다. 그러나 아무도 그가 야웨의 특별한 종, 즉 순종을 통하여 하나님의 치료와 구원을 가져오는 왕적인 인물인지 모른다. 왜냐하면 그의 얼굴이 너무나 참혹하게 찌그러지고 짓이겨졌기 때문이다. 사람들은 너무나 끔찍스러워서 차마 정면으로 그를 바라보지 못하고 얼굴을 가리지 않을 수 없었다(49:4).

왜 사람들은 시선을 돌리고 얼굴을 가리는가? 레위기 13:45에 의하면 이런 얼굴 가리는 행위는 문둥병자와 같은 불결한 사람을 대하는 태도와 같다. 너무나 짓이겨진 그 얼굴은 문둥병자와 거의 흡사하여 사람들은 야웨의 고난 받는 종을 외면한다. 슬픔과 질고의 사람, 사람 되기를 그친 그 사람은 화려한 외양을 추구하는 동족들에게 배척 받는다. 그러나 야웨의 특별한 종은 배척당하고 심판당하고 외면당하면서 배척하고 외면하는 '우리'의 양심을 찌른다.

4~6절에서는 야웨의 종이 겪은 고난의 대속적인 성격이 분명하게 드러난다. 사람들(우리)은 야웨의 종이 특별히 당한 그 굴욕적인 고난이 그 자신의 죄에 대한 응분의 징벌이라고 생각하였다. 3절에서 언급된 야웨의 종이 당한 질고와 슬픔의 정체를 '우리'는 4절에서 놀라며 깨닫는다. 4하절은 1인칭 복수 대명사가 강조적으로 사용된다. '우리들이야말로' 그가 하나님께 벌 받고 있다고 생각하였다. 그러나 실상 그것은 바로 우리 자신이 당해야 할 질고와 슬픔이었다.

대속적 고난은 대속당한 사람들의 마음속에 영원한 도덕적 부채를 남긴다. 야웨의 고난 받는 종이 받은 찔린 상처를 '우리'는 양심의 찔림으로 맛본다. 찔림의 공명 현상은 치료를 가져오고 회복을 가져온다. 여기서 '질고를 진다'와 '슬픔을 지고 간다'는 표현이 중요하다. 죄로 인한 고통(징벌 효과)은 마치 거대한 짐이라는 것이다. 죄와 그 결과로 당하는 심판의 고통도 절대로 그 자체로 소멸되지 않는다. 누군가가 그것을 다른 데로 옮겨놓을 수 있을 뿐이다(레 5:1; 20:17; 민 14:33; 겔 18:19, 참고 레 16장 아사셀 염소). 그래서 우리는 깨닫는다. 야웨의 종이 '우리'의 고통을 대신 짐 져줌으로써 '우리'가 고통과 질고로부터 풀려나게 되었다. 야웨의 종이 당한 질고와 고통은 그의 메시아적 동정심의 근원이 된다(참고 벧전 2:24). 하지만 이 놀라운 대속의 비밀을 알아차린 사람은 아무도 없었다. 왜냐하면 야웨의 고난 받는 종이 자신이 당한 고통과 질고를 통하여 다른 사람을 치료하고 회복시킨다는 사상은 세계 종교사에 유례가 없는 전무후무한 오직 야웨 하나님 자신의 기이한 계획이었기 때문이다.

그래서 '우리'는 그가 하나님에게 자신의 죄 때문에 징벌을 당한다고 생각할 수밖에 없었다. '그가 하나님께 징벌을 받아서 맞으며 고난을 당한다고 생각하였다'(4절). 4하절에서 '매 맞다'는 말이 가장 먼저 나온다. 이 단어는 죄인이 자신의 죄에 대한 징벌을 받을 때 사용하는 말이다(왕하 15:5; 시 73:14). 이스라엘 백성들이 야웨의 종이 당하는 굴욕적인 고난을 보면서 그것이 죄에 대한 하나님의 공변된 보응이라고 생각하는 점은 옳았다. 그러나 그들은 그것이 그 자신의 죄에 대한 징벌이라고 생각하였다는 점에서 틀렸다("우리 죄를 위하여" 고전 15:3). 성경의 대체적인 생각은 굴욕적 고난은 일단 죄에 대한 응보적 대가와 벌이라고 보는 것이다. 그러나 죄 없는 분의 고난은 대속의 힘이 있다고 보는 것도 성경적인 생각이다. 따라서 야웨의 종이 당하는 그 엄청난 비인간적인 고난과 굴욕적 대우는 두 가지 사실 중 하나일 수밖에 없다. 야웨의 종은 자신의 죄악 때문에 벌을 받거나(그런 경우 그의 무죄함과 의로움은 의심되어야 한다) 아니면 다른 사람들을 위한 대속적인 징벌을 당하고 있다.

4하절에서 1인칭 복수대명사가 강조되었듯이, 5하절에서는 3인칭 대명사(야웨의 종, '그러나 그는')가 강조적으로 사용된다. 야웨의 고난 받는 종이 당한 징벌(찔림)은 하나님의 공의를 만족시켰고 그것은 죄인에 대한 하나님의 진노를 해소시킨다. 그가 대신 찔리는 고통을 감수하였기에 개개인에게는 하나님과의 평화가 시작된다(롬 5:1). 하나님과의 평화는 하나님에 대한 적개심의 소멸이요 불순종 의지의 분쇄다. 야웨의 종이 받은 상처로 치료된 '우리'는 이사야 6:10에서 하나님의 눈 감기심과 귀 막으심 때문에 회개도 할 수 없었고 그리하여 '치료'도 받지 못했던 바로 백성의 일부였다. 하나님께서 허락하지 않았던 그 치료가 야웨의 종의 대속적인 고통과 상처에 의하여 '우리'에게 임한다. 심판과 징벌은 그 자체가 구원의 효력을 발생시키지 못한다. 야웨의 종의 대속적이고 자발적인 고통 감수에 의하여 구원의 효력을 발생시킨다.

우리의 죄가 하나님의 징벌과 매 맞음을 초래한다는 의식이 없다면 구원의 의미와 치료의 의미도 사라지고 말 것이다. 우리의 죄가 누군가의 대속적인 고난과 징벌을 통하여 해결될 수 있다는 생각은 근거 없는 자기 의로 가득찬 현대인들에게는 낯선 생각일 수 있다.

결국 6절은 야웨의 종이 겪은 처참한 고난을 초래한 '우리'의 비참한 영적 일탈을 고발한다. '우리는 다 양 같아서 그릇 행하여 각기 제 길로 갔다.' 한 사람도 예외 없이 우리는 그릇 행하였다(시 14; 롬 3:16~20). 이것은 특정한 고난의 원인을 한 사람에게 전가시키려는 야만적인 희생양 설정 시도에 비하여 훨씬 성숙한 신학적 반성이다. 이런 점에서 '우리' 각자가 하나님께 매 맞고 징벌을 당해야 한다.

그러나 '우리' 자신은 하나님의 매를 맞을 자격이 없다. 죄인이 매 맞고 고통당하는 사건은 어떤 대속적 구속적 효력도 내지 못하기 때문이다. 오직 야웨의 기뻐하심을 입은 종, 죄 없는 종이 고통을 감수해야 거기에 대속적–구속적 효력이 발생한다. 그래서 야웨께서는 우리 모두의 죄악을 오로지 야웨의 길만 추구해 온 아무 죄 없는 당신의 종에게 짐 지우셨다. 야웨의 종은 유리하고 방황하는 하나님의 백성들을 바른 길로 인도하기 위하여 거룩한 상처를 입는다.

양 떼들이 흩어져 고생하는 것은 왕적 돌봄을 받지 못한 상태, 구원의 결핍을 의미하기도 한다(왕상 22:17). 야웨의 종은 왕적인 지도자다('내 백성은 멸망하는 양 떼다' 참고 민 27:17; 렘 1:6). 그는 자신의 상처를 통하여 왕적인 돌봄을 받지 못하여 상처를 받는 양 떼들을 치유하고 쉴 만한 목장으로 모아 들이는 지도자다. 이런 점에서 고난의 종은 '선한 목자다'(요 10:10, 11, 14). 선한 목자는 양들을 위하여 자기 목숨을 버린다. 선한 목자의 희생과 자기 버림을 통하여 각기 제 길로 가버린 양 떼들을 찾아 모으는 것이 하나님의 기뻐하시는 뜻이었다. 그리하여 우리 각 사람은 야웨의 종이 맞은 신적 타격과 채찍질을 생각할 때마다 우리 양심을 향한 하나님의 아픈 호소를 듣는다. 결국 하나님께서 자신이 당한 고난을 통해서라도 당신의 뜻을 이루려는 종을 통하여 회개할 줄 모르는 죄인들에게 회개와 치료의 길을 열어 놓으셨다.

7절은 야웨의 종이 그 굴욕적인 고난을 감수하는 태도를 묘사한다. 그는 오래 참는 마음으로 굴욕적인 심판을 받아들인다. 야웨의 종이 고난을 감수하는 태도는 이 고통이 자신이 스스로 원해서 받는 고통임을 암시해 준다. 7하절은 상황절이다. 히브리어 접속사 '와우'(ו)는 역접 접속사(그러나)로 이해되어야 한다. 그가 압제를 당하였다. '그러나' 그가 굴욕적인 고난을 당하였을 때에도 입을 열지 않는다. 즉 야웨의 종은 아주 침착하고 온유한 태도로 굴욕적인 고난을 당한다. 그는 마치 도살장으로 끌려가는 어린 양 같고 털 깎는 자 앞에 잠잠한 양 같다. 그는 유월절 어린 양처럼 순종적이다(참고 출 12:3; 요 1:29, 35; 행 8:32~35; 벧전 1:18).

본문 바로 앞의 '종의 노래'인 50:5~8은 무엇이 야웨의 고난 받는 종의 자발적이고 온유한 순종을 가능케 하였는가에 대한 대답을 들려준다. 야웨의 고난 받는 종이 지닌 깊은 내적 확신, 즉 하나님이 함께 하심에 대한 확신이 그런 능동적이고 유순한 순종을 가능케 하였음을 알 수 있다(50:5~8).

8~10절은 야웨의 종이 그의 대속적 고통과 징벌 감수를 통하여 성취한 구원의 포괄적인 효력과 자신이 받을 상급(그의 영혼의 고투의 보상)을 다룬다. 여기서 우리는 외견상 아주 수동적으로 보이는 순종, 그러나 사실상 아주 능동적인 그의 순종에 대한 하나님의 보상을 발견한다. 52:13~15에서 언급된 '엄청난 승귀'의 실체를 본다. 그는 말할 수 없이 위대한 세대(후손)를 보장받는

다. 그는 부자들의 묘실에 매장된다. 엄청난 수의 후손을 보고 땅에서 장구한 날을 누릴 것이다. 그리고 결국 야웨의 기쁘신 뜻이 그의 손 안에서 이뤄질 것이다.

8절은 바벨론 포로살이로 끌려가는 이스라엘 백성들을 연상시킨다. 야웨의 고난의 종은 일반적인 야웨의 종인 이스라엘 백성의 경험을 자신의 것으로 삼는다. 하나의 흔적도 남기지 못하고 1,200km나 되는 먼 바벨론으로 유배당한 이스라엘 백성들은 이제 산 자의 땅에서 끊어졌다고 생각했을 것이다. 그러나 이스라엘 백성들 자신의 바벨론 포로살이는 하나님 자신의 계획이요 결단이었다(42:24). 그것은 공변된 보응이요 징벌이었다("앗수르인은 공연히 그들을 압박하였도다" 참고 52:4).

그러나 야웨의 종이 끌려간 것은 압제적 재판의 결과였다. '그는 압제적 재판으로 끌려갔다.' 야웨의 의로운 종의 관점에서 보면 바벨론 포로살이는 압제적 재판의 결과일 수 있다('갑절의 징벌을 받은 백성들에게 위로하라' 40:2). 한편으로 이 압제적 재판은 이스라엘 백성들이 야웨의 그 특별한 종에게 강요한 압제적 재판일 수 있다. 어쨌든 이 압제적 재판으로 야웨의 종은 씨를 남기지 못할 줄 알았다.

'누가 그의 세대(대물림)를 생각하는가?' 70인역도 역시 비슷한 해석을 취한다. "누가 그의 후손을 생각할 수 있는가?"라고 번역한다. 고난 받는 야웨의 종은 이제 족보를 잇지 못하여 산 자의 땅에서 완전히 끊어진 줄 알았다. 즉 누가 야웨의 종을 통하여 엄청난 후손이 생길 줄 알았을까(10절; 54:1~4, 참고 요 12:24)? 그러나 전혀 예상 밖의 일이 일어난다. 10절에 보면 그는 그의 씨를 본다. 그의 날은 장구해질 것이다. 결국 야웨의 종을 통하여 생성된 세대는 아브라함의 약속의 성취를 의미할 수도 있다(창 13:16).

개역한글 성경에 의하면 8하절이 '생각한다'라는 동사의 목적절이 된다. 이 경우 히브리어 '키'(כִּי)는 단순 접속사(that)로 사용된다. 그러나 여기서는 '키'를 이유 접속사(왜냐하면)로 읽는 것이 더 낫다. '우리들 중' 아무도 그의 세대(후손 대물림)의 연속성을 생각하지 못하였다. '왜냐하면', '우리가 보기에는 그가 산

자의 땅에서 끊어졌으며… 그들의 패역한 죄악 때문에(이것은 우리가 당시에는 깨
닫지 못한 진실)… 그가 타격을 입었기 때문이다.' '그래서 우리는 그의 후손 대
물림을 생각하지 못하였다.' "산 자의 땅에서 끊어짐"은 자연적인 죽음을 가
리키지 않으며 재난스러운 이른 죽음을 의미한다(사 38장의 히스기야의 기도; 시
88:6; 렘 3:54). 야웨의 종은 격렬하고 재난스러운 죽음을 당하였다. 그가 당한
찔림, 매 맞음은 그의 때 이르고 재난스러운 죽음으로 귀결되었다. 그의 죽음
은 그의 굴욕적 고난의 완성이다. 그런데 바로 그의 죽음이 이제 구원의 효력
을 창출할 길을 연 것이다.

9절에서 우리는 이미 부당한 재판을 통하여 야웨의 종이 죽임을 당한 것을
확인한다. 무덤의 위치는 그의 죽음이 갖는 대속적 성격을 잘 드러낸다. 고대
이스라엘 사회는 악인들을 수치스럽고 불명예스럽게 매장하였다. 한 사람이
죽어 매장되는 과정은 그가 살아온 삶에 대한 평가를 의미하였다. 개역한글
성경에 의하면 "그는 강포를 행치 아니하였고 그 입에 궤사가 없었으나 그 무
덤이 악인과 함께 되었으며"라고 하였다. 야웨의 기뻐하심을 입은 종이 악인
들과 함께 매장된 것, 즉 불명예스러운 죽음은 그가 뒤집어쓴 누명의 완성이
다. 특히 하나님께 신성 모독죄를 범한 죄인은 죽임을 당한 채 하루 종일 나
무 위에 매달려 있다가 아주 수치스럽게 매장되었다(요세푸스). 법정에서 재판
을 받아 사형선고를 받은 죄인들은 죽어서도 자기 조상의 묘지에 묻히지 못
한다. 죽어서도 가문에서 축출된다. 야웨의 종은 사법적인 심판을 거쳐 격렬
하고 비참하게 죽고 수치스럽게 매장된다. 그러나 또 다른 역설이 끼어든다.
악인들과 함께 묻힐 그가 실상은 부자들의 묘실에 묻힌다.

그는 강포를 행치 아니하였고 그 입에 궤사가 없었기에, 즉 그는 의로운
죽음을 죽었기 때문에 그의 묘실이 부자의 묘실 옆에 마련되었다. 이런 해석
은 구문론적으로는 정당화될 수 없을지도 모른다. 구문론적으로 좀 더 정확
한 해석은 '그는 죽을 때 악인처럼 대우받아 죽어서 악인들과 함께 묻혔다'이
다. 그러나 또 한편 부자와 함께 죽는다. 왜냐하면 그는 어떤 강포도 행하지
않고 궤사도 없었기 때문이다. '부자와 함께 묻힌다'는 이 마지막 절은 야웨의

종의 운명이 역전될 가능성을 약간 암시한다. 그래서 그는 강한 자와 함께 노략품을 나눌 것이다(12절, 참고 마 27:57~61).

결국 '야웨께서 그를 짓이기고 그가 질고를 당하는 것을 기뻐하셨다. 만일 그의 영혼이 속건제물로 드려지면 그가 그 씨를 볼 것이며 그의 날들을 장구(長久)하게 하리라. 야웨의 기쁘신 뜻이 그의 손으로 성취되리라'(10절). 10절은 '야웨께서 기뻐하셨다'에서 시작하여 '야웨의 기뻐하신 뜻'이 주어인 절로 끝난다. 야웨의 고난 받는 종이 질고를 당한 것, 그가 대속적인 고통과 죽음을 당한 것은 이스라엘 백성들의 죄악된 불순종 의지 때문만이 아니었다. 오히려 그를 그토록 잔혹한 고통과 죽음으로 몰아 간 것은 야웨 하나님의 가장 기쁘신 뜻이었다.

하나님은 당신의 죄 없는 순종하는 종을 들어 쓰셔서 죄인('양같이 각기 제 길로 가는 우리')들을 구원하기를 기뻐하셨다. 속죄제물과 더불어 속건제물은 보상, 대속의 필요성을 일깨우는 제물이다(참고 롬 8:3; 고후 5:21). 속건제물은 하나님과의 평화를 가져오고 후손들의 세대 계승을 가능케 한다. 하나님과의 평화는 번성의 축복을 가져온다. 번성은 곧 후손의 번성('세대' 8절)과 장수(long life)를 통하여 경험된다. 야웨의 종이 자신의 영혼을 속건제물로 드려 그는 하나님과의 화평을 경험한다. 후손의 번성을 통하여 그는 하나님의 축복인 장수(長壽)를 경험한다.

후손들은 12절이 말하는 야웨의 종이 사람들 가운데 차지하는 몫이다. 야웨의 종이 고통을 자처하고 스스로 무리의 징벌과 죄책을 뒤집어쓴 것은 속건제물이 죄를 뒤집어쓰는 것과 같은 행동이다. 땅에서 장수하는 것도 후손의 번성만큼이나 큰 하나님의 축복이며 사실은 동일한 축복의 양면이다. 어떻게 지상에서 사는 날을 장구하게 할 수 있는가? 후손들을 통하여 그 날을 장구하게 할 수 있다. 야웨의 종의 대속적 고난과 죽음은 후손의 번성을 통한 날의 장구함을 가져온다.

야웨의 종이 받는 보상과 축복은 다른 모든 사람들에게 하나님의 뜻에 복종하는 삶의 종국이 어떠한가를 잘 보여 준다. 야웨의 종의 대속적 고난과 죽음을 통하여 많은 사람들을 의롭게 하고 하나님과의 화평을 누리게 하려는 하나님의 뜻은 완벽하게 실현되었다. 야웨의 종의 순종(順)을 통하여 하나님 아버지의 기쁘신 뜻은 성취된다.

결국 '자기 영혼의 고통으로부터' 야웨의 종이 볼 것이며 그의 앎 안에서 그가 만족할 것이다. 이사야 1~39장에서 문제가 된 상황 중에 하나는 하나님의 백성들이 '보기는 보아도 깨닫지 못하는' 상황이었다(6:9). 그런데 눈이 감겨진 이스라엘 백성들과는 달리 야웨의 종은 자기 영혼의 고투를 통하여 하나님의 역사하심(참고 5:12, 19)을 꿰뚫어 본다. 그런데 무엇을 본다는 말인가? '본다'는 동사의 목적어가 누락되어 있다. 그러나 문맥상 우리는 10절의 '본다'의 목적어가 '후손/씨'라고 볼 수 있다. '그의 앎으로 그는 만족한다'는 절을 뒷절과 관련시켜 보면 이 절의 의미는 대략 다음과 같다. 야웨의 종 자신이 자신의 영적 고투―대속적 고난과 죽음―의 결과를 미리 내다보고 그 결과 만족하게 될 것임을 깨닫게 된다(참고 막 10:45).

11하~12절은 고난 받는 종의 사역에 대한 야웨 하나님의 총론적 평가를 담고 있다. 특히 여기서 다시 야웨 하나님 자신이 화자(話者)로 등장하여 당신의 고난 받는 종의 사역에 대한 총론적인 평가를 내린다. 그것은 '참회하는 우리'에 의하여 선포된 내용을 재확증하는 평가다.

11하절은 다시 한 번 야웨의 의로운 종이 많은 사람들(열방 백성들과 열왕들)의 죄를 담당함으로써 그들을 의롭게 할 것임을 증거한다. 여기서 '많은 사람들은' 일차적으로는 열왕과 열방 백성들을 가리킨다(49:7). 야웨의 종의 대속적 죽음과 고난이 가져온 구원의 범위는 열방 백성들과 열왕들까지 포함한다. 그는 마치 전쟁의 승자가 전리품을 차지하듯이 사람들 가운데 한 몫을 차지할 것이며 강한 자들이 노략물을 나누듯이 전리품을 나눌 것이다. 그가 승리자가 된 이유는 자신이 하나님 앞에 철저하게 복종하는 과정에서 자기 영혼을 죽음에 이르도록 쏟았고 범죄자들 중 하나로 헤아림을 당하고 곤욕을 감수하였기 때문이다.

세상 전쟁의 승리자는 폭력을 사용하나 야웨의 종이 거둔 승리는 자신의 영혼을 죽음에 내어 놓기까지 굴욕적인 고난을 거친 후 얻은 승리라는 점이 역설적이다. 범죄자처럼 대접받았던 야웨의 종은 실상 범죄자를 위하여 중보 기도를 하였다! 그는 사람들 가운데 한 몫을 차지할 뿐만 아니라 강한 자들과 함께 노략물을 나눌 자격과 권리를 가진 승리자다(참고 엡 4:7~9). 그는 자신의 영혼을 죽음에 이르도록 내어 준 순종의 왕이며 자기 부인의 주(主)요 왕이다. 그가 중보기도 하였다는 말은 그가 실상 대제사장이었음을 증명한다(참고 요 17장; 히 2, 4장; 9:24). 이제 '우리'와 '많은 사람들은' 왜 그가 죄인들을 동정하며 기꺼이 자신의 목숨을 내어 주었는가를 알게 된다. 그는 실상 죄인들을 위하여 중보기도 하는 대제사장이었기 때문이다(참고 히 8~10장).

소결론

이상의 주석적 연구에서 살펴보았듯이 야웨의 종이 받는 고난을 묘사하는 동사는 대체로 단순 과거(preterite) 시제로 표현되고 그가 존귀케 되는 일은 미래 시제로 표현되고 있다. 이것은 본문이 실제로 일어난 하나의 사건을 묘사한다기보다는 무시간적인 신학 사상을 천명하는 예언으로 읽혀야 한다는 것을 의미한다. 대속적인 고난과 죽음을 통한 구원이라는 이런 신학 사상이 배태되는 데 결정적인 신학적 역사적 계기를 제공한 것은 바벨론 포로살이임에 틀림없다.

하지만 본문을 당대의 특정한 역사적 맥락과 인물과 결속시키려는 노력이 없지 않았지만 화자인 '우리가' 반추하고 있는 이 신학적 드라마는 특정 역사적 사건만을 반추하거나 회상하는 것이 아니었다. 주전 6세기의 신학적 정황을 반영하는 본문의 초점은(적어도 당시에는) '누가 과연 야웨의 고난 받는 종인가'에 있지 않고 '야웨의 종이 어떤 방법으로 그의 동포들과 열방 백성들, 열왕들을 구원하는가'에 맞춰져 있다. 그래서 우리는 본문을 특정한 역사적 맥락에 고정시키기보다는 하나의 신학 이념(사상)을 드러내기 위하여 창작된 신학적 드라마였다고 보려고 한다.

'참회한 우리' 사도들에게 고백된 고난 받는 메시아 '역사적 예수'

우리는 신약성경 전반에 참회하는 '우리'의 목소리를 예수의 제자들에게서 듣는다. 신약성경에는 고난의 종의 굴욕적 비하와 한층 더 경이로운 승귀 앞에 두 번 경악하는 열왕들과 '우리들'의 증언이 전면에 배치되어 있다. 사도들에 의하여 이사야 52:13~53:12은 메시아 신학의 근거 본문으로 격상되고 나사렛 예수의 죽음을 대속적 죽음이라고 주장하는 신약 기독론의 근거 본문으로 인증(引證)된다. 신약성경의 신앙 고백의 핵심은 십자가에 달려 죽고 3일 만에 부활한 나사렛 예수가 '메시아' 혹은 '그리스도'라고 선포하는 것이었다 (행 8:34).[24]

누가복음 24:25~27, 44은 구약성경 전체가 그리스도의 굴욕적 고난과 죽음에 대하여 증거한다고 선언한다(참고 요 5:39). 특히 누가복음 24:25~26은 예언서의 핵심 주장이 '그리스도가 먼저 굴욕적 고난을 받고 자기 영광에 들어간다'였다고 주장한다. 또한 마가복음에서 예수는 세 차례에 걸쳐서 자신의 굴욕적 고난(죽음)과 3일 만의 부활을 선언한다(막 8:31; 9:31; 10:34). 사도 바울도 고린도전서 15:3~4에서 그리스도의 대속적 죽음('우리를 위하여')과 3일 만의 부활 사건 둘 다 구약성경에 의하여 미리 증거된 것이라고 말한다. 바울은 또 나사렛 예수의 대속적 죽음(굴욕적 고난)과 그의 부활이 그가 '메시아'였음을, 그리고 메시아임을, 그리고 메시아가 될 것임을 결정적으로 증명한 사건이라고 해석한다.

여기서는 나사렛 예수가 자신을 공공연히 메시아라고 주장했건 안 했건 그것은 별로 중요한 것이 아니다. 사도들에게 가장 결정적인 사실은 하나님 아버지에 의한 대역전극인 예수 부활이었다. 신약 시대의 사도들은 '예수 그리스도의 굴욕적 고난과 부활 승천'이라는 결코 부인할 수 없는 증거를 보고 그가 과연 하나님의 아들이자 구약성경이 그토록 다양한 방법과 다양한 시기에 걸쳐서 예언해 온 그 하나님의 인자, 메시아임을 확증하기에 이르렀다(참고 단 7:13; 막 10:41~45). 네 복음서와 사도행전 그리고 서신서들("잡히시던 밤" 고전 11:23~25; 벧전 2:20~22)이 한결같이 증거하는 주제는 나사렛 예수의 십자가의 굴욕적 죽음과 부활이었다.

신약성경의 사도들은 52:13~53:12을 나사렛 예수를 주인공으로 빌라도, 대제사장, 장로들, 서기관, 바리새인들, 제자들을 조연 삼아 역사의 무대에 올린 하나님 자신의 구원 드라마 각본이라고 본다. 앞서 언급했듯이 이 본문은 유대인들이 전통적으로 기대해 온 다윗 왕적인 메시아 대망(솔로몬의 시편 17편)이나 쿰란 공동체의 제사장적 메시아 대망 사상, 묵시 문학의 인자 메시아 사상과도 관련성을 맺지 못한 채 방치된 본문이었다. 나사렛 예수 그리스도가 와서야 이사야 52:13~53:12의 신학 각본은 역사의 무대에 올려지고 본문은 비로소 온전한 의미를 드러내었다.

그동안 구약 예언서에서는 죄와 벌, 심판과 응징, 순종과 축복의 이분법적 구도만이 주도적으로 작용하였다. 자신의 죄 때문에 벌 받는 백성들과 개인, 자신들의 의와 순종 때문에 축복을 받는 개인들과 공동체 이야기가 구약성경의 주종이었다. 그러나 여기서는 전혀 다른 등장인물이 등장한다. 자신의 죄가 아니라 다른 사람의 죄 때문에 징벌을 받는 등장인물이 등장한다. 더 나아가 그 다른 사람들 때문에 받은 징벌은 대속과 속죄의 효과(양심 세척과 정결화)를 낸다. 이제 죄와 벌의 냉엄한 논리는 중보자의 논리에 의하여 중화(中化)된다.

08

이사야의 기도
(63:7~64:12)

만약 성경에서 타인을 위한 대표적인 기도들을 손꼽으라면, 우리는 소돔을 위한 아브라함의 기도(창 18:16~33), 우상숭배 한 이스라엘 백성들을 위해 간구한 모세의 기도(출 32:31~32), 회복을 고대하는 민족을 향한 에스라와 다니엘의 기도(스 10장; 단 9장), 예수님의 제사장적 중보기도(요 17장)를 떠올릴 것이다. 그러나 이사야서에도 이런 애절한 기도가 있다는 사실은 그리 잘 알려져 있지 않다.

특히 이사야 63:7~64:12 말씀은 하나님의 백성을 대변하는 '우리' 공동체를 위한 탄식과 간구가 진솔하게 묘사되어 있어 큰 감동을 안겨 준다. 또 이 단락에서 역사적인 회상, 불평, 고백, 간청 등 전형적인 탄식시의 요소들이 나타나기 때문에 학자들은 이 단락을 공동체의 탄식시(a community lament)로 분류하기도 한다.[1] 따라서 이 기도의 내용을 특징적 요소에 따라 다음과 같이 네 부분으로 나눌 수 있다. ① 역사적 회상(63:7~14) ② 탄식(63:15~19) ③ 고백(64:1~7) ④ 간청(64:8~12).

역사적 회상(63:7~14)

현재 절망적인 상황에 놓인 선지자의 기도는 우선 과거의 회상에서 시작된다. 특히 선지자는 과거에 하나님과 그분의 백성 이스라엘 간에 맺은 언약 관계의 특징들을 살펴 나간다. 그는 7절에서 언약의 하나님의 여러 성품들(자비, 긍휼, 은총 등)을 나열한 후에 그 성품들이 그분의 백성들을 위해 베풀어졌음을 증거한다. 같은 절에서 선지자가 언약에 근거한 변함없는 사랑을 뜻하는 '헤세드'(חֶסֶד)라는 표현으로 시작해 끝을 맺고 있는 것은 의미심장한 일이다. 또 '베풀다'는 동사 '가말'(גָּמַל)이 행동의 완전성 혹은 충족성을 함축하고 있음을 고려할 때, 선지자는 언약의 백성들을 향하신 여호와의 사랑과 은혜의 온전하심과 그 충만하심을 강조하고 있다.

8절은 여호와의 헤세드가 그의 백성들에게 어떻게 나타났는지 묘사하고 있다. 즉 여호와는 이스라엘을 그분의 백성으로 삼고 백성들의 아픔에 동참하시며, 백성들의 구원자가 되셨다. 그러나 선지자는 여호와의 헤세드에 대한 이스라엘의 잘못된 반응을 지적하고 있다. 선지자는 여호와의 헤세드에 대한 이스라엘의 반역을 거룩한 영을 근심케 하는 행위로 규정한다. '영'이라는 히브리어 '루아흐'(רוּחַ)가 '거룩'이라는 명사 '코데쉬'(קֹדֶשׁ)를 수반하고 있음은 주목해 볼 만하다. 이것은 거룩한 백성으로 부르심을 받은 이스라엘이 여호와께 반역함으로 인해 그 거룩성을 상실했음을 암시한다.

그렇다면 거룩성을 상실한 결과는 무엇인가? 여호와는 반역한 이스라엘을 향해 구원자가 아닌 대적자가 되셨다. 이것은 선지자가 속한 공동체의 비극을 암시해 준다. 즉 과거의 이스라엘은 구원자 여호와의 은혜를 체험했으나, 반역을 행한 현재의 이스라엘은 대적자 여호와의 심판에 직면한 것이다. 그러므로 선지자는 모세 시대에 이스라엘로 하여금 홍해를 건너게 하신 여호와의 구원과 능력을 회상하면서 과거의 구원을 다시 고대한다. 특히 두 번에 걸쳐 등장하는 '어디에 있습니까?'라는 의문사 '야예'(אַיֵּה)의 용법(11절)은 지난날 이스라엘을 향하신 여호와의 은혜와 구원에 대한 선지자의 갈망을 더욱 강화시켜 준다.

탄식(63:15~19)

지난날 이스라엘을 구속하신 여호와의 은혜를 갈망하던 선지자는 놀라운 구속의 역사가 현재 상황에서 왜 나타나지 않는지에 대해 탄식하며 불평한다. 그는 아브라함과 옛 이스라엘은 현재의 공동체를 알지 못하고 인정치 않을 수 있다고 말한다. 여기서 '알다'라는 동사 '야다'(יָדַע)와 '인정하다'라는 동사 '나카르'(נָכַר)은 친밀한 관계와 결속을 함축하고 있기 때문에(참고 신 33:9), 아브라함과 옛 이스라엘이 현재의 공동체를 알고 인정치 않는다는 말은 여호와의 구속의 은혜를 체험한 과거의 이스라엘과 달리, 반역을 행한 현재의 공동체는 하나님의 백성으로서 자격을 상실했음을 암시해 준다. 그러나 선지자는 그들에게 여호와께서 여전히 아버지가 되신다고 강변한다. 실제로 여호와께서 애굽 왕 바로를 향해 이스라엘 백성을 자신의 아들로 소개한 바 있다.

> "너는 바로에게 이르기를 여호와의 말씀에 이스라엘은 내 아들 내 장자라 내가 네게 이르기를 내 아들을 놓아서 나를 섬기게 하라 하여도 네가 놓기를 거절하니 내가 네 아들 네 장자를 죽이리라 하셨다 하라"(출 4:22-23).

이스라엘을 아들로 삼으신 여호와는 애굽의 압제 아래 있던 이스라엘 백성들을 홍해를 건너 가나안 땅으로 인도하신 구원자가 되셨다. 선지자는 이와 같은 구원의 사건을 염두에 두고 현재의 공동체를 위한 구원을 간청하고 있다. 선지자는 여호와께서 현재의 공동체를 버리지 않으셨으며 그분의 구원이 아직도 유효하다고 믿고 있다. 그러나 선지자는 여호와와 단절된 공동체의 실상을 바라보며 탄식한다.

'강퍅케 하다'라는 동사 '카샤흐'(קָשָׁה)는 완고한 바로의 마음을 연상시킨다(출 7:3). 그는 과거 애굽 왕 바로처럼 현재 공동체의 마음이 강퍅하여 여호와에게서 떠났다고 불평한다. 이제 선지자는 주님의 백성들을 더 이상 이런 상태로 내버려두지 말 것을 여호와께 간청한다. 그 이유는 현재의 공동체도 주님의 종이며 기업이기 때문이다. 여호와는 이스라엘 백성들을 종으로 부르신 바 있다(41:9; 42:19; 43:10; 44:1; 45:4). 과연 주인이 자신의 종을 버릴 수 있는 가? 또 여호와는 이스라엘에게 가나안 땅을 유업으로 주신 바 있다. 과연 여호와는 기업을 포기할 수 있는가? 선지자는 그럴 수 없다고 항변한다. 그렇기에 선지자는 반역을 행한 이스라엘을 떠나신 여호와께 다시 돌아오실 것을 호소한다.

나아가 선지자는 반역한 이스라엘의 현재적 고통을 두 가지로 묘사한다. 첫째, 현재 공동체는 하나님의 전을 상실했으며 둘째, 여호와의 다스림을 받지 못해 주님의 이름으로 칭함을 받지 못하는 자들이 되고 말았다. 전자는 제사장의 나라로 부르심을 받은 이스라엘의 정체성 상실, 후자는 여호와의 왕권과 통치로부터 멀어진 이스라엘의 언약적 단절을 암시한다. 이처럼 선지자는 현재의 공동체가 여전히 하나님의 백성임을 강변하고 있지만, 여호와로부터 단절된 현재의 상황을 절망적으로 바라보며 탄식에 빠져든다.

고백(64:1~7)

이제 선지자는 여호와께 절박한 현재의 상황에 간섭하시기를 간구한다. 그는 오직 여호와의 임재만이 현재의 상황을 변화시킬 수 있다고 믿는다. '하늘의 갈라짐', '산의 진동', '타오르는 불'은 거룩하신 자의 임재를 나타내는 전형적인 표현들이다(시 18:7; 46:1). 가장 대표적인 예는 시내 산에 나타나신 여호와의 임재를 들 수 있다(출 19:18~20). 여호와는 창조 세계를 초월하신 전능자인 동시에, 창조 세계 안에 들어오셔서 현재 역사를 간섭하시는 분이다.

그렇다면 여호와께서 이스라엘 가운데 임재하실 때 어떤 일이 일어나는가? 선지자는 여호와께서 임재하실 때 대적들이 여호와의 이름을 알며, 열방이 주님 앞에서 떨게 된다고 말한다. 이것은 열방의 복의 근원으로 부르심을 받은 아브라함의 언약(창 12장)을 연상시킨다. 여호와께서 이스라엘과 함께 하시며 그들과 언약 관계를 맺고 있을 때, 열방은 그분의 백성들을 통해 하나님을 알며 복을 받게 된다. 그러므로 선지자는 옛 조상들과 함께 하셨던 여호와의 임재를 다시 갈망하는 것이다. 나아가 선지자는 이스라엘과 함께 하시는 여호와께서 백성들이 예상치 못한 놀랍고 기이한 기적들을 행하셨다고 고백한다. 그러나 여호와께서 이와 같은 기적들을 누구에게나 베푸시지는 않는다. 하나님의 기적을 체험할 수 있는 자들은 제한적이다.

그렇다면 누가 이와 같은 하나님의 놀라운 기적을 체험할 수 있는가? 선지자는 여호와를 앙망하는 자, 주를 위해 의를 행하는 자, 주를 기억하는 자가 기적을 체험할 수 있다고 말한다. '앙망하다'는 동사 '하카'(חכה)는 이사야 40:31의 동사 '카와'(קוה)와 유사어로서 소망을 품고 인내하는 참된 믿음을 가리킨다. 그렇다면 하나님을 신뢰하며 인내하는 믿음의 증거는 무엇인가? 그것은 의로우신 하나님의 성품을 삶에서 실천해 나가는 것이다. 또 하나님의 말씀과 그분의 도를 항상 기억하고 하나님의 길을 따라 사는 삶을 가리킨다(신 8:10~20). 즉 여호와를 앙망하는 것은 수동적인 신앙이 아닌 역동적인 신앙을 의미한다.[2]

그러나 선지자는 이런 역동적인 신앙과 대조되는 현재 이스라엘 공동체의 실상을 목도한다.[3] 선지자는 여호와의 진노와 공동체의 범죄가 대립하고 충돌함을 절감한다.

'범죄하다'는 동사 '하타'(חטא)와 '진노하다'는 동사 '카짜프'(קצף)가 모두 완료형으로 돼 있음은 여호와의 진노와 공동체의 범죄 사이에 존재하는 항속적 대립을 암시한다. 여호와께서 진노하시고 이스라엘은 계속 범죄한다면, 과연 구원은 가능한 일인가? 이런 처지에서 선지자는 공동체의 절망적인 상황을 더욱 처절하게 고백한다. 선지자는 공동체의 상태를 죽은 잎사귀에, 공동체의 죄악을 바람에 비유한다. 즉 죽은 잎사귀는 바람 앞에 힘없이 날려 갈 수밖에 없듯이, 현 공동체는 죄악에 힘없이 굴복하는 무기력한 백성들로 간주된다. 즉 선지자는 악인을 바람에 나는 겨에 비유한 시편 기자의 이미지를 그대로 반영하고 있다(시 1:4).

나아가 선지자는 바람에 나는 겨처럼 죄악에 무기력한 백성들이 위기 상황에서도 여호와께 도움을 구하지 않으며, 그를 붙잡지도 않는다고 탄식한다. 여기서 '붙잡다'는 표현은 천사와 씨름했던 야곱의 이야기를 연상시킨다(창 32:24~32). 형 에서에 대한 공포와 두려움에 사로잡혔던 야곱은 천사를 붙잡고 도움을 구한 바 있다. 야곱이 천사를 붙잡은 것은 그의 절박함과 간절함을 나타낸다. 그러므로 선지자는 현 공동체가 절박한 상황에 처해 있는데도 여호와를 간절히 찾지 않음에 탄식하고 있다. 죄악에 무기력한 상황에서도 여호와를 찾지 않는다면, 과연 어떻게 되겠는가? 선지자는 여호와께서 얼굴을 숨기셨다고 말한다(참고 사 8:16). 이것은 관계의 단절을 뜻하며, 더 이상 희망이 없음을 의미한다.

간청(64:8~12)

그러나 선지자는 공동체의 구원과 회복에 대한 희망을 잃지 않는다. 반의 접속사 '바브'(ו)로 시작하는 8절은 분위기의 반전을 나타낸다. 또 '이제' 혹은 '지금'을 뜻하는 부사 '아타'(עַתָּה)의 등장은 새로운 국면과 시점을 암시한다. 선지자는 현 공동체의 절망적인 상황에서도 한 가닥 희망을 걸고 있다. 여기서 선지자는 희망의 근거로 이스라엘이 여호와의 창조 작품이라는 사실을 부각시키고 있다.

그러므로 선지자의 논점은 이렇다. 비록 이스라엘의 죄악이 하나님과의 관계를 단절시켰다 하더라도, 이스라엘을 창조하신 여호와께서 과연 그런 관계를 부정할 수 있겠는가? 이스라엘의 죄악이 극심하다 하더라도, 과연 여호와께서 창조 목적을 좌절시킬 수 있겠는가?[4] 이처럼 선지자는 여호와의 창조 목적에 호소함으로써 공동체를 향한 구원의 희망을 버리지 않는다. 비록 선지자는 죄악으로 인한 심판을 피할 수는 없지만, 여호와께서 영원히 그의 창조 작품들을 버릴 수는 없다고 역설한다.

특히 선지자는 범죄한 백성들을 '아므카'(עמך) 즉 '당신의 백성'으로 소개한다. 이런 묘사는 멸망의 위기에 처한 이스라엘을 위해 간청했던 모세의 기도를 연상시킨다(출 32:11, 14). 비록 이스라엘이 여호와의 뜻을 어겨 심판을 당할 수밖에 없지만, 여전히 그들은 여호와께서 창조하신 그분의 백성이다. 그러므로 여호와는 영원히 그들을 버릴 수 없다. 심판은 그들에게 결코 마지막 말(the last word)이 아니다.

이제 선지자는 죄악의 결과로 찾아온 심판의 극심함을 부각함으로써 여호와의 긍휼을 고대한다. 이스라엘의 범죄는 예루살렘과 성전의 멸망을 초래했다. 예루살렘 도성은 다윗 왕국을 통한 여호와의 왕권과 통치의 중심지였으며, 성전은 거룩한 백성 즉 제사장의 나라로서 그 정체성을 확보해 주었다. 그러므로 도성과 성전의 멸망은 여호와의 왕권 부재와 거룩한 백성의 정체성 상실을 의미한다. 특히 절망에 처한 구약의 백성들은 성전에서 기도함으로써 응답을 체험한 바 있다(예를 들면 삼상 1장에서 한나의 기도). 그러므로 성전의 부재는 절망에 처한 백성들에게 이런 한 가닥 희망의 근거조차 사라져 버렸음을 의미한다.

그러나 선지자는 범죄로 인한 심판의 결과가 극심하며 그 결과에 대해 어떠한 변명의 여지도 있을 수 없지만, 여호와께 백성들을 버리지 말 것을 강력하게 호소한다. 특히 선지자가 8절과 9절에 이어 마지막 12절에서 반복되는 하나님의 인격적 이름인 '아도나이'(יהוה)를 부르며 간청하고 있음은 하나님과의 인격적 관계와 그 친밀성을 부각시키기 위함이다. 오직 여호와의 긍휼하심만이 이스라엘을 구원할 수 있다. 그러므로 선지자의 기도는 다음과 같은 간청으로 요약될 수 있다. '여호와여, 우리를 긍휼히 여기소서!'

설교를 위한 적용

이사야 63:7~64:12에서 기도의 논점은 자명하다. 선지자는 이스라엘의 죄악을 모두 인정하며, 심판의 결과도 수용한다. 그러나 그는 여전히 여호와의 긍휼하심이 남아 있다고 믿는다. 비록 현 공동체는 여호와의 은혜를 받을 자격이 전혀 없지만, 여호와의 긍휼하심과 은혜를 포기하지 않는다. 현대를 살아가는 그리스도인들에게도 하나님의 긍휼하심은 절실하다. 이스라엘 백성처럼 우리도 때로 죄악에 무기력하고 하나님을 찾지 않으며, 하나님의 길로 행하지 않는다. 어떤 사람들은 절망의 벽에 갇혀 소망의 이유를 찾지 못한다.

그렇지만 우리의 유일한 소망의 근거는 여전히 하나님의 긍휼하심에 있다. 이방인의 신분으로 인해 자신의 문제를 감히 아뢸 자격이 없었지만, 예수님께 긍휼과 은혜를 구했던 수로보니게 족속 여인처럼(막 7:26), 이와 같은 간구가 오늘 우리에게 무엇보다 절실하다. 고통 받는 현대인들의 유일한 소망은 오직 여호와의 긍휼하심뿐이다. 여호와여, 우리를 긍휼히 여기소서!

09

이스라엘의 회복: 바벨론에서의 귀환
(40~48장)[1]

이사야 40~48장이 포함되어 있는 이사야서의 후반부(40~66장)는 모든 성 문학 중에서 가장 뛰어난 작품이다. 신약성경의 상당 부분이 이사야서의 이 후반부를 인용하고 있기 때문에, 이 부분은 이사야가 살았던 시대와는 아무 상관이 없는 것으로 추측할 가능성이 있다. 이사야서의 이 부분은 이사야 당 시의 이스라엘을 반영하고 그들의 필요에 부응할 뿐 아니라 동시에 그것은 메시아 통치의 축복을 바라본다. 이런 점에서 이사야는 다가오는 큰 변화를 하나님의 백성에게 준비시키는 하나님의 도구로 일하였다.

온 세상에 선포된 위로(40:1~42:17)

1. 시온의 위로(40:1~41:20)

1) 전령의 사명(40:1~2)

40:1~11은 유다 백성이 포로에서 돌아올 뿐 아니라 여호와께서도 찾아오 실 것임을 선언하는 위로의 말씀을 담고 있다. 여호와는 유다의 죄가 대가를 지불했기에 이제 위로를 받아야 한다고 말한다. 여호와는 그의 백성을 '위로 하라'는 명령과 함께 그의 사자들을 보냈다(1절). 좋은 소식은 하나님이 그의

돌봄을 받지 못하던 백성을 돌보신다는 것이다. '내 백성을 위로하라!'는 외침은 이사야에게 주어진 하나님의 명령으로서 선언 전체를 규정하는 중요한 의미를 갖는다. 첫머리에 두 번 반복한 것은 일종의 문예적 장치로서, 절박함을 나타낸다(참고 51:9, 17; 52:11; 57:14; 62:10). 2절에서는 하나님의 백성들에게 주는 메시지가 간략하게 요약되어 있다. 그것은 '그들의 강제노동은 끝났다. 그들의 죄과가 청산되었다!'고 하는 것이다. 이제 진노에서 사랑으로 전환된 시기가 다가온 것이다.

A1 위로를 선포하라는 세 번에 걸친 음성(40:3~11)
　첫째 음성: 신적 개입, 우주적 계시(3~5절)
　둘째 음성: 하나님의 불변의 말씀(6~8절)
　셋째 음성: 용사-목자의 도래(9~11절)
　　B1 이스라엘의 하나님은 창조주시다(12~31절)
　　B2 이스라엘의 하나님은 역사의 통치자시다(41:1~7)

A2 위로에 대한 세 가지 그림/묘사(41:8~20)
　종이 승리자가 되리라(8~13절)
　지렁이/벌레가 타작 기계가 되리라(14~16절)
　빈핍한 자가 광야에서도 살아가리라(17~20절)

2) 위로를 선포하라는 세 번에 걸친 음성(40:3~11)

(1) 첫째 음성: 여호와의 영광(3~5절)

외치는 자는 왕이 지나실 길을 잘 정돈해 놓으려고 배려하는 왕의 승마 시종과 같다. 왕은 바로 여호와시다. 바벨론의 신들이 큰길에서 거대한 행렬을 통해 권세와 위엄을 보이지만, 여호와의 영광은 전혀 다른 방식으로 드러날 것이다. 여호와의 영광에는 바벨론에서 거행되는 행렬과는 달리 신상이 없다. 여호와 자신이 그의 백성을 구속하기 위해 영광 중에 오실 것이다. 광야를 통해 뻗어 가는 그 길은 여호와가 지금 역사 안에서 이루어지는 그 자신의 활동을 통해 전혀 새롭게 스스로를 드러내는 길이다. 여호와의 영광이 온 세상에 나타나는데 그것은 바벨론에서 벌어지는 신들의 행렬에서 이스라엘 백성들이 보는 바와 같이 주눅 들게 하는 것이 아니다(5절). 역사에 구원의 하나님이 현현하심으로 그의 영광을 드러낸다.

이 예언은 바벨론이 패배하고 고레스의 칙령이 반포되어 유대인들이 고토로 돌아가도록 허락한 주전 539년에 일부 성취된 것 같으나, 진정한 성취는 예수 그리스도에게서 성취된 영적 구속에 적용되었으며 그를 믿는 자들에게 적용된다. 세례 요한이 '광야에서 외치는 자의 소리'로 예수를 이스라엘에 소개함으로써 주후 1세기에 이 약속들이 성취되었다. 왜냐하면 이스라엘이 받은 포로 생활의 고난은 완전한 회복을 가져오기에는 본질적으로 충분하지 않았기 때문이다. 따라서 민족의 도덕성이 근본적으로 변화하는 것이 필요하였는데, 이런 변화는 고난 받는 종이 중보하는 새 언약을 통해서만 가능한 것이었다. 바벨론으로부터 역사적인 귀환은 이사야의 장대한 환상을 실현하지 못한다. 이것은 부분적으로 여호와의 언약 갱신에 대한 호소에 비해 포로된 자들의 반응이 압도적이지 못했다는 사실에 기인한다. 사실 민족 전체의 회개와 갱신은 그 종이 와서 새 언약의 기초를 놓기 전까지는 결코 일어날 수 없었다.[2]

(2) 둘째 음성: 하나님의 말씀(6~8절)

여기에 나오는 풀과 꽃은 인간을 가리킨다. 이것은 하나님의 말씀과 대조된다. 하나님의 말씀은 시들거나 마르지 않고 일어서서 모든 시대를 통해 실현되고 입증하면서 영원히 견디어 내는 것이다.

(3) 셋째 음성: 용사-목자의 도래(9~11절)

여기서 선포된 복된 소식은 하나님이 그의 백성을 회복시키리라는 것이다. 왕의 도착을 알려야 하는 파수꾼이 망루에 올라가는 것처럼 예루살렘도 높은 산에 올라가야 한다(9절). 이는 여호와가 오는 것을 멀리서 보고 높은 곳에서 멀리 떨어진 사람들에게 그 사실을 알릴 수 있기 때문이다. 지금까지 예루살렘은 죄악에 대한 처벌의 무게에 짓눌려서 위로가 필요했다. 그러나 이제 여호와께서 다시 함께 하시므로 예루살렘은 확신에 차서 소리를 높이며 온 유다에 기쁜 소식을 전하는 자가 될 것이다. 여호와는 용사(강한 자 10절)로, 양 떼를 인도하는 목자(11절)로 묘사되었다. 그를 반대하는 자는 모두 심판하지만, 복종하는 자에게는 의로운 상급자가 되신다(10하절). 또 목자로 오신 그는 약속의 땅에 그의 백성들을 세우기 위해 먼 곳에서 귀환시킴으로써 이들을 부드럽게 다루실 것이다.

3) 이스라엘의 하나님: 창조주(40:12~31)

(1) 예증(12~26절)
① 유일한 창조주(12~17절)
여호와는 인간과 비교될 수 없는 자신의 성품에 대하여 말씀하신다. '누가 …하였는가'(13~14절)?는 수사학적 의문문이다. 여호와 홀로 이 모든 것에 균형 잡힌 위치를 주신 분임을 강조한다. 인간으로서는 하나님의 마음을 헤아릴 수 없다. 여호와는 열방들로 나뉜 인류 전체를 다스리는 세상의 왕이기도 하다(15~17절). 하나님의 계획에서 민족들은 중요한 요인이 못 되고 이 세상의 나라와 권세들은 그 앞에서 아무것도 아니다. 같은 맥락에서 하나님은 매우 권세가 크시므로 제물을 아무리 엄청나게 쌓아 올린다 해도 그의 위대함에 걸맞게 그를 경배할 수 없다.

② 하나님과 우상(18~20절)
하나님의 위대함에 비추어 볼 때 우상숭배는 극히 우둔한 것이다. 이사야 시대에 우상숭배가 자행되었다. 우상숭배는 당시 사회 구조의 일부였기에 이사야는 이것의 패악, 곧 우상숭배는 무익하고 소망이 없음을 가르치기를 원하였다. 우상을 만드는 자(19~20절)는 여호와의 상을 만드는 자가 아니라 이방 신들을 만드는 자를 염두에 두고 있다. 십계명의 제1계명과 제2계명이 밀접하게 관련하는 것처럼 18절의 두 질문에서도 여호와를 그 어느 것과 비교할 수 없다는 것과 그의 형상을 만들 수 없다는 것이 잘 드러나 있다.

③ 통치와 권위의 주재자(21~24절)

여호와는 또 다른 그림으로 그의 위대함을 말한다. 이 단락은 성경 전체에서 하나님의 주권과 위대함에 대한 가장 아름다운 언명 가운데 하나다. 그가 우주, 자연, 인간을 통치하고 있음이 강조되었다. 세상의 어떤 것도 하나님보다 더 높고 접근할 수 없는 존재는 없다.

④ 하나님과 창조(25~26절)

창조주 되신 하나님이 역사의 주인임을 말하는 구절들은 이스라엘의 상황과 관계를 갖는다. 이스라엘 백성들을 위협하는 뭇 민족들을 누가 창조하였는가? 여호와께서 세상의 모든 것을 창조하신 것이다. 바벨론에서 최고의 신들로 여겨진 별들도 여호와께서 만드신 한낱 피조물에 불과할 따름이다.

(2) 낙담과 갱신(27~31절)

이스라엘은 하나님에게서 숨을 수 없으며 하나님만이 그들을 구속할 수 있음을 말한다. 하나님의 주권은 창조주와 역사를 주관하는 주로서 활동한다는 언급을 통해 드러난다. 주의 위엄과 이스라엘의 절망이 대비되었다. 여호와께서 노하시고 지치셔서 자기들을 완전히 버리셨다는 생각은 전혀 근거가 없다. 문제는 하나님이 이스라엘에 무관심한 것이 아니라, 오히려 이스라엘이 창조주 여호와를 알지 못한다는 데 있다. 무엇보다도 여호와는 영원한 하나님, 즉 영원히 같으시며 결코 변하지 않고 창조 때 보여 주신 능력을 여전히 지니시고 보여 주시는 하나님임을 알아야 한다(28절).

피곤한 자, 무능한 자 그것은 바로 이스라엘의 현재 모습이다(29~31절). 자기 힘으로 일어설 수 없는 이스라엘을 향해 하나님은 구원의 말씀으로 위로하신다.

4) 이스라엘의 하나님: 세상 통치자(41:1~7)[3]

(1) 열방을 초대함(1절)

뭇 민족과 모든 대륙은 법정에 나오라는 요구를 받는 동시에 침묵하라는 외침을 듣는다. 이것은 재판을 시작하는 공식 문구들이다.

(2) 문제가 해결됨(2~4절)

2~3절의 '일으켜진 이'는 후에 나올 고레스다. 다가오는 자는 점차 선지자의 이상적 시계 안으로 다가오고, 선지자는 먼 미래에 속한 현상을 차츰 더 잘 알게 되며, 종국에 현실로 나타난다. 이를 통해 이스라엘은 가까운 미래에 나타날 페르시아 왕의 정치적 부상도 여호와께서 행하신 일임을 알게 될 것이다. 여호와의 주권이 선포되어 티끌처럼 적을 분쇄하신다. 이방의 그 어느 신도 자신이 그렇게 했다고 자랑할 수 없다. 그는 여호와이기 때문에, 아무도 그의 구속 계획이 실행되는 것을 방해할 수 없다. "나 여호와라 처음에도 나요 나중 있을 자에게도 내가 곧 그니라"(4절, 참고 히 13:8; 계 1:8, 17; 2:8; 21:6; 22:13). 4절에 언급된 하나님이 자신을 지칭하는 구절을 통해 하나님은 온 세대를 통해 하나님이시며 또한 온 세대를 통해 똑같은 신성을 지니셨음을 밝히신다.

(3) 세상의 반응: 우상숭배로 도피함(5~7절)

고레스의 승리가 이방 세계에 나타나는 효과를 묘사한다(5절). 모든 대륙 곧 땅 끝까지도 능히 벌벌 떨게 하고 깜짝 놀라게 되는 상황을 묘사함으로써 하나님의 위엄을 말한다. 6~7절은 세상이 공포로 인해 모든 것이 혼란스러워지자, 사람들은 자신을 구원할 신들을 만들도록 장인을 격려하는 장면이다. 고레스의 정복에 위협을 당했을 때 민족들은 이런 어리석고 무익한 일을 행한다.

5) 위로에 대한 세 가지 묘사(41:8~20)

세상의 이방 백성들과 하나님의 선민들이 대조되었다. 이사야서 후반부에서 두드러지게 나타난 종의 개념이 여기서 처음으로 제시되었다. 하나님의 종 이스라엘은 하나님의 보호 아래 주어진 자격이다. 이 종은 하나님의 도움 때문에 그의 모든 대적들을 멸할 것이다.

(1) 승리의 종(8~13절)[4]

도입절(8~10절)은 구원 선포 양식에 비추어 해석되어야 한다. 41장 문맥에서 보면 하나님의 힘이 역사 안에서 증명되는 것을 무서워하는 뭇 나라들을 겨냥한 변론이 끝나고 이스라엘을 향한 위로의 말이 "그러나"(8절)로 시작된다. 한편 이스라엘이 여호와의 종으로 선택된 것은 신적 행위이자 순수한 은총의 행위였다. "내가 너를 택하고 싫어하여 버리지 아니하였다"라는 표현에 따르면 이스라엘이 선택된 것은 그들이 가진 어떤 장점이나 미덕이 아니었다. 오히려 이스라엘은 너무 미천하여 여호와께서 버리실 수도 있었으나 그는 그들을 자신의 종으로 받아들이셨고, 그것은 은총의 결과였다. 이스라엘은 여호와 하나님을 경배하고 또 적극적으로 복종하여 명하신 것을 수행해 나가는 여호와의 종이다.

(2) 새롭게 변화를 받은 이스라엘(14~16절)

지금 무력하게 압제를 당하고 있는 이스라엘을 "버러지 같은 너 야곱"이라고 부른다. 그들은 더 이상 민족이라는 탄탄한 집단을 이루지 못하고 국가의 유대감은 깨졌으며, 홀로 여기저기 흩어져 버렸다. 그러나 그렇게 끝나지 않을 것이다. "내가 너를 도울 것이라"(14절, 확실한 완료). 이는 여호와의 엄숙한 선언이다. 지금 노예로 전락한 백성을 구속할 자는 진노를 누르고 사람으로 오시는 이스라엘의 거룩한 자밖에 없다.

(3) 빈핍한 자들의 구원(17~20절)

여호와는 이스라엘을 회복시킴으로써 그의 위대함을 선포하였다. 완전히 새로운 사건이 17절에 묘사되었다. 그 상황은 파국적인 기갈이다. 고통으로 부르짖는 이스라엘을 하나님은 버리지 않는다고 응답한다. 과거의 역사와 그 민족의 미래에 대해 보도하고 민족의 미래에 새로운 가능성을 열어 주고 있다. 사막에 물이 흐를 것이며 온갖 종류의 나무들로 푸르러질 것이다. 이는 서언과 똑같이 그 민족의 귀환을 뜻한다.

2. 이방인의 위로(41:21~42:17)

1) 법정 장면: 우상 신과 세상의 음모(41:21~29)

(1) 우상의 헛됨(21~24절)

하나님의 위대함은 고레스를 세우시고 이스라엘을 고토로 돌려보내시는 능력으로 드러난다. 거짓 종교들은 그들 백성에게 아무것도 도움을 주지 못한다. 고레스의 사적은 여호와의 초자연적인 간섭으로 이루어진 것이다. 여호와는 당시 거짓 종교에 도전하여 이것의 실체를 입증하려 하였다.

첫째 단계에서 여호와는 그 신성을 밝히기 위해 역사의 법정에 압제자들을 불러들인 것이 자신이라고 말한다. 둘째 단계에서 그는 자신만이 미래를 알거나 예언할 수 있다는 사실에 호소한다. 앞서는 우상숭배자들에게 도전하였는데 여기서는 직접 우상 신들에게 도전한다. 예언하고 성취하시는 역사의 하나님은 이방인들과 그들이 믿는 신들에 도전하신다. 어떻게든 우상 신들이 자신의 신성을 증명해 보라고 한다. "복을 내리든지 재난을 내리든지" 어떻게든 우상들로 하여금 표현해 보라는 것이다. 그들은 조용히 있을 뿐이고 아무런 표현도 못하는 존재다(24절). 여호와는 역사의 주도자요 미래의 인도자이며 모든 신들 위의 하나님으로서 그 위치를 굳건히 하신다.

(2) 여호와가 세울 종(25~29절)

여호와는 자신이 고레스를 세우셨다는 사실을 다시 한 번 언급한다. 여호와가 고레스를 불러일으킨 것은 그와 특별한 관계가 있어서가 아니라 예레미야 4~6장의 북방에서 오는 적들처럼 분노의 채찍으로 사용하신 것이다. 그러나 심판의 행위로만 연결시키지 않고 구원 행위와도 관련되어 있다는 점에서 다르다. 29절에 나오는 종결 선언은 재판이 끝난 이들에 대한 진노와 경멸의 말로 끝난다. 우상숭배자들이 만든 우상이 허망한 것임을 선포한다.

2) 치유: 세상 음모에 대한 여호와의 응답으로서의 종(42:1~9)[5]

(1) 종의 의무와 승리(1~4절)

여호와는 종의 성품과 사역을 계시한다. 처음에 나오는 낱말들은 임명식을 묘사하는 것으로 보아진다. 한 사람이 임명권자에 의해 어떤 임무 또는 직무에 지정되고 임명되는 것을 나타낸다. 1~4절 사이의 짧은 본문에 종의 임무로 '공의'가 세 번 나오는데 이 말은 '법에 근거한 판결', '판단'을 뜻한다. 종의 사역은 공의를 열방에 가져오는 것이다. 그는 이 땅에 공의를 세울 것이며 해안 지방도 그의 율법을 열렬하게 기다릴 것이다. 이 종의 단락에서 새롭고 주된 개념은 종은 겸손하고 조용할 것이라는 사실이다. 그는 소리를 지르거나 자신을 높이지 않는다. 약한 자들을 향한 그의 사역은 연민과 사랑으로 나타난다. 여기서 승리한 자는 칼을 사용하지 않는 자로 나타난다. 예수님의 기적 사역 때문에 바리새인들은 그를 파멸시킬 방법을 모색하기 시작한다. 예수님은 병 고침을 받은 자들에게 그들이 받은 기적에 대해 말하지 말라고 말씀하실 때 이 종의 단락을 인용하셨다. 동시에 그는 이를 문자적으로 그대로 인용함으로써 전체 단락을 자신에게 적용하셨다(마 12:15~21).

(2) 종의 사명(5~9절)

이 단락의 강조점은 창조주로서의 하나님과 백성에게 언약 맺는 것을 포함하여 이방인들에게 빛을 주고 눈먼 자를 눈뜨게 하고 감옥에 갇힌 자를 풀어 주는 사명을 띤 종에게 있다. 이것은 소명에 대한 언급으로 첫머리는 창조주 하나님을 찬미하는 시편의 언어로써 그의 능력과 지혜를 찬양한다. 그의 종은 여기서 단지 민족에 대한 약속의 중개자로서만이 아니라 이방의 빛으로 표현된다. 고레스가 한 일은 우상숭배자들을 공포에 떨게 하고 포로들을 해방시키는 것이었다. 그러나 여호와의 종은 육체적 포로뿐만 아니라 정신적 구속으로부터도 구원한다. 여호와께서는 이 종의 임무가 이루어지리라고 언약하신다.

9절에 "전에 예언한 일"은 고레스가 일어난 것과 그것이 야기한 열방의 동요이다. 이제 나오는 "새 일"은 인간의 일이 아닌 여호와의 일로 적들을 굴복시키는 것을 말한다.

3) 새로운 노래: 여호와의 승리에 대한 세상의 기쁨(42:10~17)

(1) 만물들아 찬송하라(10~12절)
종의 사역에 비추어 모든 사람들은 여호와를 찬송하게 된다. "새 일"은 지금까지 이방에서 들린 적이 없었던 "새 노래"의 자극이며 소재다. 이사야의 선포의 특징은 '종말론적 찬미가 형태'라는 것이다. 하나님의 새로운 행위를 접하면 "새 노래"를 부르게 될 것이다.

(2) 노래의 근거: 여호와의 행위(13~17절)
여호와께서는 자신이 창조의 세계를 회복할 것이라고 말씀하신다. 여호와께서 오랫동안 품고 계시던 어떤 위대한 것이 이제 막 표출되려 한다. 이스라엘이 포로되어 있던 이방 나라를 사막으로 변화시키고 백성이 귀향하는 길의 모든 장애를 제거하여 세상을 자신의 진노와 사랑의 의를 나타내는 정반대의 상태로 변화시킬 것이다. 이 재앙으로 인해 일어날 위대한 일은 그 백성의 구속이다.

이스라엘의 구속(42:18~44:23)

1. 국가적 구원: 노예에서 해방(42:18~43:21)

1) 소경이며 귀머거리 된 이스라엘(42:18~25)

여호와는 이스라엘이 눈멂과 그가 그들을 처벌할 이유를 말한다. 이 단락에서 종은 분명히 그리스도가 아니다. 왜냐하면 그는 눈먼 자로 특징지어져 있다. 여기서 그는 하나님의 말씀을 듣지 않는 이스라엘을 뜻한다. 세상에 하나님의 사자가 되어야 할 종이 눈이 멀었기에 하나님은 바벨론을 통해 징벌하신다. 이스라엘은 여호와의 종이 되어야 한다. 그러나 이들은 실패하였다. 종국에는 하나님의 종이 이스라엘이 실패하였던 세상에 빛을 가져다주기 위해 세워져야 한다. 여기서 이스라엘은 무능하고 그 소명을 수행하는 데 적합하지 못하다고 심히 책망을 받는다. 그러나 "나의 보내는"이라는 표현에서 이스라엘이 그 소명을 다하리라는 것이 확증된다. 여호와께서 자신의 의로우심으로 인하여 기뻐하셔서 율법, 즉 그분이 백성에게 주신 지시, 훈계, 계시를 크게 하고 존귀케 하셨다(20~22절). 그러나 현재의 이스라엘과는 매우 대조적이다. '아무도 이것을 하지 않는다'(23절)는 부정문의 효과가 아니고 '오직 한 명이라도 한다면'을 나타낸다.

2) 뒤집어진 재난: 이스라엘의 구속과 회복(43:1~7)

이제 처벌은 오래 지속되었고, 진노 뒤에 숨겨진 사랑이 드러난다. 아브라함에게 약속의 아들을 주심으로써 이스라엘을 창조하시고 야곱의 집사람 70명이 애굽에서 한 민족을 이루게 하시어 하나님께서 이스라엘을 보호하셨다.

"내가 너를 지명하여 불렀나니"는 여호와의 특별한 백성으로서 부름 받았음을 가리킨다. 하나님은 이스라엘을 무장시켜 어떤 파괴적인 힘, 곧 도망칠 가능성이 전혀 없는 가장 큰 위험에서조차도 그들을 건지실 것이다. 여호와께서 이스라엘과 함께 하신다는 사실(5~7절)은 그분께서 천상의 모든 영역에서 그들의 회복을 꾀하신다는 사실에서 드러난다.

3) 여호와가 약속하신 바의 확실성(43:8~13)

이스라엘이 비록 눈이 있고 귀가 있지만 실상 소경이고 귀머거리라는 진술은 자못 역설적이다. 그들은 하나님과 함께 지내 온 긴 역사가 있으므로 그의 행동방식을 숙지할 수 있었고, 따라서 그를 듣고 보고 또한 증언할 수 있었다. 그러나 하나님이 함께 펼쳐 온 그동안의 역사 속에서 나타난 그들의 행동을 살펴볼 때, 그들이 이를 보지 못했고, 듣지 못하였기에 그들은 소경과 귀머거리와 같음이 증명되었다. 그럼에도 하나님은 그들을 증인으로 활용하실 것이다. 하나님께서는 바로 이 순간에 진행되고 있는 커다란 재판에서 그들을 활용하신다. 여호와만이 절대적으로 전능한 자, 곧 신이다. 그만이 신성과 신적 생명을 내보이신다.

4) 바벨론 구원: 새 출애굽(43:14~21)

여호와께서는 바벨론에서 이스라엘을 구출하시는 일을 주도적으로 하셨다. 다시 역사적인 포로 시기가 언급되었으나 여기서 사용된 말은 이 시기를 넘어 이스라엘의 궁극적인 구원, 곧 예수 그리스도의 구원을 말한다. 여호와는 그의 본성과 이스라엘과의 관계를 입증하신다(15절). 그를 거룩한 자로 부르는 회중, 즉 그가 그들의 왕이 되도록 한 백성은 영구히 멸시 당하거나 노예가 되지 않을 것이다. 여기서 나타난 호칭은 이스라엘 백성의 만남과 경험을 가리킨다.

여호와께서 과거에 이스라엘 백성을 구원하신 내용(16~21절)을 다시 보여주면서 이스라엘의 기초를 마련해 주신 하나님의 행위를 찬양하는 시편(90편)을 떠올리게 한다. 이스라엘 민족의 기초는 바로 하나님의 구원이라는 것을 전제한다. 그러나 처음에 이룩한 구원 행위마저도 '지나간 일'로 잊어버려야 한다(18절). 여호와가 지금 곧 하려는 "새 일"은 그만큼 위력적이고 위압적이다. 새 일과 지난 일, 새 출애굽과 처음 출애굽은 하나님이 완전히 새로운 방식으로 백성의 구원자가 되고 해방자가 된다는 점에서 상응하고, 또 이 새로운 해방은 사막을 지나는 길을 새롭게 바꿈으로써 역사적 현실로 실현된다는 점에서도 상응한다.

2. 죄의 용서(43:22~44:23)

1) 죄가 드러남(43:22~24)
인간의 사역이 하나님께서 원하시던 바가 아니었음을 다섯 가지로 열거하고 있다. ① 네 번제의 양을 내게로 가져오지 아니하였고 ② 네 제물로 나를 공경하지 아니하였으며 ③ 너는 나를 위하여 돈으로 향품을 사지 아니하였고 ④ 희생의 기름으로 나를 흡족케 아니하였으며 ⑤ 네 죄짐으로 나를 수고롭게 하며 네 죄악으로 나를 괴롭게 하였다.

2) 잊혀진 과거의 축복, 받은 미래(43:25~44:5)

(1) 합리화될 수 없는 용서(43:25~28)
여호와는 그를 예배하지 않으려는 이스라엘과 다투신다. 이스라엘은 제물을 가져왔으나 그들은 온전한 태도를 갖추지 않아 하나님을 만족시키지 못하였다. 그들의 죄는 하나님에게 짐이 되었다. 그들을 구속할 자는 오직 여호와뿐이시다. 그는 '그들의 죄를 깨끗케 씻으실' 자다. 여호와 자신이 '오직 은혜만으로', '오직 믿음으로만'을 전하신다(25절). '나'라는 주어가 세 번 되풀이됨은 죄악의 도말이 이스라엘의 미덕 때문이 아니라 하나님의 절대적 행동임을 확증한다. 의(26절)는 고발하고 은총은 방면한다. 이스라엘은 의가 없고 처음부터 죄의 연속이었다. 그러나 은혜로 의를 나타낼 것이다.

(2) 이스라엘에게 약속한 큰 축복(44:1~5)
그는 이스라엘 후손들에게 그의 영과 축복을 부어 주실 것이라고 약속한다. 이 일이 일어날 때 큰 회개가 일어날 것이다. 여수룬은 히브리어 '야샤르'(יָשַׁר)로 의를 뜻하며 '나의 의로운 자'로 보아야 한다. 이 말은 구원의 선포다. 그 중심은 두려워 말라는 외침 곧 구원의 확언이다. 이 확언이 이제까지 것들과 다른 점은 이 외침 다음에 완료형이나 명사구가 아닌 미래형으로 이유를 밝히는 구절들이 바로 이어진다는 점이다. 이스라엘은 새로운 시대를 향한 새로운 말씀을 들으라는 명령을 받는다. 이스라엘을 가리키는 두 이름은 하나님의 선택이 은혜를 베풀고자 하는 하나님의 의지와 더 깊이 관련되고, 종이라는 칭호는 하나님이 이스라엘을 선택하면서 추구하는 목적과 더 부합한다는 점에서 상호 보완적이다.

3) 여호와 하나님과 약속의 확실성(44:6~20)

(1) 여호와만을 신뢰하라(6~8절)
자연계뿐 아니라 역사도 주관하시는 하나님의 신성이 견줄 데 없고 모든 시간을 초월한다는 사실은 그만이 자신을 하나님으로 나타내시며 예언을 하신다는 사실을 통해 입증된다(6절). 7~8절은 여호와께서 여러 민족이나 그 신들과 마주 서서 말하는 변론 가운데 하나다. 상대편을 소환하거나 그에게 도전하는 말이다. '나는 유일한 신'이라는 도전을 하고 있다. "나 외에 신이 있겠느냐"는 말은 이스라엘에게, 하나님만이 우리의 피난처이며 다른 어떤 신도 다른 어떤 것도 그렇게 증명되지 못했다는 것을 의미한다. "두려워 말라"는 말을 들을 때 이스라엘 백성들은 이를 누릴 것이다.

(2) 우상숭배자와 그들이 섬기는 신(9~20절)
① 우상숭배자의 무익함(9절)
여기서 '우상'으로 번역된 낱말은 본래 돌로 조각한 신상을 뜻하였으나 나중에는 목각 신상이나 주조한 신상을 나타내기도 하였다. 이 말은 신상을 가리키는 일반 명칭이 됨으로써 현재의 '우상'이라는 말과 대체로 일치하는 멸

시 섞인 뉘앙스도 갖게 되었다. "증인들"은 이 같은 우상을 숭배하는 사람들을 가리킨다. 그들은 아무것도 '보지 못하고' 아무것도 '알지 못한다.'

② 우상의 무익함(10~13절)

우상은 그것을 만든 인간 이상으로 올라갈 수 없다. 10절의 질문은 그 운명을 알도록 우상 제조자를 소환하는 것이고, 11절은 그것이 '무익함'을 전개하고 있다. 우상숭배자들이 자신을 위해 행한 것은 사악한 일이다. 13절은 우상을 만드는 작업 과정을 세세하게 그리고 있다. 이를 통해 만들어진 것은 아름다운 인간의 모습을 띤 것으로 신전이나 개인 집에 인간의 친구처럼 세워진다.

③ 우상의 한계성(14~17절)

우상은 단지 물질에 한정되어 있다. 장인은 재료를 마련하고 아울러 선택 가능한 모든 나무들 중에서 가장 좋은 것을 선택한다. 장인은 목재를 가공하고(13절), 재료를 마련하며(14상중절) 나무를 심는다(14하절). 이렇게 해서 전지자는 우상 제조의 첫 단계에까지 추적해 올라가 마침내 자신의 목표에 도달한다. 목재의 두 가지 이용 가능성을 유쾌한 풍자를 섞어 가며 상세하게 대비시키고 있다. 이를 통해 우상숭배가 얼마나 비합리적인가를 보여 준다. 그들은 자기들의 고집으로 인해 무정한 심판을 당하게 되었고 사악한 마음에 굴복한 것이다.

④ 우상숭배자와 우상(18~20절)

그들에게 주어질 하나님의 심판을 보여 주신다. 하나님은 열방이 자신들의 신앙이 비합리적임에도 불구하고 우상을 믿었기에 이들을 심판하신다. 19절은 우상 제조자가 하나님의 위엄과 거룩함을 전적으로 오해했음을 "깨닫지도 못하는" 데 놀라워하기보다, 오히려 '땔감으로 신을 만들었다'며 역설적으로 대비시키고 있다.

4) 여호와의 구속과 이스라엘의 축복(44:21~23)

이사야는 여호와의 구속을 인정하고 그에게 돌아가라고 이스라엘에게 호소한다. 이스라엘은 우상숭배는 거짓이라는 사실을 기억해야 했다. 이스라엘은 여호와의 종이며, 그렇게 여호와께서 만드셨으므로, 경배는 그에게만 드려야 했다. 여호와께서 의도하신 바를 다 이루었다는 사실(23절), 즉 그 백성을 구속하셨고 앞으로 그들로 자신을 영화롭게 하실 것이라는 사실에 모든 피조물은 기뻐할 것이다. 인간에서 완성된 구속이 자연계의 모든 부분에까지 효과를 미칠 것이므로 기쁜 것이다. 하나님은 이스라엘의 죄를 위하여 필요한 구속 사역을 주신다. 그는 이스라엘에게 그에게 돌아오라고 호소하고 하나님의 구속 사역에서 그의 은혜 때문에 노래하라고 호소한다.

위대한 구속(44:24~48:22)

1. 고레스의 임무(44:24~45:8)

1) 여호와의 목자인 고레스: 시온 재건(44:24~28)

이사야는 이스라엘의 하나님이 애당초 자신의 활동 목표로 그들의 구원에 두었으며 이러한 목적으로 이스라엘을 창조하였다는 것을 늘 새로운 방식으로 새로운 어투로 그의 민족에게 말한다. 25~26절은 앞의 언급에 대한 부연 설명이다. 하나님만이 유일한 창조주라는 것은 그가 역사 안에 있는 모든 피조물들의 주인이라는 사실에 의해 증명된다. 예루살렘 재건에 관한 선포는 포로기 이전의 선지자들이 예언한 심판이 살아 있는 하나님의 말씀이었다는 확신을 깔고 있다. 처음으로 고레스라는 이름이 언급된다. 하나님은 그를 자신의 뜻을 수행할 목자로 언급한다.

2) 여호와의 기름 부음을 받은 자 고레스[6](45:1~8)

여호와는 그의 종 야곱을 위하여 고레스를 세우신다. 고레스의 정책은 앞선 선임자들과는 전혀 달랐다. 이스라엘 백성들에게 자신들이 섬기던 우상을 갖고 고토로 돌아가도록 하였다. 유다는 우상이 없었기에 성전의 기물들이 이와 동등하게 여겨졌다. 스룹바벨이 가져온 것이 바로 이 기물들이다(스 1장). 여호와께서 고레스에게 하시는 말씀은 2절에서 시작하나, 그에게 적용되는 약속들이 서문을 이룬다.

2. 허용되지 않은 질문: 주권자이신 여호와(45:9~13)

1) 토기장이와 부모(9~11절)

여호와께서는 세상이 그의 주권을 알도록 하신다. 하나님은 의가 물같이 흐를 날을 말씀하신다. 그는 이를 행할 자이며 그러므로 그는 주로 영접되어야 한다. 그의 백성을 위해 구원 활동을 하도록 이방인의 왕 고레스에게 명령한 분은 곧 창조주시다. 또 하나님이 본문에서 행하신 일은 전대미문의 새로운 일이므로 그것은 창조로 일컬어져야 한다. 새로운 창조 활동은 새로운 축복을 가져올 것이다.

2) 의심할 수 없는 신적 행위(12~13절)

여호께서 자신을 부르시는 명칭들은 그의 절대적 결벽성과 이스라엘에 대한 그의 절대적 우월권을 나타낸다. 모든 것을 창조하셨고 만상을 실재하게 하신 그가 고레스를 일으키셨다(12절). 그러나 그의 승전은 사로잡혀 간 이들에게 구원이 가까워 오는 데 대한 희망을 주는 대신 걱정거리를 더해 주었다. 그러나 사로잡혀 간 자들의 걱정거리는 '의'라는 말(13절)로 진정된다. 고레스의 승리는 여호와의 의, 즉 그의 중재로 인한 것이다. 그의 중재는 오로지 사랑으로 인한 결정으로, 그의 백성뿐 아니라 모든 민족을 구원함으로 드러난다.

3. 세계 계획, 중심적 백성(45:14~25)

1) 이방인의 굴종, 이스라엘의 영광(14~17절)

표면상으로 여호와는 숨어 계시는 하나님이다(15절). 그는 놀라운 방법으로 열방의 역사를 주도하시며, 인간의 눈으로는 알아낼 수 없는 방법으로 모두를 영광된 결말로 인도하시는 하나님이다. 자신을 숨기시는 이, 곧 하나님께서 궁극적으로 구원의 하나님으로 나타나시는 방법은 16~17절에서 나온다. 우상숭배자는 욕을 당하나 이스라엘은 구원을 입는다.

2) 이방 구원과 이스라엘의 영광(18~25절)

이 단락은 세상 전체가 여호와께 돌아오고 그의 구원을 누리도록 한 놀라운 호소다. 이는 이스라엘뿐 아니라 온 세상에 전달된 메시지로 구원이 이스라엘을 넘어 세상 모든 민족에게 이를 것을 말하고 있다. 이 예언의 성취는 이사야 당대도 아니고 포로 귀환 시기도 아니다. 이보다 더 먼 시기에 속한다. 이스라엘뿐 아니라 온 이방 사람들이 맛보게 될 구원은 예수 그리스도를 통한 구원임을 언급한다. 하나님만이 진정한 하나님임을 깨달은 사람들의 자유로운 고백, 곧 확신에 찬 긍정이 하나님이 인간과 함께 펼쳐 나가는 역사의 목표다(23~25절). 24절의 '야보'(יָבוֹא; 그에게 나아갈 것이다)는 여호와 안에 있는 사람, 곧 여호와께 고백하는 자, 누구에게나 보여지는 것이다. 이것을 보는 사람들은 여호와께 돌아올 때 안식을 얻는다. 그러나 여호와의 모든 대적들은 수치를 당한다. 여호와에 의해 하나 되고 새롭게 되어 영광스럽게 되었으니 그것은 어떠한 형편을 막론하고 은혜를 입은 결과임을 말한다(25절).

4. 배교한 백성들과 불변하신 여호와(46:1~13)

1) 벨과 느보의 패배(1~2절)

바벨론에 대한 고찰은 바로 신들의 이름에서 시작한다. 벨은 구약의 다른 부분에서 바알에 대한 바벨론 동의어다. 느보는 학문과 배움의 신이다. 이사야는 두 신 모두 포로로 잡혀 갈 것이라고 말한다. 이는 아마 우상이 문자적으로 제거되는 것을 말하고 바벨론에 임할 여호와의 심판을 우상들이 미리 막아 내지 못할 것임을 말한다. 이처럼 바벨론의 신들을 본래의 무 상태로 환원시키고 나서 몇 가지 훈계를 하는데, 첫 번째 훈계는 모든 이스라엘에게 행한 연설에 나온다.

2) 하나님을 영접하라는 도전(3~7절)

바벨론의 신들, 벨과 느보도 포로로 끌려 갈 것이다. 그러나 이스라엘의 하나님은 그의 백성을 구원하실 것이다. 바벨론 신들이 몰락할 것이라는 선포는 바벨론에 있는 포로민들을 향해 외치는 것이다. 그들은 이스라엘 가문의 살아남은 자들이라고 불린다. 이것은 그들이 도망쳐 나온 파국을 그들에게 일깨우기 위한 것이다.

3) 고레스를 부르는 여호와의 목적(8~11절)

고레스는 '먼 나라에서 나의 모략을 이룰 사람'으로 불린다. "이 일"(8절)이 가리키는 대상은 우상과 우상숭배의 허사를 말한다. 여기서 말하는 사람들은 신앙을 저버리고 변절한 자들이다. 8절에서 우상에 대한 논박은 훈계조의 권고로 끝나고 있다. "옛적 일을 기억하라"(9절)는 말을 통해 이스라엘은 그 역사를 상기하게 된다. 그리고 이 말은 이스라엘이 바로 나의 증인이라는 변론과 상응한다.

4) 이스라엘과의 변론(12~13절)

'나를 들으라'(12절)는 외침은 이스라엘에게 구원의 메시지를 받아들이라고 명령하는 것으로서, "기억하라"(9절)는 말에 근거를 두고 있다. 이렇게 함으로써 선지자는 미래를 바라보며 바로 지금 믿음으로 긍정의 대답을 해야 하는 이유를 그 백성이 과거에 하나님과 함께 겪은 일들에서 찾고 있다.

5. 고레스의 승리(47:1~48:22)

1) 바벨론에 임한 심판(47:1~15)

(1) 바벨론의 퇴락(1~7절)

이 사실을 그는 여인의 이미지를 통해 선언한다. 하나님은 유다를 징벌하기 위해 도구로 사용하였던 그 나라를 죄의 대가로 징계하심을 보여 준다. 바벨론의 멸망은 매우 시적인 수법으로 나타난다. 바벨론 왕국의 몰락을 육안으로 볼 수 있는 신체적인 동작으로 묘사했다. 바벨론을 나타내는 여인은 이제 더 이상 아름답지도 우아하지도 않다. 사치와 향락을 누렸으나 비천한 일을 하는 노예로 전락했다. 바벨론보다 강한 자가 바벨론의 힘과 영예를 그 나라에서 빼앗아야 바벨론의 수치가 드러나는데 그보다 강한 자는 여호와다. 바벨론은 침묵하며 앉아서 슬픔에 젖게 되고 사람들의 눈총에 주눅이 들어 오갈 데를 모르는 사람처럼 흑암에 들어가게 된다. 황후로 행세하던 그녀가 이제는 종의 신세로 전락하고 먼지 흙으로 자신의 수치를 가린다. 이러한 일이 일어난 이유는 여호와가 그녀를 자기 백성을 벌하기 위한 도구로 사용하였을 때 그녀는 그 권위의 한계를 벗어나서 행동하여 긍휼을 베풀지도 노인을 돌보지도 아니하였을 뿐 아니라 악하게 대하였기 때문이다.

(2) 멸망하게 된 이유: 자만심(8~11절)

하나님은 절대로 멸망하지 않으리라 여겨지던 바벨론이 재난을 겪을 것이라고 말한다. 여기서 바벨론에게 주어진 별명은 심판받은 이유와 똑같다. 사치, 평안, 자기뿐이라는 교만이 그것이다. 바벨론은 어떠한 지상의 재난도 미치지 않는 높은 곳에 있다고 생각하고 영원히 존속하리라는 희망에 차서 포학과 교활한 짓을 서슴지 않았다. 올바른 길에서 이탈하게 한 바벨론의 '지혜와 지식'을 우리는 그 나라의 정책, 술책, 혹은 사술, 즉 갈대아인의 마법과 거짓된 지혜로 이해해야 한다.

(3) 무력하게 된 종교(12~15절)

바벨론의 종교도 그 나라를 구하지 못한다. 바벨론은 천문학과 이와 관련된 종교 관습으로 유명하였다. 점성가들은 바벨론의 유익을 위해 다가오는 파멸을 물리치려고 온갖 노력을 다할 것이다. 이사야는 바벨론에 가까워 오는 심판과 이에 대해 아무런 대책도 세우지 못한 채 괴로워하는 바벨론을 보고 있다. 마지막 두 구절(14~15절)은 포로기 이전의 선지자들이 예언한 심판과 매우 비슷한 인상을 준다.

포로기 이전의 심판 예언에서와 마찬가지로 불은 모든 것을 삼키는 하나님의 심판을 상징하고, 하나님에게 심판을 받는 사람들은 '그루터기와 같다.' 이사야는 완전한 파멸이라는 비극을 시사한다. 아무도 몰락해 가는 나라를 돕지 못하리라고 선언한다.

2) 바벨론에서 유다의 구원 약속(48:1~22)

(1) 과거의 구원(1~11절)

여호와는 이스라엘에게 선지자적 언명을 주면서, 믿었던 우상들이 그들을 구원해 줄 수 없다고 선언한다. 고레스에 관한 언명은 하나님의 주권을 입증한다. '들으라'는 명령은 이스라엘의 하나님과 관련시키고 하나님께 의존하며 매달리는 이스라엘 백성 전체에게 주신 것이다. 이것은 그들이 여호와께 올바로 돌아서서 그의 말씀에 귀를 기울여야 할 것을 환기시킨다.

"이스라엘의 하나님을 의지한다"는 말은 하나님을 향한 탄원의 핵심인 '확신의 고백'을 달리 표현한 말이다. 이스라엘은 자신의 역사를 통해 하나님의 말과 행위의 상호 관련성을 이미 알고 있다(3절). 여호와께서 예고하셨던 '이전의 일'이 갑자기 실현된 것이다. '이전 일'은 초기부터 고레스가 다스리던 당시까지 이전 시대의 백성들이 경험했던 사건들이다(6~8절). "나는 나를 위하여 이를 이룰 것이라"(11절)는 '그 일은 … 이제야 비로소 이루어졌다'(7절)는 말과 연결된다.

(2) 미래의 구원(12~16절)

여호와는 이스라엘에게 그가 그들을 선택하였고 역사 속에서 주권적으로 사역하였음을 회상하도록 호소하신다. 하나님이 이스라엘을 선택한 사실을 회상케 한 뒤 고레스를 불렀다고 말한다. 14절의 "그"는 아마 이스라엘이 아닌 고레스를 뜻할 것이다. 또 "사랑하는"이란 말은 다른 곳에서처럼 감정적인 느낌보다는 선택을 뜻한 것이다(내가 야곱을 사랑하였다).

16절은 특별하다. 이 구절 앞부분의 주어는 여호와여야 한다. 그러나 두 번째 부분에서 말하는 자는 누구인가? 리더보스의 주장처럼 "이제는 주 여호와께서 나와 그의 영을 보내셨느니라"란 구절은 이스라엘에게 여호와의 말씀을 듣도록 보낸 선지자를 뜻한다고 보아야 한다.[7] 하나님의 이 새로운 행위를 이스라엘의 길 곧 이스라엘의 역사와 관련시킨다. 하나님은 이스라엘 백성에게 그가 자신의 주권을 보여 준 이스라엘의 구원자라고 말씀하시고 있다.

(3) 유다의 순종 촉구(17~19절)

이사야는 유다에게 그들이 여호와께 순복하였더라면 얼마나 좋았겠는가라고 말한다. 여호와는 이스라엘의 의로운 정의의 교사요 인도자시다. '유익하다'(הוֹעִיל호일)는 '유용한 것을 번성시키다', '유익하고 좋은 것을 생산하다'는 의미로 사용되었다. 이 선포는 계속 권고적으로 나간다. 가까이 다가오는 구속에 충성과 믿음을 가지라고 호소한다.

(4) 바벨론으로부터 도피(20~22절)

이사야는 하나님이 바벨론을 심판하실 때 그곳에서 도망가라고 경고한다. 이 단락은 하나님이 바벨론을 심판하실 것이라고 극적으로 말한다. 롯에게 소돔을 떠나라고 말한 것처럼 그는 이스라엘에게 바벨론을 멸할 것이므로 그곳에서 나오라고 말한다. 이스라엘은 바벨론에서 나올 때 우상의 땅을 뒤로하고 속히 기쁨으로 뛰쳐나와야 한다. 이는 문자적으로 '피하다'를 의미하지 않고 황급히 뛰쳐나가 달아나는 것을 의미한다. 여호와가 그들에게 행한 일은 그들에 의해 온 세상에 전파되어야 한다.

이스라엘이 경험한 구속은 온 인류에게 복음이 된다. 사막을 지나는 길을 보호해 주겠다는 말(22절)이 구원의 말 다음에 나온다. 이것은 이집트를 떠나던 사건과 매우 흡사하다. 그러나 이스라엘 역사 초기에 있었던 사건들이 그대로 반복된다는 뜻은 아니다. 다만 초기와 마찬가지로 인도와 보호의 기적이 구원의 기적에 수반되리라는 것과 그때 보호하고 돌보아 주던 하나님이 지금도 보호하고 돌보아 주리라는 의미다.

맺는 말

이사야 40~48장에서 우리는 왕국의 좋은 소식, 열방에 대한 하나님의 주권(고레스, 바벨론의 멸망), 불행한 포로 생활에서 구속됨, 섬김의 자리로 회복됨, 영광의 새 시대에 참여할 것을 약속함 등 많은 주제들이 전개되고 있음을 보았다. 이사야는 창조자—구속자—왕이 죄인들을 돌보며 그들의 미래가 전적으로 그에게 달려 있다는 좋은 소식으로 하나님의 백성을 격려한다. 그의 은총은 값없이 주는 것이며, 그의 구속은 완전하다.

포로기 후반에 열두 지파의 남은 자들은 이런 혜택을 얼마간 경험하였으나, 그들 역시 하나님의 구원이 보다 크게 나타나기를 갈망하였다. 예수님의 탄생 전후로 마리아와 사가랴, 시므온과 안나는 경건한 자들의 소망을 아름답게 표현하였다(눅 1:46~55, 67~79; 2:29~32, 36~38). 그들의 증언은 이스라엘과 이방인들의 소망이 메시아 예수에게 있음을 확증하였다. 심지어 천사들까지도 그를 찬송하는 노래를 불렀다. "지극히 높은 곳에서는 하나님께 영광이요 땅에서는 하나님이 기뻐하신 사람들 중에 평화로다"(눅 2:14).

주님은 구원을 위해 그를 믿는 모든 자들이 그에게서 안식과, 구원과, 하나님의 은총과, 샬롬을 찾을 것이라는 복된 소식을 선포하였다. 포로 귀환이 제2의 출애굽과 같았던 것처럼, 그리스도의 오심은 제3의 출애굽과 같다. 이는 그가 죄인들—유대인과 이방인들—을 구원의 충만한 경험으로 인도하기 위해 오셨기 때문이다.

신약 교회의 성도인 우리 역시 이사야가 선포한 바가 보다 크게 성취되기를 기다리고 있다. 우리 역시 아직 영적 포로기에 살고 있으며, 완전한 회복을 갈망한다. 이사야의 예언은 현재에도 매우 적절하다. 왜냐하면 하나님은 열방들에 대해 주권적이며, 그의 포로된 백성을 구원하고 그들과의 언약을 갱신하는 일에 매우 신실하시기 때문이다. 그의 모든 약속은 예수 그리스도에게서 확증되었으며 성령이 개인과 세상 속에서 회복을 이루어 감을 증언하고 있다. 또 예수 그리스도의 교회에게 이 세상 조직들에 대한 하나님의 심판과 이 땅에 그의 왕국의 영광스러운 확립을 위해 우리가 포로에서 불려 나올 것을 준비하도록 권고하기 때문이다.

10

고난의 종을 통한 하나님의 구원
(49~55장)

본문에 나타나는 주요 주제들

1. 여호와의 종에 대한 노래

이사야서에 나타난 중요한 주제 가운데 하나는 '하나님의 구원'이다. 특히 이 주제가 후반부(40~66장)에서는 '하나님의 위로'로 시작된다. "위로하라 내 백성을 위로하라"(נַחֲמוּ נַחֲמוּ עַמִּי 나하무 나하무 암미 40:1). 이 하나님의 백성에 대한 위로와 구원은 본 단락(49~55장)에서 '여호와의 종'의 사역을 통해서 일어남을 강조하고 있다. 49~55장은 내용상 아래와 같이 네 단락으로 구분할 수 있다.

여호와의 종의 노래(49:1~50:11)

시온의 구원(51:1~52:12)

고난의 종의 사역(52:13~53:12)

영원한 언약(54:1~55:13)

이사야서에 나타난 여호와의 종에 대한 네 개의 노래(42:1~9; 49:1~13; 50:4~11; 52:13~53:12) 중 세 개가 본 단락(49~55장)에 있는 점만 보아도, '여호와의 종'을 이해하는 것이 이 단락 전체를 이해하는 데 매우 중요하다는 것을 알 수 있다.

'여호와의 종' 혹은 '고난의 종'은 누구인가? 신학자들은 '이스라엘'(집단으로 해석) 혹은 '어떤 개인'(이사야, 다윗 등 개인으로 해석), 아니면 이 두 가지를 합한 '개인과 집단설'(유동체적 해석) 중 하나로 이해해 왔다. 그러나 구약에서 국가 이스라엘은 오늘날의 '교회'나 '하나님의 나라'를 의미한다는, 신구약의 연속성을 보다 신중하게 고려한다면 '여호와의 종'(52:13; 53:11) 혹은 '여호와의 종들'(54:17)이라는 표현을 쉽게 이해할 수 있다. 즉 구원의 주체자로서 '여호와의 종'은 예수 그리스도시다. 어느 누구도 이 구원의 주체자가 될 수 없다. 그리고 그의 교회는 이 구원의 선포자다. 또한 구원을 선포하는 많은 신실한 종(개인)도 이 종들에 포함될 수 있다.

신약에서는 본 단락을 어떻게 이해했을까? 인용절을 살펴보면 상당히 흥미롭다. 종들의 두 번째 노래(49:1~13)는 "너는 나의 종이요 내 영광을 네 속에 나타낼 이스라엘"(49:3)이라고 하였는데, 신약에서 이 본문은 예수 그리스도로 성취시키지 않고 '이방의 빛'을 전한 '바울과 바나바'에게 적용시켰다. 즉 집단으로서 '이스라엘'은 바로 '하나님의 교회' 그리고 '구원을 선포하는 백성'으로 성취된 것이다. 세 번째 노래(50:4~11)는 고난에 대해 언급하고 있으나(50:7~8) 신약에서의 성취는 직접적으로 나타나 있지 않다. 마지막 노래(52:13~53:12)는 예수 그리스도의 사역을 통해 직접 성취된 것으로 신약은 기록한다.

예를 들어, 53장의 경우 1절은 요한복음 12:38에서 예수님의 표적을 믿지 않는 자들에 대한 성취로 기록된다. 4절의 '우리의 질고를 지는 것'의 성취는 예수님이 병든 자를 고치심으로(마 8:17), 7~8절은 예수 그리스도의 고난으로(행 8:32~33), 9절은 예수님의 무죄하심으로(벧전 2:22), 12절은 예수님의 대속(눅 22:37)으로 직접 인용되었다. 다시 말해 두 번째 종의 노래는 교회나 신실한 종들인 '구원의 선포자'로 성취되었고, 네 번째 종의 노래는 구원의 주체인 '예수 그리스도'로 성취된 것이다.

2. 이방인에 대한 구원

다음으로 중요한 신학적 주제는 바로 '이방인에 대한 구원'이다. 이스라엘의 회복은 자신들만을 위한 것이 아니라, 종국적으로 '그들을 통해서 이방인들도 구원을 받게 된다'는 사실을 포함한다. 이 언약은 아브라함 언약에서부터 시작되었다("모든 족속이 너로 말미암아 복을 얻을 것이라" 창 12:3). 본문에서 이 주제는 '이방의 빛'(49:6), '만민의 빛'(51:4), '만민에게 증거'(55:4)라는 단어로 강조되고 있다.

3. 언약

마지막으로 우리가 살펴보아야 할 신학적인 핵심 주제는 바로 '언약'이다. 언약은 성경의 맥을 이해하는 매우 중요한 흐름 중 하나다. 여기서는 '백성의 언약'(49:8), '화평케 하는 나의 언약'(54:10), '영원한 언약'(55:3)으로 묘사되어 있다. 즉 이 언약은 바로 예수 그리스도(고난의 종)의 구속 사역을 통한 하나님의 구원을 의미한다.

여호와의 종의 노래(49:1~50:11)

이 단락은 세 부분으로 나눌 수 있는데, 첫째 여호와의 종의 부르심과 목적 그리고 그의 사적(49:1~13), 둘째 시온의 불평과 하나님의 응답(49:14~50:3), 셋째, 여호와의 종의 고난(50:4~9)과 두 가지 운명(50:10~11)이다. 즉 첫 번째와 마지막 부분은 종의 노래로 서로 병행되고 두 번째 부분은 시온에 대한 하나님의 대답을 보여 준다.

그렇다면 하나님의 대답은 무엇인가? 본문에서 하나님은 아래와 같이 '버리심', '사로잡힘', 그리고 '(죄악과 허물로)팔림'이라는 대답을 주고 계신다.

주께서 나를 잊어버리셨다(49:14~23)

용사의 빼앗은 것, 승리자에게 사로잡힌 자를 어떻게 건져 낼 수 있으랴(49:24~26)

이혼서가 어디 있느냐 어느 채주에게 너희를 팔았느냐(50:1~3)

그러므로 본 단락에 나타난 핵심 요지는 다음과 같다. 백성들은 '주께서 나를 잊으셨다'(49:14)고 불신하나, 하나님은 그들과 함께 하시며(49:16) 그들을 회복시키실 것을 약속하신다(49:22~23). 그 근거는 하나님이 그들에게 구원자, 구속자, 전능자이시기 때문이며(49:26), 백성을 구원할 능력이 충분하시기 때문이다(50:1~3). 즉 이스라엘은 '여호와의 종' 혹은 '나의 종'(49:3, 5, 6, 7)이며, 하나님은 그 백성들에게 '신원'(49:4), '보응'(49:4), '구속자'(49:7, 26), '거룩한 자'(49:7), '긍휼히 여기는 자'(49:10, 13), '구원자'(49:26), '야곱의 전능자'가 되신다(49:26). 이 단락의 주제절 말씀과 같이 '여호와는 그의 종들, 그의 백성들에게 구원자(מוֹשִׁיעַ 모쉬아), 구속자(גֹּאֵל 고엘), 전능한 자(אֲבִיר 아비르)'이시다.

그러므로 이 구원자 여호와를 의뢰하든지 아니면 그를 대적하여 불을 피우고 횃불을 둘러 그에게 파멸을 당할 수도 있다(50:10~11).

1. 종의 부르심의 목적과 사역(49:1~13)

1~6절은 여호와의 종의 부르심과 목적에 대해 말한다. 여호와는 나(종)를 부르시고(קָרָא 카라), 내 이름을 말씀하셨다(3절). 즉 '나(종)를 기억하셔서 언급하셨다(זָכַר 자카르)'는 말이다(1절). 그리고 나를 날카로운 칼같이 마광한 화살로 만드사, 그의 도구로 사용하고자 부르셨다(2절).

말씀하시기를 '나의 종(עֶבֶד 에베드)과 영광을 나타낼 이스라엘이다'라고 하신다(3절). 종은 자신이 보기에는 무익하나(4절), 하나님이 보시기에는 존귀한 자다(5절). 이스라엘을 자기 종 혹은 그의 종으로 부르심은(5절) 이스라엘만을—야곱의 지파나 보존된 자들—회복하려는 것이 목적이 아니라, '이방의 빛'으로 하나님의 구원을 땅 끝까지 이르게 하려 하심이다(6절).

7~13절은 종의 사역에 대해 서술하고 있다. 종의 사역은 비록 사람들에

게 인정받지 못한다 할지라도, 하나님이 이를 인정하셔서 많은 사람들로 하여금 미래에 이 사실을 알게 하신다(7절). 이유는 바로 신실하시고 거룩하신 구속자 여호와 때문이다(7절). 하나님은 종을 백성의 언약으로 삼으시며(8절) 잡혀 있는 자(אֲסוּרִים아수림)들과 흑암에 있는 자들(9절)을 자유케 하시고, 그들을 위험으로부터 보호해 주신다(10절).

이로 인하여 모든 백성이 곳곳에서 하나님께 나아오게 되니(11~12절) 이 모든 것이 하나님의 위로(נִחַם니함)와 긍휼(רַחַם라함)로 인함이다.

2. 종국적인 구원 약속(49:14~50:3)

14~23절은 버리심과 잊어버림에 대한 확증을 되새겨 준다. 시온 백성들은 '하나님이 나를 버렸으며(עָזַב아자브) 잊어버리셨다(שָׁכַח사카흐)'며 하나님과 그들의 관계에 대해 의심한다(14절). 그러나 '잊어버렸다'는 그들의 오해에 대해 하나님은 여인과 아들의 관계 이상으로 그들을 생각하심을 확신시키고(15절), '나를 버리셨다'는 의심에 대해 손바닥에 새김과 같은 임재의 확증을 주신다(16절). 오히려 시온을 괴롭히고 황폐케 하던 자(17절), 삼켰던 자들이(19절) 떠나고 후에 수많은 자손들이 생겨나게 될 것이며(20~21절), 열방과 민족들이 이 구원에 동참하게 될 것이다(22~23절).

24~26절은 사로잡히더라도 구원이 있을 것임을 상기시킨다. 하나님은 용사의 포로와 강포자의 빼앗은 것을 건져 내듯 백성을 대적하는 자를 대적하고(24~25절) 학대하는 자를 서로 먹게 하여(26절) 결국 자녀를 구원하시니(25절) '모든 육체가 여호와는 네 구원자(מוֹשִׁיעֵךְ모시에흐), 네 구속자(גֹאֲלֵךְ고알레흐) 야곱의 전능자(אֲבִיר יַעֲקֹב아비르 야곱)'인 줄 알게 된다. 이 구절은 많은 주석가들이 동의하듯이 애굽에서 나온 이스라엘 백성들의 구원을 상기시킨다(24~25절).

50:1~3은 죄악과 허물로 멀리 팔려 가지만 구원이 있을 것임을 밝힌다. 백성들은 죄악과 허물로 팔리고 (멀리) 보냄을 받았다(50:1). 하나님은 이 백성들에게 구원을 베푸시기에 충분한 분인데도 백성들은 도무지 하나님께 응답하지 않았다(50:2~3).

3. 여호와의 종의 고난(50:4~11)

4~9절은 종의 노래들 중 하나다. 하지만 종이라는 단어는 발견되지 않는다. 종은 훈련된 혀(4절), 훈련된 귀(5절)를 가지고 수욕과 고난 가운데서(6절)도 부끄러워하지 아니한다(7절). 여호와와 종은 가까이 있는 관계로(8절) 여호와는 종을 도우시며 대적하는 자를 망하게 하신다(9절).

10~11절은 두 가지 운명을 묘사하고 있다. 주석가들은 이 두 절이 앞 절과 연관성이 없다고 주장하지만, 내용상 분명히 유추적인 언급으로 여호와를 경외하며 의뢰하는 자와 대적하는 자의 마지막에 대해 비교하여 말씀하고 있다.

4. 설교를 위한 적용

첫째, 종으로 부르신 목적과 사역을 바로 알아야 한다(49:1~13). 하나님은 그의 종 예수 그리스도를 통하여 그의 백성을 회복케 하실 뿐만 아니라, 종국적으로는 구원이 이방의 빛으로 땅 끝까지 이르게 하는 것을 목적으로 하신다. 그러므로 신실하게 남은 종된 자나 오늘날 교회, 그리고 사역자로 부르심을 받은 우리들은 이 목적에 부합해서 살아가야 한다. 늘 무익함을 고백하며(49:4), 하나님만을 힘으로 삼아야 한다(49:5). '교회가 자신만을 위해 부름 받은 것이 아니라, 이방의 빛으로 땅 끝까지 이르러야 한다'는 원리는 선교의 원리로 적용되어야 하며, 21세기 비윤리적이고 풍요로운 세상 속에서 교회가 해야 할 일을 본질적으로 보여 준다.

교회가 교회 자체를 위해 많은 사역에 비중을 두는 것은 경(輕)한 일이다. 더 중한 사역 즉 '이방의 빛 되는 사역', '땅 끝까지 나아가는 사역'에 힘을 써야 할 것이다. 사람에게 인정받는 사역보다는 하나님이 인정해 주시고 위해 주시는 사역(49:7)이 되도록 힘써야 한다.

둘째, 하나님과의 관계 회복을 우선으로 두어야 한다(49:14~50:12). 믿음은 현실을 의식하는 것이 아니라 현실을 초월해 하나님을 바라보는 것이다. 아쉽게도 본문의 이스라엘은 상황만 보고 하나님에게 버림받고 잊어버린 바 되었다고 생각했다(49:14). 그러나 이러한 상황 속에서도 하나님의 약속은 달랐다. 바로 이것이 우리의 관심이 되어야 한다.

교회에도 경제적으로 어려운 분들이 많이 있다. 이러한 상황 속에서 환경만 바라보지 말자. 영적인 약속들을 주시며("잊지 아니하시며" 49:15, "손바닥에 새겼으며" 49:16) 그리고 낳은 자녀가 더 많게 하실 이에게 감사해야 한다(49:20~21). 상황이 나아지기만을 위해 기도하거나 거기에만 초점을 맞추지 말자.

그분과의 바른 관계 의식을 되찾자. 고난을 통해 잃었던 하나님과의 관계를 회복하게 된다면 오히려 고난이야말로 우리에게 축복으로 다가오는 것이다.

우리의 모든 삶 속에서 진정한 구원의 주체자는 하나님이시다. 하나님의 구원, 구속, 전능하심을 늘 우리의 어려운 현실 속에 적용해야 할 것이다.

시온의 구원(51:1~52:12)

본 단락은 원어에서 나를 들을지어다(51:1, 7), 내게 주의하라(51:4), 눈을 들며 살피라(51:9), 깨소서(51:9), 어찌 주가 아니시니이까(51:9하, 10하), 깰지어다 깰지어다 예루살렘이여(51:17), 깰지어다 시온이여(52:1), 떠날지어다(52:11)라고 시작하는 아름다운 구조를 가지고 있다.

그리고 하나님이 자기 계시를 강조할 때는 "너희를 위로하는 자는 나여늘 나여늘"(51:12), "나는 네 하나님 여호와라"(51:15), "네 하나님이 이같이 말씀하시되"(51:22), "어찌 주가 아니시며"(51:9하, 10하), "백성을 신원하시는 네 하나님"(51:22상), "내 백성은 내 이름을 알리라"(52:6) 등의 표현으로 우리의 주의를 끌고 있다.

또한 앞 단락에서(49:1~50:11) 이방인을 향한 구원이 "이방의 빛"(49:6하)으로 나타난 것처럼 본 단락에서도 "하나님의 공의"(מִשְׁפָּט미쉬파트)가 "만민의 빛"(51:4중)으로 나타난다.

특히 이 단락을 내용상 세 가지 '들어라', '깨어라', '기쁨의 노래'들로 아래와 같이 이해할 수 있다.

세 가지 '들어라'(혹 주의하라 51:1, 4, 7)
세 가지 '깨어라'(51:9, 17; 52:1)
세 가지 '기쁨의 노래'(52:7, 9, 11)

세 가지 '들어라'는 의를 구하는 자에게(51:1~3), 내 백성에게(51:4~6), 의를 아는 자들에게(51:7~8) 말씀하고 있다. 세 가지 '깨어라'는 여호와의 팔이여(51:9~16), 예루살렘이여(51:17~23), 시온이여(52:1~6)라고 강조하고 있다. 마지막으로 세 가지 '기쁨의 노래'는 "산을 넘는 발이 어찌 그리 아름다운가", "기쁜 소리를 내어 함께 노래할지어다", "너희는 떠날지어다. 떠날지어다"라고 말씀하고 있다. 그러므로 이 단락이 위치한 중요한 의미는 '고난의 종'이 (52:13~53:12) 구원의 사역을 수행하게 되는데, 백성들이 말씀을 듣고 깨어 기쁨으로 이 사역을 준비하라는 내용으로 받아들여질 수 있다.

1. 들어라, 주의하라(51:1~8)

하나님의 의와 구원은(8중절) 영원히 있고 폐하여지지 아니한다(6절). 그러므로 "의를 좇으며 여호와를 찾아 구하는 너희여", "내 백성이여, 내 나라여"(4상절), "의를 아는 자"(7절)들은 "주의하여(4상절) 나(하나님)를 듣고(7절) 생각하고(1중, 2상절) 눈을 들고 살피라"(6절). "내가 아브라함에게 복 주었듯이 시온을 위로하고, 내 율법이 나가서 만민을 심판하니, 이는 내가 유한한 인간들과 다르고 영원함이다"(4~8절).

2하절의 '아브라함을 부르고 복 주시고 창성케 하였음이다'는 원어에서 세 개의 동사로 연결되어 있는데, '네가 불렀을 때 그를 복 주고 창성케 하였느니라'는 조건절의 번역도 가능하다. 또한 5절에 "내 팔이 만민을 심판하리니"는 자칫 이방 민족들을 벌주겠다는 의미로 받아들여질 수 있으나, 4절과 5하절의 섬들(이방에 대한 대표적 표현 참고 49:1)이 나를 앙망한다는 표현을 참고하면, NIV 번역과 같이(and my arm will bring justice to the nations) 동사 '샤파트'(שׁפט)를 '공의를 가져오다'라고 보는 것도 적절하다.

2. 깨어라(51:9~52:6)

1) 여호와의 팔이여(51:9~16)

"깨소서 깨소서"(9절)라고 하나님의 구원을 간청함은 바로 과거에 행하신 그 큰 구원의 기사를 인함이다(10~11절). 특히 본 구절에서는 다음과 같은 여호와의 하나님 되심에 대한 표현들을 주의하여 살펴야 한다.

"어찌 주가 아니시며"(9, 10절), "너희를 위로하는 자는 나여늘 나여늘"(אָנֹכִי אָנֹכִי הוּא מְנַחֶמְכֶם 아노키 아노키 후 메나헴켐 12절), '너희는 사람을 두려워하고'(두려워하느냐 12절), '능력의 하나님을 잊어버리고, 두려워하느냐'(13절), '어떤 상황에서 구원하니'(14절), "나는 네 하나님 여호와라"(אָנֹכִי יְהוָה אֱלֹהֶיךָ 아노키 야웨 엘로헤하 15절), "내 이름은 만군의 여호와"(15절), '시온 너는 내 백성이라'(16절).

2) 예루살렘이여(51:17~23)

그러므로 예루살렘은 일어서고 분노의 잔에서 일어나야 한다(17절). 다른 구원자(너의 아들)는 없고(18절) 상황은 황폐, 절망, 기근, 칼로 회복이 불가능하니(19절) 이는 여호와의 견책과 분노가 가득함이다(20절). 곤고하며 포도주 외에 취한 자도(21절) 그 잔(비틀거리게 하며, 분노의 잔)을 다시는 마시지 않게 하고(22절), 오히려 너를 곤고케 하는 자(괴롭힌 자)의 손에 잔을 두신다(23절).

특히 17~19절에서 "깰지어다 깰지어다 일어설지어다"(17절), "없도다"(18절), "위로하랴"(19절) 등의 강조에 초점을 두어야 한다. 22절에서 '신원'이라는 말은 히브리어 '리브'(ריב)로 '싸우신다' 즉 '백성을 대항하는 자들을 대적하신다'는 뜻으로 이해하면 된다.

3) 시온이여(52:1~6)

처음에 시작하는 단어들을 주목해 보자. 시온의 회복에 관한 말씀을 "시온이여 깰지어다 깰지어다"(1절), "티끌을 털어 버릴지어다"(2절), "여호와께서 이같이 말씀하시되"(3절), "주 여호와께서 이같이 말씀하시되"(4절), "여호와께서 말씀하시되"(5절)로 강조하여 우리의 주목을 끌고 있다. 결론적으로 이 단락에서도 하나님의 '자기 계시'를 강조함으로 마무리 짓고 있다. "내 백성은 내 이름을 알리라 … 이 말을 하는 자가 나인 줄 알리라"(6절).

3. 기뻐하고 노래하라(52:7~12)

기뻐하며 노래할 이유는 '통치하시는 하나님'(7절), '위로하시고, 구속하시는 하나님'(9절), '하나님의 구원'(10절)을 인함이다. 이로 인하여 세 가지의 아름다운 노래를 우리에게 들려준다.

첫째, 하나님의 구원을 전하는 자가 아름답다고 노래하고 있다(7~8절). 시온에 대해 "네 하나님이 통치하신다"(מָלַךְ אֱלֹהָיִךְ 말락 엘로하이크)라는 노래는 복된 좋은 소식, 구원과 평화를 공포하기 때문에 산을 넘는 자들의 발은 아름답다(7절). 파수꾼이 "여호와께서 시온으로 돌아오실 때에 그들의 눈이 마주 보리로다"(8절)고 노래한다.

둘째, 소리를 발하는 노래다(9~10절). 소리를 발하여 노래함은 '여호와께서 위로하심과 구속하심을 인함이다'(9절). 결국 '우리 하나님의 구원'을 열방(הַגּוֹיִם 하고임)과 땅 끝까지 보게 된다(10절).

셋째, 하나님의 일꾼에 대한 노래가 나온다(11~12절). 또 노래하기를 '여호와의 기구를 메는 자는 부정한 것에서 나와야 하며(11절) 정결케 하라'고 말씀한다. 이유는 여호와께서 함께 하시기(앞에선 행하시며 뒤에서 호위하시기) 때문이다(12절).

4. 설교를 위한 적용

첫째, 말씀을 들을 때 영적 분별력이 생기고 깨어 있게 된다(51:1~52:6). 하나님의 구원 역사를 감당하는 중요한 원리가 본 단락에 기록되어 있다. '교회가 먼저 하나님의 말씀을 들어야 하며, 영적으로 깨어 하나님을 바로 알고, 자기 자신을 바로 알아야 한다'는 것이다. 즉 깨어 있는 자들이 세상을 깨울 수 있다. 잠자는 자, 짖지 못하는 자(56:10)는 사명을 감당할 수 없다. 이 시대를 분별하여 하나님을 바라보며, 자신의 잘못을 돌아볼 수 있는 영적 분별력을 갖도록 하자.

둘째, 교회의 본질을 돌이켜 보게 된다(52:7~12). 종말에 사는 성도들은 특히 부정한 것에서 떠나 거룩한 삶을 살도록 요청받고 있다. 21세기의 교회에 가장 무서운 적이 바로 세속주의(hedonism)다. 세상 사람은 우리를 하나님에게서 점점 멀어지게 만든다. 예수 그리스도의 구속은 우리의 거룩을 위함이다. 복음의 아름다운 발, 기쁜 소리 모두가 죄악을 구속하기 위한 목적이다. 교회의 교회됨은 거룩에 있다. 세상과 다르지 못한 교회는 참 교회의 본질을 갖고 있지 못한 것이다. 복음의 노래, 즉 선교의 사명 그리고 하나님의 거룩한 교회의 노래가 이 세상에 울려 나도록 교회의 본분을 회복해야 한다.

고난의 종(52:13~53:12)

고난의 종의 노래는 성경에서 '지성소'(Holy of Holies)라고 불릴 만큼 중요한 본문이다. 성경에서 이와 같이 그리스도의 십자가 사역을 묘사하고 예언한 본문은 없다. 이 장 이후로는 '여호와의 종'에 대한 언급이 더 이상 없는 것만 보아도, 여호와의 종으로 구원을 이루시는 분은 바로 예수 그리스도이심을 분명히 보여 준다. 앞에서도 언급한 바와 같이 이 고난의 종의 노래는 예수님의 사역과 십자가 사건으로 성취되었음을 신약은 증거한다(마 8:17; 눅 22:37; 요 12:38; 행 8:32~33; 벧전 2:22). 본 단락에서 그리스도는 "내 종"(52:13) 그리고 "나의 의로운 종"(53:11)이라고 불린다. 그는 백성들의 죄와 허물을 대속하기 위해(53:6, 8, 11) 속건제물이 되어(53:10) 백성들의 모든 죄악을 담당하셨다(53:11, 12).

1. 종의 승귀(52:13~15)

내 종은 높이 들려 존귀하게 되며(12절), 그의 얼굴과 모양이 상하게 되니 (13절) 열방이 이 일로 인해 놀라게 된다(13절). 즉 그리스도는 고난을 통해 영화롭게 되신다(요 17:5). 그의 큰 사역으로 인해 온 세상이 놀라게 된다.

2. 종의 버림 받음(53:1~6)

그는 어떤 사람인가(3절)? 멸시를 받고, 싫어 버린 바 되었고, 간고를 많이 겪고(man of sorrows) 질고를 아는 자다(knowing sickness). 그래서 우리는 그를 귀히 여기지 아니하였고(3절), 그의 고난도 하나님의 징벌이라고 생각하였다 (4절). 즉 그의 찔림, 상함, 징계, 채찍은 우리의 허물, 죄악, 평화, 나음을 위함이다(5절). 우리는 각자 우리의 길을 갔으며, 여호와께서는 그에게 우리 무리의 죄악을 담당시키셨다(6절). 즉 그리스도는 우리의 모든 것을 아시는('체휼하신' 히 4:15) 분이며, 그의 고난을 통해 우리와 하나님과의 관계를 회복시키셨다(롬 5:1). 그의 버리심과 낮아지심, 고난은 우리의 구속을 위해 필수불가결한 것이다(히 9:22).

3. 종의 수난과 죽음(53:7~9)

고난의 죽음 앞에서 입을 열지 않는 종(7절)의 끊어짐(죽음)을 보고 누가 "형벌 받을 내 백성의 허물 때문이라" 말하겠는가(8절)? 그의 무덤은 악인과 같이, 묘실은 부자와 같이 되었다(9절). 예수는 세상 죄를 지고 간 어린 양(요 1:29)이시다. 그의 죽음으로 구약에서 드려진 것과 같이 더 이상 날마다 드리는 제사가 필요 없어졌으니, 이는 단번에 자기를 드리셨기 때문이다(히 7:27).

4. 고난과 죽음의 보상(53:10~12)

그의 죽음은 여호와가 원하신 것이다. 그의 영혼을 속건제물로 드림으로 여호와의 뜻이 이루어졌다(10절). '나의 의로운 종' 혹은 '의로운 자, 나의 종' (the righteous one, my servant NASB 번역)의 사역은 "많은 사람을 의롭게 하며 또 그들의 죄악을 친히 담당"하신다(11절). 예수는 십자가를 통해서 하나님의 뜻을 "다 이루었다"(요 19:30). 그리고 그의 죽음을 통해서 우리가 의롭다 함을 입은 것이다(롬 2:24~25; 4:25).

5. 설교를 위한 적용

예수 그리스도만이 구원을 이루실 분이다(52:13~53:12). QT를 하면서 잘못을 저지르는 것 중 하나가 바로 억지 적용이다. 즉 모든 본문을 꼭 나에게 적용시키려는 것이다. 이 단락의 본문은 예수 그리스도의 사역을 예언한 것이다. 이 본문 자체가 우리에게 직접적으로 적용되는 것은 없다. 그럼에도 불구하고 예수 그리스도의 고난과 십자가의 죽음은 현재의 우리를 있게 했으며, 또한 그분의 십자가 원리를 삶에 적용할 수 있다. 즉 그분의 삶은 십자가에서 우리의 죄를 대속한 헌신의 삶이며(53:6, 8, 11), 범죄자들을 위해 기도하신 삶이다(53:12). 그는 우리의 질고를 친히 지셨다(53:4).

오늘날 삶이 성숙한 신자는 약한 자의 약점을 담당해야 한다(롬 15:1; 갈 6:2). 이렇게 서로 짐을 지는 십자가의 성숙한 삶이 요청되는 때다. 모두가 자신의 권리만을 주장하기를 좋아한다. 그러나 교회는 십자가의 자리, 고난의 자리, 자기 부정인 죽음의 자리, 낮은 자의 자리에 서기를 좋아해야 한다. 그 이유는 바로 예수 그리스도가 우리에게 보여 주신 십자가이며 이를 통해 우리를 살리셨기 때문이다.

영원한 언약(54:1~55:13)

본 단락은 고난의 종, 예수 그리스도의 사역을 통하여 일어난 결과들을 보여 준다. 이 구원의 사역이야말로 하나님이 우리와 맺으신 "화평의 언약"(54:10)이며 "영원한 언약"(55:3)인 것이다. 여기에 잉태치 못한 자들이 노래할 이유와(54:1), 더 이상 부끄러움을 두려워하지 않을 이유가(54:4) 있다. '고난의 종'의 사역을 통해 예수 그리스도가 우리의 죄악을 담당하셨기 때문이다 (53:11). 이 의(義)는 바로 하나님께 얻은 의다(54:17). 바로 이 의를 받을 수 있는 방법은 '와서(55:1) 그를 찾는 것'이다(55:6). 이 말씀이 이 일을 이루게 하신다(55:11).

1. 하나님의 의(54:1~17)

누가 잉태치 못하고 생산치 못하고 구로치 못한 자들인가(1절)? 이들은 '노래할지어다'(רָנִּי 라니). 여호와는 자신에 대해(5절), 여호와는 네 남편이시고, 그 이름은 만군의 여호와(יְהוָה צְבָאוֹת 야웨 체바오트)시며, 너의 구속자는 이스라엘의 거룩한 자시며, 온 세상의 하나님이라고 계시하신다.

바로 "네 구속자(גֹּאֲלֵךְ 고알레흐) 여호와"(8절)가 버림 받은 자를(7절) 모으며(8절) 진노에서 '영원한 자비'(בְּחֶסֶד עוֹלָם 베헤세드 올람)로 이들을 긍휼히 여기신다(8절).

노아 홍수의 맹세같이 다시 책망하지 아니하시며(9절) 산과 작은 산이 옮겨져도 나의(하나님의) 인자(חַסְדִּי 헤세디)와 '나의 평화의 언약'은 옮기지 않는데, 이는 여호와의 긍휼 때문이다(9~10절). 여호와는 버림 받은 도시를 다시 쌓으시고(11~12절), 이 성은 여호와의 교훈, 평강, 의로 서게 된다(13~14절). 학대와 공포도 멀어지며 대적하는 자들은 오히려 패망하게 된다(15절). 더 이상 정죄당할 수 없음은(16~17절), 하나님께 얻은 의 때문이다(18절). 10절에서 "나의 화평의 언약"이라고 번역했는데 '우브리트 쉘로미'(וּבְרִית שְׁלוֹמִי)는 '나의 평화의 언약' 혹은 '평화의 나의 언약'으로 번역될 수 있다(my covenant of peace NIV 번역).

2. 이스라엘의 거룩한 자(55:1~13)

1) 오라(1~5절)

본 단락에서 '오라'(לְכוּ 레쿠)는 표현은 1절에 세 번, 3절에 한 번 나온다. 그리고 언약을 통한 열방의 귀환도 약속하고 있다.

그는 '만민에게', '만민의'(ﬦﬞﬠﬞ레옴) 증거와 인도자와 명령자다(4절). 그렇다면 그는 누구인가? "하나님 곧 이스라엘의 거룩하신 이"다(5절). 이 표현은 이사야에서 특별히 하나님의 백성들에게 구별되신 분, 남편 같은 분이라는 뜻이다. 바로 하나님은 이방인들의 구원을 통해 주의 백성을 영화롭게 하신다.

3절의 "영원한 언약"(בְּרִית עוֹלָם 베리트 올람)은 "다윗에게 허락한 확실한 은혜니라"(חַסְדֵי דָוִד הַנֶּאֱמָנִים 하스데이 다비드 하네에마님)는 표현도 가능하지만, '다윗에게 약속된 나의 신실한 은혜'(my faithful love promised to David NIV번역)로 '확실성' 보다는 '신실성'이 강조된 것으로 보는 것이 낫다.

2) 찾으라(6~7절)

회개는 '여호와를 찾는 것'(דִּרְשׁוּ יְהוָה 디르슈 야웨 6절)이며, 가까이 계신 분을 부르는 것이며, 악인과 불의한 자가 '여호와께 돌아오는 것"(אֲדֹנָי 아도나이 7절)이니 그를 '용서하신다'(자비를 베푸신다 6~7절).

3) 헛되지 않은 말씀(8~13절)

여호와의 생각과 길은 우리와 다르며(8절) 우리보다 높다(9절). 직유의 표현으로 비와 눈이 토지를 적셔 싹, 열매, 종자가 열리게 하듯이(10절) 하나님의 말씀은 헛되이 돌아오지 않고 뜻을 이루고 형통한다(11절). 은유적 표현으로 산과 작은 산, 그리고 들이 노래하고 손바닥을 치는 그런 기쁨과 평안으로 나아가며 인도함을 받는다(12절). 즉 은유로 가시나무 대신 잣나무, 화석류(상록수의 일종)가 나며, 이것이 '여호와의 명예'(לַיהוָה לְשֵׁם 아도나이 레솀)와 '영영한 표징'(לְאוֹת עוֹלָם 레오트 올람)이 된다.

3. 설교를 위한 적용

첫째, 우리의 의가 아니라 하나님의 의를 바라보아야 한다(54:1~17). 이신득의, 즉 '오직 의인은 믿음으로 말미암아 살리라'(롬 1:17; 갈 3:11; 히 10:38)의 신앙은 개혁주의의 핵심 교리다. 하나님의 의로 인하여 우리는 죄에 대해서 더 이상 정죄 당하지 않는다(롬 8:1). 늘 사탄은 우리를 고소한다. 다윗도 간음과 살인의 죄 가운데서 "나의 구원의 하나님이여 피 흘린 죄에서 나를 건지소서 내 혀가 주의 의를 높이 노래하리이다"라고 하나님의 의를 갈망하였다. 이 갈망하던 의가 바로 예수 그리스도의 십자가의 의인 것이다. 또한 '화평케 하는 나의 언약'이기도 하다(54:10).

둘째, 믿음의 의를 얻은 우리는 믿음의 삶을 살아야 한다(55:1~13). 믿음의 삶은 '영원한 언약'(55:3)에 기초한 것이다. 이것은 예수 그리스도의 사역의 결과로 우리에게 주어진 것이다. 이 언약으로 우리는 초대받았으니(55:1) 하나님을 찾고 돌아가는 회개의 삶을 살아야 한다(55:7). 이 믿음은 들음에서 나며 들음은 그리스도의 말씀으로 말미암는다(롬 10:17). 그러므로 이 말씀은 헛되지 않고 하나님의 뜻을 이룬다. 믿음의 삶은 바로 이 말씀의 현장으로 나아가고 돌이키는 것이다.

11

이사야서의 메시아 왕국
(56~66장)

    이 글은 이사야서의 마지막 부분인 56~66장까지를 다룬 것이지만, 후반부(40~66장) 27개 장 전체를 본다면, 그것은 9장씩 세 부분으로 나눌 수 있다(40~48, 49~57, 58~66장).

    그런데 각기 그 시작은 '외치라!', '위로하라!' 또는 '들으라!'는 비슷한 명령형으로 시작된다. 그리고 그 끝은 악인을 징벌하는 말로 '악인에게 평강이 없으리라' 또는 '그 시체에 벌레가 죽지 아니하리라'와 같은 저주로 끝난다. 특별히 이사야서의 후반부(40~66장)는 포로 생활에서의 해방을 선포하는 메시지로, 전반부(1~27장)의 포로 생활의 예고와는 분명히 대조된다. 그 차이가 너무나 분명하여 많은 학자들이 저자가 다르다고 주장하나, 그것은 메시지의 주제가 다를 뿐이요 저자가 다른 것은 아니다. 이에 대한 설명은 생략하지만, 전반부 39장의 메시지가 구약적(?)이라면 후반부 27장은 다분히 신약적(?)이라고 설명할 수 있다.

    이러한 이사야서의 체계는 그의 두 아들의 이름에서도 잘 나타난다. 한 아들의 이름은 '마헬살랄하스바스'요, 다른 아들은 '스알야숩'이다. 전자는 '앞으로 곧 포로가 되리라'는 의미고, 후자는 '남은 자가 돌아오리라'는 의미다(7:3; 8:1, 3). 전자가 이사야 전반부의 내용을 요약한 말이라면 후자는 후반부 내용의 제목과 같은 이름이다.

창조와 구원의 역사(56장)

1. 안식을 지켜 더럽히지 아니하며(1~8절)

이 단락에서는 '안식일'이라는 말이 세 번 거듭 나오면서 안식일을 매우 비중 있게 취급했다. 1~2절을 보면 '공평을 지키며 의를 행하라, 나의 구원이 가까웠으니' 그런 즉 안식일을 더럽히지 말라고 했다. 위에서 '공평'(מִשְׁפָּט 미쉬파트 justice)이란 말은 '율법'(תּוֹרָה 토라 law)이란 말과 동의어다.

율법을 지키는 가장 근본적인 방법은 안식일을 지키는 것이라고 본다. 이처럼 안식일을 지키며 더럽히지 않는 것은 곧 율법을 지키며 의를 행하는 신앙과 직결된다는 말인데(2, 4, 6절), 만일 안식일을 잘 지키면 이방인이라도 차별하지 말라고 했다(3, 6절). 하나님께서는 이방인이라도 '내 집으로 인도하여' 기쁘게 받아들일 것이라고 했다. 지금까지 율법에 따르면 성전에 들고나는 것은 이스라엘 사람들만의 특권이었다. 그러나 이제 그것은 사라지고 "내 집은 만민의 기도하는 집"이 되리라고 예언한다. 하나님께서는 자기 백성 외에 이방인을 함께 불러 모아 마침내 '온 이스라엘이 구원을 얻게 될' 것(롬 11:26)을 선지자를 통해 예언적으로 선포하셨던 것이다.

여기서 우리는 '안식일'과 이방인 구원이 밀접하게 연결되어 있음을 보는데, 그 이유가 무엇일까? 그것은 안식일을 거룩하게 지킨다는 것은 단순히 종교적 의식에 참예하는 것만이 아니라 창조주요 구속주이신 하나님을 공적으로 고백하는 귀중한 징표이기 때문이다(출 31:13, 16, 17). 하나님께서는 이스라엘에게 율법과 율례를 주셨는데, 그것은 그들로 살게 하기 위해서였다. 그들을 살게 하신 하나님이 참으로 어떠한 분이신지 알게 하기 위하여 주신 것이 '안식일'이다. 하나님은 우리의 창조주요 구속주이시다. 이러한 하나님을 알고 고백하는 것이 신앙의 출발이다.

이런 점에서 우리가 주의를 기울여야 할 것은 십계명이다. 십계명 전문은 출애굽기(20:8~11)와 신명기(5:12~15)에 각각 한 번씩 나온다. 그 두 곳의 안식일 계명을 비교해 보면 출애굽기에서는 창조주 하나님을 기억케 하는 계명이요, 신명기는 구속주 하나님을 바라보게 하는 계명임을 알 수 있다. 전자에서는 하나님이 엿새 동안 만물을 창조하시고 쉬셨으니 안식일을 거룩히 지키라고 했으나, 후자에서는 기록되기를 "너는 기억하라 네가 애굽 땅에서 종이 되었더니 너의 하나님 여호와가 강한 손과 편 팔로 너를 거기서 인도하여 내었나니 그러므로 … 안식일을 지키라"(신 5:15)고 하셨음을 본다.

출애굽기와 신명기의 안식일 계명에서 안식일을 지켜야 하는 이유가 달라진 것을 유의해야 할 것이다. 전자에서는 안식일이 창조의 기념일이요, 후자에서는 구속의 기념일이다. 다시 말하면 새 창조의 기념일이다. 흔히 신학자들이 말하기를 십계명은 열 개의 계명이 나오는 '본문'보다 '서론'이 더 중요하다고 한다. 즉 "하나님이 이 모든 말씀으로 일러 가라사대 나는 너를 애굽 땅에서 종 되었던 집에서 인도하여 낸 너의 하나님 여호와라"(출 20:1~2; 신 5:6)고 하신 말씀이다. 사실 하나님의 계명이나 '교훈'이 중요하지만 그보다 더 중요하고 앞서는 것은 하나님께서 하신 '일'이다. 그가 우리를 창조하시고 우리를 구원하셨다는 것이 없었다면 그의 계명과 교훈이 어찌 필요했겠는가?

하나님께서 한 크신 일은 곧 창조와 구원(새 창조)의 역사다. 앞에서 필자는 십계명의 본문보다 서론이 더 중요하다고 했는데, 사실 그 서론의 확대가 신명기에서 보는 안식일 계명이다. 이렇게 볼 때 안식일 계명이 갖는 중요성을 이해할 수 있을 것이다. 안식일 계명은 사실 그리스도와 직결되는 계명이요, 이것이야말로 구속주 그리스도를 바라보게 하는 유일한 계명이다. 안식일 계명을 이사야의 본문이 그렇게 중요하게 말한 것을 이해해야 한다. 안식일을 지켜 거룩케 한다는 것은 창조주 하나님, 구속주 하나님께 대한 신앙 고백이라고 필자는 앞에서도 말했다. 그런데 구약의 안식일은 그리스도의 그림자다. 안식일은 모형이요 그 실체는 그리스도시다(골 2:17). 그러므로 예수께서는 스스로 자기가 안식일의 주인이라고 말씀하셨다.

이사야 선지자는 안식일의 중요성을 그렇게 강조하면서도, 안식일을 부정하는 말을 서슴없이 했다(사 1:13). 그것은 안식일에 숨겨진 실체를 생각지 않고 형식에만 집착하여 고집하는 것을 슬퍼했기 때문이다.

2. 그들은 몰락한 목자들이라(9~12절)

이 부분은 '들과 삼림의 짐승들을 불러' 거짓 파수꾼들을 삼키라는 말로 시작된다. 그들을 가리켜 하나님께서는 '소경이요, 무지한 자요, 짖지 못하는 벙어리 개요, 다 꿈꾸는 자요, 누운 자요, 잠자기를 좋아하는 자요, 탐욕이 심한 개요, 몰락한 목자들'이라 했고 '피차 포도주와 열락을 즐기며 독주에 취하여 내일도 오늘같이 즐기자' 하는 자들이라 했다.

여기서 거짓 파수꾼은 거짓 선지뿐만 아니라, 모든 거짓 지도자, 또는 하나님의 백성들을 강탈하며 괴롭히는 원수들을 포함한다. 여기서 "들의 짐승들"과 "삼림 중의 짐승들"이라고 한 것은 오고 오는 모든 원수들을 말함이요 또 그들의 심판을 예언한 말이라고 칼뱅은 말했다. 이것은 하나님의 백성을 위로하는 예언일 것이다. 다음 57:1~13에도 이 심판의 경고는 계속된다.

돋우고 돋우어 길을 수축하여(57장)

1. 의인이 죽을지라도 마음에 두는 자가 없고(1~13절)

앞에서 말했듯이 1~13절은 앞 장의 계속이다. 1~13절은 악의 권세가 어떻게 포악한지를 말하고 있으나, 다음 부분(14~21절)은 하나님 백성들의 구원과 위로의 말씀으로 넘친다.

이 부분의 첫 절은 "의인이 죽을찌라도 마음에 두는 자가 없고 자비한 자들이 취하여 감을 입을찌라도 그 의인은 화액 전에 취하여 감을 입은 것인 줄로 깨닫는 자가 없도다"라는 의미심장한 말로 시작된다. 앞 장에서는 악인들이 어떻게 독주에 취하며 향락을 즐기는지를 묘사한 반면에 여기서는 의인의 죽음으로 시작된다.

옛날 그 시대나 지금이나 동일하게 의인이 재난으로 죽는 것을 보고, 하나님의 사랑과 보호를 의심하여 슬퍼하는 자들이 많을 수 있다. 구약에서 '므깃도의 슬픔'이란 말을 가끔 볼 수 있다. 이것은 의로운 요시아 왕의 전사를 유다 백성들이 크게 슬퍼한 데서 생긴 말이다. 의로운 지도자를 하나님은 왜 버리셨을까? 이것이 그들에게는 알 수 없는 슬픈 수수께끼였다. 그러나 위의 본문은 그 대답이다. 하나님께서는 의인이 닥쳐 오는 화액을 보지 않도록 그를 먼저 불러 가셨다는 말이다. "그는 평안에 들어갔나니… 편히 쉬느니라"(2절)고 함이 하나님의 답변이었다. 그러나 반대로 악인에게는 그러한 '평안이 없다'는 것이 하나님의 말씀이었다(21절). 고난을 당하면서도 하나님을 의뢰하는 남은 자들은 마침내 "땅을 차지하겠고 나의 거룩한 산을 기업으로 얻으리라"(13절)고 본문은 하나님의 백성들을 위로하셨다.

2. 내가 그를 고치리라(14~21절)

이 부분은 "장차 말하기를 돋우고 돋우어 길을 수축하여 내 백성의 길에서 거치는 것을 제하여 버리라"는 말로 시작된다. 장차 환난 중에서 돌아올 남은 자들을 맞아들일 준비를 파수꾼들에게 부탁하는 말씀이다. 다음은 그들에게 약속하는 은혜를 보여 준다. ① 그들과 함께 거하실 임마누엘의 하나님(15절) ② 통회하며 겸손한 자의 영과 마음을 소성케 하실 소망의 하나님(15절) ③ 슬퍼하는 자에게 위로를 얻게 하시는 위로의 하나님(18절) ④ 그들의 영혼과 육신을 고쳐 주실 치료의 하나님(19절) ⑤ 영원한 평강을 주시리라 약속하신 평강의 하나님(19절).

위에서 말한 것들은 열방에 유리하다 돌아오는 '남은 자'들에게 하나님은 어떠한 분이신지를 말하면서 위로하는 말씀들이다.

기뻐하는 금식(58장)

본 장의 주제는 금식에 관한 문제다. 마음에 참 변화가 없는 금식은 헛되다는 것과 참 신앙적이고 윤리적인 생활이 무엇인지 가르쳐 준다.

1. 너희가 금식하면서 다투며(1~5절)

이 부분은 "크게 외치라 … 내 백성에게 그 허물을, 야곱 집에 그 죄를 고하라"(1절)는 경고의 말씀으로 시작된다. 그 경고의 내용은 무엇인가? 그들에게는 열심과 노력이 부족한 것이 아니다. 2절에 보면 '그들이 날마다 나를 찾으며, 하나님의 규례를 폐하지 않았고, 하나님 가까이 하기를 즐거워했'고 하였다. 그러나 그들에게는 근본적인 잘못이 있었다. 3절에 보면 "우리가 금식하되 주께서 보지 아니하심이 어찜이오며", "우리가 마음을 괴롭게 하되 알아주지 아니하심은 어찜이니이까" 하며 마음으로 의심하고 불평했다. 그들은 율법을 좇아 의식과 형식을 따라 지키는 것이 하나님을 기쁘게 하는 것인 줄 알았다. 그들은 '형식과 내용'을 착각했다. 물론 성경은 의식의 중요성을 무시하지는 않는다. 그러나 그것은 사도 바울의 교훈대로 '몽학선생'에 지나지 않는다. 성장한 사람에게는 필요 없는 선생이다. 의식은 더 깊은 진리를 위한 과정에 불과함을 그들은 몰랐다. 그들은 선지자의 이 교훈을 들은 먼 후일에도 이것을 깨우쳐 알지 못했다.

바벨론 포로에서 돌아온 후에도 이 문제(금식)에 대하여 논쟁이 있었음을 본다. 스가랴 7, 8장은 그 논쟁에 대한 내용이다. 그들은 포로 생활 중에도 연 4회 금식을 했는데, 곧 예루살렘이 함락된 달(4월)과 성전과 왕국이 파괴된 달(5월), 그달랴가 피살된 후 예루살렘의 남은 자들이 최후로 이산된 달(7월), 예루살렘이 포위됐던 달(10월)에 금식했다. 그런데 이제 그들은 예루살렘에 돌아왔다. 이제는 예루살렘의 재건에 힘쓰는 때였다. 그럼에도 옛 예루살렘을 생각하며 금식할 필요가 있을까? 이것이 그들의 논쟁거리였다. 이에 대한 스가랴 선지자의 답변이 스가랴 7, 8장에 기록되어 있다. 스가랴 선지자의 답변은 포로 전 이사야의 교훈 그대로였다(7:7~14; 8:16~19).

하나님께서 그들에게 원하시는 것은 분명하였다. 주님이 기뻐하시는 것은 천천의 수양이나 만만의 강수 같은 기름이 아니요, 금식 같은 율법의 제도가 아니었다. 이사야와 동시대 인물인 미가 선지자도 말하기를 "주께서 선한 것이 무엇임을 네게 보이셨나니 여호와께서 네게 구하시는 것이 오직 공의를 행하며 인자를 사랑하며 겸손히 네 하나님과 함께 행하시는 것이 아니냐"(미 6:8)라고 했다. 후일에 예수님께서도 외식하는 자들을 책망하여 말씀하실 때 너희들은 율법의 더 중한 바 '의(義)와 인(仁)과 신(信)'을 버렸다고 하셨는데, 이 말씀은 곧 이사야 선지자와 미가 선지자가 외쳤던 메시지의 '산울림' 같은 말씀이다. 선지자는 참 금식의 정신이 무엇인지 다음 부분에서 더 자세히 가르치고 있다.

2. 나의 기뻐하는 금식(6, 7절)

5하절에서 "그 머리를 갈대같이 숙이고 굵은 베와 재를 펴는 것을 어찌 금식이라 하겠으며 여호와께 열납될 날이라 하겠느냐"라고 한 다음 계속 6절에서 말하기를 "나의 기뻐하는 금식은" 다음과 같은 것들이라고 했다. 즉 흉악의 결박을 풀어 주며, 압제 당하는 자를 자유케 하고(6절), 주린 자에게 식물을 나눠 주며(7절), 유리하는 자를 돌보며(7절), 벗은 자를 입히며(7절), 가난한 네 골육을 돌보는 것(7절)이 그것이다.

이사야 선지자의 교훈은 분명하다. 하나님께서 원하시는 것은 우리의 변화된 마음이요, 생활의 윤리적 변화다. '나는 인애를 원하고 제사를 원치 아니하며 번제보다 하나님 아는 것을 원하노라' 하는 이 메시지는 모든 선지자들의 강령이라고 보아도 좋을 것이다. 이러한 선지자들과 율법의 제도를 고집하는 제사장들 사이에는 반목과 충돌이 있을 수밖에 없었다. 금식의 문제도 그 실례 가운데 하나였다.

3. 나 여호와가 응답하겠고(8~12절)

여기서는 앞에서 말한 '나의 기뻐하는 참 금식'의 정신이 신앙으로 나타날 때의 은혜와 복이 구체적으로 기록되어 있다. 8절에 "그리하면 네 빛이 아침같이 비칠 것이며"라는 말로 시작되어 11절에 '너는 물댄 동산 같으리라'는 축복에 이르기까지 무려 열 개 이상의 은혜와 복이 약속되어 있다. 이러한 본문은 설교자들에게 좋은 본문이 될 것이다.

4. 여호와의 성일을 존귀히 여기고(13, 14절)

본문에서는 다시 안식일의 복이 약속되어 있다. 이 문제는 여기서 다시 언급하지 않겠으나(참고 56장), 단 "내 성일에 오락을 행치 아니하고"란 말에서 '오락'의 정의를 바로 알아야 할 것이다. '오락'이란 말의 원문의 뜻은 '세속적인 일(business, worldly affairs) 또는 탐심을 만족시키는 일'과 같은 것을 특별히 말한다(BDB, Oxford Lexicon). 모든 일을 다 금한 것은 아니다. 안식일에 적당한 성스러운 일은 더욱 힘써야 할 것이다(요 5:10~18).

구속자가 시온에 임하며(59장)

앞 장이 하나님을 기쁘게 하는 생활이 무엇이며, 그에 대한 복이 어떤 것인지를 말했다면 이 장에서는 하나님을 슬프게 하는 죄악과 그에 대한 징벌을 말하고 있다. 그 다음으로 선지자의 중보와 회개의 기도와 하나님의 응답이 이어진다. 이 장의 단락을 다음과 같이 구분할 수 있다.

> 이스라엘의 비극은 오직 그들의 죄 때문이다(1~3절)
> 이스라엘의 죄와 그 결과(4~8절)
> 선지자의 탄식과 중보의 회개(9~15상절)
> 하나님의 구원의 손길(15하~21절)

지면 관계상 필자는 세 번째와 네 번째 단락의 중요한 점들만 여기서 언급하려고 한다.

세 번째 단락, 즉 9~15상절을 보면 앞부분, 특별히 1~3절 중에는 '너희'라는 말이 아홉 번이나 강조되었으나, 이 9~15상절 단락에서는 반대로 '우리'라는 주어가 열여섯 번이나 강조된다. 앞에서는 '너희 죄악, 너희 손, 너희 입술, 너희 혀'의 죄악을 경고했으나 여기서는 '우리'의 죄, '우리'의 허물을 회개한다. 좀 더 구체적으로 말하면 선지자는 이스라엘의 죄를 곧 '우리의 죄'라고 탄식하며 회개한 것이다. 여기서 우리는 선지자의 중보의 회개와 중보의 기도를 본다.

이러한 중보의 눈물은 파수꾼들의 일반적인 현상이다. 예컨대 예레미야나 다니엘 같은 선지자의 경우를 보자. 먼저 예레미야 선지자의 애가서를 보면, 철없는 어린 소년소녀들이 포로로 끌려가는 모습을 보고 선지자는 "여호와여 내가 여호와의 명령을 거역하였도다"라고 통곡하며 탄식한다(애 1:18). 예레미야가 언제 하나님의 명령을 거역했던가? 그는 하나님의 뜻을 순종하기 위하여 한평생을 눈물로 산 사람이 아닌가? 그러나 그는 이스라엘의 고통을 보고 그것이 자기의 죄 때문이라고 슬퍼했던 것이다. 우리는 다니엘의 기도에서도(단 9장) 그것을 볼 수 있다. 그도 역시 다니엘 9:4~19에서 30번 이상이나 '우리'라는 말로 이스라엘의 죄를 회개했다. 우리는 이 이스라엘의 선지자들에게서 참 파수꾼의 모습이 무엇인지, 참 중보자로서 목자의 모습이 어떠한 것인지 엿볼 수 있다.

다음 네 번째 단락(15하~21절)에서는 드디어 하나님의 구원의 손길이 임함을 본다. 15하절에 보면 "악을 떠나는 자가 탈취를 당하는도다 여호와께서 이를 감찰하시고 그 공평이 없는 것을 기뻐 아니하시고" 그들을 구원할 중보자의 필요를 느끼면서(16절), 하나님께서는 친히 무장하시고(17절), 원수들을 심판하시려고 급히 흐르는 하수같이 이 땅에 임하실 것이라 하셨다(19절).

20절에는 '여호와께서 가라사대 구속자(Redeemer)가 시온에 임하셨다'고 선포하심을 본다. 특별히 "야곱 중에 죄과를 떠나는 자에게 임하리라" 하셨는데, 이것은 메시아가 자기의 택한 백성, '남은 자들'을 구속하기 위하여 이 땅에 임하실 것을 예언한 말씀이다.

그런데 이 본문에서 우리는 메시아를 통하여 주신 중요한 두 개의 약속을 본다. 그 약속이야말로 영원히 '후손의 후손에 이르기까지' 떠나지 않을 약속이라고 하셨는데, 그것은 곧 21절의 '나의 신(my Spirit)과 나의 말씀(my words)'이다.

그리스도께서는 성령과 말씀을 주심으로써 우리와 영원히 같이 하시는 임마누엘의 주님이 되실 것을 예언해 주셨다. 임마누엘의 주님이 우리와 같이 하신다는 말은, 곧 말씀과 성령이 우리와 같이 하신다는 말이다(학 2:4, 5).

여기서 우리가 분명히 해야 할 구절은 20절이다. "구속자가 시온에 임하며 야곱 중에 죄과를 떠나는 자에게 임하리라"는 말씀인데, 여기서 '시온'은 지리적 개념이 아니요 영적 개념이다. '야곱 중에 죄과를 떠나는 자'란 '이스라엘의 남은 자'를 가리키는 말이다. 여기에는 벌써 이방의 남은 자가 포함되어 있음을 설교자들은 강조해야 할 것이다(사 11:16; 19:23~25; 슥 14:16 등). 또 이어지는 "네 위에 있는 나의 신"이란 말은 '위에서부터 네게 부어 주신 나의 성령'(my Spirit that is upon Thee)이란 뜻이다. 다음 60~66장까지는 메시아로 말미암아 회복된 예루살렘의 영광(영적인 의미)을 예언한 내용들인데 다음과 같이 간략히 설명하기로 한다.

네 구속자, 야곱의 전능자(60장)

본 장은 메시아를 맞이할 예루살렘의 영광과 풍요함을 노래한 것이다.

1. 열방은 네 빛으로(1~3절)

캄캄한 암흑의 땅에 영광의 빛이 솟아오른다고 했다. 그런데 첫 절에 보면 "일어나라 빛을 발하라"는 말씀으로 시작된다. 이 말은 누구를 향하여 명하신 말씀인가? 70인역(LXX)이나, 제롬의 번역(Vulgate)과 탈굼(Talgum)은 모두 "예루살렘아 일어나 빛을 발하라"고 함으로써 예루살렘에 주신 명령으로 보았다. 그렇다면 이 말씀은 오늘의 우리 교회에게 주신 명령이다. 우리가 빛을 발할 수 있고, 또 발해야 하는 것은 여호와의 빛이 우리에게 임하셨기 때문이다(2절). 너희가 빛을 발하면 열방이 네 빛으로 나아오리라(3절)고 했다.

2. 내가 너를 영화롭게 하였음이니라(4~9절)

4절은 "눈을 들어 사면을 보라"는 말로 시작한다. 네 빛을 보고 열방에 흩어진 남은 백성들이 기쁨으로 그들의 자녀들과 같이 돌아오되, 은금의 보화와 재물을 가지고 돌아오리라고 했고(5~9절), 또 그 모습은 '구름같이 비둘기같이 보금자리로 날아오는 것같이' 돌아올 것이라고 했다. 이 본문이 나타내는 뜻은 이제 곧 그들은 약탈당한 가난한 자가 아니요, 가족이 뿔뿔이 흩어지는 이산자들이 아니라 해방된 자유자요, 구속받은 하나님의 백성이요, 금의귀환 하는 개선장군임을 보여 주는 말씀이다. "원방에서 네 자손과 그 은금을 아울러 싣고" 온다는 표현 속에 그 뜻이 담겨 있음을 설교자들이 이해하면 좋을 것이다.

3. 너를 일컬어 여호와의 성읍이라(10~22절)

이 부분은 먼저 "내가 노하여 너를 쳤으나 이제는 나의 은혜로 너를 긍휼히 여겼은즉"이란 말로 시작한다. 고난의 때는 영원히 지나갔다는 말이요 새로운 은혜 시대의 출발을 선포하는 예언이다. 이러한 '그 날'을 선포한 것은 물론 여기에서 처음이 아니다. 선지자는 벌써 '그 날'을 예고했었다(24:33; 30:26). 선지자들의 마음속에 사무친 소망은 곧 하나님의 정하신 '그 날'이었다 (슥 14:6, 7, 8).

그 날이 오면 "그 작은 자가 천을 이루겠고, 그 약한 자가 강국을 이룰 것이라" 했는데 "때가 되면 나 여호와가 속히 이루리라"는 말씀으로 이 부분이 끝난다(22절). 시간과 역사는 돌고 도는 것 같지만 사실은 '그 한 날'을 향하여 힘차게 달리고 있다.

성경의 시간관은 이 땅에는 새 것이 없고 옛날에 벌써 있었다는 전도서의 말씀과 같이 직선적이 아닌 윤회적이지만, 동시에 점진적임을 아는 것이 신앙 생활에 유익할 것이다. 왜 그런가? '옛 것은 지나갔으니, 보라 새 것이 되었다'라는 것이 중생한 자의 세계관이기 때문이다.

61장의 본문 주해

본 장은 앞 장의 주제가 계속된다. 예루살렘의 영광의 회복은 메시아가 이루어야 할 중요한 임무임을 보여 준다.

1. 여호와의 은혜의 해(1~3절)

이 부분은 "주 여호와의 신이 내게 임하셨으니"(1절)라는 말로 시작한다. 1세기 유대인의 번역본인 탈굼(Targum)은 이 말의 발언자를 선지자(the prophet says)로 보았다. 일부 학자들은 그것을 따랐다. 그러나 여기서 발언자는 메시아임이 분명하다(눅 4:18, 19). 여호와의 종으로서 그가 맡은 직임이 얼마나 영광스럽고 아름다운 것임을 스스로 고백한 것이 이 부분이다.

그가 이루실 임무는 가난한 자에게 기쁜 소식을, 마음이 상한 자에게 치유를, 포로된 자에게 자유를, 갇힌 자에게 해방을, 슬픈 자에게 위로를 그리고 그 맺음은, 그의 백성들로 하나님의 영광을 나타낼 자로 일컬음을 얻게 할 것이라고 했다.

그런데 여기서 메시아의 직무는 그가 먼저 '기름 부음'을 받음으로써 시작된다(1절). 이것은 선지자가 벌써 예언했다(11:1, 2). 우리는 이처럼 성령의 역사를 떠나서 그리스도를 생각할 수 없다. 그는 성령으로 잉태함을 입으셨고(눅 3:22), 성령의 충만함을 받으셨고(눅 4:1), 성령의 인도를 받으셨으며(눅 4:1), 또 제자들에게는 성령을 기다리라고도 하셨다(눅 24:49). 성령의 역사, 그것이 그리스도를 그리스도 되게 하셨고, 성도들을 성도 되게 하신 것이다. 위의 본문은 메시아가 성령의 역사로 그 모든 임무를 아름답게 이루실 것을 예언하신 말씀이다.

그러나 여기서 우리가 주의해야 할 것이 있다. 그것은 성령과 그리스도의 관계다. 삼위일체 하나님이신 아버지와 아들과 성령의 관계에서 아들은 이 땅에 오셔서 자기의 영광을 구하지 않고 아버지의 영광만을 나타내셨다(요 8:50). 그와 같이 또 성령은 이 땅에서 그 아들 그리스도의 영광만을 위하고,

또 그리스도를 증거하기 위하여 오셨다(요 15:26). 이 원리는 끝날까지 변함이 없을 것이다. 우리는 흔히 '성령 운동' 또는 '성령 폭발'이란 말을 듣는데, 그러한 신앙 운동은 모두 그리스도의 영광을 위한 것이요 그를 증거하는 것이어야 한다. 잘못하여 신비주의로 가지 않도록 조심해야 할 것이다. 참 성령의 역사는 성령 자신을 증거하는 것이 아니라 그리스도를 증거하고 그의 영광만을 나타내는 것이어야 한다.

2. 너희는 여호와의 제사장이라(4~9절)

이 부분은 "그들은 오래 황폐하였던 곳을 다시 쌓을 것이며"라는 말로 시작한다. 여기서 '그들'은 물론 돌아온 남은 자들을 말한다. 그들이 힘을 얻어 새 예루살렘을 어떻게 수축해 나갈 것인가를 예언한 말씀이다. 그들은 모두 '여호와의 제사장'이 될 것이요, 그리스도와 명예를 같이 하는 '여호와의 종'("하나님의 봉사자" 6절)이 될 것이라 했다. 마침내 그들은 '여호와의 복을 받은 자손'이라고 인정함을 받으리라'(9절)는 말씀으로 끝난다.

3. 하나님으로 인하여 즐거워하리니(10~11절)

이 부분은 앞 절(9절)에서 보듯 축복을 받고 감사하는 성도들이 하는 기쁨의 노래다. 그들은 "구원의 옷"만 아니라 "의의 겉옷"을 더하여 입혀 주심을 여호와께 감사한다(10절). 그들은 이제 죄악에서 구속받은 '자유인'이 된 것만 아니라 '의의 옷'을 입은 영화로운 제사장이 된 것을 즐거워했다. 물론 이것은 예언이다.

하나님의 손의 왕관(62장)

본 장은 앞 장에 이어 시온의 영광이 더욱 확장됨을 보여 준다.

1. 나는 시온의 공의가 빛같이(1~5절)

이 부분에서 발언자는 "나는 시온의 공의가 빛같이, 예루살렘의 구원이 횃불같이 나타나도록 시온을 위하여 잠잠하지 아니하며 예루살렘을 위하여 쉬지 아니할 것인즉"(1절)이라고 했는데, 여기서 주어 '나는' 누구일까? 선지자 자신인가(Targum), 혹은 하나님이신가(Delisch), 그렇지 않으면 메시아인가(Handelson)?

'나'는 메시아로 봄이 좋을 것이다. 왜냐하면 이사야 선지자는 '그는 공의를 베풀며 쇠하지 아니하며 낙담하지 아니하며 세상에 공의를 세우기에 이르리라'(42:3, 4)고 했는데, 이 말은 위의 본문과 서로 연결된다고 보기 때문이다. 그리스도의 이러한 수고로 교회는 이방에 공의를 베풀게 되었고 아버지께서 기뻐하시는 바 되어 '헵시바'라 '뿔라'라고 칭하게 되리라고 했다. '헵시바'는 나의 기쁨이 그에게 있다(my delight is in her)는 말이요, '뿔라'는 결혼한 자라는 뜻이다. 말하자면 불쌍한 과부가 아니라 신랑의 사랑을 받는 자란 말이다(4, 5절).

2. 그로 쉬지 못하시게 하라(6~9절)

이 부분은 "예루살렘이여 내가 너희 성벽 위에 파숫군을 세우고 그들로 종일 종야에 잠잠치 않게 하였느니라"(6절)는 말로 시작한다. 물론 여기 주어 '내가'는 그리스도로 볼 수도 있으나(Handelson) 하나님이라고 봐도 무방할 것이다(Alexauder). 하나님께서는 친히 예루살렘(교회)의 '불 성곽'이 되신다고 했다(슥 2:5).

파수꾼들이 성을 지키지만 하나님께서는 결코 그들에게만 맡기지 않으시고 불 성곽이 되어 친히 그의 백성들을 지키신다. 여호와께서는 주의 종들의 '앞에서 행하시며 뒤에서 호위하시는' 분이다(사 52:12; 미 2:13).

3. 땅 끝까지 반포하시되(10~12절)

이 부분은 "성문으로 나아가라 나아가라 나아가라 백성의 길을 예비하라"는 말로 시작한다. 또 뒤이어 "만인을 위하여 기를 들라"고도 했다. '땅 끝까지' 남은 자를 불러 모으며 외치기를 '네 구원이 네게 이르렀다. 상급과 보응이 네 앞에 있다(11절)! 너희는 거룩한 백성이라! 여호와의 구속하신 자라'(12절)고 반포하라고 했다. 이 말씀은 그대로 하나님의 전진 명령이요 구원의 선포다.

열방이 주 앞에 떨게 됨(63, 64장)

여기 두 장(63, 64장)은 다음에 오는 두 장(65, 66장)과 같이 이사야서의 결론 부분이다.

1. 내 원수 갚는 날이(63:1~6)

유다의 원수인 에돔을 포함하여 세상 나라에 대한 심판을 선포한다. 1절은 "에돔에서 오며 홍의를 입고 보스라에서 오는 자가 누구뇨"라는 질문으로 시작한다. 그러나 곧 뒤이어 "그는 내니 의를 말하는 자요 구원하기에 능한 자라"고 스스로 대답한다(1, 2절). 또 다음 질문은 "어찌하여 네 의복이 붉으며 네 옷이 포도즙 틀을 밟는 자 같으뇨"라고 했는데, 또 스스로 대답하기를 "내가 홀로 포도즙 틀을 밟았는데 내가 노함을 인하여 무리를 밟았고 분함을 인하여 짓밟았으므로 그들의 선혈이 내 옷에 뛰어 내 의복을 다 더럽혔음이니"(3절)라고 했다.

이것은 심판 주로 오시는 그리스도의 모습임이 분명하다. 요한계시록 19:15의 재림주 그리스도의 모습은 이사야의 이 예언이 보여 준 그대로다.

2. 주여 하늘에서 굽어 살피시며(63:7~64:12)

여기서 첫 절(63:7)은 "내가 여호와께서 우리에게 베푸신 모든 자비와 … 긍휼을 따라 이스라엘 집에 베푸신 큰 은총을 말하리라"는 감사의 말로 시작한다. 이 부분은 전체 구속받은 성도들의 감사의 기도다. 그 전체 문장은 아름답고 유창한 시문이다. 전문을 암송할 수 있으면 좋겠다. 재림을 기다리는 성도의 간절한 기도문으로 우리의 심금을 울린다(64장).

새 하늘과 새 땅(65, 66장)

이 두 장은 본서의 최후 결론으로 앞의 두 장에 기록된 성도들의 기도에 대한 하나님의 응답의 말씀이다. 66장은 특별히 새 하늘과 새 땅을 예언하면서(65:17; 66:22), 거기에서 제외되는 자는 누구이며 거기에 영원히 거할 자는 누구인가를 분명히 구별한다.

'새 하늘과 새 땅'의 메시아 나라에서는 우는 소리와 부르짖는 소리가 다시는 들리지 않을 것이고(65:19), "백 세에 죽는 자가 아이겠고 백 세 못 되어 죽는 자는 저주받는 것"이라고 했다. 백성의 수명은 나무같이 길 것이라고도 했다.

이상과 같이 이사야서의 전체 66장은 마치 신구약 성경 66권 전체의 내용을 압축시킨 책이라고 해도 지나친 말이 아닐 것이다. 맨 끝장을 보면 마치 요한계시록의 마지막 부분을 보는 것 같아 흥미롭다.

II. 본문 연구

01

고레스를 통한 이스라엘의 회복

이사야 40~48장 주해와 적용

서론적 고찰

1. 저자의 책의 단일성 문제

몇 세기 동안 비평학계에서는 이사야의 책을 두 권(1~39장, 40~66장)의 책, 혹은 세 권(1~39장, 40~56:8, 56:9~66장)의 책으로 분리하였다.[1] 그들은 제1이사야(1~39장)는 대체로 이사야 시대에, 제2이사야(40~56:8)는 포로 말기 혹은 포로 귀환 초기에, 제3이사야는 포로 귀환 이후에 씌었다고 주장한다. 세 부분은 원래 다른 책이었는데, 후대의 편집자에 의해 마치 한 권의 책인 것처럼 합쳐졌다고 보는 것이다.

그들이 제2이사야를 포로 기간에 씌어진 것이라고 주장하는 데는 바벨론 포로기를 배경으로 하고 있는데다 문체나 주제가 제1이사야와 다르며, 제2이사야에서는 이사야의 이름이 전혀 나타나지 않는 등을 그 이유로 꼽는다.

먼저 이사야서 제2부(40~56:8)가 바벨론 포로기를 배경으로 메시지를 담고 있다는 데는 모든 학자가 동의한다. 그러면 어떻게 해서 갑자기 포로 상황이 나타나는가? 그 이유는 39장에서 바벨론 포로가 예언되었기 때문이다. 병에서 나은 히스기야는 바벨론 사신들을 환영하고 모든 무기고와 보물고를 보여 준 죄를 범하였다(39:2). 하나님은 히스기야의 모든 소유가 바벨론으로 노획되어 갈 것이고, 그의 후손이 바벨론에 포로로 잡혀 가 왕궁의 환관이 될 것

을 예언하셨다(사 39:6~7).[2]

사실 이사야가 살던 주전 8세기에 포로 문제는 현실적인 것이었다. 이사야는 북왕국 사마리아가 함락되고, 이스라엘 사람들이 잔인하게 학살되었으며, 또 포로로 끌려 간 것을 눈으로 본 사람이다. 그런데 남왕국에게도 똑같이 포로로 잡혀 갈 예언이 주어졌다. 이사야에게는 그 예언이 이루어질 것임이 확실해 보였다. 그래서 그는 포로에 있는 사람들에게 현실감 있고 생동감 있게 예언을 할 수 있었던 것이다.[3]

학자들은 제2부에서 이사야의 이름이 언급되지 않음을 지적한다. 그러나 이 문제도 다시 생각해 보자. 선지자가 자신의 이름을 밝힐 때는 그 책이 자신의 작품임을 밝히기 위해서다. 거의 대부분의 선지서들은 책의 시작에서 자신의 이름을 밝힌다. 또 어떤 특별한 사건이 선지자 자신의 삶과 관계가 있을 때 이름을 밝힌다. 이사야서 후반부는 이사야 개인과 관련이 있는 사건이 취급되지 않는다. 따라서 후자의 경우는 해당되지 않는다. 그러므로 책의 첫 시작에서 밝혀진 이름인 이사야는 책 전체에 유효한 것이 되어야 한다.

만약 이사야 40~66장을 주전 6세기의 어떤 선지자가 썼다면, 왜 그가 글의 시작에 이름을 밝히지 않았을까? 만약 포로 귀환을 직접 경험한 선지자가 이 후반부 이사야를 썼다면 그 엄청난 역사적 사건을 경험한 자로서 왜 이름을 남기지 않았을까? 이름이 없다는 것은 오히려 이사야의 저작설을 뒷받침해 준다.

책의 주제나 문체가 다르다는 주장도 현재는 그 힘을 잃고 있다. 비평학자들도 이사야서 전체를 잘 짜여진 통일된 책으로 본다. 클레먼츠(R. E. Clements)는 이사야 66장 전체를 하나의 문학적 전체(a single literary whole)로 보면서, 그것은 잘 계획된 한 권의 책이라고 주장한다.[4] 그는 특히 이사야 39장은 40장과 분리될 수 없도록 연결되어 있다고 강조한다. 그리고 36~39장은 제1부 이사야와 제2부 이사야(40장 이하)를 연결하는 고리 역할을 한다고 주장한다.[5]

정경비평학도 세 권의 이사야서가 서로 연결되어 있음을 찾으려 한다. 차일즈는 최근에 출간된 그의 이사야서 주석에서 이사야 전체의 통일성을 찾는

데 더욱 주력한다.[6] 특히 그가 추구하는 통일성은 정경의 차원에서 이루어진다. 즉 편집자가 마지막 한 권으로 편집한 완성된 형태의 책을 신앙 공동체가 하나님의 말씀(정경)으로 받아들였다는 것이다.[7]

그러나 비평학자들의 이러한 주장은 원래 한 사람(이사야)이 책 전체를 썼다는 의미가 아니다. 클레멘츠와 같은 경우는 원래 후반부 이사야는 후대에 씌어진 전혀 다른 책이었는데, 편집자에 의해 원 이사야(제1이사야)에 덧붙여짐으로써 이사야 책에 편입되었다고 주장한다.[8] 정경비평학의 대표주자 차일즈도 제2이사야서가 주전 7~8세기의 이사야에 의해 씌어졌다는 것은 있을 수 없는 일로 본다. 그는 각 권이 어떤 과정을 거쳤든 결국 마지막에는 하나의 책으로 완성되었다는 데에만 관심을 갖는다. 제2이사야서가 주전 6세기에 씌어진 것이지만, 마지막 편집자가 마치 주전 8세기의 이사야의 책인 것처럼 꾸며서 원 이사야서에 붙여 놓았다는 것이다. 우리에게 주어진 이 마지막 형태의 책은 마치 주전 8세기의 이사야의 것인 양 모양을 갖추고 있으니 그렇게 간주하고 읽으면 된다는 것이다. 그래서 마지막 형태의 그 완성된 하나의 책에서 공통적으로 흐르는 신학 사상을 찾으려 애쓴다.

이상의 비평학자들의 개념은 그 책이 원래 하나의 책으로 씌어졌다는 것과는 다른 차원의 개념이다. 그들이 찾는 신학적 의미는 원래 저자가 쓸 때 주려던 신학적 메시지가 아니라, 마지막 편집자가 하나로 엮을 때 가졌을 수 있는 신학이며, 또한 그것을 하나님의 말씀으로서 완성된 책으로 받아들이는 오늘의 신앙 공동체가 찾을 수 있는 신학이다. 그들은 그것이 원래 어떤 통일성을 가지고 만들어졌는가를 찾기보다는 마지막 완성 때에 담겨졌던 그 신학적 메시지를 오늘날 신앙 공동체가 어떻게 공유할 수 있는가에 관심을 갖는다.[9]

비평학자들에 의하면 제2부 이사야서에 나타나는 포로기와 고레스의 등장, 그리고 포로 귀환 등의 메시지는 이미 경험한 사람이 쓴 것이었는데, 편집자가 마치 이사야가 미래에 대하여 예언한 것처럼 꾸며 놓은 것이 된다. 그들은 성경이 미래를 예언하는 부분을 인정하지 않는다. 실제 성경에 나타나는 미래에 대한 메시지는 그 사건을 경험한 사람이 마치 아직 일어나지 않은 것처럼 꾸민 것에 불과하다.

그러나 이사야 40~48장의 말씀들은 미래에 대한 예언의 문맥에서 주어진다. 하나님은 세상의 지혜자를 불러 과연 미래에 대한 예언을 누가 할 수 있는지 토론해 보자고 하시고(사 41:1~4), 우상들을 불러 누가 미래에 대하여 예언할 수 있는지 소송을 벌여 보라고 외친다(41:21~29). 하나님은 할 수 있는데, 그것은 곧 고레스를 일으켜 바벨론을 정복하고, 이스라엘을 구속할 일이다. 만약 고레스가 등장하는 시리즈가 미래에 대한 예언임이 부정된다면 하나님은 이사야가 그 무능함을 조롱하는 우상처럼 역시 조롱받아야 마땅하다. 자신도 미래를 예언할 수 없는데 우상들에게 미래에 대하여 예언해 보라고 큰소리쳤으니, 그는 다른 우상들보다 도덕적으로 더 열등하다. 그렇게 거짓말쟁이고, 허풍쟁이 하나님을 믿는 우리는 참으로 어리석은 자들이다.

만약 미래에 대한 예언이 부정된다면 이사야서가 주고 있는 메시아 예언들도 부정된다. 이사야서는 메시아 예언으로 가득 찼다. 그러면 예수님이 이사야서를 인용하시면서 그것들이 자신에 대한 예언으로 언급하신 것들도 거짓이 되며, 그와 비슷한 신약의 많은 경우들도 신약 저자가 터무니없이 억지로 끌어들인 것에 불과한 것이 된다(마 3:3; 8:17; 12:17; 막 1:2; 눅 3:4; 4:17; 요 1:23; 12:38; 롬 10:16, 20).

우리는 주전 8세기의 이사야가 100년 후의 일들을 생생하게 예언하는 그 메시지에서 세상의 역사를 친히 주관하시는 하나님, 자기 백성을 결코 잊지 않고 구원하시는 하나님, 그리고 미래에 오실 메시아를 그렇게 생생하게 예언하시는 그 하나님을 찬양한다. '여호와의 종'으로 묘사된 메시아의 예언에서 우리는 700년 전에 이미 예수님의 모습을 그렇게 생생하게 그리고 정확하게 묘사할 수 있음에 놀라게 된다.

2. 제2부 이사야의 중심 메시지

우리는 제2부 이사야에서 구원자로 사용 받는 고레스에 대한 이야기와,

고레스에서부터 바통을 이어받는 여호와의 종은 어떤 분인지, 그리고 그의 고난과 죽음, 부활의 생생한 미래적 예언들을 접하게 될 것이다. 제2부 이사야의 목적은 미래에 있을 포로민들에게 용기와 위로, 그리고 회복을 위한 희망을 주기 위하여 씌어졌을 것이다. 그러나 그의 예언은 단지 포로 귀환만 다루지 않는다. 더 궁극적인 회복, 즉 메시아를 통한 회복까지 외친다.

제2부 이사야는 세 부분으로 나눌 수 있다. 첫째 40장은 서론으로서 회복을 알리는 서곡과 같다. 둘째 41~48장은 고레스를 통한 이스라엘의 해방과 귀환을 알린다. 물론 이 큰 단원에서도 미래의 메시아적 예언이 약간 주어진다. 셋째 49~56:8은 고레스의 바통을 이어받은 '여호와의 종'이 이루는 구속 사역을 다룬다. 물론 여기에도 그 주 배경은 바벨론 포로기이며, 포로 귀환으로 인한 회복의 모습도 간혹 나타난다.

회복을 알리는 팡파르(40장)

이사야 40장은 제2부 이사야(40~56:8)의 서론이라고 할 수 있다. 이 장이 2부 전체를 요약하고 있으며, 또 그 전체를 관장하고 있다. 이사야 40장은 아름다운 시가체로 쓰였을 뿐만 아니라 매우 극적이며, 장엄한 문체와 내용을 담고 있다. 마치 막을 올리기 전에 우렁차게 울려 퍼지는 오페라의 서곡 같다. 그 소리는 전란으로 지친 백성의 심금을 울리기에 충분하다.

40장에서 하나님은 세 가지 중요한 메시지를 전달하고자 한다. 첫째, 포로의 비극적인 상황에 처한 백성을 향한 회복의 메시지다. 이사야는 바벨론 포로에서 돌아올 것을 극적으로 묘사한다. 둘째, 그들의 죄의 문제가 해결된다. 그들이 포로로 잡혀 간 이유는 그들이 범한 죄 때문이었으므로, 이 문제가 풀려나야 그들은 진정한 회복을 맛볼 수 있다. 셋째, 그들이 돌아와서 누리는 안식을 말해 준다. 예루살렘에 돌아온 그들은 하나님의 통치를 받으며, 다시 비참함이 없는 진정한 안식을 누릴 것이다.

1. 광야에서 외치는 소리(1~5절)

1) 본문 주해

(1) 백성을 위로함
먼저 제2부 이사야는 다음과 같이 우렁차게 시작한다.

נַחֲמוּ נַחֲמוּ עַמִּי יֹאמַר אֱלֹהֵיכֶם (나하무 나하무 암미 요마르 엘로헤이켐)
위로하라, 위로하라, 내 백성을!
너희 하나님이 말씀하시니라(1절 사역).

1절과 2절에는 외치는 자들, 즉 전령(傳令)들에게 소리를 발하라고 명령한다. 전령의 소리를 듣는 대상은 이스라엘로서 바벨론에 포로로 있는 백성과 (1절), 또 황폐한 상태로 예루살렘에 남아 있는 자들(2절) 양자를 모두 포함한다.

1절의 "내 백성"은 바벨론에서 오랫동안 노예 생활을 하는 이스라엘 사람들이다. 하나님은 그들을 멀리 쫓아내어 마치 '내 백성이 아닌'(לֹא עַמִּי로암미) 것처럼 내어 버렸다(호 1:9). 그러나 이제 하나님은 그들을 다시 '암미'(עַמִּי 내 백성)라고 부른다. 마치 이집트에서 고난 받은 이스라엘을 "내 백성"이라고 부르는 것과 같다. 이것이 그들에게 가장 큰 위로가 되는 말이었을 것이다.

사실 이사야는 출바벨론에 대한 메시지를 전달하면서 옛 출애굽 구속 역사의 주제를 거의 복사하다시피 한다. 바벨론에서의 귀환은 출애굽(Exodus) 주제의 재현이며, 제2의 출애굽으로 간주된다. 첫 번째 엑소더스에서 하나님은 이집트에서 이스라엘이 부르짖는 고통의 소리를 듣고 구속을 계획하셨다(출 2:23~25). 하나님은 옛날에도 자기의 종 모세를 보내어 구원의 메시지를 전하게 하였다(출 3:7, 10).

이제 이사야서에서 하나님은 포로가 된 자기 백성을 향하여 구원의 메시지를 전하는 전령자를 다시 보내신다. 그들이 하나님의 백성으로 불리는 이상 하나님은 그들을 그곳에 방치해 두지 않을 것이다. 이제 구출 작전이 시작될 것이다. 그래서 전령자들을 보내어 그들을 '위로하라'고 하신다. 이제 그 고역이 끝났음을 알리는 것이다. 전령자들의 메시지는 심장을 찌르듯 우렁차고 날카로운 것으로 크게 올려 퍼질 것이다.

2절에서 하나님의 메시지는 바벨론에서부터 예루살렘으로 향한다.

דַּבְּרוּ עַל־לֵב יְרוּשָׁלַם (디브루 알-레브 예루샬라임)

말하라, 예루살렘의 심장을 향하여!

וְקִרְאוּ אֵלֶיהָ (웨키르우 엘레이아)

부르짖으라, 그것(예루살렘)을 향하여!

כִּי מָלְאָה צְבָאָהּ (키 말레아 체바아하)

실로, 그 복역이 끝났도다!

כִּי נִרְצָה עֲוֹנָהּ (키 니르차 아오나하)

실로 그 죄악이 사해졌도다!

כִּי לָקְחָה מִיַּד יְהוָה כִּפְלַיִם בְּכָל־חַטֹּאתֶיהָ (키 라크하 미야드 야웨 키플라임 베콜-핫토테이하)

실로 여호와의 손으로부터 그 모든 죄의 (값을) 갑절이나 받았도다(2절 사역)!

이스라엘에게 예루살렘은 그 심장부에 해당한다. 왜냐하면 거기에는 하나님의 임재의 장소인 성소(하나님의 보좌를 의미함)가 있으며, 다윗 왕의 보좌가 있는 곳이다. 성전과 다윗 왕위는 이스라엘을 지탱하는 양대 지주(支柱)다. 이스라엘이 포로에서 돌아갈 뿐만 아니라, 예루살렘이 회복되어야 한다. 그곳에 성전이 세워지고 다윗 왕위가 다시 세워짐으로써 진정한 회복이 이루진다고 할 수 있다.

"복역"(צָבָא차바)은 전란(戰亂)을 의미한다. '말레'(מָלֵא)는 '차다' 혹은 '완성하다'이다. 그들이 전쟁으로 인한 복역의 기간이 찼기 때문에 이제 마칠 때가 되었다. 하나님께서 죄의 보상을 이미 배나 받았다고 선언한다. 바벨론의 침입으로 유다와 예루살렘이 황폐해지고 그들이 포로로 잡혀 갔다. 그들이 포로로서 노예 생활의 고통을 당하면서 약 70년이 지나는 동안 하나님은 그 진노를 풀지 않으셨다. 그러나 이제 드디어 하나님이 그들 죄의 대가를 충분히, 오히려 배나 더 받았다고 선언하신다.

이스라엘이 망하고 포로로 잡혀 간 것은 그들의 죄악 때문이다. 따라서 포로에서 회복되려면 먼저 이 죄악이 사해져야 한다. 그래서 하나님은 '실로, 그 죄악이 사해졌도다! 실로, 여호와의 손으로부터 그 모든 죄의 (값을) 갑절이나 받았도다'(2절)!고 선언한다. 죄의 값이 이미 지불되었으므로 포로에서부터 구속이 이루어져야 한다. 그런데 어떻게 죄에 대한 대속이 이루어질 수 있는가? 대속의 개념은 이사야 후반부에 여호와의 종의 고난으로 완성될 것이다. 제2부 이사야 후반부에서 그 문제는 집중적으로 다루어질 것이다.

(2) 광야의 길을 예비함

3절부터는 포로들이 돌아올 길인 광야로 시선을 향한다.

> **"외치는 자의 소리여,**
> **가로되 너희는 광야에서 여호와의 길을 예비하라.**
> **사막에서 우리 하나님의 대로를 평탄케 하라"**(3절).

이번에 하나님은 전령자를 광야로 내어 보낸다. 그를 '부르짖는 소리'라고 부른다. 메시지의 선포자임을 강조한 것이다. 하나님은 그에게 특별한 사명을 주시는데, 길을 준비하라는 것이다. 그는 '소리'로 이 일을 수행할 것이다.

하나님께서는 선지자에게 말씀을 주어 그것으로 큰일을 이루게 하셨다. 예레미야의 입에 말을 주어 그로 열방을 뽑으며 파괴하며 건설하며 심게 하셨다(렘 1:9~10). 또한 에스겔에게 대언하게 하여 마른 뼈들이 모이고 생기가 들어가 살아나게 하셨다(겔 37:7~10). 이제 하나님은 자기의 말을 대언할 자를 광야로 보내어 길을 예비하고 곧게 하라고 한다. 어떻게 그들이 할 수 있는가? 그들은 하나님의 말씀을 받아 대언하면 된다.

하나님은 '소리'에게 "하나님의 대로"를 곧게 하라고 명령한다. 고대에 왕이 행차할 때 길을 준비하는 모습과 같다. 위대하고 큰 왕, 특히 전쟁에서 승리한 왕이 지나는 길이니 더 잘 준비해야 한다. 이 왕이 지나는 길에 어떠한 장애도 있어서는 안 된다. 바로 최고의 왕이신 하나님이 위용을 갖추고 거기를 지나갈 것이다.

전령자가 광야에서 외침으로써 광야에 길이 생기고, 산이 낮아지며 골짜기가 메워진다. 포로들이 순탄하게 돌아올 수 있도록 길을 닦고 준비하는 것이다. 광야의 길이 강조되는 것은 출애굽의 주제를 부각시키기 위함이다. "내가 광야에 길과 사막에 강을 내리니 장차 들짐승 곧 시랑과 및 타조도 나를 존경할" 것이라고 말한다(43:19하~20). 짐승들은 사막의 지리를 잘 안다. 거기에는 길도 없으며 물도 없는 곳임을 안다. 그런데 갑자기 물이 흐르고 길이 생긴다. 의아해서 보는데 여호와의 영광이 앞서고 그의 백성이 뒤따라 행진하는 모습을 본다. 그래서 사막의 모든 육체(사람과 짐승들을 다 포함)가 여호와를 존경할 것이라고 한다. 출애굽 주제의 강력한 증거는 '여호와의 영광'이 사용된 것이다.

וְנִגְלָה כְּבוֹד יְהוָה וְרָאוּ כָל־בָּשָׂר יַחְדָּו (웨닉라 케보드 야웨 웨라우 콜 바사르 야흐다우)
여호와의 영광이 나타나고, 모든 육체가 그것을 함께 보리라(5절)!

"여호와의 영광"은 하나님 임재의 다른 표현이다. 여호와의 영광은 출애굽 때에도 강하게 부각된 이미지다. 여호와의 영광이 시내 산에서 구름 가운데 나타났으며(출 24:16, 17), 그 후에 성막으로 옮겨서 자리를 잡았다(29:43; 40:34, 35, 38). 여호와의 영광이 상징하는 구름이 성막 위로 떠올라서 광야의 이스라엘을 인도하여 갔다(출 40:36~37; 민 9:19~22). 출바벨론에서 제2의 엑소더스의 모습을 볼 수 있다. 하나님의 영광이 그들을 다시 인도하고, 그 뒤에 이스라엘이 지나간다. 물이 없던 사막에서 물이 나오고 강이 흐른다. "모든 육체"(짐승들까지)가 이스라엘의 행진을 보고 부러워한다.

2) 설교를 위한 적용

성경에는 엑소더스라는 큰 주제가 계시 역사를 주도하고 있다. 첫 번째 엑소더스는 두 번째 엑소더스의 모형이 되고, 두 번째 것은 세 번째 것의 모형이 된다. 신약에서 엑소더스의 이미지가 다시 나타난다.

요한복음은 예수님이 세상에 오심을 다음과 같이 묘사한다.

> **"말씀이 육신이 되어 우리 가운데 거하시매**(dwelt among us) **우리가 그 영광을 보니 아버지의 독생자의 영광이요 은혜와 진리가 충만하더라"**(요 1:14).

요한은 이 구절에서 두 가지 개념을 도입함으로써 옛 출애굽의 이미지를 부각시킨다. 첫째, 성막의 이미지다. 14절에서 '거하다'는 말의 헬라어 '스케노오'(σκηνόω)는 '천막을 치다'라는 말이다. 출애굽 때 성막에 하나님의 영광이 임하는 모습이다. 영어번역 성경 중 YLT(Young's Literal Translation)는 이 단어를 아예 'tabernacle'(성막)로 번역한다. 출애굽 때 하나님께서 성막에 임재하심으로 이스라엘 백성 중에 계셨다. 그런데 신약에서 이제 제2위 하나님이신 성자께서 백성 중에 거하기 위해 이 땅에 성막을 치시고 내려오셨다.

두 번째 엑소더스의 개념은 '영광'이다. 출애굽 때 하나님의 영광이 성막에 임재하심으로써 이스라엘 백성을 인도하였다. 백성은 구름을 통하여 하나님의 영광을 쳐다보았다. 출바벨론에도 하나님의 영광이 백성을 인도하였다. 신약에서 하나님은 아들로서 장막을 치고 그 영광(δόξα독싸)을 드러내셨다. 백성들은 독생자를 통하여 하나님의 영광을 본다.

출애굽의 이미지를 도입하고 있는 요한은 하나님의 영광이 백성들 중에 장막을 치고 나아가는 길을 준비할 전령자를 등장시킨다. 바로 세례 요한이다. 요한복음 1:14에 이어 15절은 "요한이 그에 대하여 증거하여 외쳐 가로되…"로 시작된다. 하나님은 자신이 가는 길을 전령자를 보내어 준비시키신 것이다. 사람들이 요한에게 "너는 누구냐?"고 물었다. 요한은 대답하였다. "나는 선지자 이사야의 말과 같이 주의 길을 곧게 하라고 광야에서 외치는 자의 소리로라"(23절). 모든 복음서는 이사야의 글을 인용하면서 세례 요한에게 적용시킨다.

> "선지자 이사야의 책에 쓴 바 광야에 외치는 자의 소리가 있어 가로되 너희는 주의 길을 예비하라 그의 첩경을 평탄케 하라 모든 골짜기가 메워지고 모든 산과 작은 산이 낮아지고 굽은 것이 곧아지고 험한 길이 평탄하여질 것이요, 모든 육체가 하나님의 구원하심을 보리라 함과 같으니라"(눅 3:4-6, 참고 마 3:3; 막 1:2-5; 요 1:23).

'이사야'의 기사는 실제의 산, 강, 계곡에 대한 말이다. 이스라엘이 오는 길을 평탄케 하기 위해 하나님이 전령자를 보내는 모습이다. 이것을 신약에서는 비유적으로 채택하여 전령자(세례 요한)가 앞으로 오실 메시아를 위해 백성들의 교만한 마음 등이 낮아지고 닦여서 그를 맞이할 준비를 해야 함으로 교훈을 주고 있다.

신약은 출애굽 때의 이스라엘을 '광야 교회'라고 부른다(행 7:38). 그것은 옛 출애굽, 그리고 출바벨론의 모습이 신약 시대의 교회의 모습과 유사하기 때문이다. 옛 엑소더스에서 그들은 고난의 땅을 출발하여 약속의 땅을 향하여 나아갔다. 신약 교회도 하나님의 영광으로 장막을 치고 나타나신 예수님이 성도들을 이끌고 옛 터전에서 출발하여 저 영광스러운 하나님 나라를 향하여 출발하고 있다. 하나님은 광야의 백성에게 물을 주셨고, 또한 만나 같은 먹을 것을 주셨다. 오늘날 교회에도 예수님은 필요한 것들을 공급해 주실 것이다. 그리고 구름으로 더위에서, 또 불로 추위에서 교회를 안전하게 보호해 주실 것이다.

오늘날 교회는 거친 광야를 지나는 하나님 백성으로서의 행군을 하고 있음을 기억해야 한다. 우리는 주님을 따라가는 광야의 순례자다.

2. 바벨론을 무너뜨림(6~8절)

1) 본문 주해

출바벨론을 위한 가장 큰 걸림돌은 거대한 바벨론 제국이다. 바벨론에서 탈출하기 위해서는 그 제국이 무너져야 한다. 하나님은 이번에는 바벨론에 보내어 '외치라'로 명령한다.

> "말하는 자의 소리여(קוֹל אֹמֵר 콜 오메르) 가로되 외치라!
> 대답하되 내가 무엇이라 외치리이까
> 가로되 모든 육체는 풀이요 그 모든 아름다움은 들의 꽃 같으니"(6절).

본 절에서 전령자로 부르지 않고 "말하는 자의 소리"라고 함으로써 그의 인격보다는 말에 무게를 싣고 있다. 그가 외치는 것은 소리로서 끝나지 않는다. 그의 말은 하나님의 말씀이므로 능력이 있으며, 그것으로 성을 무너뜨릴 수도 있다.

전령자는 "내가 무엇이라 외치리이까"라고 반문한다. 이것은 전령자가 여호와의 회의에 참여하고 있음을 알 수 있다. 이 전령자는 단수다(1절에 복수가 사용되었던 것과 비교할 것). 하나님은 그가 발할 말을 그의 입에 넣어 준다. '풀은 마른다'는 외침이다(7절).

이 풀은 누구 혹은 무엇을 비유적으로 표현한 것일까? 이 단원은 이스라엘의 회복을 논하고 있음에 유의해야 한다. 그럼 누구를 향한 어떤 메시지일까? 7절에서 "이 백성"이라고 부르는 것을 보아서 분명 특정한 민족 혹은 나라를 향한 메시지로 보아진다. 이스라엘의 회복과 관련되었고, 한때는 꽃과 같이 아름다웠다가 곧 시드는 것은 바벨론이 가장 알맞다. 앞에서 전령자는 사막을 향하여 외쳤으므로 산이 낮아지고 골짜기가 메워졌을 것이다. 이제 바벨론을 향하여 외치라고 하신다. 풀과 꽃과 같이 한때 바벨론에 싱싱한 전성기가 있었지만, 언젠가는 시들고 만다. 그것은 모든 인생(짐승까지도 포함)에게 예외 없이 해당된다. 바벨론과 그 백성도 거기에서 예외가 될 수 없다. 이제 바벨론에 그때가 다가왔다.

뜨거운 바람에 의해서 풀은 더 빨리 마른다. 바벨론에 여호와의 바람(רוח 루아흐)이 불어 빨리 마르게 될 것이다. "풀은 마르고 꽃은 시듦은 여호와의 기운(רוח יהוה 루아흐 야웨)이 그 위에 붊이라"(7절). 루아흐는 영 혹은 바람이다. 일반적으로 '여호와의 루아흐'(루아흐 야웨)는 '여호와의 영'으로 번역되나, 여기서는 '여호와의 바람'으로 번역하는 것이 좋다. 사막의 풀이 바람에 의해 마르듯이, 사막에 솟아 있는 위대한 왕국 바벨론도 여호와께서 보내는 바람에 의해 맥없이 무너질 것이다.

본문은 풀과 하나님의 말씀을 대조시킨다. "풀은 마르고 꽃은 시드나 우리 하나님의 말씀은 영영히 서리라 하라"(8절). 하나님의 말씀은 결코 시들어 버리는 풀과 같지 않다. 한때 바벨론은 그 어떤 권위자보다 높았다. 주전 4세기경의 역사학자 헤로도토스가 묘사하는 바벨론 도성의 모습은 난공불락(難攻不落)의 성처럼 보인다. 성벽이 어찌나 두터웠던지 성벽 위에서 마차 6대가 한꺼번에 지나갈 정도였다고 한다. 한창 바벨론이 꽃처럼 피어날 시절에 "꽃은 시든다"고 하나님의 말씀이 선포되었다. 과연 하나님의 말씀이 맞을까? 저렇게 우뚝 솟은 도성과 하나님의 말씀을 비교한다면 어느 것이 더 든든할까? 어느 것이 무너질 것인가? 그러나 하나님은 자신 있게 말씀하신다. 바벨론 성은 무너질 것이고, 이것을 선포한 여호와의 말씀은 굳게 설 것이라고.

실제의 역사는 이것을 증명해 준다. 고레스 군대가 성을 포위했을 때 벨사살(바벨론 마지막 왕 나보니두스의 아들이며 당시 섭정으로 다스리고 있었음) 왕은 준비한 신년 축제를 계속 진행하라고 선포한다. 성은 무너질 수 없다는 자신감에 가득 차 있었던 것이다. 그러나 그날 밤 손가락이 나타나 벽에 쓴 글씨처럼 성은 무너졌고, 고레스가 그 보좌에 앉았다(단 5:30~31). 여호와의 말씀은 쓰러짐이 없다. 바벨론이 망할 때 그들이 섬기던 벨과 느보 신도 그들을 도와주지 못할 것이다(46:1이하).

3. 왕의 귀환(9~11절)

1) 본문 주해

높은 산에 오르라, 너 소식을 전하는 자여!
예루살렘에 소식을 전하는 자여, 소리를 힘써 높이라!
두려워 말고 소리를 높여 유다의 성읍들에 말하라!
"보라, 너희 하나님을"(9절 사역)!

이번에는 전령자를 예루살렘으로 보낸다. 예루살렘과 유다의 온 성읍이 다 듣도록 높은 곳에 올라서 크게 외치라고 한다. 그 외침은 '보라, 너희 하나님을!'이다. 일전에 하나님은 성전에서 나와 동쪽 문을 지나 감람산에 잠시 머물렀다가 멀리 동방을 향하여 떠나셨다(겔 10:18~19; 11:22~24). 여호와께서 떠나심으로 성을 적에게 내어 주었다. 이제 그 하나님이 돌아오신다. 전령자에게 이 사실을 알리라고 하신다.

자신의 처소로 돌아오시는 여호와에 대하여 본문은 두 가지 이미지로 묘사한다.

(1) 왕의 이미지

전령자가 보냄을 받은 예루살렘의 현재 처지는 폐허가 된 상태다. 하나님의 영광이 버리시고 떠나심으로써 성은 오랫동안 황폐한 채로 남아 있었다. 그곳은 마치 겨울에 홀로 남은 과수원 원두막과 같이 황량하다(1:6). 그런데 이렇게 잠자고 있는 예루살렘을 향해 전령자가 높은 곳에 올라가서 있는 힘을 다하여 외친다. "보라, 여호와를!" 떠나셨던 여호와가 갑자기 그들 앞에 나타나신다.

"보라 주 여호와께서 장차 강한 자로 임할 것이요 친히 그 팔로 다스리실 것이라"(10절). '팔'은 능력을 의미한다. 대적에게 농락당하였던 예루살렘과 유다는 다시 하나님이 통치하시는 나라로서 회복된다.

이 구절은 이사야 52:7~10의 것과 일치한다. 52:7은 다음과 같이 노래한다.

어찌 그리 아름다운고,
산을 넘어서 오는 소식을 전하는 발이여!
평화를 말하며,
좋은 소식을 전하는구나!
구원이 이르렀다고 선포하면서,
시온을 향하여 이르기를
"너의 하나님께서 통치하신다" 하는구나(52:7 사역).

전령자가 산을 넘고 뛰어오면서 예루살렘을 향해 "너의 하나님이 통치하신다"라고 외친다. 그 소식은 실의에 찬 예루살렘 주민들에게 복음이다. 그래서 그 전령자의 발이 아름답게 보인다.

52:8에는 전령자의 소식을 들은 파수꾼이 성을 향하여 이 말을 크게 전한다. 그 외침을 들은 성 안의 사람들이 일제히 함성을 지르며 뛰쳐나가니, 성문에서 시온으로 돌아오는 여호와와 마주쳐 대면한다. 정말 극적인 장면이 아닐 수 없다. 마치 8·15 해방을 맞아 거리로 태극기를 흔들며 뛰쳐나가는 사람들의 모습과 같다. 바벨론 포로 귀환을 백성들이 돌아오는 것으로 묘사하는 것이 아니라, 여호와께서 자기의 도성으로 돌아오는 것으로 묘사한다. 예루살렘이 귀환민들에 의해 복구되는 것이 아니라, 여호와의 통치가 다시 시행됨으로써 회복이 이루어진다.

다시 40장 본문으로 돌아가서, 여호와께서는 자기의 도성으로 돌아오시는데, 마치 전쟁에서 돌아오는 개선 왕처럼 묘사된다. 그는 노획물들을 싣고 와서 공로에 따라 백성들에게 나누어 준다. 10절은 "보라 상급이 그에게 있고 보응이 그 앞에 있으며"라고 노래한다. 여기서 상급(שָׂכָר 사카르)과 보응(פְּעֻלָּה 페울라)은

승리한 전사(戰士)가 본국에 돌아와서 노획물과 받은 공물을 나누어 주는 것에 적합한 묘사다.[10]

이사야가 옛 출애굽의 구속 역사를 계속 따라가고 있음을 여기서도 확인할 수 있다. 우리는 출애굽의 목표점이 어디(혹은 무엇)인지를 바로 이해할 필요가 있다. 출애굽 사건에서 하나님은 그들을 인도해 낸 것은 그들이 하나님의 산에서 하나님께 예배하게 하기 위함임을 밝힌다.

> "하나님이 가라사대 내가 정녕 너와 함께 있으리라 네가 백성을 애굽에서 인
> 도하여 낸 후에 너희가 이 산에서 하나님을 섬기리니 이것이 내가 너를 보낸
> 증거니라"(출 3:12).

그들이 하나님을 섬기러 가는 제1차 목표지점은 시내 산이었다. 왜냐하면 하나님의 임재가 있는 곳이기 때문이다. 그러나 궁극적인 목표지점은 여호와의 기업의 산, 즉 예루살렘이다(참고 출 15:17). 이 점에서 볼 때 여호수아의 가나안 정복이 출애굽의 종결이 아니다. 출애굽의 최종점은 여호와께서 자신의 기업의 산에 들어가시는 것이 되어야 한다. 이 완성은 다윗이 법궤를 예루살렘으로 옮겨올 때에 이루어졌다.

시편 68편은 법궤를 옮겨올 때의 장면을 장엄하게 묘사한다. "하나님이여 저희가 주의 행차하심을 보았으니 곧 나의 하나님, 나의 왕이 성소에 행차하시는 것이라 소고 치는 동녀 중에 가객은 앞서고 악사는 뒤따르나이다"(시 68:24~25). 그런데 자기의 도성 예루살렘으로 입성하실 때의 하나님은 전쟁에서 돌아오는 승리의 왕으로 묘사된다.

> "하나님의 병거가 천천이요 만만이라 … 주께서 높은 곳으로 오르시며 사로
> 잡은 자를 끌고 선물을 인간에게서, 또는 패역자 중에서 받으시니 여호와
> 하나님이 저희와 함께 거하려 하심이로다"(시 68:17~18).

출애굽 때 하나님은 이집트를 무찌르고 나오셨다. 그리고 도중에 여러 나라들을 쳐부수었고, 가나안의 일곱 족속들을 다 무찔렀다. 이러한 전쟁을 치르신 하나님이 자기의 군사(천군천사)를 거느리고 노획물을 잔뜩 싣고 자기 도성으로 들어오는 것이다. 도성에 들어온 왕은 전쟁에서 공을 세운 순서대로 선물을 하사할 것이다.

(2) 목자의 이미지

예루살렘에 돌아오시는 여호와의 두 번째 이미지는 목자다. "그는 목자같이 양 무리를 먹이시며 어린 양을 그 팔로 모아 품에 안으시며 젖먹이는 암컷들을 온순히 인도하시리로다"(11절). 구약성경에 목자는 자주 왕을 위한 비유로 사용되었다(삼하 5:2; 22:17; 대상 11:2; 렘 3:15; 10:21; 22:22; 23:1, 2, 4; 겔 34:2, 5, 7, 8, 12; 슥 10:2; 11:5 등). 여호와의 목자 이미지는 성경 여러 곳에서 나타난다. 대표적인 구절이 시편 23편이다.

> "여호와는 나의 목자시니 내가 부족함이 없으리로다 그가 나를 푸른 초장
> 에 누이시며 쉴 만한 물가으로 인도하시는도다"(시 23:1~2).

성경은 여호와가 직접 목자의 상으로 나타나지만, 미래의 메시아도 자주 목자로 나타난다(참고 겔 34:23; 슥 11:4~14; 그 외에 슥 13:7; 렘 3:15; 23:4; 31:10). 왕과 목자의 이미지, 그러나 원래는 하나님 자신의 모습이었다. 그러나 그것은 또한 메시아를 통하여 실현될 것이다.

2) 설교를 위한 적용

첫째, 다시 엑소더스는 계시 역사의 중요한 주제임을 확인한다. 출애굽 때 하나님은 이집트를 쳐부수고 백성들을 인도하여 내었다. 열 가지 재앙은 모두 이집트 신에 대한 징계였다. 첫 번째 재앙에서 강의 신 하피를 쳐서 피로 변하게 했으며, 아홉 번째에는 태양신 레를 쳤으며, 열 번째 재앙에서는 그들

에게 생명을 준다는 아몬과 같은 신을 쳤다. 그리고 마지막으로 이집트 군대를 홍해에서 쳐부수었다. 출바벨론에서도 마찬가지였다. 하나님은 바벨론을 무너뜨리고 자기 백성을 이끌고 탈출하셨다. 마르둑과 같은 바벨론 신들은 그들을 도와주지 못했다.

신약 시대에 예수님이 엑소더스를 하려고 하신다. 누가복음 9:29~31에 예수님이 "기도하실 때에 용모가 변화되고 … 모세와 엘리야가 영광 중에 나타나서 … 별세하실 것을 말씀할새…"라고 말하는데, '별세'라고 번역된 헬라어 '엑소도스'(ἔξοδος)는 '길을 떠나다'로서, 바로 출애굽 때 사용된 그 단어다. 예수님은 마귀를 쳐부수고 부활하셨고, 또 승천하셔서 하나님에게 권세와 영광을 받으셨다.

그런데 우리에게는 마지막 엑소더스가 남아 있다. 마지막 종말 때에 성도들에게 엄청난 환난이 있을 것이다(단 12:1 이하). 그 환난은 적그리스도가 세상을 정복하고 기독교를 말살하려는 음모에서 이루어진다(계 13장). 그들은 아마겟돈이라는 최후의 전쟁을 일으킨다(계 16장). 이 전쟁의 마지막에 예수님이 등장한다. 요한계시록 19:11 이하에서 예수님은 백마를 타고 피 뿌린 흰옷을 입고 오신다. 그의 입에서 이한 검이 나오고, 그것으로 만국을 치신다. 그리고 자기 백성을 구출하여 왕국으로 인도하여 갈 것이다. 마지막 엑소더스가 이루어지는 극적인 장면을 우리는 기대한다.

둘째, 엑소더스 때마다 백성들이 선물을 안고 출발하였다. 출애굽의 엑소더스에서 이스라엘 사람들은 애굽 사람들이 주는 선물들을 받고 출발하였다(출 3:21~22; 12:36). 바벨론 포로에서 돌아오는 이스라엘 백성들도 많은 재물들을 가지고 나온다(스 1:4~11).

신약 시대 예수님의 엑소더스에서도 예수님이 백성에게 선물을 나누어 주신다. 에베소서 4:7에 "우리 각 사람에게 그리스도의 선물의 분량대로 은혜를 주셨다"고 하였는데, 그 선물을 주시는 장면을 8절에 "그러므로 이르기를 그가 위로 올라가실 때에 사로잡힌 자를 사로잡고 사람들에게 선물을 주셨다 하였도다"라고 시편 68:18을 인용한다. 바로 법궤가 예루살렘으로 옮겨질 때

부른 노래에 있는 말이다.

예수님의 엑소더스 때 무슨 선물을 백성에게 주었는가? 11~12절에서 그 선물 목록을 말하는데, 목사와 교사, 혹은 복음 전하는 자로, 은사를 주시고, 이는 성도를 온전케 하며 봉사의 일을 하게 하는 일들이다. 바로 오늘 우리가 속해 있는 이 교회의 직분들이다. 교회는 주님이 싸워 획득한 나라다. 여기에 세움을 입은 각 직분자들, 각 봉사자들은 승리의 왕으로부터 각기 은사에 따라 나누어 받은 선물이요 하사품이다. 교회가 얼마나 귀한지, 그리고 교회에서 봉사하는 직분이 얼마나 값진 선물인지 알아야 한다.

최후(종말)의 엑소더스 때에도 성도들은 많은 선물을 차지할 것이다. 구약에서 마지막 전쟁 이후에 회복된 시온(예루살렘 성)에 열방이 선물들을 가지고 들어올 것을 묘사한다(60장; 학 2:6~8). 특히 이사야 60장에 묘사된 그 장면이 계시록에도 나타난다. "만국이 그 빛 가운데로 다니고 땅의 왕들이 자기 영광을 가지고 그리로 들어오리라 … 사람들이 만국의 영광과 존귀를 가지고 그리로 들어오겠고"(계 21:24, 26). 바로 천년왕국적인 모습이다.

셋째, 구약에서 하나님과 메시아가 자주 목자로 묘사되었는데, 이러한 목자상은 신약에서 예수 그리스도를 통하여 이루어졌다. 예수님은 친히 자신을 "선한 목자"라고 말씀하신다. "나는 선한 목자라 선한 목자는 양들을 위하여 목숨을 버리거니와"(요 10:11, 참고 10:14, 16).

목자의 역할은 첫째, 양을 적으로부터 보호해 준다. 이를 위해 목자는 자기 목숨까지도 버린다.

둘째, 목자는 양을 먹여 준다. 목자는 양을 이끌고 먹을 것이 많은 풀밭과 물가로 인도한다. 왕—목자의 메시아 이미지는 전쟁이 없는 평화와 풍성한 소산을 백성들에게 제공한다. 이러한 상황이 파라다이스다. 오늘도 예수님은 우리의 왕—목자가 되셔서 우리에게 그러한 평화와 풍성함을 제공해 주실 것이다. 그러나 이 선한 목자상은 재림 이후에 있을 하나님의 나라에서 궁극적으로 완성될 것이다.

"이는 보좌 가운데 계신 어린 양이 저희의 목자가 되사 생명수 샘으로 인도
하시고 하나님께서 저희 눈에서 모든 눈물을 씻어 주실 것임이러라"(계 7:17).

왕과 목자의 이미지, 그러나 원래는 하나님 자신의 모습이었다. 그러나 그
것은 또한 메시아를 통하여 실현되었으며, 또한 마지막 완성되는 하나님의
나라에서 최종적으로 완성될 것이다.

4. 구원자이신 하나님의 능력(40:12~31)

1) 본문 주해
앞에서 하나님은 이스라엘에 대한 출바벨론 구속의 계획을 발표하셨다.
그런데 이러한 말은 사람의 눈으로 보기에 황당하기 그지없을 것이다. 우상
들조차도 가당치 않은 말이라고 비웃을 수도 있다. 그들은 '여호와가 누구기
에 이런 일을 할 수 있단 말인가?'라고 반문할 것이다. 마치 바로가 '여호와가
누구관대 내가 그 말을 듣고 이스라엘을 보내겠느냐?'라고 대답한 것과 같다.
하나님은 그러한 자들에게 도전장을 던진다. 먼저 사람들에게, 그리고 다음
으로는 우상들에게 자신은 그런 일을 하기에 합당한 분이심을 변론한다.

(1) 하나님이 사람의 지혜에 도전함(12~17절)
먼저 하나님은 자신의 계획에 대하여 비판할 가능성이 있는 자에게 서로
의 지혜와 능력을 겨루어 보자고 도전장을 낸다.

"누가 손바닥으로 바다 물을 헤아렸으며 뼘으로 하늘을 재었으며 땅의 티
끌을 되에 담아 보았으며 명칭으로 산들을, 간칭으로 작은 산들을 달아
보았으랴"(12절)!

하나님의 계획을 비웃는 자가 있으면 '손바닥으로 바닷물을 측량해 보았는

가? 뼘으로 하늘을 재어 보았는가? 티끌을 되로 재어 보았는가? 산의 무게를 달고 언덕을 달아 보았는가?'라고 물으신다. 그것조차 재어 볼 수 없는 인간이 어찌 하나님의 그 크신 뜻을 측량할 수 있는가?

13절에 "누가 여호와의 신을 지도하였으며"에서 지도하다는 말 '타칸'(תכן)은 앞에서 티끌을 되로 '재다'라는 단어와 같다. 따라서 '누가 여호와의 뜻을 측량할 수 있겠는가?'(참고 공동번역)라는 의미다. 그러니 그들은 하나님의 계획에 대하여 왈가왈부할 자격이 없다. 사람이 하나님의 계획과 책략을 평가하기란 불가능하다.

열국이 아무리 천하를 정복할 힘이 있다고 하나 그것들은 하나의 티끌에 불과하다(15절). 그들을 포함한 모든 것을 만드신 그분의 사역에 대하여 누가 감히 변론할 수 있겠는가(21절)? 하나님이 일으키시는 구원 계획은 사람이 상상할 수도 없고, 측량할 수도 없는 엄청난 사건이다. 레바논 수풀의 짐승들이 아무리 무수하다 할지라도 그것들은 다 합쳐도 하나님께 번제드릴 제물로도 모자라고, 레바논의 백향목이 아무리 무성하다 할지라도 번제를 위한 화목으로도 부족하다(16절). 이 세상의 그 어떤 권위도 하나님에게 감히 도전할 수 없다.

여태까지 이스라엘은 열방에 의해 좌지우지되었다. 열방의 제국에 의해 멸망당했으며, 열방의 제국에 포로로 끌려갔다. 그러나 하나님이 이스라엘을 향한 구원을 계획할 때 열방은 하나님에게 감히 도전할 어떤 가치도 없다. 17절에 그들의 무력함을 표현하기 위해 세 가지 단어가 사용되었다. '아인'(אין)은 '없음'이며 '메에페스'(מאפס)는 '없는 것보다 못함'이며 '토후'(תהו)는 '빈 것'에 해당한다(참고 창 1:2). 그들이 하나님과 비교될 때 아무것도 아니며, 없는 것과 같다(17절). 따라서 하나님이 하시고자 하는 일에 그들의 방해는 아무 걸림돌이 되지 못한다.

(2) 하나님이 우상의 능력에 도전함(18~20절)
세상을 향하여 자신의 능력을 과시한 여호와는 이제 우상들을 향하여 도

전쟁을 던진다. 하나님의 지혜는 그 어떤 형상(우상)과도 비교될 수 없다(18절). 우상은 사람이 만든다(9절). 부자는 장인(匠人)을 시켜 금속을 부어 만들어 금으로 입히기도 하며, 은을 두르게도 한다(19절). 가난한 자는 좋은 나무를 택하여 장인에게 우상을 만들어 달라고 부탁한다(20상절).

그런데 그 만든 나무는 어떠한가? 그 나무는 고작 땔감으로 사용될 것들이다. 사람은 그것을 가지고 자기 몸을 더웁게도 하고, 때로는 그것으로 불을 피워 떡을 굽기도 하던 것을, 우상을 만들고 그 앞에 부복하기도 하며 숭배한다(44:15). 그 우상은 사람이 못질을 잘 하여 세워 주지 않으면 스스로 서 있지도 못해서 넘어지고 만다(20절). 사람은 못질 해서 세워 주지 않으면 스스로 서 있을 수도 없는 그런 우상에게 자신의 장래를 의뢰한다.

제2부 이사야에서 우상의 무능력을 반복하여 지적한다. "목공은 금장색을 장려하며 마치로 고르게 하는 자는 메질군을 장려하며 가로되 땜이 잘 된다 하며 못을 단단히 박아 우상으로 흔들리지 않게 하는도다"(41:7). 그렇게 조각하여 만들어 놓은 우상에게 절하며 그들은 "우리의 신이라"고 부른다(42:17). 우상을 만든 자가 누군가? 한치 앞도 볼 수 없는 사람들이다(44:10). 무능한 사람이 자기보다 못한 조각품을 만들어 놓았으니 그것이 어찌 하나님과 비교될 수 있겠는가?

다시 한 번 이사야 40장은 제2부 이사야의 서론임을 상기하자. 여기서 도입된 우상에 대한 하나님의 도전은 제2부 이사야 전반에 걸쳐서 계속 발전한다(45:20; 46:1; 57:13).

(3) 하나님은 천지를 창조하신 주시다(21~26절)

하나님은 세상의 그 어떤 신과도 다르신 분이다. 21절에서 하나님은 백성들에게 하나님에 대하여 어떻게 배웠는지를 반문한다. 이 하나님에 대한 지식은 태초부터 배운 진리다. 바로 창조 신앙이다. 그는 땅 위의 궁창에 앉으신 분이다(22상절). 그는 자신의 거처를 위해 하늘을 차일(커튼)같이 펴시고, 천막을 두르셨다(22하절). 그러한 하나님과 비교되는 사람은 메뚜기에 불과하다

(22중절). 그에게 귀인(貴人)은 아무것도 아니며(אין아인은 존재 자체를 부정하는 의미임), 세상의 통치자(שׁפט샤파트는 재판자를 의미함)도 헛될(תהו토후는 빈 것을 의미함) 뿐이다(23절).

하나님은 그 권력자들을 세우거나 폐할 수 있다(단 2:21; 4:17, 32; 5:21). 세상의 귀인이나 군왕들은 하나님에 의해 심기웠고, 하나님에 의해 부르심을 받았으며, 또한 하나님에 의해 제거될 것이다(24절). 거룩하신 자 하나님은 세상을 향하여 부르짖는다. "그런즉 너희가 나를 누구에게 비기며 나로 그와 동등이 되게 하겠느냐 하시느니라"(25절).

하나님은 우주적인 통치자시다. 하나님은 여러 신들 중의 하나처럼 한 지역의 신이 아니시다. 스랍들이 "그 영광이 온 땅에 충만하도다"라고 외친다(6:3). 이 우주적인 주권은 이사야서 전반에 걸쳐 나타난다. 여호와는 모든 세상 나라를 주관하시는 분이다. 이스라엘의 하나님은 자신의 계획을 이루기 위해 나라들을 움직이신다. 이 계획은 온 세상을 포함하며, 이를 위한 그의 손길은 모든 나라에 미친다(14:24, 26). 하나님은 자신의 계획을 이루기 위해 바벨론을 사용하여 앗수르를 넘어뜨리셨으며, 또 메대-페르시아를 사용하여 바벨론을 무너뜨릴 것이다. 누가 이 하나님과 감히 비교될 수 있겠는가?

그의 우주적 통치는 그가 온 세상을 창조하셨다는 사실에 근거한다(26절). 특히 26절은 천지창조에서 하나님의 정밀하심과 능력을 드러낸다. '만상'의 히브리어 '차바'(צבא)는 창조 기사에서 역시 나타났다. "천지와 만물이 다 이루니라"(창 2:1). 이때 만물(צבא차바)은 하늘과 땅에 있는 모든 존재, 즉 영적인 것과 육체적인 것을 모두 포함한다. 하나님이 그것들을 있어야 할 자리에 두시고, 제 역할을 하게 하실 뿐만 아니라, 그 '이름'을 부르셨다고 말한다(26중절). 이렇게 자상하신 창조주의 모습을 시편에서도 증언한다. "저가 별의 수효를 계수하시고 저희를 다 이름대로 부르시는도다"(시 147:4).

저 하늘의 별은 인간의 능력으로는 도저히 셀 수가 없다. 그러나 하나님은 그것을 일일이 계수하실 뿐만 아니라 그 이름까지 다 붙이셨다. 그의 창조는 그 웅대함에서 놀랄 뿐만 아니라, 작은 부분에까지 세밀하심에도 놀랍다. 그 모든 것들이 각각 제 기능을 하게 창조되었다. 그 어느 것 하나 빠진 것 없이 완벽하게 조화를 이룬다(26하절).

이스라엘의 하나님은 과연 놀라우신 분이다. 그는 영원하신 하나님이시며, 땅 끝까지 창조하신 분이다(28절). 땅을 만드시고 사람을 창조하시고 하늘의 군상들을 호령하시는 그 여호와께서 메대-페르시아 왕국의 고레스를 불러 세울 것이다(45:9, 12~13). "온 땅"이 이스라엘 하나님의 영광으로 가득 찬 것처럼, 이스라엘의 창조자는 "온 세상의 하나님"으로 불릴 것이다(54:5). 이런 하나님이 이스라엘을 구원하려 하신다.

(4) 이스라엘을 구원하심(27~31절)

세상 왕들과 우상들에게 자신의 구원 계획에 대하여 논쟁을 벌이신 여호와께서 이제는 자기 백성 이스라엘을 향한다. 이스라엘은 하나님께서 자기들의 원통함을 들어 주시지 않는다고 불평한다(27절). 그들은 '과연 하나님이 자신들을 구원하실 수 있는 분인가?'라고 질문한다. 이스라엘은 옛날부터 하나님의 명성을 들어 알고 있음이 틀림없다. 그러나 하나님을 안다는 것과 믿는 것은 별개의 것이다. 역대로 이스라엘은 하나님을 신뢰하지 못하였다. 지금 바벨론에 잡혀 와 있는 그들도 역시 하나님에 대하여 회의적이며 믿지 않고 불평만 하고 있다. 그들의 불평은 하나님 나라에 대한 원대한 구원에 있는 것이 아니라 "내 사정"(דַּרְכִּי 다르키), "나의 원통한 것"(מִשְׁפָּטִי 미쉬파티)에 좁혀져 있다. 그들은 스스로 아브라함의 후손이며 하나님의 택한 백성임을 자부한다. 그런데 어떻게 하나님께서 자기 백성이 포로로 고통 받고 있는 것을 외면하실 수 있느냐고 불평한다.

그러나 창조주 하나님은 피곤치 아니하며 곤비치도 않으시다고 대답하신다(28절). 하나님이 자기 백성에 대한 계획에서 그의 명철하심에 한이 없음을 말한다. '명철'의 '테부나'(תְּבוּנָה)는 '이해력'(대부분의 영어 성경은 understanding으로 번역함)을 뜻하나, 여기서는 '깊은 생각'으로 번역해도 좋다(참고 현대인의 성경). 이것은 하나님이 이스라엘을 경영하심에 대한 그의 지혜다. 현재 이스라엘은 이 하나님의 뜻을 이해하지 못하고 불평하나, 하나님은 결과적으로는 그들을 위해 선을 이루실 것이다.

마지막 구절들은 포로에서 돌아오는 백성들의 신나는 모습을 그리고 있다. 바벨론을 출발하여 광야로 나서는 그들의 모습은 독수리가 날개 치며 올라감 같을 것이다. 바벨론에서 가나안까지, 저 먼 광야의 길을 걸어갈 때에 그들은 달음박질하여도 피곤치 아니하겠고, 걸어가도 피곤치 아니할 것이다 (31절). 옛 출애굽 때에 그들의 발이 부르트지 않았으며, 옷도 해어지지 않았던 모습과 비슷하다.

하나님의 영광이 앞서고 노래하며 뒤따르는 저 이스라엘의 행군을 생각하라. 그들은 이 이사야 40장을 노래하며 사막을 지나갈 것이다.

2) 설교를 위한 적용

로마서는 이스라엘 문제를 다룬다. 유대인들은 아브라함의 후손으로서 자동적으로 하나님의 백성의 자격이 있다고 간주한 반면, 이방인 성도들은 신약 시대에 하나님은 이스라엘을 버리셨다고 주장하였다. 바울은 신약 시대에 더 이상 이스라엘에 구원이 없다고 주장하는 이방인 성도들을 향하여 "자긍하지 말라"고 말한다(롬 11:18). 이방인인 "네가 원 돌감람나무에서 찍힘을 받고 본성을 거슬러 좋은 감람나무에 접붙임을 얻었은즉 원 가지인 이 사람들이야 얼마나 더 자기 감람나무에 접붙이심을 얻으랴"(롬 11:24)고 말한다. 그러므로 "스스로 지혜 있다 함을 면키 위하여 이 비밀을" 알기를 원한다고 말한다. 그 비밀은 "이방인의 충만한 수가 들어오기까지 이스라엘의 더러는 완악하게 된 것"다(롬 11:25). "그리하여 온 이스라엘이 구원을" 얻을 것이다(롬 11:26상). 바울은 이 하나님의 지혜는 감히 사람이 측량하지 못한다고 강조한다. "깊도다 하나님의 지혜와 지식의 부요함이여, 그의 판단은 측량치 못할 것이며 그의 길은 찾지 못할 것이로다"(롬 11:33). 누가 감히 "주의 마음을 알았느뇨 누가 그의 모사가 되었느뇨"(롬 11:34).

오늘날 교회가 이스라엘의 구원 문제에 대해 너무 교만하다. 특히 신학자들이 앞장서서 신약 시대에는 이스라엘이 아무 의미가 없다고 말한다. 그러한 교만은 이사야 40장에서 하나님의 이스라엘에 대한 구원 계획을 세상 사람들이 무시한 것과 같은 태도다. 하나님은 자기가 택한 백성에 대한 자신의 지혜는 사람이 감히 측량할 수 없음을 단호하게 말한다. 사람이 감히 하나님의 구원 계획에 대하여 왈가왈부할 수 없음을 본문을 통하여 다시 깨달아야 한다.

기름 부음 받은 자, 고레스(41~48장)

제2부 이사야의 본론은 크게 두 부분으로 나뉜다. 전반부 41~48장에서는 고레스가 주역으로 나타나며, 그로 말미암아 이루어질 이스라엘의 회복(바벨론 포로 귀환)을 다룬다. 후반부인 49~56:8은 '여호와의 종'이 주인공으로 등장하며, 그를 통한 이스라엘의 회복(메시아에 의한 회복)을 다룬다. 제2부 이사야는 제1부(1~39장)와는 달리 그들의 죄에 대한 책망은 조금 나타나고 이스라엘의 회복에 대한 희망이 압도적으로 많이 주어진다.

1. 하나님이 법정 소송에 도전함(41:1~29)

먼저 하나님은 자신이 계획하고 있는 바를 가지고 세상 왕국들과 우상들을 향하여 도전장을 던진다. 누가 자신과 같은 이런 일을 도모하거나 실행할 수 있느냐는 것이다.

1) 본문 주해

(1) 세상 왕국들에게 소송을 제기함(41:1~20)
이사야 41:1은 하나님의 힘찬 선언으로 시작된다.

잠잠하라! 내 앞에서, 섬들이여!

민족들이여 새로운 힘을 얻어 가까이 오너라!

그리하여 우리 가까이서 서로 법정 대결을 벌여 보자(1절 사역)!

하나님은 땅 끝에 이르기까지 민족들을 소환한다. 왜냐하면 온 세상이 자기들의 주장으로 시끄럽기 때문이다. 민족들은 각자 자기가 품은 뜻이 있고, 그것을 이룰 힘이 있다고 큰소리친다. 세계사에서 그들의 역할을 자랑한다. 그러나 하나님은 그들을 향하여 잠잠하라고 외친다. 과연 그들이 세상을 향한 계획이 있으면 와서 소송을 벌여 보자고 요청한다.

개역한글에서 '변론하자'라고 번역된 히브리어 '미쉬파트'는 '재판' 혹은 '소송'을 의미한다. 하나님은 세상 민족들에게 법정 대결을 벌이자고 제안한다. 소송의 내용은 '동방에서 일어날 의'에 대한 계획을 '누가 하겠는가?'다. 그 내용을 보면 첫째는 '누가 그를 일으켜 자기 발 앞에 이르게 하겠느냐?'이며, 둘째는 '누가 그로 하여금 열국을 정복하게 만들겠는가?'이며, 셋째는 '누가 지렁이 같은 자기 백성을 구출할 수 있겠는가?'이다.

① 고레스를 일으키실 계획

이 법정에서 하나님은 자신의 원대한 계획을 발표하신다. 2절의 '동방'은 페르시아이며, 하나님이 일으키시고자 하는 것은 고레스가 분명하다. KJV는 2상절을 "Who raised up the righteous (man) from the east, called him to his foot"[누가 동방에서부터 그 의로운 (사람)을 일으키겠는가?]로 번역한 반면, NIV는 "Who has stirred up one from the east, calling him in righteousness to his service?"(누가 동방에서부터 한 사람을 일으켜, 의로 그를 불러…)라고 번역한다. 의(ㄗ혈 체데크)는 원래 하나님의 속성에 속하는 단어다. 하나님이 '자신의 의'로 그를 불렀다고 할 수 있고, 또한 하나님이 그를 의로운 사람으로 인정하여 그를 '의'로 부를 수도 있다. 여하튼 고레스를 하나님은 '의'의 사람으로 부르고 있는 것만큼은 사실이다.[11] 이방 왕을 이렇게 부르는 것은 놀랍다. 어떻게 그를 '의'와 관련시킬 수 있을까?

'체다카'(צְדָקָה)를 혹자는 '승리' 혹은 '승리자'로 번역한다.[12] 그러나 체데크는 근본적으로 재판과 관련된 용어로서 재판에서 무죄함이 입증됨을 의미한다. 지금 하나님이 세상 나라들을 향하여 재판을 신청해 놓고 있다. 거기에서 하나님은 그 어떤 사람으로 인하여 의로움이 드러날 것이다. 그뿐만 아니라 하나님은 그 사람도 의롭다고 선포할 것이다.

고레스를 하나님은 자신의 의를 이룰 사람으로 세웠을 뿐만 아니라, 또 한 분을 '의'로 세우신다. 바로 여호와의 '종'으로 불리는 사람이다. "나 여호와가 의로 너를 불렀은즉 내가 네 손을 잡아 너를 보호하며 너를…"(42:6). 제2부 이 사야는 하나님의 의를 드러내 줄 두 사람, 즉 고레스와 '종'이 교차하면서 등장한다. 고레스는 이스라엘을 구원시킴으로써 하나님의 의를 만천하에 드러내 줄 것이며, '종'은 이스라엘과 이방인을 구원시킴으로써 하나님의 의를 드러내 줄 것이다.

2중절에 "그를 자기 발 앞에 이르게 하며"라고 말한다. 이는 하나님이 그를 자신의 뜻을 시행할 종으로 삼으시는 모습이다. 고레스가 세상에 등장한 것은 하나님이 하신 일이며, 그가 앞으로 세상을 정복할 일도 하나님으로부터 받은 임무다.

하나님은 세상 사람 중에 그에 대하여 미리 말할 수 있는 사람이 있으면 나와 보라고 외친다. 어느 누구도 자신이 고레스를 세울 것이라고 말하거나, 그의 등장을 예측할 사람은 없다. 이 정복자를 일으키시는 분은 바로 하나님이시며 이 일은 그가 태초부터 계획하신 일이다(4절).

② 세상을 정복케 함

하나님은 세상 나라들을 향하여 '누가 열국을 그의 앞에 굴복시켜 그가 왕들을 다스리게 하겠느냐?'고 물으신다. 고레스는 앞으로 놀라운 힘과 능력으로 세상을 정복할 것이다. 그는 칼로 열국을 티끌 같게 흩어 버릴 것이며, 활로 그들을 겨처럼 흩날리게 할 것이다(2하절). 그가 적들을 쫓아 추격할 때 한 번도 지나간 본 적이 없는 길은 안전하게 통과할 것이다(3절). 여기에 '안전'에 해당하는 히브리어 '샬롬'(שלום)은 전쟁과 반대되는 '평화'의 의미다. 정복을 위해 진군하는 장면에서는 도저히 어울리지 않는 묘사다. 그러나 그러한 상황은 사실적으로 일어날 것이다. 그 이유는 바로 하나님이 그의 길을 인도하시기 때문이다. 이사야 45:1~2은 이러한 상황을 구체적으로 묘사한다.

> "나 여호와는 나의 기름 받은 고레스의 오른손을 잡고 열국으로 그 앞에 항복하게 하며 열왕의 허리를 풀며 성 문을 그 앞에 열어서 닫지 못하게 하리라 내가 고레스에게 이르기를 내가 네 앞서 가서 험한 곳을 평탄케 하며 놋 문을 쳐서 부수며 쇠빗장을 꺾고…"(45:1-2).

하나님이 먼저 가서 대적을 미리 쳐부수고 놋 문과 쇠빗장을 부수었기 때문에 고레스가 가는 길이 평탄하다 못해 평안을 누리게 되는 것이다.

다시 법정 소송으로 돌아와서 하나님은 '누가 이 모든 일이 일어나게 만들었는가?'라고 반문한다(4상절). 민족들에게 이 질문에 대한 대답을 요청한다. 여호와가 반복해서 질문을 던지지만 열방들은 묵묵부답이다. 어느 누구도 자신이 이 일을 도모했다고 나설 수 없다. 하나님은 자신감을 가지고 더 큰 질문을 던진다. "누가 태초부터 만대를 명정하였느냐?"(4중절) 고레스에 대한 단순한 한 사건만이 아니다. 하나님의 자신감은 태초부터 거슬러 가며, 세상만사까지 확대시킨다. 민족들은 더욱더 위축감을 느낀다. 여호와의 도전에 반박할 말을 찾을 수가 없다.

이런 상황에서 하나님은 일방적으로 그 답을 내린다. "나 여호와라! 태초에도 나요 나중 있을 자에게도 내가 곧 그니라"(4절). 천지를 창조하실 때에도 거기에 하나님이 계셨으며, 그때에 그 뒤에 일어날 모든 일까지도 계획하셨고, 그리고 그것들이 이루어질 때에도 하나님이 거기 계신다. 해뜨는 곳에서부터 해지는 데까지 이것을 이룰 사람은 하나님 외에 다른 이가 있을 수 없다(6절). 그는 창조주시요, 역사의 주인이시다. 하나님의 이 선언에 심리도 판결도 끝이 났다. 어느 누구도 여기에 이의를 제기할 수 없다.

여호와의 최후 진술이 끝나자 해설자는 그 상황을 좀 더 상세하게 설명한다. 크신 하나님이시기 때문에 그가 일으키실 정복자는 상상을 초월하게 큰 자일 것이다. 그가 정복할 지역은 광범위하다. 7절은 "섬들"과 "땅 끝"으로 그 지역의 범위를 말한다. 섬들은 바다 너머의 먼 나라다. 땅 끝은 당시 사람들이 상상할 수 있는 모든 곳을 다 포함할 것을 나타낸다. 사실 고레스가 정복한 지역들을 보면 그렇게 부를 만하다. 고레스는 먼저 자기 동족에 대한 지위를 확보한다. 그리고 메대를 흡수하여 통일한 후 북쪽으로 진출한다. 소아시아를 지나 에게해와 흑해에 이르렀다. 동쪽으로는 인도의 변경까지 이르렀다.[13]

세상 나라는 두려워 떨면서 서로 이 정복자를 대항하여 힘을 모아 싸우려한다(40:5, 6). 또한 그들은 급하게 우상을 만들어 도움을 구한다. 목공과 장색들이 힘을 합하여 우상을 세우고, 금으로 입힌다(7절). 그들이 만든 우상이 흔들리지 않도록 못질을 단단히 하여 세운다. 그러나 그 나무로 만든 우상은 아무 힘도 발휘하지 못한다. 해설자는 세상 민족들의 안타까운 모습을 냉소적으로 그린다.

세상이 이 정복자로 인하여 두려움에 가득 차 우왕좌왕하고 있을 때 하나님은 관심을 자기 백성에게 돌리신다.

③ 이스라엘을 구원하심

하나님은 고레스를 일으켜 세상을 정복하게 하시는 목적이 무엇인지를 드디어 밝히신다. 바로 자기의 '종'으로 불리는 이스라엘의 구원을 위해서다. 세상 나라가 벌벌 떨고 있을 때 하나님은 이스라엘에게 오히려 기뻐하라고 외친다. "그러나 나의 종 너 이스라엘아 나의 택한 야곱아 나의 벗 아브라함의 자손아"(8절). 여기서 '종'이 처음 나타난다. 여기서는 복수적인 종이다. 하나님은 이스라엘을 내 '종'이라고 부르는데, 아브라함과 야곱의 후손들을 가리킨다(8~9절). 한때 하나님이 그들을 버리셔서 열방 중에 흩었지만, 이제 다시 택한 자로 부르신다. 하나님은 그들을 '택하였다'고 거듭 확인하며 다시는 버리지 않을 것을 약속한다.

이 회복의 주제에서 백성에 대하여 이사야서는 전반부와 후반부가 뚜렷한 대조를 이룬다. 이사야 전반부(1~39장)에서 회복은 남은 자 사상과 관련하여 발전한다(4:3; 6:13; 10:20~22; 11:11, 16; 17:6; 24:6; 28:5; 37:4, 31~32, 또한 46:4; 49:21도 보라). 남은 자 사상은 다음과 같은 요소를 담고 있다. 현재는 심판이고, 남은 자는 소수다. 그러나 이 남은 자는 미래를 바라본다. 왜냐하면 그 남은 그루터기가 거룩한 씨이기 때문이다.[14] 거룩한 씨는 이스라엘 나무의 근본을 말하며, 그것은 족장들 혹은 족장들에게 주어진 약속이다.

하나님은 이스라엘에게 다시 위로의 말씀을 전한다.

> "두려워 말라 내가 너와 함께 함이니라(임마누엘)
> 놀라지 말라 나는 네 하나님이 됨이니라"(10절).

하나님께서 '함께 한다'는 말과 '나는 네 하나님이 된다'는 관용적 표현도 출애굽의 이미지를 가지고 있다. 하나님은 모세와 언약을 맺고 그들의 하나님이 되셨으며(출 20:2; 신 5:6), 그들은 하나님의 백성이 되었다. 그래서 이 문구는 언약 문구(covenant formula)라고 불린다. 하나님은 성막 혹은 성전에 임재하여 그들과 함께 하시면서 통치하실 것이다.

바벨론 포로에서 이스라엘은 다시 특별하게 선택받은 하나님의 백성으로서의 특권을 되찾게 되었다. 이것은 이스라엘에게 가장 기쁘고 큰 위로가 될 것이다. 그러므로 두려워 말라(10절)고 하신다. 왜냐하면 그들은 하나님의 백성이기 때문이다.

하나님은 포로 중에 있는 자기 백성을 '의로운 오른 손'으로 '굳세게 하고, 도와주고, 붙들어 주실 것이다'(10하절). '오른 손'은 힘을 상징한다. 14절에 하나님은 이스라엘을 "지렁이 같은 너 야곱아!"라고 부르신다. 모세 혹은 다니엘이 하나님과 비교된다면 어색하지 않을지 모른다. 그러나 하나님과 야곱을 비교한다면 야곱은 보잘것없고 수치스러운 존재로 비쳐진다. 현재의 이스라엘은 야곱으로 불리기 가장 적합하다. 그들은 그의 후손이기 때문이기도 하려니와, 수치스러운 모습도 그대로 물려받았다.

현재 이스라엘이 처한 형편은 또한 지렁이에게 비교될 만하다. 가련하고 보잘것없는 모습뿐만 아니라(17절), 흙을 파는 것까지 닮았다. 그들은 유프라테스 강둑을 쌓으며 운하를 만드는 작업을 하고 있다. 매질을 당하면서 피와 땀이 범벅되어 흙을 파고 나르는 그들의 모습은 지렁이를 연상시키기에 적합하다.

그런데 이 백성들에게 두려워 말라고 말한다(14중절). 세상이 고레스의 등장으로 떨고 있을 때, 하나님은 이 가련한 백성들에게는 두려워할 필요가 없다는 메시지를 전한다. 왜냐하면 고레스를 세운 목적이 자기의 종 이스라엘을 구속하기 위함이기 때문이다. 이 기쁜 소식은 바벨론 포로민들에게 전달되고, 또 시온 산(성전이 있는 장소)과 예루살렘 성에도 전달될 것이다.

다시 현재의 비참한 이스라엘의 모습이 그려진다. "가련하고 빈핍한 자가 물을 구하되 물이 없어서 갈증으로 그들의 혀가 마를 때에"(17상절)를 통해 바벨론 포로 생활의 극심한 고난을 대변한다.

그러나 하나님은 그들을, 그들의 고통을 외면하지 않을 것이다. 하나님은 이스라엘 자손이 바벨론에서 고역으로 인하여 탄식하며 부르짖는 소리를 들으시고 그들을 기억하여 그들을 고통에서 인도하여 내실 것이다. 그들이 지나는 길에는 헐벗은 산에 강이 흐르고, 광야에 못이 생기고, 마른 땅이 샘의 근원이 될 것이다(18절).

전에 광야였던 곳에 백향목, 싯딤나무, 화석류, 감람나무가 심겨질 것이고, 사막에는 잣나무, 소나무, 황양목이 자랄 것이다. 황무지가 옥토로 변하는 파라다이스가 펼쳐진다(19절). 창조 질서로 회복이 이루어지며, 사람들은 하나님의 창조의 솜씨에 새삼 놀라워할 것이다(20절).

본 장에서 하나님은 열방을 모아 놓고 소송을 제기하였다. 법정 소송에서 이기려면 미래에 대하여 미리 말하고 그것을 이루고, 그 증인을 세워 자신이 행한 바를 증명해 보여야 한다. 세상 사람들은 하지 못하지만 그러나 하나님은 하신다. 여호와의 첫 번째 법정에 하나님은 두 증인을 출석시키는데, 바로 고레스와 이스라엘이다. 하나님의 궁극적인 증인은 이스라엘이다. 이스라엘을 구원하기 위하여 하나님은 자연인(自然人) 고레스 왕을 사용하신다. 세상의 역사가 이스라엘 중심으로 이루어지고 있음을 알 수 있다. 하나님이 이스라엘을 이끌고 광야를 통과할 때 모든 육체(인간과 짐승까지)가 이것을 보며 하나님을 존경할 것이다(40:5; 43:19~20). 이때 이스라엘은 증인의 역할을 확실히 할 것이다(43:9, 10, 12; 44:8).

(2) 우상들에게 법정 소송을 제기함(41:21~29)

① 우상들을 법정에 소환함(41:21~24)

하나님은 세상 민족들에 이어 이번에는 그들이 섬기는 우상들에게 소송을 제기한다. 세상 민족들은 각기 자기가 섬기는 신이 최고인 것처럼 생각한다. 고대 근동 지방의 열국들은 세상을 정복한 후 자기가 섬기는 신이 자신에게 그러한 큰 승리를 안겨 주었다고 자랑하는 것이 일반적이었다.

그러나 이제 하나님은 세상 우상들에게 누구든지 자기가 참 신이면 소송을 제기해 보라고 하신다(41:21). 히브리어 '리-브'(ריב)는 '다툼' 혹은 '논쟁'이지만 법정 소송으로도 자주 쓰인다. 41:1의 '미쉬파트'와 연결시켜 볼 때 여기서도 법정 소송으로 보는 것이 좋다. 소송에서 승리하려면 확실한 증거가 있어야 한다. 하나님이 그 증거에 대하여 제안하신다. 바로 장래사에 관한 것, 곧 예언과 그 성취다.

하나님이 그들을 향하여 어느 우상이든지 미래의 일을 예언할 자가 있으면 나와서 고해 보라고 도전장을 던진다(41:22). 만약 그런 예언이 있으면 자세히 살펴보아, 그것이 참인 것 같으면 그가 참 신임을 인정하겠노라고 한다. 그러나 어느 우상도 나설 수 없음이 명백하다.

하나님은 또 우상들에게 자신을 지극히 섬기고 있는 백성을 위해 복을 내리든지 화를 내려 보라고 요청한다. 물론 우상에게는 그럴 능력이 없음이 뻔

하다. 그들은 아무것도 아니며(אַיִן아인 nothing), 하는 일이 헛되며(אֶפַע에파 무가치한), 가증하다(תּוֹעֵבָה토에바 혐오스러운, 24절). 29절에는 여기에 여러 사항이 더 첨가된다. 그들의 모든 것은 공허하며(אָוֶן아웬 헛되다), 허무하며(אֶפֶס에페스 아무것도 아님), 모든 것은 바람과 같으며(רוּחַ루아흐 바람), 공허한 것(תֹּהוּ토후 emptiness)뿐이다. 특히 '토후'는 천지창조에서 창조 질서 이전의 무질서한 상황을 묘사할 때 사용된("공허" 창 1:2) 단어다. 이러한 것들이 우상의 본질이다. 이 법정에서 그들의 유익함을 증명해 줄 만한 증인도 보이지 않는다(44:9).

② 고레스를 통한 미래의 구상(41:25~29)

이제 하나님이 법정 진술을 하실 차례다. 우상들은 미래에 대한 예언을 전혀 할 수 없지만, 그러나 하나님은 자신이 있다. 드디어 자신이 구상하는 미래에 대하여 예언한다. 바로 북방에서 오는 한 사람, 즉 고레스에 대하여 예언한다(41:25). 그가 먼저 북쪽 소아시아 지역을 정복한 후 바벨론으로 남하하여 공격해 오기 때문에 "북방에서" 오는 것으로 묘사한다. 이것은 실제로 고레스가 정복한 경로다. "해 돋는 곳에서 오게" 하신다고 했는데, 그것은 동방, 곧 페르시아를 가리킨다.

고레스의 등장과 그 정복 활동은 전적으로 하나님이 하시는 일이다. 하나님이 미리 말함으로써 그것을 증명해 보이신다. "누가 처음부터 이 일을 우리에게 고하여 알게 하였느뇨 누가 이전부터 우리에게 고하여 이가 옳다고 말하게 하였느뇨"(26상절)?

어느 누가 혹은 우상이 고레스에 대한 말을 고한 적이 없다. 이제 하나님께서 처음으로 그것을 밝힌다. 그뿐 아니라 하나님께서 예루살렘의 회복도 미리 말씀하신다(27절). 앞으로 이 일이 실제 일어났을 때 그들은 하나님만이 참 신이심을 인정할 것이다.

2) 설교를 위한 적용

제2부 이사야가 본론에 들어가자마자 미래에 대한 예언으로 시작한다. 신

학계는 보편적으로 40~48장에서 선지자가 미래의 예언 문제로써 우상들에게 반복적으로 도전하고 있음을 인정한다. 여호와는 이 도전에서 이전에 예언했던 것들이 이미 성취된 것을 내세워 자신이 참 신임을 증명해 보였다. 그리고 이제는 선지자를 통하여 고레스를 일으켜 세상을 정복하고 이스라엘을 구원하겠다는 예언으로 도전장을 던진다.

하나님이 미래를 예언하신다는 것은 그가 세상 역사를 친히 주관하신다는 의미다. 그는 점쟁이(fortune teller)와 전적으로 다르다. 하나님은 자신이 친히 행하실 일이므로 미리 알고 말할 수 있는 것이다. 그는 역사를 주관하시는 분이시며, 자신의 일을 미리 사람들에게 알리신다. 그러므로 그는 참 신임이 증명된다.

그런데 비평가들은 이사야의 고레스에 대한 예언이 너무나 생생하기 때문에 이것이 이전에 예언된 것이 아니라 경험된 사실, 즉 고레스의 점령 이후 기록된 것이라고 본다. 그러나 하나님은 자신이 우상과 다른 점을 증명하기 위해 미래에 대해 누구보다도 정확히 예언할 수 있는 존재임을 법정을 열어서 자증하고 있다. 만약 하나님이 미래에 대하여 예언할 수 없다면 그는 우상과 다를 바가 없는 존재가 되고 말며, 실제 미래의 사건을 좌지우지할 수 있는 분이 아닌 것이 된다. 그리고 실제 미래에 대한 예언이 아니면서도 성경은 하나님 자신이 미래에 대하여 예언하는 것처럼 꾸민 것이 되고, 따라서 하나님은 거짓말쟁이가 된다.

우리는 성경을 확실히 믿는다. 성경이 미래에 대하여 예언하는 것으로 말할 때에 실제 그가 미래에 대하여 말한 것으로 믿는다. 세상의 모사 중에 어느 누구도 세상사를 미리 말할 사람이 없다. 사람이 부어 만든 우상도 마찬가지다. 사탄의 도움을 받은 점술가(fortune teller)도 확실한 미래를 예언할 능력이 없다. 오늘날 과학이 아무리 발달하였지만 미래에 대하여 예언할 수가 없다. 오직 하나님만이 예언할 수 있으며, 그러므로 그 분만이 참 신이심이 증명된다.

2. 첫 번째 '종의 노래'(42:1~17)

1) 본문 주해

(1) 여호와의 종을 통한 미래의 구상(1~9절)

이사야 42:1은 '보라, 나의 종을!'로 시작한다. 이 '종'이 누구인지는 신학적인 입장에 따라서 큰 차이를 보인다. 유대인 해석자들은 이 종을 이스라엘의 상징으로 본다. 비평학자들은 다양하게 의견을 제시한다. 첫째로 그를 바벨론 포로에 있는 이스라엘(복수적인)로 보기도 하고, 둘째로 단수로 보아서 이글(제2이사야서)을 쓰고 있는 선지자 자신 혹은 어떤 다른 선지자로 간주하기도 하며, 셋째로 고레스 혹은 다리오 왕으로 보기도 한다.[15] 반면 보수적인 학자들은 그를 단수인 종, 즉 메시아로 본다. 이것은 기독교에서 전통적으로 이어오는 견해이기도 하다.

여기서 '나의 종'은 앞에 나왔던 '이스라엘' 혹은 '야곱'(41:8)과 다르다. 그곳에서는 복수의 의미인 이스라엘 백성을 종이라고 일컬었다. 그러나 42장에 나오는 '나의 종'은 단수다. 제2부 이사야에서 단수인 여호와의 '종'은 네 번 나타난다. 내용 면에서 볼 때 이 종은 고레스가 될 수 없다. 그가 이방에 공의를 베푼다든지, 목소리를 높이지 않는다든지, 상한 갈대를 꺾지 않는다든지, 백성의 언약과 이방의 빛이 된다든지, 소경의 눈을 밝히며 갇힌 자를 옥에서 이끌어 내는 등은 정복자 고레스에게 합당하지 않다. 고레스가 다른 정복자들보다 온화한 면이 있었다 하더라도 그도 역시 세상을 정복한 두려운 존재였다. 특별히 성신을 그에게 주었다(1절)는 문구는 이방 왕에게 합당하지 않다. 이 모든 내용에 가장 합당한 것은 앞으로 오실 메시아다.

사람들은 왜 여기서 '종'의 노래가 갑자기 등장하는지를 의심한다. 이사야 40~48장은 고레스에 대한 예언이 그 중심을 이루기 때문이다. 우리는 이 장면이 법정 소송에서 아직 변론의 과정인 것을 알아야 한다. 하나님이 법정 소송에서 자신에 대한 변호로 아직 일어나지 않은 미래사를 말씀하시고 있다.

미래에 대한 예언에서 하나님은 고레스로만 만족하지 않는다. 하나님은 법정 변론에서 또 다른 한 사람을 증인으로 소개한다. 그를 자기의 '종'이라 부르고, 자기 마음에 기뻐하는 택한 사람이라고 말한다. 하나님은 그에게 성신을 부어 줌으로써 그가 사명을 잘 감당할 수 있게 할 것이다. 성령이 부어지는 것은 메시아에게 자주 나타난다(9:7; 61:1). 그리고 이것은 신약에서 잘 적용되었다(마 3:16; 4:1; 요 3:33 등).

여호와의 종의 가장 큰 임무는 온 천하에 공의를 베푸는 것이다. '공의'의 '미쉬파트'는 근본적으로 '재판'이라는 뜻이며, 더 나아가 공정한 재판, 혹은 재판을 통하여 정의를 구현하는 것이다. 연약하고 억울한 사람을 재판을 통하여 정당한 공동체의 구성원이 될 수 있도록 실현하는 것이다. 이것은 하나님이 왕을 세운 목적이며, 또한 미래의 메시아 왕이 이룰 임무이기도 하다(9:7, 참고 11:3~4).

그는 공의를 구현할 때 목소리를 높이거나 강압적인 방법을 사용하지 않을 것이다(2~3절). 일반적으로 정복자가 어느 도시에 들어갈 때는 크게 떠든다. 고레스와 알렉산더는 점령하는 도시들마다 신의 이름으로 해방을 선포하면서 백성들의 환심을 사려고 하였다. 그러나 종인 새 정복자를 보라. 그는 '정의를 실현하러 왔노라'고 요란하게 떠들지 않는다. 사람들의 죄악을 들추어 내어 백성들 앞에서 재판하는 수다도 떨지 않는다. 그는 상한 갈대를 꺾지 아니하고 꺼져 가는 등불을 끄지 아니하고 진리로 공의를 베풀 것이다. 연약한 자, 힘없는 자를 위해 공정한 재판을 베풀어 사회 정의를 실현할 것이다.

그가 공의로 세상을 통치할 때 섬들(땅 끝의 나라들)이 그의 교훈을 앙망할 것이다(4하절). 그의 우주적인 통치를 말하는 것이다. 이미 제1부 이사야에서 메시아의 우주적 통치와 그의 교훈을 듣기 위해 몰려드는 이방인들의 순례를 예언한 바 있다(2:2~3).[16]

하나님이 자신의 종을 '의(체데크)로 불렀다'고 말한다(6상절). 이 문구는 '부르다, 잡다, 보호하다, 세우다'는 말과 함께 고레스를 부를 때 사용하였던 그대로다. 고레스를 일으킨 것과 같은 모습으로 자기의 종도 일으킨다. 특히 하나님은 그의 손을 잡아 보호할 것을 약속한다(6중절).

여호와의 '종'은 고난과 배반 속에서 종의 일을 수행할 것이다(참고 50:6~9). 그러나 하나님이 직접 그를 보호하고 인도하심으로써 그는 성공적으로 일을 마칠 것이다. 그의 사명은 두 가지로 요약되는데, 백성(이스라엘)의 언약이 되며, 이방의 빛이 되게 하는 것이다(6하절). 이스라엘은 언약을 파기하였기 때문에 지금 포로라는 형벌을 당하고 있다. 그러나 '여호와의 종'은 언약의 요구를 성취하심으로 이스라엘 백성들을 다시 언약의 백성이 되게 할 것이다. 그리고 그는 또한 이방인들에게도 구원의 소식을 전해 주실 빛의 역할을 할 것이다.

이사야 본문은 이어서 그가 메시아 왕으로서 이스라엘과 이방인들에게 이룰 사역을 구체적으로 밝힌다. "네가 소경의 눈을 밝히며 갇힌 자를 옥에서 이끌어 내며 흑암에 처한 자를 간에서 나오게 하리라"(7절). 역시 1절 이하에 나타났던 공의를 이루는 일이다. 이것은 또 다른 메시아 구절과도 일치한다. "…나를 보내사 마음이 상한 자를 고치며 포로된 자에게 자유를, 갇힌 자에게 놓임을 전파하며"(61:1하). 이것은 바로 예수님이 자신에게 이루어졌다고 선포한 내용이다. "내게 기름을 부으시고 나를 보내사 포로 된 자에게 자유를, 눈먼 자에게 다시 보게 함을 전파하며 눌린 자를 자유케 하고 주의 은혜의 해를 전파하게 하려 하심이라"(눅 4:18~19).

이 모든 것을 계획하시는 하나님은 자기의 이름이 여호와이심을 확인하신다. "나는 여호와니 이는 내 이름이라"(8상절). 출애굽 때에도 하나님은 자신의 이름이 여호와이신 것을 밝히고 출애굽 구속을 선언하셨다(출 6:2).

9절에서 "전에 예언한 일이 이미 이루었느니라"고 확인하며, "이제 내가 새 일을 고하노라"고 말한다. 여기서 '전'(הראשׁנות 리숀)과 '새로운'(חדשׁ 하다쉬)이 대조를 이루고 있다. 이전 것보다 새 것은 더 좋으며, 더 크다. 이사야서에서 산헤립의 침입과 그들로부터의 해방이 예언되었고, 그것은 그대로 성취되었다. 또 바벨론 포로에 대한 예언도 정확하게 이루어졌다. 이처럼 이전의 것들도 엄청나게 놀랍고 큰 사건이었다. 사람들은 그것들이 이루어진 후에 과연 하나님이 참 신이신 것을 거듭 깨달았을 것이다. 이제 그는 새로운 것을 고한다. 이전의 것보다 더 크고 놀라울 것임이 분명하다. 하나님이 예고하는 새로운 것은 '종'을 통한 구원이다. 앞에 것들이 다 이루었던 것처럼, 이 새로운 것도 반드시 이루어질 것이다.

(2) 송영(10~17절)

10~17절은 하나님에 대한 송영(頌詠)이다. 큰 구원을 경험한 자들이 즐거워하며 하나님을 찬양한다. 홍해에서 구원받은 모세와 이스라엘 백성이 노래를 부르는 것과 비교된다(출 15장).

먼저 '만물과 섬들과 그 거민들, 그리고 땅 끝에 이르기까지' 모든 사람들에게 여호와를 찬송하라고 요청한다. 하나님의 구원은 이스라엘에게만 한정되지 않았다. 여호와의 종을 통한 우주적인 구원이 이루어졌기 때문이다. 그뿐만 아니라 광야와 촌락들도 즐거워하고 노래하라고 부른다. 그들도 구원을 경험할 것이기 때문이다. 소경도 버리지 않을 것이며, 광명으로 인도될 것이다.

이렇게 다양하게 소외된 계층과 먼 곳까지 여호와의 구원을 경험하고 그를 찬양하는 반면, 우상을 섬기는 자들은 수치를 당할 것이다.

2) 설교를 위한 적용

단수인 종은 예수 그리스도에 적용되는 것이 가장 합당하다. 종의 사역에 묘사된 것처럼 예수님의 사역은 자기 백성 이스라엘과 이방인의 구원이다. 시므온이 성전에서 아기 예수를 품에 안고 찬송한다. "내 눈이 주의 구원을 보았으니 이는 만민 앞에 예비하신 것이요 이방을 비추는 빛이요 주의 백성 이스라엘의 영광이니이다"(눅 2:29~32). 이스라엘의 구원과 이방의 구원을 이루는 것이 바로 메시아다. 이것은 역시 한나의 증언에서도 나타난다. "예루살렘의 구속됨을 바라는 모든 사람에게 이 아기에 대하여 말하니라"(눅 2:38). 하나님이 메시아를 세운 것은 언약의 백성의 구원과 이방의 구원을 위해서다.

이 종의 사명은 예수님의 제자들과 우리에게 전수되었다. 예루살렘에서 시작된 복음은 땅 끝까지 전파되어야 한다. 교회가 이 사명을 완수기 위해 노력해야 할 것이다.

3. 바벨론 포로에서 해방(42:18~43:21)

1) 본문 주해

(1) 이스라엘에 대한 책망(42:18~25)

만약 장을 나눈다면 42:18에서 다른 장이 시작되어야 한다. 42:1~17은 미래에 있을 단수인 '종'의 역할을 말했다. 18절 이하는 갑자기 이스라엘의 현재 상황으로 돌아간다. 그들의 죄악을 꾸짖고 그들이 당하는 비참함을 지적한다.

19절에서 '내 종'이 다시 등장하는데, 이것은 세 번째 나오는 복수로서의 종이다. 이스라엘은 하나님이 택한 백성으로서 특권을 누리지 못할 뿐만 아니라, 그 책임조차 알지 못한다. 그들은 듣지 못하는 귀머거리이며, 보지 못하는 소경이다. 그들이 진짜 눈이 어두워 보지 못하는 것이 아니다. 보아도 유의하지 않으며, 귀가 밝을지라도 들으려고 하지 않기 때문이다(20절). 그러므로 이 백성이 도적맞으며, 탈취와 노략을 당할 것이며, 그때에 그들을 구출해 줄 자가 없을 것이다(22절).

(2) 이스라엘에 대한 여호와의 사랑(43:1~7)

42장 후반부에 잠시 책망이 있은 후 43:1부터는 다시 회복을 말한다. 회복의 동력은 하나님의 사랑이다. 히브리어 문장을 보면 '아니 아하브티카'(בְּחִתְ
אֲנִי אָהַבְ), 곧 '내가 너를 사랑한다'인데, '내가'가 강조되고 있다. 하나님 사랑의 출발점은 창조에서부터 시작한다. 하나님은 야곱을 창조하셨고(בָּרָא바라), 빚으셨다(יָצַר아차르). 천지창조 때 하나님은 인간을 창조하셨음(바라)을 선언하셨는데(창 1:27), 창조의 구체적인 과정에서 하나님이 사람을 흙으로 빚으셨다(아차르

창 2:7). 이스라엘에 대하여도 꼭 같은 단어들이 사용되었다. 하나님이 정성을 기울여 창조하신 작품이기에 하나님은 이스라엘을 사랑하실 수밖에 없다.

하나님은 "내가 너를 지명하여 불렀나니 너는 내 것이라"고 말한다(1하절). 이름은 부모가 자녀에게 붙여 주는 것이다. 아이가 태어났을 때, 혹은 아이를 양자로 들일 때 그에게 이름을 지어 준다. 부모가 자식의 이름을 부를 때에는 사랑과 애정이 묻어 있다. 이름을 부르는 하나님의 모습에서 이스라엘에 대한 하나님의 사랑을 느낄 수 있다.

하나님이 이스라엘을 사랑하시는 또 다른 이유가 있다. 바로 그들을 구속하셨기 때문이다(1중절). 이때에 사용된 단어는 '가알'(גאל)로서 출애굽 때 사용한 용어다(출 6:6; 15:13). 하나님은 이스라엘을 지명하여 불렀다고 말한다(1하절). 아마 호렙 산의 사건을 회상하셨을 것이다. "이제 이스라엘 자손의 부르짖음이 내게 달하고 … 내 백성 이스라엘 자손을 애굽에서 인도하여 내게 하리라"(출 3:9, 10).

그래서 하나님은 그들을 향하여 "너는 내 것이라"고 선언하신다. 출애굽의 주제는 계속 이어진다. 하나님이 그들을 구속하여 나올 때 물과 불 가운데일지라도 안전하게 인도하셨다(2절). 이러한 하나님이 포로에 있는 백성에게 다시 선언하신다. "대저 나는 여호와 네 하나님이요 이스라엘의 거룩한 자요 네 구원자임이라"(3상절). 옛 출애굽 때와 같이 다시 하나님은 그들의 하나님으로서 자기 백성을 구출해 내실 것이다. 창조자요, 부모요, 그리고 구속자이시기에 하나님이 이스라엘을 그토록 사랑하시는 것은 당연하다.

이제 본 단원의 가장 중심점으로 들어간다. 하나님은 이스라엘을 다시 보배롭고 존귀하게 여기시겠다고 한다(4상절). 출애굽 때 하나님이 이스라엘을 자신의 '소유'(סגלה세굴라 '보배'라는 의미)로 삼으시겠다는 말씀과 같다(참고 출 19:5). 그리고 하나님은 이스라엘에 대한 자신의 사랑을 고백한다(4절).

이러한 사랑에 근거하여 하나님은 그들을 구속하실 것을 다시 말씀하시는데, 옛 출애굽의 사건과 출바벨론의 사건에 비교되는 묘사다.

"두려워 말라 내가 너와 함께 하여 네 자손을 동방에서부터 오게 하며 서방
에서부터 너를 모을 것이며 내가 북방에게 이르기를 놓으라 남방에게 이르
기를 구류하지 말라 내 아들들을 원방에서 이끌며 내 딸들을 땅 끝에서 오
게 하라"(5~6절).

이 구절에서 말하는 귀환은 출바벨론의 한계를 훨씬 넘는다. 바벨론에서
의 귀환은 동방에서 오는 것이면 족하다. 그러나 서방에서, 북방에서, 남방에
서, 심지어는 땅 끝에서부터 억류된 자기 백성을 이끌어 내겠다고 하신다. 이
러한 귀환은 이사야서에서 자주 나타난다(사 11:11~12; 27:12~13; 49:12; 60:11,
참고 렘 30:10~11; 31:8~9; 겔 30:27; 37:21; 슥 8:7 등).[17] 이와 같은 포로 귀환은 구
약 시대에 일어나지 않았다. 이것은 종말적인 귀환으로 보아야 한다.

이스라엘을 구원하셔서 이끌고 나오면서 하나님은 그들을 "내 이름으로
일컫는 자"라고 선포하신다(7상절). 그들은 하나님의 백성이며, 그는 그들의
하나님이심을 확인하는 것이다. 그리고 하나님은 그들을 창조하신 분이심을
다시 확인하면서(7하절) 이 단원을 마친다.

(3) 증인이 된 이스라엘(43:8~13)

아직도 이사야의 글은 법정 진술임을 본 단원에서 확인할 수 있다. 하나님
은 열왕과 우상들에게 소송을 제기하셨다. 그리고 자신이 참 신이심을 변론
하셨다. 자신만이 미래에 대하여 예언할 수 있으며, 또 그것을 성취할 분임을
선포하셨다. 이제 하나님은 이것을 증명하기 위해 이스라엘을 증인으로 세우
신다.

하나님은 선포하신다. "눈이 있어도 소경이요 귀가 있어도 귀머거리인 백
성을 이끌어 내라"(8절). 앞에서 여호와의 말씀을 들으려 하지 않기 때문에 그
들이 소경이요 귀머거리임을 꾸짖었다. 이것은 과거의 이스라엘에게만 해당
되는 것이 아니다. 역시 포로로 바벨론에 와 있는 그들도 마찬가지다.

그러나 하나님은 아직도 패역한 그들을 이끌어 내시고, 자기 백성을 증인

으로 내세운다. 이사야서에서 하나님은 열방이 회집된 법정에서 열방 중 어느 누가 이전에 이 구속에 관한 일을 고한 자가 있느냐고 물으신다(9상절). 그런 자가 있으면 증인을 세워서 자신의 옳음을 증명해 보라고 하신다(9하절). 하나님 외에는 아무도 미리 고한 자가 없다. 이제 하나님께서 증인을 세워 자신의 옳음을 증명하고자 하신다.

하나님은 이스라엘을 다시 "나의 종"으로 택함을 입었다고 말씀하신다(10절). 하나님이 이스라엘을 종으로 삼은 이유는 주인을 바로 알고 깨닫고 섬기게 하기 위해, 세상을 향해 하나님을 알리기 위해서였다. 그러나 그들은 이 사명을 감당하지 못하였다. 그러나 이제 이스라엘이 열방을 향하여 증인의 역할을 함으로써 종의 사명을 감당할 것이다.

하나님은 이스라엘의 구원에 앞서 자신이 여호와이심을 선언한다. "나 곧 나는 여호와라"(11절). 이것은 출애굽 때 하나님이 구원에 앞서 자신이 여호와이심을 선언하신 것과 같다(출 6:2).

이사야 구절에서는 인칭 대명사 "나"(אָנֹכִי아노키)를 사용하여 그것을 더욱 강조한다. 이 모든 일을 계획하셨고, 미리 예고하셨고, 이제 구속을 이루시는 것은 오직 자신, 즉 여호와 자신임을 강조하는 것이다. 천하에 이런 일을 할 다른 신은 없다. 그러므로 이스라엘은 여호와를 위한 증인이 된다(12중절).

(4) 바벨론에서 구출되는 이스라엘(43:14~21)

이스라엘의 구속자이신 여호와가 말씀하신다. "너희를 위하여 내가 바벨론에 보내어 모든 갈대아 사람으로 자기들의 연락하던 배를 타고 도망하여 내려가게 하리라"(14절). 바벨론은 유프라테스 강을 끼고 동과 서로 나뉘어 있는 도시였다. 바벨론 사람들은 도시 가운데 흐르는 강에 유람선을 띄우고 즐겼다. 이 모습은 시편 137편에서 잘 묘사되어 있다. 그러나 고레스 군대가 들어올 때 갈대아 사람들이 그 배를 타고 도망하느라 바쁠 것이다. 이 모든 일은 이스라엘을 구속하기 위해 하나님이 일으키신 사건이다.

출바벨론은 출애굽의 모형을 그대로 따라가고 있다. 바다 가운데 길을 내고(16절), 병거와 말과 군대의 용사를 이끌어 내어 그들로 일시에 엎드러지게 하는 것도 같다(17절). 광야에 길을 내고 사막에 물을 내어 "내 백성"을 마시게 하는 것도 역시 같다(19하~20절). 그러나 양자의 비교에서 후자의 것이 더 크다. 그래서 하나님은 "너희는 이전 일을 기억하지 말며 옛적 일을 생각하지 말라"(18절)고 말한다. 이스라엘은 대대로 출애굽 사건을 기억하여 그 구속의 하나님을 기념하였다. 그러나 이제 더 이상 출애굽을 돌이켜볼 필요가 없어졌다. 더 큰 구속 사건이 있기 때문이다.

어떻게 더 크고 영광스러울 것인가? 20절이 그 장면을 잘 묘사한다. 사막에 길이 나고 강들이 흐른다. 사막의 사정은 거기에 사는 들짐승이 잘 안다. 어디에 길이 있으며, 어디에 물이 있는지를. 그런데 어느 날 갑자기 없었던 곳에 길이 생기고, 없었던 곳에 샘이 솟아난다. 들짐승들이 의아하게 생각하는데 여호와의 영광이 앞서고 자기 백성들이 노래하며 뒤따르는 것을 목격한다. 그때에 들짐승들은 사막에 일어난 이상한 현상들이 왜 일어났는지 알게 되고, 그래서 여호와를 존경하게 될 것이다.

하나님이 하신 이 모든 일은 자신의 영광을 위해서다. 그래서 "이 백성은 내가 나를 위하여 지었나니 나의 찬송을 부르게 하려 함이니라"고 말씀하신다(21절).

2) 설교를 위한 적용

옛 이스라엘이 눈이 멀고 귀 먹은 현상은 신약 시대에도 마찬가지였다. 예수님이 씨 뿌린 비유를 하신 후 이사야 6장의 구절을 인용하여 당시의 상황이 그러함을 지적하셨다. "이사야의 예언이 저희에게 이루었으니 일렀으되 너희가 듣기는 들어도 깨닫지 못할 것이요 보기는 보아도 알지 못하리라 이 백성들의 마음이 완악하여져서 그 귀는 듣기에 둔하고 눈은 감았으니…"(마 13:14~15). 그 결과 그들은 로마에 의해 학살당하며 세계로 흩어졌다.

오늘날 교회도 진리에 눈 멀고 하나님 말씀에 귀가 어둡다면 역시 큰 환난을 당할 것이다. 종말에 교회의 대환난은 그러한 상황의 결과에 따른 어려움이 될 것이다.

우리는 엑소더스 주제를 출애굽과 출바벨론으로만 끝내서는 안 된다. 구약의 엑소더스 주제는 신약의 것을 내다보는 것이다. 그리스도의 초림에서 더 영광스러운 엑소더스를 발견하였다(눅 9:31). 예수님의 승천과 관련된 구절이다. 이때 예수님과 함께 성도도 엑소더스를 경험한다. 히브리서는 예수님이 낮아지셨다가 높아지심을 자기 사람들을 이끌고 영광에 들어가신다고 말한다(히 2:10). 오늘날 성도는 예수님과 함께 들려 이미 하늘 보좌에 앉은 상태다(엡 2:6).

그러나 그것으로 끝나는 것이 아니다. 마지막 때 성도들이 적그리스도에게 환난을 당할 때 그리스도께서 대적을 쳐부수고 자기 백성을 이끌고 저 영원한 도성으로 들어가실 미래의 가장 영광스런 엑소더스가 또한 있을 것이다. 그때 동서남북 사방에서 성도들이 모여 와서 예수님을 영접하고 그와 함께 저 약속의 땅, 완성된 하나님 나라로 들어갈 것이다.

4. 고레스를 부르심(43:22~45:25)

1) 본문 주해

(1) 이스라엘을 꾸짖음(43:22~28)

43:22부터 새로운 장으로 분류하는 것이 좋다. 왜냐하면 다시 꾸짖음이 나타나기 때문이다. 이사야의 거의 모든 메시지는 죄에 대한 책망—징계—회복의 순서로 이루어져 있다.

하나님은 자신과 이스라엘 사이를 비교하면서 그들의 죄를 지적한다. 여호와는 그들을 불렀으나 그들은 여호와를 부르지 않았다(22절). 여호와는 제사에 대한 요구로 이스라엘을 수고롭게 하거나 괴롭게 하지 않았으나, 이스라엘은 여호와를 괴롭게 하였다(יָגַע야가 수고롭게 하다. 힘써 일하다).

옛 출애굽의 그 큰 구원을 경험하고도 이스라엘은 너무 자주 하나님을 잊어버렸다. 그들은 수시로 하나님을 섬기지 아니하고 이방의 신들을 찾았다. 하나님의 말씀에 순종하지 않아 하나님을 괴롭게 하였다(참고 7:13). 그들은 제물과 향품으로도 여호와를 공경하지 않았다(23, 24절). 이스라엘의 총체적인 죄에는 조상들의 죄까지 포함되었다(27절). 그 결과 성전은 무너지고 이스라엘은 포로로 잡혀 가 이방인들의 비방 거리가 되었다(28절). "성소의 어른들"은 성전에서 봉사하는 제사장들을 가리킨다. 적군의 침입에 성전을 지키려던 그들이 무자비하게 모욕을 당하는 모습이다. 예루살렘(특히 성전을 포함하여)은 황폐하고 백성은 포로로 잡혀 가 비방 거리가 되었다. 이러한 상황에서 하나님이 그들을 어떻게 하실 것인지 이사야 본문은 다음 장면으로 넘어간다.

(2) 이스라엘을 다시 사랑하심(44:1-5)
"이제 들으라!"로 첫 문장이 시작된다. 징계 중에 있는 그들에게 하나님이 말씀하시고자 한다. 이 부름에 이스라엘은 잔뜩 긴장할 것이다. 하나님이 말씀하신다. "나의 종 야곱, 내가 택한 이스라엘아"(1절). 여기서 다섯 번째로 '나의 종'이 나온다. 이것은 복수 이스라엘이다. 포로가 되어 남의 조롱거리가 된 그들에게 놀라운 음성이다. 역시 하나님은 그들을 버리지 않으셨다.

하나님은 또 선포하신다. "너를 지으며(עשׂה아사) 모태에서부터 너를 조성하고(יצר야차르) 너를 도와줄 여호와가 말하노라"(2상절). 이스라엘의 근원이 하나님으로부터 나왔음을 말한다. 이스라엘이 아직 민족으로 확정되기 전에 족장을 통하여 준비하셨고, 이집트로 가서 번성케 하여(창 46:3하), 그들을 인도하여 시내 산에서 언약을 맺음으로써 국가가 탄생되게 하셨다(참고 출 19:6).

이렇게 그 민족(혹은 국가)을 조성하신 여호와께서 나라 해체의 어려운 상황에 있는 그들을 도와줄 자로 나선다(2중절). 그리고 말한다. "나의 종 야곱, 나의 택한 여수룬아!"(2하절). 여수룬은 '야샤르'(ישׁר 의롭다)라는 단어에서 파생된 말로 이스라엘에 대한 애칭이며, 신명기에서 여러 번 사용되었다(신 32:15; 33:5, 26). 출애굽 과정에서 하나님이 자신의 선택한 백성을 그렇게 애칭으로 부른 것이다. 이러한 이름으로 불린 그들은 특별한 존재로서 자부심을 가졌다. 그리하여 하나님은 그들을 향하여 "두려워 말라"(2하절)고 위로의 말씀을 하신다.

3절과 4절은 메마른 땅에 물이 공급되어 소생함을 말한다. 물론 실제 메마른 땅이 옥토로 바뀌는 변화도 가능하겠지만, 그들의 영적인 소생함을 비유적으로 표현한 것으로도 볼 수 있다. 그들이 살고 있는 바벨론은 근본적으로 메마른 땅이다. 그곳에서 노역을 하는 그들에게 가장 심한 고통은 갈증이다. 하나님은 "갈한 자에게 물을 주며"라며 그들을 돌보실 것을 말씀하신다. 물론 육체적 갈증을 시작으로 하여 영적인 것으로 확대하여 볼 필요가 있다. 왜냐하면 3절에 '나의 신을 내린다'는 것과 4절에 "그들이 풀 가운데서 솟아나기를 시냇가의 버들같이 할 것이라"는 표현은 사람에게 해당하는 말이 분명하기 때문이다. 3절과 4절은 마침내 비가 내림으로 사막의 식물들이 놀랍게 자란다는 비유를 통해 이스라엘이 기적적으로 소성함을 약속해 주고 있다. 그들이 소성함을 받으면 이제 여호와를 말하기 시작하며, 자칭 여호와께 속하였음을 고백할 것이다(5절).

(3) 하나님의 법정 변론(44:6~20)

6절과 7절에서 하나님은 다시 법정 변론을 재개하신다. 이스라엘을 구속하신 자신이 참 신이며, 다른 신은 없음을 공포하신다. 그리고 이스라엘을 증인으로 세우신다. "너희는 나의 증인이라"(8중절). 자신만이 유일한 신이며, 이 외에 어떤 신도 존재하지 않는다고 이스라엘을 구속하신 하나님이 법정에서 외친다. 왜냐하면 그것을 증명한 증인이 있기 때문이다.

법정에서 하나님은 참 신으로 증명될 것이며, 반대로 우상은 허망하게 된다. 사람들이 스스로 만들어 세워 놓고 기뻐하는 우상은 무익하기 그지없다. 왜냐하면 그들은 증인이 없기 때문이다(9절). 우상을 만든 장색도 사람이다. 사람이 만든 것이 어찌 사람 그 이상이 될 수 있는가(10, 11절)? 그들이 사용한 재료들도 보라. 사람들은 어떤 나무는 땔감으로 사용하여 몸을 덥게도 하고, 또 어떤 나무는 고기를 구워 먹는 땔감으로 사용하기도 한다(14~16절). 그런

나무로 만든 우상 앞에 부복하여 경배하고 기도하며 '나를 구원하라' 하니 어찌 어리석지 않은가(17절). 그들은 결국 수치를 당할 것이다(9하절).

우상을 섬기는 이방인들은 "알지도 못하고 깨닫지도 못함은 그 눈이 가리워져서 보지 못하며 그 마음이 어두워져서 깨닫지 못함이라"고 말한다(18절). 이것은 이미 이스라엘에게 사용된 말이다(42:18~20). 나무의 얼마를 가지고 불을 지펴 고기를 구워 먹으며, 그 나머지로 가증한 우상을 만드니, 어찌 그들이 생각이 있고, 지식이 있으며, 총명이 있다고 하겠는가(19절)?

(4) 이스라엘을 구원하심(44:21~23)

21절에서 하나님은 다시 "너는 내 종이니라"고 말씀하신다. 하나님이 그들을 지었으니 어찌 그들이 잊음이 되겠는가(21절)? 하나님은 그들의 허물과 죄를 도말(塗抹)하였으니 돌아오라고 한다. 그리고 "내가 너를 구속하였음이니라"고 말한다(22절). 여기서 이스라엘 회복의 원리를 볼 수 있다. 그들이 먼저 돌아오면 구원하신다는 것이 아니다. 먼저 하나님이 그들의 죄를 깨끗이 해주셨고, 구원해 주셨다. 그러므로 돌아오라고 간청하신다. 사람의 의에 의지하여 죄 사함과 구원이 이루어지는 것이 아님을 보여 준다.

여기에 사용된 구속이라는 단어는 히브리어로 '가알'(גָּאַל)인데 이것은 근본적으로 값을 누가 대신 지불했음을 의미한다. 죄 사함과 구원은 아무 근거도 없이 이루어지는 것이 아니다. 하나님은 죄의 값을 철저히 받으신다. 이미 누가 값을 지불했기 때문에 구속이 이루어지는 것이다. 우리는 그 원리를 뒤에 단수의 종의 사역에서 찾아볼 것이다.

하나님의 구속은 참으로 놀라운 것이다. 하늘과 땅, 산과 삼림들에게 노래를 부르라고 말한다(23절). 이 구원을 지켜보는 만물이 놀라워하며 하나님의 그 위대하심을 찬양한다.

(5) 하나님의 원대한 계획(44:24~28)

놀라운 선포가 있기 전 다시 하나님은 먼저 자신이 어떤 분이심을 밝힌다.

자신은 이스라엘의 구속자이시며, 그를 태에서부터 조성한 분이심을 밝힌다(24상절). 이스라엘 국가가 탄생하기 이전에 족장들을 통하여 준비하셨음을 의미한다. 그리고 다음으로는 창조주 하나님이심도 말한다(24하절). 그런 후 술객들과 점치는 자의 거짓됨을 꾸짖으며, 오직 자신만이 자기의 종(선지자)의 말을 응하게 하실 분임을 밝힌다.

이전에도 하나님은 선지자들에게 예언하게 하였고, 그것들을 성취시키셨다. 이제 이사야를 통하여 다시 새로운 일들을 고한다. 이 예언적 예고들을 정리하면 다음과 같다.

① 예루살렘에 대하여는, "예루살렘에 대하여는 이르기를 거기 사람이 살리라"고 하신다(26중절). 바벨론에 의해 성이 멸망한 후 대부분의 사람들은 죽임을 당하거나 포로로 잡혀 갔다. 그러나 포로들이 다시 돌아가서 다시 사람이 거주하는 도시가 될 것이다.

② 유다 성읍에 대하여는, "이르기를 중건될 것이라 내가 그 황폐한 곳들을 복구시키리라" 하신다(26하절). 예루살렘이 멸망하기 전에 유다의 성읍들은 느부갓네살에게 무너지고 황폐화되었다. 그러나 하나님은 그 성읍들을 복구시키겠다고 선언하신다.

③ 깊음에 대하여는, "이르기를 마르라 내가 네 강물들을 마르게 하리라" 하신다(27절). '깊음'(תְּצוּלָה출라)은 유프라테스 강을 말한다. 포로들이 건너올 수 있는 길을 준비케 하시는 것이다. 40:3에서 외치는 자의 소리에게 광야에서 여호와의 길을 예비하라고 하신 말씀을 다시 일깨워 준다.

④ 고레스에 대하여는, "이르기를 그는 나의 목자라 나의 모든 기쁨을 성취하리라" 하신다(28상절). 하나님은 미래의 왕, 곧 메시아를 "나의 목자"라고 자주 부르셨다. 하나님이 이방 왕을 "나의 목자"라고 부르신 것은 의외다. 그것이 하나님이 선택한 자기 백성을 위로하고 회복시켜 줄 것이기 때문이다. 역대로 하나님은 느부갓네살을 목자라 불렀으며(렘 43:12), 또 '종'이라고 부르기도 했다(렘 25:9). 그가 하나님의 뜻을 성취할 것이기 때문이었다.

또한 이 고레스를 하나님은 "나의 목자"라고 부르며, 그를 통하여 "나의 기쁨을 성취하리라"고 말씀하신다. '목자'는 메시아의 전문 용어다. 에스겔 34:23은 미래의 다윗 왕, 즉 메시아를 '목자'라고 부른다. 예레미야 23:4도 미래의 메시아를 '목자'라고 부른다. 이러한 메시아적 용어를 고레스에게 사용한 것은 특이하다. 그는 목자로서 하나님의 백성을 바른 길로 인도하는 역할을 하여 하나님의 뜻을 성취할 것이다.

⑤ 예루살렘에 대하여는, "이르기를 중건되리라" 하신다(28중절). 실제로 고레스에 의해 예루살렘이 중건된 것이 아니라, 아닥사스다의 명령에 따라 느헤미야로 말미암아 이루어졌다. 그러나 하나님은 그것도 성취하실 것이 분명하다.

⑥ 성전에 대하여는, "이르기를 네 기초가 세움이 되리라" 하신다(28하절). 고레스는 유다 백성을 예루살렘으로 돌려보내면서 성전을 재건하라고 명령하였다(대하 36:23; 스 1:2, 3). 그 명령을 받은 스룹바벨은 성전의 기초를 놓았다(스 3:8~13).

이상과 같이 하나님은 앞으로 행할 자신의 원대한 계획을 발표하셨다. 이것들은 예언한 대로 이루어질 것이며, 그로 인하여 하나님이 참 신이심이 증명될 것이다.

(6) 고레스를 인도하심(45:1~7)
45:1이하에 고레스에 대하여 더 설명하신다.

> **"나 여호와는 나의 기름 받은 고레스의 오른손을 잡고 열국으로 그 앞에 항복하게 하며 열왕의 허리를 풀며 성문을 그 앞에 열어서 닫지 못하게 하리라 내가 고레스에게 이르기를 내가 네 앞서 가서 험한 곳을 평탄케 하며 놋 문을 쳐서 부수며 쇠빗장을 꺾고…"(1, 2절).**

45:1에는 고레스를 '기름 받은 자'로 부른다. 이방 왕에게 기름 부은 경우는 매우 드물다(하사엘에게 기름 부음 왕상 19:15; 왕하 8:7~15). 하나님은 그를 아주

특별하게 취급하고 있다. 하나님은 그에게 모든 도움을 베풀어 주실 것을 약속한다.

고레스가 세상을 정복하여 가는 길에 하나님이 함께하셔서 그를 도와주셨다고 말한다. 하나님이 앞장서서 험한 곳을 평탄케 하고 놋 문과 쇠빗장을 꺾어 고레스가 쉽게 그 긴 정복의 과정을 잘 수행할 수 있도록 준비하시고 도우셨다는 것이다. "열왕의 허리를 풀며"라는 말은 열왕들을 무장해제시키겠다는 것이다. "성문을 그 앞에 열어서"는 그 성이 그에게 항복하고 그를 영접해 들이겠다는 것이다. 고레스가 성에 도착하기도 전에 하나님이 먼저 가서 왕의 허리를 풀고 그 성문을 열게 하셔서 고레스가 아무 저항없이 점령할 수 있게 만들겠다는 것이다.

사실 역사는 이것을 충분하게 증명한다. 안삼의 조그만 나라의 왕이었던 그가 거대 왕국 메대를 송두리째 접수한 것도 그렇고, 그가 본격적으로 정복을 위해 나선 원정길에는 거침이 거의 없었다. 많은 나라들이 그에게 항복하거나 환영하였다. 특히 무혈로 입성하고 마르둑 제사장들의 환영을 받은 바벨론 정복은 그러한 정복의 극치를 이룬다.

3절에는 하나님께서 고레스를 "지명(指名)하여" 불렀다고 말한다. 히브리어를 직역하면 '너를 너의 이름으로 불렀다'이다. 하나님은 이미 44:28과 45:1에서 고레스의 이름을 거명하였다.

그냥 어떤 사람을 세워 일하다 보니 그가 하필 고레스였던 것이 아니다. 하나님은 이미 그를 알았고, 그의 이름을 정확하게 불러서 자신이 뜻하는 바를 성취하게 하신 것이었음을 본문은 밝힌다.

하나님이 이렇게 이름을 부른 이유는 그가 "나 여호와 이스라엘의 하나님인 줄 알게"(3하절) 할 목적에서였다. 이것은 하나님의 주 관심이 고레스에게 있지 않고 이스라엘에게 있음을 천명한 것이다. 역시 고레스를 일으키신 하나님의 목적은 이스라엘의 회복에 있다.

4절에서 하나님은 노골적으로 고레스를 부른 이유를 설명한다.

"내가 나의 종 야곱, 나의 택한 이스라엘을 위하여 너를 지명하여 불렀나니 너는 나를 알지 못하였을지라도 나는 네게 칭호를 주었노라"(4절).

'나의 종 이스라엘'은 복수로서의 이스라엘이다. 하나님이 고레스를 지명하여 부르시고, 또 그를 들어 쓰신 것은 이스라엘을 위한 것이었다. 세계 역사의 판도가 모두 고레스에게 돌아가게 한 것도 이스라엘을 구속하기 위함이었다. 세계 역사는 이스라엘의 구속이라는 초점에 맞추어 움직여지고 있었다.

하나님은 법정에서 자신이 참 신이심을 다시 천명하신다(5상절). 고레스와 이스라엘 양자가 모두 이를 위한 증인 역할을 할 것이다. 하나님은 이 둘에 대하여 미리 예언하였고 그대로 역사는 이루어질 것이 분명하다.

그런데 실상은 고레스 자신은 이 사실을 알지 못하였다. 하나님은 "너는 나를 알지 못하였을찌라도 나는 네 띠를 동일" 것이라고 말씀하신다. 실제 역사에서 고레스는 자신을 도운 신이 바벨론의 신인 마르둑이라고 생각하였다.[18] 물론 그가 유다를 향하여는 "하늘의 신 여호와께서 세상 만국으로 내게 주셨고 나를 명하사 유다 예루살렘에 전을 건축하라 하셨나니 이스라엘의 하나님은 참 신이시라"(스 1:2~3상)고 고백한다. 이것도 사실이었을 것이다. 고레스는 가는 곳마다 그 도시의 신의 부름을 입은 자라고 자처하였기 때문이다. 고레스는 피정복민, 특히 포로로 잡혀 온 민족들에게 호의적인 태도를 보였다. 고레스의 석주(石柱) 명문(銘文)에는 다음과 같이 기록되어 있다.

> 나는 티그리스 강 저편에 있는 거룩한 성읍들에 오랫동안 폐허가 되어 있었던 성소들, 거기에 있던 신상들을 돌려주었다. (또한) 나는 그곳들의 모든 (이전) 거민들을 모아 (그곳들에) 거민을 돌려주었다(ANET 316).

역사적 기록에서 고레스는 포로민들에게 후하게 대하였을 뿐만 아니라, 그들의 신전을 짓게 하였고, 바벨론이 빼앗아 온 신전의 기구들을 귀환하는 거민에게 돌려주었다. 여기에 이스라엘도 포함되었음에 틀림없다. 성경은 고레스의 그와 같은 행동이 하나님께서 그를 감동시켜 행하게 한 것으로 주장한다(스 1:2). 이 주장은 정당하게 받아들여져야 한다. 왜냐하면 하나님이 고레스의 등장을 미리 예언하셨기 때문이다.

만약 이사야의 예언이 없었다면 고레스의 세상 정복은 다른 신들의 도움으로 이루어졌다고 주장할 수도 있다. 그러나 이사야의 예언을 접하면 그러한 모든 주장은 차단된다. 하나님은 선포한다. "너는 나를 알지 못하였을찌라도 나는 네 띠를 동일 것이요"(5하절). 그리고 이 예언을 접하는 모든 민족에게 자신이 참 신이심을 알게 하신다.

> "해 뜨는 곳에서든지 지는 곳에서든지 나밖에 다른 이가 없는 줄을 무리로
> 알게 하리라 나는 여호와라 다른 이가 없느니라"(6절).

하나님만이 유일하게 고레스에 대하여 미리 예고하였기 때문에 그만이 유일한 신이심이 증명되었다.

하나님은 자신이 미래의 일을 예언할 수 있는 것은 창조주이기 때문에 가능하다는 것을 또 한 번 강조하신다. 그는 "빛도 짓고 어두움도" 창조하셨으며 "평안도 짓고 환난도" 창조하셨다(7상절). 물질의 세계뿐만 아니라 그 위에서 일어나는 모든 일도 하나님의 손에 달려 있음을 밝힌 것이다.

44장과 45장 전반부에서 하나님은 고레스에 대하여 아주 세밀하게 예언한다. 이 예언을 다음과 같이 요약할 수 있다.

① 하나님 자신의 뜻이 있어 고레스를 직접 세우셨다. 고레스를 '메시아(기름 부음 받은 자)'로 부르셨다.
② 그가 세계를 정복케 하시고 그의 정복의 길을 하나님 자신이 손수 닦아 주셨다.
③ 그를 세우신 목적은 이스라엘의 구속과 예루살렘의 재건을 위해서였다.

특히 고레스에게 '기름 부음'(메시야)이란 말을 사용한 것은 매우 놀라운 일이다. 그만큼 고레스를 통해 이루는 이 일은 하나님의 크신 계획이며 구속 사역에서 중요한 위치를 차지하는 것이다.

(7) 축복 시대의 도래(45:8~25)

① 이스라엘이 의를 입음

45:8 이하는 고레스로 말미암아 도래하게 될 구속 시대에 이스라엘이 풍성한 영적인 축복을 받을 것을 말한다. 하나님이 이방인 고레스를 그렇게 불러 사용하신 이유는 무엇인가? 결코 고레스 자신, 혹은 페르시아를 위해서가 아니다. 하나님이 고레스를 사용하신 목적은 바로 하나님이 이스라엘의 여호와이심을 알리기 위함이다.

8절에서 가장 중심되는 단어는 '의'(체데크)다. 혹자는 '체데크'(혹은 צְדָקָה체다카)를 '합법성'으로 번역하고,[19] 혹자는 '승리'나 '번성'으로 해석한다.[20] 그러나 '체데크'와 '체다카'는 근본적으로 하나님께 속한 것이다. 그리고 그것은 법정 용어라고 할 수 있다. 즉 재판에서 무죄가 선고됨을 의미한다(참고 롬 3:24). 따라서 그것은 '구원'과 동의어로 간주될 수 있다.[21]

그런데 이 하나님의 의와 구원은 이스라엘 사람들이 만들어 내거나 스스로 획득하는 것이 아니다. 위로부터 내리는 것이다. 그러므로 그것은 순전히 은혜다. 하나님은 하늘과 땅에게 명령하신다. 의를 내리고, 구원의 열매를 맺게 하라고. 하늘에서 의가 내리되 홍수가 질 정도로 넘쳐흐르게 하신다. 하나님께서 주시는 은혜가 크심을 보여 준다.

이제 하나님께서 이스라엘에게 의를 내리고 구원의 열매를 맺게 하라고 명령하신다. 그리고 그것은 그대로 될 것이다. 하나님은 이것에 대하여 '창조하다'(בָּרָא바라)라는 단어를 사용하셨다(8하절). 히브리어 '바라'는 하나님에게 사용될 때 무(無)에서 유(有)가 되는 것 같은 특별한 행위다. 이것은 어떤 사람이나 세상사와 비교할 수 없는 하나님만이 하시는 특별한 것이다. 이스라엘에 대한 구원은 하나님의 제2의 창조 행위로도 볼 수 있다. 그만큼 그것은 큰일이다.

9절에서 하나님은 자신이 하는 일에 불평하거나 따질 자가 있느냐고 반문하신다. 페르시아의 고레스는 사용하시고 아스티아게스(메대 왕)는 버리셨다. 페르시아는 번창케 하셨고, 바벨론은 망하게 하셨다. 세상 나라들은 정복자 앞에서 떨게 만들고, 이스라엘에게는 의를 비처럼 내리셨다.

이 모든 일은 하나님이 좋아하시는 뜻대로 행하신 일이다. 토기장이가 마음대로 그릇을 만들 권한이 없는가? 질그릇이 자기를 만든 토기장이에게 왜 나를 이렇게 만들었냐고 항의할 수 있는가(9절)? 또 아들이 어미나 아비에게 자기를 낳은 것에 대하여 왈가왈부할 수 있는가(10절)? 하나님이 하시는 이 일에 어느 누구도 반항할 수 없다. 이 일은 창조주 마음에 기쁜 뜻대로 이루신 것이다.

② 열방이 구원에 참여함

이사야는 고레스를 통한 이스라엘의 구원을 말하다가, 더 너머의 사건으로 점프한다. 곧 모든 민족과 열방들이 이스라엘로 찾아와서 섬기는 모습을 그리고 있다. "여호와께서 말씀하시되 애굽의 수고한 것과 구스의 무역한 것과 스바의 장대한 족속들이 다 네게로 돌아와서 네게 속할 것이요 그들이 너를 따를 것이라…"(14절). 여기서 '너'는 이스라엘이다. 이집트와 구스(에티오피아)는 자기들의 산물을 가지고 오며, 스바의 거인들도 이스라엘에 와서 그들을 섬긴다. 이것은 바벨론 포로 귀환에서 이루어졌다고 할 수 없다. 포로에서 돌아온 백성들은 아직도 페르시아의 속국이었으며, 주변의 민족들이 이스라엘에게 굴복하거나 예물을 바치지 않았다. 이것은 종말적인 모습으로 보아야 한다. 이사야 본문은 고레스를 통한 이스라엘의 회복뿐만 아니라, 최종적으로 완성될 먼 미래의 회복까지 내다본다.

23절 이하에 결론적으로 하나님은 자신의 명예를 걸고 '자신의 입에서 나간 말은 다시 돌아오지 않는다'고 맹세하신다. 그 말은 메아리처럼 그냥 돌아오지 않는다. 그 말의 내용대로 반드시 이루어질 것이다.

2) 설교를 위한 적용

본문에서 고레스의 이름이 두 번 등장한다(44:28; 45:1). 이것이 비평학자들에게 올무가 되어 그들은 제2부 이사야(40장 이후)를 포로 시대 이후의 작품으로 생각한다. 그러나 본문 해석에서 심각하게 고려해야 할 점들이 있다.

첫째, 본문은 하나님이 세상 사람들을 법정으로 불러 누가 고레스에 대하여 말할 수 있는지 토론해 보자고 하셨다(41:1~4). 또 우상들을 향하여 소송을 제기해 보라고 하셨다(41:21~29).

하나님은 자신이 참 신임을 증명해 보이겠다는 장면에서 미래에 대한 일, 즉 고레스의 등장을 말씀하셨다.

둘째, 고려해야 할 점은 하나님이 고레스와 이스라엘의 회복에 대하여 예언하면서 자신이 창조주이심을 여러 번 강조하고 있다는 점이다. 그는 천지를 창조하신 분일 뿐만 아니라, 창조물들을 경영하시는 분이다. 그것은 그가 모든 역사를 지배하고 이끌어 가시는 분이라는 뜻이다. 하나님이 손수 나라를 세우고 폐하시는 역사를 운행하는 분이시며(단 2:21), 어떤 사람(혹은 나라)을 창조하시고 또 그의 역사를 운행하는 분이시라면, 그의 출생에 대한 것과 그의 이름까지 왜 말할 수 없겠는가?

만약 우리가 하나님이 유일하신 참 신이심을 믿는다면 미래에 대하여 예언할 수 있는 분이심을 믿어야 한다. 하나님은 자신이 확실하게 예언할 수 있는 분이심을 보여 주기 위하여 고레스의 이름까지 미리 말씀하셨음을 거듭 밝혔다.

우리는 고레스의 예언이 사실 그대로 정확하게 성취된 것을 역사를 통하여 확인한다. 그리고 이사야가 예언한 메시아에 대한 예언도 그대로 성취되었음을 확인한다. 그리고 마지막 때에 있을 종말의 사건, 즉 열방이 자기 보물들을 가지고 시온에 와서 봉사하는 예언도 그대로 성취될 것임을 의심치 않는다.

5. 바벨론의 멸망(46~47장)

1) 본문 주해

(1) 우상의 무익함

바벨론에 대한 신탁은 그들이 섬기는 신들의 이름으로 시작한다. 벨은 바벨론의 수호신인 벨-마르둑이고 느보는 벨의 아들이다. 느보는 바벨론 왕들의 이름 속에도 많이 들어 있다. 바벨론의 유명한 왕이었던 나보낫살과 나보폴랏살 등에서 나타난다.[22] 이들은 세계에서 가장 우수하고 강하다고 떠들던 신들이다. 그러나 고레스의 침입 앞에 그 신들이 엎드러지고 만다. 그럴 수밖에 없는 것이 그들은 스스로 걷지도 못하며 짐승들에게 실려 다녀야 하는 무능한 우상이기 때문이다.

벨 신을 섬기는 바벨론과 비교하여 여호와 하나님을 섬기는 이스라엘은 완전히 다르다. 이스라엘은 갓난아이 때부터 하나님 품에 안겼다(46:3). 갓 태어난 아이가 다른 신이 아닌 창조주시며 전능의 하나님 품에 안겼으니 얼마나 행복했겠는가. 하나님은 품에 안긴 그들을 보살피며 키워 주셨다. 때로는 유모가 젖을 빨리듯이(민 11:12), 때로는 독수리가 그 새끼를 돌보듯이 이스라엘을 다루었다(출 19:4; 신 32:11). 그런데 이렇게 어릴 때 품은 그들을 노년이 되어도, 아니 백발이 되어도 계속 품을 것이라고 말씀하신다(46:4상). 바로 현재 바벨론에 포로로 잡혀 간 그들을 계속 돌보시겠다고 천명한 것이다. 하나님은 곤궁에 처한 그들을 구해 낼 것이다(46:4하).

(2) 이스라엘의 하나님

앞에서 하나님은 이방인들이 우상을 섬기는 것에 대한 어리석음을 지적하였다. 그런데 이제 이스라엘에게 그 관심을 돌린다. 이스라엘 역시 어리석게도 그와 같은 우상숭배에 동참함으로써 패역하였다(46:8상). 하나님은 이스라엘에게 이 사실을 되새겨보고(46:8하) 또 '옛적 일을 생각해 보라'고 말씀하신다(46:9상). 이스라엘이 과거를 회상해 보면 하나님의 살아 계심이 드러난다. 하나님이 어떻게 미리 예고하고 그것이 어떻게 정확하게 이루어졌는지가 금방 드러난다. 이제 하나님은 또다시 자신이 참 신이심을 증명하기 위하여 새로운 일을 예고한다. 바로 고레스를 부르는 일이다(46:11). 그런데 하나님께서 이 고레스에 대하여 계획하시는 것은 이스라엘을 위해서다.

(3) 떨어지는 바벨론

하나님께서 이스라엘을 구원하는 일을 시작할 때 바벨론이 추락한다 (47:1). 하나님은 처녀 딸 바벨론을 티끌에 앉으라고 명령한다. 이제 그들에게 멸망이 온다는 것이다. 히브리어 '베툴라'(בְּתוּלַה)는 숫처녀를 의미한다. 아직 젊어서 아리따움을 유지하며 사람들에게 선망의 대상이 되어야 할 나이에 벌써 무너진다는 것은 놀랍다. 사실 신바빌로니아는 주전 626년 나보폴랏살이 독립을 선포하여 나라를 시작한 후 주전 612년에 앗수르의 수도 니느웨를 정복하였고, 주전 586년에 예루살렘을 함락할 때 그 힘이 절정에 이르렀는데, 그로부터 30년 후에 무너졌다.

바벨론이 처녀로 불린 이유는 아직 그 나이가 젊기 때문이며, 또한 사치스러움을 지적하는 의도도 있는 것으로 보인다. 바벨론은 사치스럽고 타락한 도시의 대명사로 사용된다(참고 계 17:4~5).

이사야 본문이 제시하는 바벨론이 멸망한 이유를 살피면 다음과 같다.

첫째, 사치스러움과 음행이 대표적으로 꼽힌다. 이사야서 본문에서 이러한 모습이 계속 비쳐진다. "곱고 아리땁다 칭함을 받지 못할" 것이며(47:1하), "면박을 벗으며"(47:2상), "사치하고 평안히 지내며"(47:8상) 등은 그녀가 과거에 사치스러웠음을 암시한다. "치마를 걷어 다리를 드러내고"와 "네 살이 드러나고 네 부끄러운 것이 보인 것" 등은 과거에 그녀가 음란하였음을 암시한다.

둘째, 그들은 교만하다. 그들은 "나는 과부로 지내지도 아니하며 자녀를 잃어버리는 일도 모르리라"(47:8하)고 말한다. 과부가 되며 자녀를 잃는다는 것은 전란을 겪는다는 말이다. 그렇게 되지 않는다는 말은 전쟁에서 결코 패하는 일이 없을 것을 자랑하는 말이다. 그들은 자신들의 군대를 믿는다. 천하에 자신들을 대적할 자가 누가 있으랴! 자신들이 패한다는 것은 도저히 상상할 수 없는 일이다. 그리고 그들은 "내가 영영히 주모가 되리라"(47:7상)고 자신한다. 전쟁에 승리한 자는 피정복자들을 노예로 잡아와 부려먹으면서 영영히 전쟁에 승리만 할 것으로 착각한다. 이런 그들에게 하나님은 "네가 다시는 열국의 주모라 칭함을 받지 못하리라"(47:5하)고 선언한다.

또한 그들은 지혜와 지식에 자부심이 있다(47:10중). 특히 그들은 마음에 이르기를 "나뿐이라 나 외에 다른 이가 없도다"(47:8하, 10하) 한다. 이것은 하나님만이 주장할 수 있는 말이다. 이것은 자신을 신격화하는 말이다. 바벨론이 자신을 신격화하면서 교만한 모습은 이사야 14장에 잘 묘사되었다. "네가 네 마음에 이르기를 내가 하늘에 올라 하나님의 뭇별 위에 나의 보좌를 높이리라 내가 북극 집회의 산 위에 좌정하리라 가장 높은 구름에 올라 지극히 높은 자와 비기리라 하도다"(14:13, 14). 하나님은 그 교만한 자를 떨어뜨려 음부의 맨 밑에 빠뜨리겠다고 말씀하신다(14:12, 15).

셋째, 우상숭배와 점치는 죄가 만연하다. 그들은 "무수한 사술(邪術)과 많은 진언(嗔言)을" 베푼다(9하절). 12절에서도 그들은 "젊어서부터 힘쓰던 진언과 많은 사술을" 가졌다고 지적한다. '진언'(חֶבֶר헤베르)은 마법(魔法) 혹은 주문(呪文)을 가리킨다. 또한 그들은 하늘을 살피고 별을 보고 예언한다(47:13). 이러한 것들은 이방인들이 통상적으로 행하는 미신적인 행위로서 하나님이 극히 싫어하신다(신 18:9~12, 14). 그들이 믿는 우상이 그들을 구원해 주지 못하며, 점치는 자의 능력이 아무리 뛰어나도 결국 그들은 멸망한다.

넷째, 하나님의 백성을 학대한다. 그들은 스스로 "주모(主母)"라 하며 높은 곳에 앉아 하나님의 백성을 긍휼히 여기지 아니하고, 늙은이에게 멍에를 무겁게 메운다(47:6).

우아함과 부귀영화를 자랑하는 교만한 그들에게 하나님의 심판이 임하고, 우상과 점술이 그들을 구원해 주지 못할 것이다. 그들은 스스로 멸망의 길을 가고 있다.

2) 설교를 위한 적용

종말에 적그리스도의 도성을 바벨론 성으로 묘사한다(계 17:1~4). 왜 하필이면 바벨론인가?

첫째, 세상을 정복하고 영화를 누리는 점에서 비교가 되기 때문이다. 마지막 적그리스도도 옛 바벨론처럼 세상을 정복하고 권세를 누릴 것이다(참고 계 13:2~4).

둘째, 음행, 사치, 교만, 우상숭배 등 죄악의 모습에서 비슷하다(계 18:2~3). 마지막 도성도 사치로 그 극치를 이룰 것이다(특히 계 18:17 이하를 보라).

셋째, 하나님의 백성을 학대한 것 때문이다. 적그리스도는 성도를 잡아 옥에 가두고, 학대하고, 죽일 것이다(계 13:7~18).

넷째, 아직 젊었을 때에 하나님의 손길에 의해 멸망할 것이다. 우리는 옛 바벨론의 멸망과 이스라엘의 회복의 모습을 통하여 마지막 때에 있을 바벨론 성의 멸망과 성도의 구원을 배워야 한다.

6. 하나님이 이루실 새로운 일(48:1~16)

구약 선지서에는 많은 메시아 예언이 있지만 그 중 이사야서는 메시아 예언의 보고라고 할 수 있다. 이사야서에서 메시아에 대한 예언은 산발적이고 다양하게 나타난다. 그 중에서 49장 이후에 집중적으로 나타난다. 그리고 이 부분의 메시아에 대한 묘사는 매우 특징적이다. 그는 '여호와의 종'으로 고난과 죽음을 통하여 사역을 이루신다. 그는 사람들에게 배척을 받으시며 (49:4; 53:3~4), 조롱과 학대를 당하시며(50:5~7), 죽음의 자리까지 순종하신다 (53:6~8). 그러나 그는 그렇게 힘없는 분으로 이사야서의 무대에 등장하지 않는다. 그가 본격적으로 무대에 나타나기 시작하는 48:16에는 이스라엘을 위한 구속의 역사를 주관하시는 분으로 등장한다. 본문은 그의 신성을 증명할 뿐만 아니라 그가 얼마나 크신 분인지를 보여 준다.

48장은 제2부 이사야 전반부의 결론을 맺는 동시에 후반부로 들어가는 가교 역할을 한다.[23] 왜냐하면 이 장에서 전반부의 주역인 고레스가 마지막으로 등장하며, 그와 겹쳐서 49장 이후의 주역인 '여호와의 종'이 '나'라는 화자로 처음으로 등장하기 때문이다.[24] 고레스와 겹쳐서 나오는 그분이 과연 우리가 생각하는 메시아라면, 그 메시아의 성격에서 중요한 요소를 발견하게 된다. 바로 메시아의 신성이 증명되며, 또 그가 받은 사명을 규명할 수 있기 때문이다.

1) 본문 주해

(1) 미래를 예고함

① 예고하는 이유

'들으라, 야곱의 집이여!'라고 시작한다. 하나님이 중요한 말을 선포하려고 사람들의 주의를 환기시킨다. 하나님은 그들에게 미래에 대한 자신의 계획을 밝히기 원하신다. 하나님은 새로운 메시지를 선포함에 앞서 자신이 어떻게 미리 예언하였고, 그것이 이루어졌는지를 지적한다. "내가 옛적에 장래사를 고하였고 내 입에서 내어 보였고 내가 홀연히 그 일을 행하여 이루었느니라"(3절). '홀연히'(פִּתְאֹם피트옴 갑자기)는 사람이 전혀 예상하거나 준비하지 아니한 것을 하나님이 독단적으로 이루심을 나타낸다.[25] '옛적에 고한 장래사'는 과거에 예언했다가 이루었던 사실들, 즉 출애굽, 예루살렘의 멸망, 바벨론 포로 등을 예로 들 수 있다.[26]

이사야 48장에 이르러서 이미 앞 장들에서와 같이 하나님은 또다시 미래에 대하여 말하고자 한다. 이렇게 지속적으로 장래의 일을 말한 이유는 그들이 완악한 백성이기 때문이다. "너는 완악하며 네 목의 힘줄은 무쇠요 네 이마는 놋이라"(4절). 목이 굳은 것은 남의 말을 듣지 않으려는 완고함을 나타내며, 이마가 놋이라는 것은 죄와 불의에 대하여 부끄러워하지 않는 뻔뻔함을 묘사한 것이다.[27] 이 그림은 그 완악함의 극치를 보여 준다. 만약 하나님이 장래의 일을 미리 말씀하시지 아니하고 그 일이 이루어진다면 그들은 "내 신이 행한 바요 내 새긴 신상과 부어 만든 신상의 명한 바라"고 할 것이다(5절). 그들이 변명의 여지가 없게 하기 위하여 하나님은 미리 예고하신다.

② 새 일을 창조함

그런데 이제 또다시 하나님은 어떤 일을 계획하시고 그것을 알리시고자 한다. "이제부터 내가 새 일 곧 네가 알지 못하던 은비(隱秘)한 일을 네게 보이노니"(6절). 하나님이 다시 미래의 계획을 알리실 새 일은 무엇일까? 대부분의 학자들은 고레스를 통한 바벨론 포로 귀환이라고 한다.[28] 물론 14절에서 고레스의 활동에 대한 예언이 구체적으로 언급된다. 그러나 그것으로 48장에 묘사된 상황이 충분할지는 의문이다. "이제부터"(מַעַתָּה메아타)는 '내가 말하는 이 시간부터'라는 의미다.[29] 그 전에는(바로 6상절까지 포함) 자주 고레스에 대하여 말씀하셨다.

그런데 이제 말하는 그 순간부터 무엇인가 새로운 것을 그들에게 공개하고자 한다. 그것을 "새 일"(חֲדָשׁוֹת하다쇼트), 그리고 "은비한 일"(נְצֻרוֹת네추로트 숨겨진 일)로 표현한다. 6절과 마찬가지로 7절에서도 "이제"(עַתָּה아타), "오늘 이전"(מִיּוֹם리프네이 욤)은 "네가 듣지 못하였느니라"고 말한다. 이 단어들은 고레스에 대한 예언과 다른 새로운 것을 소개할 의도를 드러내는 것이다.

7절의 "이 일들은 이제 창조된 것이요"에서 '바라'(בָּרָא 창조하다) 동사가 사용되었다. '바라'가 하나님에게 사용될 때는 무에서 유로 창조하심과 같은 특별한 의미가 있다.[30] 이 구절도 특별한 창조로 보아야 한다.[31] 이어서 8절에 "네가 과연 듣지도 못하였고 알지도 못하였으며 네 귀가 옛적부터 열리지 못하였었나니…"라고 말씀한다. 만약 그것이 고레스의 등장과 그로 인한 바벨론 포로 귀환이라면 그들이 전혀 들어 보지 못한 일도 아니며 전혀 경험해 보지 못한 것도 아니다. 고레스에 대한 일은 이미 이사야서에서만 해도 여러 번 언급되었다. 포로 귀환은 이사야뿐만 아니라 예레미야에 의해서도 여러 번 언

급되었으므로 그들에게는 전혀 새로운 일이 아니다(렘 32장, 참고 단 9:2).[32]

(2) 초자연적인 능력을 과시함

12절에 다시 '들으라, 야곱아!'라고 말씀하신다. 하나님은 그들에게 자신의 미래의 계획을 알리시고자 하신다. 13절에서는 자신이 앞으로 일으킬(창조할) 새 일을 천지 창조와 비교하신다.[33] "과연 내 손이 땅의 기초를 정하였고 내 오른손이 하늘에 폈나니…". 하나님이 어떻게 땅과 우주를 창조하셨는지를 비유적으로 묘사한 것이다.[34] 새 일을 창조하실 그 분은 옛적에 천지를 창조하신 분이다. 이러한 비교는 새 일의 창조가 매우 무게 있는 일임을 밝히기 위함이다.

13하절에 그가 명하시면 '천지가 일제히 일어선다'고 하신다. 이것은 우주에 대한 하나님의 섭리(his work of providence)를 나타낼 뿐만 아니라,[35] 자연 세계가 얼마나 창조주에게 귀를 기울이고 대기하고 있는지를 보여 준다. 자연은 하나님의 명령에 경청하고 순종한다(참고 시 119:90, 91). 왜냐하면 그가 창조자이기 때문이다. 하나님은 자신이 창조한 자연에 대한 절대 권한을 가지고 계속 지배하고 계신다.

(3) 고레스를 통한 구원 계획을 공개적으로 천명함

14절에서 하나님은 다시 청중들을 향하여 모여 와서 "들어라"고 부르신다. 자연도 하나님의 명령에 경청하는데, 하물며 자기 백성이 그의 부름에 무감각해서야 되겠는가? 하나님은 공개적으로 청중을 불러서 자기의 계획을 알리신다. "나 여호와의 사랑하는 자가 나의 뜻을 바벨론에 행하리니 그의 팔이 갈대아인에게 임할 것이라"(14하절). "사랑하는 자"는 고레스다. 하나님이 그에게 베푸는 사랑을 구원적인 차원으로 볼 필요는 없다. 그가 하나님의 뜻, 즉 이스라엘을 구원할 일을 이룰 자이기 때문에 그를 사랑하는 것이다(41:2; 44:28; 45:1, 13, 참고 46:11).[36] 그가 바벨론을 향한 하나님의 뜻을 시행할 것이다. 바벨론을 무너뜨리고, 하나님의 백성 이스라엘을 해방시키는 일이다.

14절에서 하나님이 묻는다. "그들 중에 누가 이 일을 예언하였느뇨?" "그들"은 세상 사람들(41:1 이하)이나 우상들(41:21 이하)을 가리킨다. 세상 어느 누구도, 그리고 어떤 우상도 미래에 대하여 예언하지 못하였다. 고레스에 대하여는 더욱더 할 수 없다. 그러나 하나님은 답한다. "나 곧 내가 말하였고"(15상절). 하나님이 이전에 고레스에 대하여 예언하였음을 상기시킨다. 그리고 하나님께서는 다시 공개적으로 그것에 대하여 예언하신다. 왜냐하면 그 일이 중요하기 때문이다. "내가 그를 부르며 그를 인도하였나니 그 길이 형통하리라"(15절). 하나님은 친히 이 일을 일으키실 것이다. 그러므로 그의 길은 평탄할 것이고, 그는 번성(הצליח히츨리아흐)할 것이다.

그러나 하나님은 과연 고레스에 대한 예언을 하기 위해 거듭 청중들을 부르신 것일까? 48장 전체 분위기가 고레스보다 더 큰 예언을 기대하게 한다.

(4) '나'와 성령을 보내심

네 번째 소단원에서 하나님은 다시 한 번 사람들을 가까이 부른다. "너희는 내게 가까이 나아와 이 말을 들으라"(16상절). 하나님은 이 일을 "처음부터 비밀히 말하지 아니하였다"(16중절).[37] 이것은 고레스에 대한 예언이다. 그런데 이 예언의 구절에서 변수가 생긴다. "그 말이 있을 때부터 내가 거기 있었노라"(16중절). 여기서 그 말은 분명 고레스에 대한 예언이다. 그때에 '내가' 거기 있었다고 한다. 여기에 등장하는 '나'는 누구인지가 우리에게 초미의 관심이 된다.

이사야 48:16은 난해한 구절이다. 16절의 문장 구성과 주어(화자)가 누구인지(특히 16하절)에 대한 논쟁이 활발하다. 이 논쟁에서 비평학자들과 보수주의 학자들 간에 의견이 두드러지게 달라진다.[38]

① '나'는 누구인가?

우리는 이사야 48:16에 나타나는 '나'가 누구인지를 규명해야 한다. 여기에 대하여 세 가지 제안이 있다. 첫째는 16절 전체의 화자(話者)를 선지자(이사야)로 보는 견해이고,[39] 둘째는 상절은 하나님으로, 하절은 선지자로 보는 견해이고, 셋째는 상절은 하나님으로 하절은 '여호와의 종'으로 불리는 메시아로 보는 견해다.

ⓐ 전체를 선지자로 보는 견해

15절까지는 하나님 자신이 화자로서 말씀해 오셨다. 그러나 16하절에는 화자가 하나님이 될 수 없는 명백한 증거가 나타난다. 왜냐하면 바로 그 뒤 문구에 여호와가 제3자로 등장하기 때문이다. "이제는 주 여호와께서 나와 그 신을 보내셨느니라"(16하절). 그래서 일부 학자들(특히 비평학자들)은 하절의 화자를 선지자로 한정시키면서, 이것을 상절까지 확대시켜 16절 전체를 선지자의 말로 본다.

"그 말이 있을 때부터"(דִבַּרְתִּי מֵעֵת הֱיוֹתָהּ 딥바르티 메에트 헤요타)를 NIV와 NJB는 'at the time it happens'라고 번역한다. 하야 동사를 동작이 발생하는 의미로 번역한 것이다.[40] 표준새번역은 "이 일이 생길 때부터 (내가 거기에 있었다)"로, 공동번역은 "이 모든 일이 이루어질 때"로 번역한다. 이러한 번역은 '고레스에 의한 구원이 이루어지던 그때'라는 의미를 담고 있다.[41] 이러한 번역은 이 글이 고레스가 등장한 이후에 씌어졌으며, '나'를 선지자로 보는 견해가 반영된 것이다. 개역한글은 "그 말이 있을 때부터"라고 번역한다. 이것이 KJV를 비롯한 대부분의 영어성경에 일치한다. 알렉산더와 스로트키(I. W. Slotki)는 "I had decreed it"로 번역한다.[42]

3인칭 여성단수 접미사 '하'(ָהּ)는 위의 두 경우의 해석이 다 가능하다. 그러나 '하'가 사건을 가리키는 것으로 보고 또 '나'를 이 문서를 기록한 선지자로 본다면 제2이사야서를 이사야의 저작이 아닌 포로 귀환 이후의 저작으로 보는 비평학자들의 이론과 일치하게 된다. 그러나 이사야 40장 이후에서(특히 48장 안에서조차) 계속적으로 하나님은 선지자를 통해 미래에 대하여 예언하고 있음을 밝히고 있는데, 현재 그 사건 발생의 현장에 선지자 자신이 있었다고 하는 것은 앞뒤가 맞지 않는다. 따라서 이 구절은 "그 말이 있을 때부터"로 번역하는 것이 타당하다. 즉 예언의 현장에 화자(선지자든지 아니면 다른 누구든지)가 있었다는 것으로 해석해야 한다.

칼뱅은 상절의 화자를 사람에게 적용시킬 수 없으며, 하나님 자신이 말하는 것으로 보아야 한다고 주장한다.[43] 이사야 41장에서부터 열방과 우상들을 상대로 고레스에 대한 예언을 하며, 그를 일으키고 세계를 정복하게 하신 분이 자신임을 말할 사람은 하나님 외에는 없다. 그러므로 16절 전체를 선지자로 보는 이론은 타당하지 않다. 그러나 16하절은 분명 하나님 자신이 아님이 명백하다. 따라서 화자는 16하절에서 돌연히 바뀐 것으로 보아야 한다.[44]

ⓑ 상절은 하나님, 하절은 선지자로 보는 견해

상절은 하나님이지만 하절은 선지자로 바뀌었다는 견해는 여러 성향의 신학자들 사이에서 광범위한 지지를 받는다. 칼뱅은 하절에서 이사야가 하나님 대신 말을 전하는 화자로 바뀌었다고 말한다.[45] 그는 앞에서 하나님께서 스스로 말씀하시다가 하절에 이르러서는 하나님이 선지자를 통하여 말씀하신다고 한다.[46] 다수의 비평학자들은 이 견해를 지지하면서, 대체로 16하절은 독립된 단편이었던 것이 후대에 여기에 삽입된 것으로 본다.[47] 16하절을 선지자로 보는 사람은 그가 하나님의 명령을 받아 예언을 하였는데, 이제는 하나님의 명령을 받아 보내심을 받는 것으로 본다. 그렇다면 그가 무슨 사명을 받아 나가는가? 그가 보냄을 받아 어떤 일을 성취하겠는가? 선지자로 본다면 보냄을 받는 그의 사역이 너무 모호하다. 우리는 다음과 같은 이유에서 하절의 화자를 선지자로 볼 수 없다.

첫째, 49장부터는 본격적으로 '나'가 등장하며 그가 이루는 일이 기록된다. 49장 이후에 등장하는 '나'를 선지자로 볼 수 없다. 그 이유는 뒤에 다루겠다.

둘째, 하나님이 창조하시는 새 일(7절)이 고작 선지자를 보내는 것으로는 너무 작다. 그 일은 아직 알려지지 않은 것이므로(6절) 세상사에서 흔히 있는 그런 것이 아닌 엄청난 큰일이어야 한다. 적어도 고레스를 일으키시는 일보다 더 커야 한다. 따라서 하나님이 '나' 즉 '여호와의 종'(메시아)을 보내시는 일이 크고 새로운 일로서 합당하다.

셋째, '여호와께서 이제 나와 성령을 보내셨다'고 말하는데, 성령이 본격적으로 활동하는 시대는 메시아의 시대와 잘 맞아 들어간다.[48] 따라서 우리는 위의 두 번째 견해 모두 거절한다.

ⓒ 상절은 하나님, 하절은 메시아로 보는 견해

16상절은 여호와이며, 하절은 메시아로 보는 것이 가장 합당하다. 이것은 교부 시대부터 전통적으로 해석해 왔던 것이다.[49] 알렉산더는 하나님께서 천지를 창조하실 때 '내가 거기 있었다'는 잠언 8:27과 비교하면서, 이사야 본문도 제2위 하나님으로서 이 구속의 사건에 개입하고 있음을 지적한다.[50] 제2위 하나님은 천지창조뿐만 아니라 이 세상 모든 일에서 섭리하고 있음을 이러한 구절들이 증명한다는 것이다. 그는 하나님이 하시는 모든 일의 현장에 있었을 뿐만 아니라, 함께 의논하셨고, 능동적으로 참여하신다.[51]

이것이 메시아라는 것은 49장 이후에서 증명된다. 49:1부터 '나'가 본격적으로 등장한다. 이 '나'는 보통의 사람일 수가 없다. "여호와께서 내가 태에서 나옴으로부터 나를 부르셨고…"(1절), "내게 이르시되 너는 나의 종이요 내 영광을 나타낼 이스라엘이라 하셨느니라"(3절), "그가 가라사대 네가 나의 종이 되어 야곱의 지파들을 일으키며…"(6절), 그는 사람에게 멸시를 당하고 미움을 받는 자이다(7상절), "너를 보고 열왕이 일어서며 방백들이 경배하리니…"(7중절). 열왕과 방백들에게 경배받는 그를 선지자라고 할 수 없다.

49:8에 "은혜의 때에 내가 네게 응답하겠고 구원의 날에 내가 너를 도왔도다 내가 장차 너를 보호하여 너로 백성의 언약을 삼으로 나라를 일으켜 그들로 그 황무하였던 땅을 기업으로 상속케 하리라"에서 "은혜의 때"와 "구원의 날"은 이사야 62:1 이하의 내용과 일치하며 그곳은 메시아의 역할을 그린 것이다.[52] 그로 인하여 이스라엘이 구원받는다. 이상의 '나'의 역할을 볼 때 그를 선지자 중의 한 사람으로는 결코 볼 수 없다.

영은 '나'와 '여호와'와의 관계가 잘 드러나는 49:5~6과 50:4~9를 참고할 때 그는 결코 사람이 아닌 메시아여야 함을 강조한다.[53] 49:3의 '나'는 자신을 '여호와의 종'이라 부른다(49:5~6).[54] 단수인 이 종은 42장에 처음 소개되었다가, 49장 이후에 본격적으로 등장한다(49:1~6; 50:4~9; 52:13~53장). 신약에서 이 구절들이 메시아에 대한 예언으로 인용되고 있으며, 전통적으로 이 종을 메시아로 여겨 왔다. 따라서 이러한 구절들이 메시아를 가리키는 것은 자명하다.[55] 그런데 49장과 50장은 '여호와의 종'이 '나'로 표현하며 화자 자신의 입으로 말하는 것으로 엮여져 있다. 이 화자로서의 '나'의 시작이 바로 48:16 하절부터다.

"이제는 주 여호와께서 나와 그 신을 보내셨느니라"(48:16하)에서 제2위 하나님은 제1위 하나님으로부터 보내심을 받는 자로 등장한다. 그런데 같은 구절에 제3위 하나님(성령)께서도 하나님으로부터 보내심을 받는다.

(5) 성령을 보내심

"이제는 주 여호와께서 나와 그 신을 보내셨느니라"(48:16하).

'나'와 '그의 영'이 접속사 '와우'(ו)로 연결되어 있다. 성령이 '나'와 함께 목적어일 때 '와우' 접속사는 '함께'로 번역함이 옳다.[56] 하나님은 자기의 종을 홀로 보내지 않고 성령과 함께 보내셨다. 본 절의 주체는 '여호와'와 그가 보내시는 '나'이지만 어떤 큰일을 행할 때 성령이 결코 열외가 아님을 본문은 보여 준다. 성령은 '나'의 사역을 도우시는 필수불가결한 분이시며, '나'의 역할을 확실하게 하는 보증이 된다.

종말적인 새 시대와 성령의 역할은 선지서에서 자주 등장한다. 이사야 42:1의 종의 노래에서 종에게 여호와의 신이 함께 등장한다. "내가 붙드는 나의 종, 내 마음에 기뻐하는 나의 택한 사람을 보라 내가 나의 신을 그에게 주었은즉…" 이사야 61:1은 "나"에게 성령이 임하심으로 그가 구속의 일을 하시는 것으로 묘사되며, 예수님이 사역의 시작에서 이 구절이 자신으로 말미암아 이루어졌음을 선포한다(눅 4:18). 새로운 메시아의 시대는 성자와 함께 성령이 역할을 하는 시대다.

우리는 본 절에서 3위 하나님이 동시에 등장하는 모습을 보게 된다. 3위 하나님이 창조 때에도 함께 사역하셨던 것과 같이, 앞으로 창조되는 새 일인 중요한 구원 사역에서도 함께 동참하는 모습을 본 절에서 보게 된다.

(6) "나를 보내었느니라"의 의미

48:16하절의 '나'가 메시아라면, 본 구절에서 그에 대한 두 가지 면을 놓쳐서는 안 된다. 첫째, 그의 존재성에 대한 문제다. 그는 육신으로 이 세상에 오기 전에 계셨고, 그는 계시 역사에 직접 참여하고 있다. 그러므로 이 구절은 그의 영원성과 신성을 증명한다. 그는 이 땅에 오시기 전부터 아버지와 함께 일하셨다. 창조 때에도 계셔서 아버지 하나님과 함께 창조의 일에 관여하셨고(잠 8:30; 요 1:1이하; 골 1:16~17), 이스라엘 구속의 일에도 아버지 하나님과 함께 참여하셨다(참고 8:8, 9~10). 그런데 본 절에서는 고레스를 일으키는 역사적 사건에도 그가 아버지 하나님과 함께 직접 참여하고 있음을 보여 준다.

둘째, 그의 사역에 대한 문제다. 그는 이전의 구속(고레스를 통한)에 참여하였는데, 이제 그 자신이 보냄을 받는다. 무엇을 위한 보냄인가? 그것은 고레스의 사명과 비교될 수 있다. 고레스가 이스라엘에 대한 구속을 위해 쓰임을 받았는데, 이제는 고레스가 아닌 '나'가 직접 그와 같은 구속을 위해 뛰어드는 것이다. 그러므로 그의 일은 고레스의 것보다 더 클 것이 확실하다. 왜냐하면 그는 고레스의 구속의 일에 참여하셨던 분으로서 고레스보다 더 크신 분이기 때문이다.

48:1에서부터 하나님이 새로운 일을 발표하시려는 의도를 계속 보이신 이유를 이제 알게 된다. 그 일은 전혀 새로운 일이며, 이제 창조한 것이라고 말씀하셨다. 그것은 선지자를 보내는 것이나, 고레스의 정도로 볼 수 없다. 그보다 엄청난 큰일이어야 한다.

48장에는 나타나지 않지만 '여호와의 종'이 이룰 일은 이사야서에 여러 번에 걸쳐 잘 묘사되었다. 42:1~9에 그는 세상을 정복하고 통치하는 자로 묘사된다. 그의 사명은 이스라엘 백성의 언약을 이루고, 이방인에게 빛이 되는 것이다(42:6). 49:6에도 그는 이스라엘을 다시 일으키고 그 남은 자를 돌아오게 할 뿐만 아니라 이방인에게 빛을 비추어 땅 끝까지 구원을 베풀게 하겠다고 하신다. 50:4~9과 52:13~53장에는 그가 고난을 통하여 이 일들을 이루시는 것으로 묘사된다.

결론적으로 새로운 파송자로서 그의 사명은 이스라엘의 회복을 위함이며, 동시에 이방인(땅 끝까지)의 구원을 일으키는 것이다.

(7) 두 메시아의 임무 교대

48장은 제2부 이사야에서 매우 중요한 위치를 차지한다. 이 장은 마치 이사야 38~39장처럼 앞의 구분과 뒤의 구분의 연결고리 역할을 한다. 48장 이전과 이후의 주제와 내용은 너무나 다르다. 이전은 가까운 미래의 역사적인 인물(고레스)에 대한 예언이지만, 이후는 더 먼 미래적인 메시아에 대한 예언이다.

48장에는 고레스를 부르심과 메시아의 오심이 겹쳐져(overlap) 있다. 둘 다 메시아로 불린다(고레스의 경우 45:1; 단 9:24, 26).[57] 앞의 메시아(고레스)는 뒤의 메시아를 내다보게 한다. 본 절에서 고레스의 역할은 이스라엘을 해방시키는 일과 함께 더 큰 구원인 메시아를 바라보게 한다.[58]

고레스의 구원과 그의 역할은 메시아에 비교하면 왜소(矮小)하다. 고레스는 포로 귀환이라는 구원을 안겨 주었지만 그 백성들에게 영적인 구원과 진정한 평화는 주지 못하였다. 따라서 그것은 하나님이 계획하시는 궁극적인 큰 구원이 아니다.[59] 고레스는 "기름 부음 받은 자"(45:1), "나의 목자"(44:28), '나의 기쁨을 성취할 자'(44:28), "여호와의 사랑하는 자"(48:14)로 불리면서 이스라엘에게 회복을 안겨 주었지만 그 자신은 구원을 받지 못한 자다.[60] 하나님은 이런 메시아와 그 회복만 계획하지 않으셨다. 하나님의 구원 역사의 계획은 고레스의 것만으로 결코 만족할 수 없다. 하나님은 고레스를 통한 작은 구원의 계획을 밝히시면서 더 큰 구원, 즉 메시아를 통한 궁극적인 구원 계획도 가지고 있음을 알리신다.

2) 설교를 위한 적용

우리는 계시 역사가 어떻게 전진해 나가는지 이사야서를 통하여 잘 관찰할 수 있다. 이사야서가 주목한 고레스는 뒤의 주자에게 바통을 물려주고 이사야서에서 사라진다. 우리는 예수 그리스도가 옛 고레스가 역사하였던 그 현장을 지키고 있었음을 보았다. 창조에도 동참하셨던 그리스도가 구속의 역사 현장에도 동참하고 있었음을 알게 되었다. 그는 과연 고레스보다 크신 분이시다. 그리고 옛 이스라엘이 고레스에 의해 구원을 얻었던 그것보다, 오늘 우리가 얻을 구원은 더 위대하고 큰 것임을 알게 된다.

이미 성도를 세상으로부터 구출하신 그분은 마지막 때에 대적을 무찌르고 성도들을 구출하여 하나님 나라에 인도하실 것이다. 그 위대한 구속자를 우리는 믿고 의지하는 행복함을 가지고 있음을 알아야 한다.

맺는 말

제2부 이사야서 전반부는 시종일관 고레스에 대한 예언으로 가득 찼다. 그런데 그 내용은 미래적 예언의 문맥 속에서 주어진다. 그리고 미래적 예언은 여호와 종의 오심에 대한 것이 그 최절정을 이룬다. 고레스에 의한 구속은 최종적으로 이루어질 여호와의 종에 의한 구속을 바라보도록 짜여 있다.

02

포로기 이사야가 바라본 희망

이사야 49~55장 주해와 적용

　이사야 49~55장은 바벨론 포로 상황에서 지치고 피곤한 백성들에게 하나님의 위로의 말씀을 선포한 40~55장의 예언에 속한 부분으로, 선지자는 나라가 망하고 먼 곳에 포로로 잡혀 온 백성들의 상황을 바라보며 그들을 향해 위로의 예언을 전하고 있다.

　선지자는 '포로기의 시인'이라 불릴 정도로 아름다운 문체로 회복을 노래했는데, '예언 전승의 마지막 거인'이라고 불릴 만큼 신학의 넓이와 깊이 면에서 후대 학자들에게 최고의 평가를 받는 예언자 중 한 사람이다. 그렇기 때문에 그의 예언을 따라가다 보면 깊은 신학적 통찰력이 있는 아름다운 한 편의 시를 읽는 듯하다.

　40~55장의 예언은 위로와 격려의 메시지가 주로 나오는 40~48장과 하나님의 구체적인 구원 활동을 나타낸 49~55장의 두 부분으로 나눌 수 있는데, 본문인 49~55장을 다시 세분하면 다음과 같다.

　　두 번째 종의 노래와 위로의 메시지(49:1~26)

　　변치 않는 하나님의 사랑과 세 번째 종의 노래(50:1~11)

　　다가올 구원의 역사의 대망(51:1~23)

　　왕 되신 야웨(52:1~12)

　　고난당하는 야웨의 종의 노래(52:13~53:12)

이스라엘에 대한 위로(54:1~17)

언약의 재확인(55:1~13)

이상의 구분을 근거로 본문을 연구하기에 앞서 먼저 본문의 전후 문맥과 구체적, 역사적 정황에 대해 살펴보고자 한다.

본문의 전후 문맥과 역사적 정황

1. 본문의 전후 문맥

이사야서는 전체 66장으로 되어 있는데 그 안에는 각각 다른 세 가지 시대의 정황을 반영하는 말씀이 기록되어 있다. 각기 다른 세 시대를 분류해 보면 주전 8세기 예루살렘의 상황을 반영하는 1~39장과 주전 6세기 바벨론 포로 말기의 상황을 반영하는 40~55장, 그리고 페르시아 시대 예루살렘으로 돌아온 포로 공동체의 갈등 상황을 반영하는 56~66장으로 구분할 수 있다. 각 부분은 메시지의 성격도 다르게 나타나는데 주전 8세기의 말씀에는 하나님의 강한 심판의 메시지가 주로 나오는 반면, 포로기의 말씀에는 공동체 회복의 희망이 강하게 나타나고 있으며, 돌아온 공동체를 향한 말씀에는 하나님을 향한 극한 탄원의 말씀이 특징적으로 나타난다. 문체를 살펴보더라도 주전 8세기 예언의 말씀은 대부분이 산문체로 되어 있는 반면 이후 상황의 메시지는 시의 형태로 나타나는 특징이 있다.

본문인 49~55장의 말씀은 바벨론 포로기의 상황을 반영하는 40~55장에 속한 것으로, 이스라엘 복역의 때가 끝났다는 위로의 메시지와 고레스 왕의 리디아 정복 등 당시의 역사를 기술한 40~48장에 이어 임박한 유다의 구원을 선포하며, 3개의 종의 노래를 포함한 구체적인 구원의 과정을 통해 바벨론에서의 예언을 마무리하는 부분이라고 할 수 있다. 그렇기 때문에 49~55장은 더 구체적으로 하나님의 구원의 역사를 선포함으로써 아직도 좌절과 절망 속에서 암울한 삶을 살아가는 백성들에게 희망을 선포하고 새로운 돌파구를 마련하고자 한다.

이상과 같은 전후 문맥을 이루고 있는 이사야 49~55장을 이해하기 위해 바벨론 포로 당시 유다의 상황을 더 자세히 고찰할 필요가 있다.

2. 49~55장의 역사적 정황

1) 시대적 상황

49~55장은 40~55장에 속한 메시지로 대부분의 학자들은 40~55장의 역사적 배경을 바벨론 포로 시기로 본다. 이렇게 주장하는 근거는 40장부터는 주전 8세기 예루살렘을 배경으로 한 1~39장과는 달리 포로기 상황을 배경으로 유다 성읍이 폐허가 되고 예루살렘 성전이 무너졌으며 백성들이 포로로 끌려 간 사건을, 미래의 일이 아닌 이미 일어난 일로 묘사하고 있기 때문이다(44:26; 49:19; 51:3). 또한 바벨론이 세계의 지배자로 나타나고 있으며(48:14; 52:11~12), 페르시아의 고레스를 하나님의 기름 부음 받은 사람으로 언급(44:28; 45:1)하고 있는 점 등이 그 근거로 제시된다. 더 구체적으로 살펴보면 이사야 40~55장에는 고레스가 주전 546년 리디아 왕 크로수스와의 전쟁에서 승리하여 이미 탁월한 정치적인 인물이 되었음을 암시하고 있고, 고레스가 승리한 전쟁을 실제로 묘사하기도 한다(41:2~3, 25).

이를 토대로 40~55장은 주전 546년 이후 페르시아의 고레스가 바벨론에 대한 위협을 크게 강화하였을 때 씌어졌음을 추정할 수 있는데 많은 학자들은 40~55장의 시기를 대략 주전 540년경으로 본다. 특별히 이 시기는 바벨론의 마지막 왕인 나보니두스 시대(주전 556~539년)였는데 포로기 예언자의 상황을 잘 이해하기 위해선 바벨론의 역사를 자세히 고찰해 볼 필요가 있다.

유다를 멸망시킨(주전 587년) 바벨론 제국은 세계사에 등장하는 신바빌로니아 제국으로 주전 626년 나보폴랏살에 의해 세워져 앗수르를 멸망시키고 세계 최강대국으로 부상한다. 바벨론 제국의 최고 전성기는 성경에 등장하는 인물인 느브갓네살(주전 605~562년) 시대로 그는 40년 이상 왕위에 있으면서 많은 지역을 정복하고 대제국 바벨론의 위상을 드높였다. 하지만 그가 죽자 단명한 왕들이 연속적으로 교체되며 바벨론은 몰락의 길을 걷게 된다. 느브 갓네살의 아들 아멜마르둑(성경의 에윌므로닥과 동일 인물, 주전 561~560년)은 2년을 다스리다 혁명으로 암살당한다. 그 뒤 느브갓네살의 사위 네르글리사르(주전 559~556년)에 이어 라바시마르둑(주전 556년)이 왕위에 오르지만 그 역시 하란 지역 출신 장군인 나보니두스의 반란에 의해 물러나고 바벨론의 마지막 왕 나보니두스가 등극하게 된다.

반란을 통해 왕이 된 나보니두스(주전 556~539년)는 출신 지역이 앗수르 제2 의 도시인 하란이었기 때문에 역대 바벨론 왕들과는 여러 면에서 달랐다. 우 선 그의 어머니가 달의 신 신(Sin)의 여사제였기 때문에 그 역시 신(Sin)을 추종 하였는데, 왕이 된 후에는 바벨론의 최고 신인 마르둑(Marduk) 대신 신(Sin)을 바벨론 최고 신으로 승격시킴으로써 마르둑 제사장과 잦은 충돌을 일으켰다. 나보니두스는 매우 수수께끼 같은 인물이어서 기이한 행동을 자주 하였다. 그는 수도 바벨론을 그의 아들 벨사살에게 맡기고 자신은 10년 동안 수도를 떠나 북아라비아의 교통과 상업의 중심지인 오아시스 테마에 거주하기도 하 였다. 그러는 동안 바벨론의 민심은 크게 이반되어 걷잡을 수 없게 악화되어 갔다.

마침내 페르시아 왕 고레스의 위협이 점점 다가오자 나보니두스는 급히 수도 바벨론으로 돌아온다. 그러나 이미 바벨론 내부에서는 나보니두스에 대 한 불만과 함께 친페르시아 기운이 가속화되고 있었다. 마침내 주전 539년 고레스가 바벨론을 공격해 티그리스 강변 오피스(Opis) 전투에서 바벨론 군대 를 격파한 후 수도 바벨론에 무혈 입성하였다. 이 과정에서 고레스는 나보니 두스 통치에 불만을 가졌던 마르둑 제사장과 바벨론 사람들에게 오히려 해방 자로서 환영을 받았다. 이로써 마침내 바벨론의 역사는 종지부를 찍게 된다.

이사야 49~55장의 메시지 선포는 나보니두스 말기 바벨론의 멸망이 임박 한 시대적 상황에서 나온 것이라고 할 수 있다. 국가는 혼란에 빠져 있고 오히려 내부 국민들이 외부 침입자를 환영하는 이해할 수 없는 분위기가 조성되고 있을 때, 선지자는 그때가 하나님께서 유다 백성을 위로하시고 그들의 복역의 때가 끝났음을 선포할 때로 바라보며 고국으로 돌아갈 수 있다는 강력한 희망을 가지고 메시지를 선포했던 것이다.

다시 말해 이사야 49~55장의 메시지는 꿈에 그리던 예루살렘 귀환이 임박하였음을 느끼던 나보니두스 시대 말기의 상황을 반영한다고 할 수 있다. 그러면 여기서 선지자의 메시지와 그 특징을 보다 정확히 이해하기 위해 선지자가 처했던 바벨론 말기의 종교 상황을 살펴보자.

2) 종교적 상황과 예언의 특징

바벨론 침략으로 나라가 멸망하였을 때 유대인들은 팔레스타인 잔류민, 이집트 망명인, 바벨론 포로민 등 세 군데로 뿔뿔이 흩어져 나름의 유대인 사회를 형성하였다. 모두 신앙을 지키기 어려운 상황이었지만, 특히 성전과 같은 종교적 구심점이 없고 강제로 끌려 간 바벨론 포로민이 종교적 정체성을 지키기에 가장 어려움이 많았다. 그래서 그들은 바벨론에 있는 동안 성전이 없는 그들의 상황을 인정하고 가능한 한 모든 방법을 통해 종교 문제에 본질적인 접근을 할 수밖에 없었다. 즉 그들은 예루살렘 성전에서와 같이 희생 제사나 절기는 지키지 못했지만 개인 혹은 가정을 중심으로 최소 범위 내에서 종교적 의무를 수행하였다. 그렇지만 외국 땅에서 그들보다 우월한 문화를 접하는 것은 그들의 종교 상황에 심각한 위기로 작용할 수 있었다.

이러한 현실과 함께 바벨론 포로민에게 닥친 또 다른 심각한 문제는 세월이 지나면서 그들의 다음 세대들이 모국어를 잊어버리고 다른 언어를 추종한다는 사실과, 상류층을 중심으로 자국 문화에 동화시키려는 바벨론의 정치적, 경제적 압력으로 인해 결국 종교적 정체성을 상실할 가능성이 있다는 사실이었다. 불경건한 이교도의 풍습 속에서도 올바른 삶을 유지하기 위한 노력이 눈에 많이 띄었지만, 종교적 순수성을 유지하려는 바벨론 포로민들의 노력에도 불구하고, 경건한 종교적 삶을 유지하기 힘들게 만드는 여러 종교적 위기가 있었던 것이다.

유대인들에게 닥친 종교적 위기는 우선 고대 근동의 일반적인 사고 때문에 나타났다. 당시 고대 근동 나라간의 전쟁에서는 일반적으로 한 나라가 다른 나라에 승리하면 승리한 나라의 군사력이 패배한 나라의 군사력보다 강력해서 이겼다고 생각하기보다는 승리한 나라의 '신'이 패배한 나라의 '신'과 대항하여 이겼다고 생각하였다. 이러한 생각은 바벨론 포로민들에게 마르둑과 대항한 야웨 하나님의 패배라는 신앙의 위기로 몰고 갈 수 있었다. 또한 바벨론 포로민들을 괴롭힌 다른 종교 문제는 혼합 종교의 위협이었다. 이스라엘은 과거 가나안 정착 때부터 가나안 종교와 야웨 하나님을 동시에 섬기는 백성들의 혼합 종교 때문에 당대 선지자들로부터 많은 비난을 받아 왔다. 그런데 바벨론에서는 야웨와 마르둑이라는 또 다른 혼합 종교에 빠질 위협이 존재하였던 것이다.

이러한 바벨론의 종교 상황이 선지자가 대응했던 구체적인 역사적 정황이라 할 수 있다. 선지자는 그의 메시지를 통해 우선 유일신 신학을 완성하여 바벨론의 마르둑과 비교할 수 없는 하나님의 모습을 강조하였다. 그는 유일신 신학의 논리적 귀결로 철저한 우상숭배 배격을 주장하고 우상을 희화화함으로써 혼합 종교의 위협을 정면으로 돌파하려 하였다(40:18~20; 42:5~17; 43:8~13; 44:9~20; 48장). 또한 위기의 역사를 극복하기 위해 세상을 창조하신 하나님이 이스라엘의 구속자가 되신다는 신앙을 선포하였고(40:12~31; 43:14; 45:18), 새 출애굽의 대망(43:16~21)을 통해 과거에 일어났던 결정적인 역사를 회고하고 이로 말미암아 포로 생활의 굴레와 절망에서 해방되는 것이 임박하였음을 선언하였다(43:14; 51:9~11). 또한 유명한 '야웨의 종'의 노래(42:1~4; 49:1~6; 50:4~9; 52:13~53:12)를 통해 고난당하는 이스라엘의 모습을 높은 차원에서 형상화하려 하였다. 후대의 학자들은 이 같은 선지자의 예언을 가리켜 신학적 깊이와 넓이 면에서 예언 전승의 마지막 거인이라고 평가하고 있다.

선지자의 포로기 예언 부분은 40~55장에 나타나는데, 그는 위로의 메시지를 시작으로 철저한 유일신 신앙의 강조와 우상숭배 배격을 40~48장을 중심으로 선포하였고, 49~55장에서는 야웨의 종의 모습을 형상화하여 회복될 이스라엘을 바라보았다. 이 글에서는 49~55장을 중심으로 그의 예언을 자세히 분석해 보고자 한다.

두 번째 종의 노래와 위로의 메시지(49장)

1. 두 번째 야웨의 종의 노래(49:1~6)

1) 본문 주해

본문은 바벨론 포로 상황에서 말씀을 선포했던 40~55장에 네 번 등장하는 '야웨의 종의 노래' 중 두 번째다. '야웨의 종의 노래'라 함은 19세기의 독일 신학자 둠(B. Duhm)이 처음으로 40~55장 안에 있는 '야웨의 종'의 모습을 노래한 특별한 시 부분을 가려내어(42:1~9; 49:1~6; 50:4~9; 52:13~53:12) '종의 노래'라고 부른 네 개의 시를 지칭한다. 오늘날 대부분의 학자들은 둠의 의견을 정설로 받아들여 포로기 예언자의 메시지의 진수로 '종의 노래'를 꼽는다.

그런데 40~55장에 나타난 '야웨의 종의 노래'는 구약학사에 나타난 논쟁 중 가장 많은 논쟁을 불러일으킨 주제 중 하나다. 신약성경 사도행전에 나타난 에티오피아 여왕 간다게의 내시가 그의 병거에서 이사야 53:7 이하의 말씀을 보며 "이 말한 것이 누구를 가리킴이냐 자기를 가리킴이냐 타인을 가리킴이냐"(행 8:34)라고 질문한 이래 종이 누구인가를 두고 지난 2,000여 년 동안 학자 간에 수많은 논쟁이 있어 왔다. 이 논쟁은 다음의 세 가지 방향에서 진행되었다.

첫째, 종을 개인으로 보는 개인설이다. 개인설을 주장하는 학자들의 견해는 종을 성경 역사에 나타났던 개인으로 보는 견해, 이사야 40~55장의 저자로 보는 견해, 혹은 기독교인들에 의해 전통적으로 받아들여지고 있는 예수 그리스도로 보는 견해 등 다양한 주장이 있다.

둘째, 종을 개인이 아닌 단체로 보는 견해가 있다. 이 견해는 특별히 종을 이스라엘로 보는데, 그 이유는 종의 경력, 소명, 야웨 앞에서의 위치, 고난, 이방 선교 등 종의 모습과 이스라엘 역사가 유사하다는 점에서 이스라엘을 종으로 인격화한 것이다. 이 견해는 기독교인들이 메시아적 해석을 제시하였을 때 대부분의 유대인 학자들이 내놓은 주장이기도 하다.

셋째, 종을 개인으로 혹은 단체로 보며 대립하는 학자들에게 이러한 대립은 무의미하며, 종은 개인이지만 이스라엘 공동체 전체를 뜻할 수도 있고 그와 반대로 공동체가 하나님과 직접 관계를 맺고 서 있는 개인으로 나타날 수도 있다는 의견으로 극단보다는 중용을 취하는 견해라고 할 수 있다.

한편 최근 학자들은 둠이 제시한 4개의 '야웨의 종의 노래'에 대한 구분이 더 이상 지지를 받지 못한다고 주장하며 종의 노래는 폐기할 기간이 이미 오래전에 지났다고 극단적으로 주장하기도 한다. 그러나 많은 학자들이 위에서 제시한 '야웨의 종의 노래'의 범주 안에서 아직도 활발히 연구를 진행하고 있다.

그런데 우리는 위의 세 가지 연구 경향 중 어느 하나를 선택하여 종이 누구인지를 규정할 필요를 느끼지 않는다. 왜냐하면 선지자의 메시지 선포 의도가 종이 누구인지 밝히는 데 있지 않기 때문이다. 선지자는 하나님의 사명을 묵묵히 감당하는 종의 모습을 통해 자신의 예언을 아름답게 승화시키고 있고, 종의 역할을 통해 이스라엘이 감당할 새로운 사명을 투영시켜 보여 주기 때문에 이를 발견하는 데 연구의 초점을 맞추는 것이 훨씬 타당하다. 이와 같은 방법을 근거로 야웨의 종의 노래를 살펴보면 다음과 같다.

우선 1절에서 말씀을 선포하는 사람은 첫 번째 야웨의 종의 노래(42:1~4)에서 야웨께서 '내 종'이라고 말씀하신 사람과 동일한 사람이다. 그런데 여기서는 그가 하나님에게서 권한을 위임받아 책임을 담당하고 있는 섬들이 다시 등장하여(42:4) 첫 번째 종의 노래와 연결되고 있으며, 이방 민족들에게 자신의 말을 들으라고 촉구하고 있다.

그는 이방 백성들에게 자신이 모태에서 나올 때부터 소명을 받았고 자신의 사명을 위해 준비를 갖춘 것으로 공포하고 있다. 야웨의 종과 같이 모태에서부터 사명을 받았다고 말한 다른 예언자로는 예레미야가 있는데(렘 1:5), 아마도 포로기 예언자가 야웨의 종의 소명의 내적 깊이를 말하려고 예레미야의 모태 소명 기사를 인용한 것으로 보인다.

2절에서 선지자는 야웨의 대언자로서 종의 직분을 강조하고 있다. "내 입을 날카로운 칼같이 만드시고"라는 구절은 종이 택함 받은 예언자로서 하나님의 말씀을 대변하도록 부름받을 것을 암시하는 구절로서, 히브리 예언자라면 누구나 가지고 있는 하나님의 대언자라는 신념과 하나님의 말씀을 그 입에 담아 전하는 경험을 동시에 강조하고 있다.

특별히 2절에 나타난 칼, 화살, 화살통 등의 군사 용어는 하나님께서 종을 통해 선포한 말씀이 날카로운 칼같이 쪼개는 능력과 갈고닦은 화살과 같이 꿰뚫고 들어가는 능력이 있음을 말하고 있다. 하지만 하나님께서는 그의 종을 "그의 손그늘에 숨기시며 … 그의 화살통에 감추시고" 보호해 주신다. 이는 종이 사역하기까지 종을 준비시키기 위해 하나님의 보호 아래 두는 것을 의미한다.

3절에서 야웨는 종에게 그가 해야 할 일이 무엇인지 분명히 말씀하신다. 다시 말해 그는 야웨의 영광을 나타낼 사람이라는 것이다. 그런데 여기서 논란이 되는 구절이 나타난다. 여기서는 야웨께서 종을 '이스라엘'로 언급하고 있는데 이는 위에서 언급한 종의 정체성 문제에서 단체설의 근거가 되지 않은가 하는 것이다. 분명 3절에서 종은 이스라엘과 동일시되고 있지만 5~6절에서 종은 다시 개인으로서 이스라엘을 섬기는 자로 언급되고 있어 서로 모순되는 구절인 듯하다.

하지만 3절에서 언급한 이스라엘을 민족을 상징하는 단체로 해석하기보다는 5절에서와 같이 야곱과 이스라엘을 지칭하는 중의적인 표현으로 본다면 이해하기가 수월할 것이다. 즉 개인과 단체 두 가지 의미로 함께 사용되었다는 것이다. 이를 쉽게 이해하기 위해 표준새번역에서는 이를 반영한 해석을 통해 이스라엘을 호격으로 처리하여 중의적 표현으로 우리의 이해를 돕고 있다. "주님께서 내게 말씀하셨다. 이스라엘아, 너는 내 종이다. 네가 내 영광을 나타낼 것이다."

4절에서 종은 그가 하나님의 직분을 수행한 결과 위축되어 있으며 백성들의 상당한 저항에 직면하였음을 암시하고 있다. 그는 야웨께서 맡기신 사명을 수행한 뒤 자신의 힘으로는 아무것도 할 수 없는 헛된 존재임을 깨달아 "내가 헛되이 수고하였으며 무익하게 공연히 나의 힘을 다하였다"고 한탄한다. 종은 하나님 앞에서 최선의 노력을 다하다 이세벨에 쫓겨 광야로 들어가 로뎀나무 아래 앉아 죽기를 구하던 엘리야의 심정(왕상 19:1~8)으로 자신을 돌아보았을 것이다. 그러나 선지자는 하나님께서 종을 부르시고(3절) 그에게 새로운 책임을 맡겨 주시는 본문(5~6절) 사이에 종의 탄원을 넣었다(4절). 이는 하나님께서 종의 고난을 알고 계시고 반드시 보응해 주신다는 '하나님의 심판'(מִשְׁפָּט미쉬파트)을 매개로 종의 사역과 뜻대로 되지 않은 현실 사이의 괴리를 채우고자 하는 것이다.

4절의 히브리어 '미쉬파트'는 개역한글에서는 "신원"으로, 개역개정에서는 "판단"으로, 표준새번역에서는 "심판"으로 번역되어 있다. 한편 영어성경 KJV에서는 "심판"(judgment)으로 NRSV에서는 "소송"(cause)으로 각각 번역되어 있다.

이는 첫 번째 종의 노래와 같이 법정 양식의 상황과 연결되어 있음을 나타낸다. 즉 법정의 심판과 보상이 모두 하나님께 있음을 신실히 고백함으로써 야웨 하나님의 주권에 모든 것을 맡기는 종의 모습을 발견할 수 있다. 그래서 본문에 쓰인 '미쉬파트'는 인간에게 계시되는 하나님의 '미쉬파트'를 나타낸다 할 수 있으며 그 주체가 종이 아니라 야웨 하나님이다.

이를 통해 우리는 4절에 나타난 '미쉬파트'가 법정 양식 구절 안에서 종이 직면한 모든 상황을 알고 계시며 그를 바르게 판단해 주시는 야웨의 주권을 표현하며, 한편 야웨의 대리자로서 종에게 새로운 사명을 맡기시는 구절과 이전 구절을 연결하는 기능을 한다는 것을 알 수 있다. 결론적으로 야웨의 종은 그의 수고를 아시고 그를 잊지 않으시는 하나님께 신뢰를 표하고 있다.

5절에서는 야웨께서 종에게 주시는 새로운 소명의 말씀이 시작된다. 선지자는 자신의 사역에 대해 절망하고 하나님께 탄원을 발한 종이 하나님의 도우심으로 위기를 극복하고 새로운 출발을 하려 할 때 1절에서 언급한 종을 향한 야웨의 소명을 다시 상기시키고 있다. 즉 야웨께서는 종이 이미 모태에서부터 택한 사람이고 맡길 큰 사역을 감당할 사람이라는 믿음을 그에게 불어 넣어 주신다.

이와 함께 하나님께서 명하실 구체적인 사명을 말씀하신다. 그는 이스라엘 자손들을 주께로 불러 돌아오게 할 사명이 있다는 것이다. 이 사명은 지치고 피곤한 바벨론 포로민을 다시 고국으로 돌아가게 하는 사명으로서 포로기 예언자의 가장 중요한 사역이라 할 수 있다. 하나님은 종에게 사명을 맡기시며 그의 힘이 되어 줄 것임을 약속하신다.

6절에서 하나님은 종에게 다시 말씀하신다. 종이 맡은 주요한 사명은 절망에 빠진 포로기 이스라엘 백성들에게 용기와 희망을 주며 그들을 다시 불러 야웨께 돌아오게 하는 것인데, 하나님은 이러한 사명이 오히려 쉬운 일이라고 말씀하신다. 다시 말해 그에게 더 중요하고 큰 사명을 맡기실 터인데, 그것은 종을 열방을 향한 선지자로 세우겠다는 것이다.

선지자의 선포가 이방으로 확대된 시점은 예레미야에게서 처음 발견되는데 그는 바룩에 의해 기록된 두루마리 책에서 "요시야의 날부터 오늘까지 이스라엘과 유다와 모든 나라에 대하여 내가 네게 일러 준 모든 말을 거기에 기록하라"(렘 36:2)고 기록하였듯이, 자신의 예언이 이스라엘과 유다뿐 아니라 주변 열방을 위한 것임을 구체적으로 보여 주고 있다.

이러한 열방을 향한 선포의 개념은 이사야 40~55장에서 더욱 발전하여 선지자는 종에게 바벨론에서 활동하는 시대적 정황상 더욱 열방에 빛을 비추어 야웨의 구원이 땅 끝까지 이르도록 하는 사명을 강조한다. 이렇듯 하나님의 종은 자신이 먼저 절망의 사슬을 끊고 하나님의 백성에겐 희망의 메시지를, 열방을 향해선 야웨의 빛을 증거하는 사명을 감당하고 있는 것이다.

2) 설교를 위한 적용

본문의 말씀은 이사야 40~55장 본문 안에 있는 중요한 신학 개념인 네 개의 '야웨의 종의 노래' 중 두 번째 노래다. 포로기 예언자는 야웨의 종의 모습을 통해 포로기 백성들에게 위로와 희망을 전하고자 하였다. 네 개의 종의 노래는 마치 종의 일생을 바라보는 듯이 파란만장한 일대기로 그려져 있다. 선지자는 첫 번째 종의 노래(42:1~4)를 통해 "내가 붙드는 나의 종 내 마음에 기뻐하는 자 곧 내가 택한 사람을 보라"며 야웨께서 인정하시는 종의 모습을 보여 준다. 그러나 이제 두 번째 종의 노래를 통해서는 하나님의 소명을 받고 큰 사명을 감당하기 전 하나님의 보호하심을 통해 성장하고 인정받았지만 직분 수행의 결과 한계에 다다른 종에게 하나님께서는 이전 소명의 때를 상기시키시며 열방까지 뻗어 가는 더 큰 사명을 맡겨 주시고 종을 위로하는 모습을 보여 준다.

포로기 예언자가 야웨의 종의 노래를 기록한 이유는 동시대 바벨론 포로민들에 대한 관심과 사랑 때문일 것이다. 예언자는 무엇보다 오랜 포로 생활로 지친 포로민들에게 그들을 대신하여 하나님의 보호하심을 받으며 소명을 감당하는 종의 모습을 보여 줌으로써 그들을 위로하는 것을 제일의 목적으로 삼았을 것이다. 그리고 종의 모습을 현실에 투영시켜 그들의 삶의 현실에서 야웨의 길을 따르기 바라는 사람들에게 종이 먼저 걸어간 길을 따르게 하고, 그들에게 새로운 사명을 감당하게 하려는 데 큰 목적이 있었을 것이다.

예언자는 야웨의 종을 특정한 인물이나 특정한 단체에 국한시키면서 종의 노래를 기록하지는 않았을 것이다. 그는 단지 그의 예언을 듣는 동시대 모든 무리들이 포로기 환경 속에서 야웨의 보호하심을 받고 야웨를 의지하면서 묵묵히 사명을 감당하는 종의 모습을 따르기를 바라면서 말씀을 선포했을 것이다. 마찬가지로 예언자는 오늘의 하나님 백성들을 향해서 단순히 종이 누구인지를 선포한 것이 아니라 고난의 환경을 이기면서 묵묵히 야웨의 종의 길을 걸어가는 이 시대 많은 사람들에게 그들이 승리하기를 바라며 그의 메시지를 강하게 선포해야 할 것이다.

2. 이스라엘의 귀환과 예루살렘의 회복(49:7~26)

1) 본문 주해

(1) 이스라엘의 귀환(7~13절)

종에게 사명을 전달한 야웨는 이제 백성들에게 포로 생활 동안 그들의 수고가 끝나고 꿈에 그리던 고국으로 곧 귀환할 것임을 선언하신다.

7절에서 야웨는 남에게 멸시를 당하고 여러 민족에게 미움을 받으며 통치자의 종살이를 하는 이스라엘을 향해 회복의 메시지를 다시금 선포하신다. 이제 그들이 다시는 멸시당하거나 종살이 하지 않을 것이고 오히려 자신을 괴롭히던 열방들이 그들에게 예를 갖추고 부복하게 될 것이다. 선지자는 이 모든 일이 이스라엘을 사랑하시는 야웨 하나님으로 말미암아 이루어질 것이라고 선언한다. 이제 하나님의 백성들은 그들을 향한 야웨의 구원 활동을 지켜보기만 하면 되는 것이다.

8~9절은 야웨 백성들을 향한 선언으로 예언이 시작된다. 야웨께서는 하나님 백성의 간구를 들으시고 지금은 비록 황무해졌지만 약속의 땅인 가나안에 그들을 다시 정착시킬 것을 약속하신다. 하지만 아직 해결해야 할 문제가 남아 있다. 그것은 아직도 바벨론이라는 무서운 틀과 그림자에 갇혀 지내는 사람들이다. 야웨는 그들의 모든 굴레를 벗겨 주시며 마치 목자가 양 떼를 인도하듯이 자기 백성들을 초장으로 인도하신다. 이는 과거 출애굽 당시와 같이 바벨론에서 새 출애굽을 할 때도 여전히 백성의 인도자로 계시는 야웨의 모습을 보여 준다.

시편 23편의 시인의 고백을 생각나게 하는 10절은 하나님이 목자가 되셔서 새 출애굽을 통해 백성들을 인도하실 때 야웨께서 그들을 초장과 샘으로 인도하시기 때문에 배고프거나 목마르지 않을 것이고, 사막의 무더위나 뜨거운 햇볕도 하나님의 백성들을 해하지 못할 것이라고 말한다. 이제 백성들은 아무 걱정 없이 야웨의 인도하심을 받아 돌아오기만 하면 되는 것이다.

선지자는 11절에서 야웨의 인도하심을 받아 돌아오는 백성들을 구체적으로 묘사한다. 하나님께서는 선지자를 통하여 이미 말씀하셨듯이(40:3~5) 하나님의 백성을 위해 평탄대로를 예비하시어 백성이 그 길로 평안히 걸어가게 하실 것이라고 말한다. 또한 이스라엘 귀환은 바벨론에 포로로 잡혀 온 동쪽 사람들뿐 아니라 북쪽 옛 앗수르 지역, 서쪽 섬 지역, 그리고 심지어 남쪽 시님 지역에 있는 사람들에 이르기까지 모든 지역에 흩어진 하나님의 백성들을 본국으로 귀환시키실 것이라고 선언한다(12절).

여기서 시님 지역은 사해사본에 의하면 이집트 남부 아스완의 고대 이름인 '스웨님' 지역을 지칭하는 것으로 추정된다. 예레미야 44장에 나타난 예레미야의 마지막 편지에 의하면 바드로스 지역이라고 불리는 곳인데, 오늘날 고고학적 발굴 결과 이 지역에 유대인 공동체가 있었다고 한다.

실제로 아스완 중앙에 있는 섬인 엘레판틴에는 그달랴 암살 사건 이후 이집트로 피신한 유대인 공동체가 있었다. 그들이 페르시아 시대 예루살렘에 보낸 엘레판틴 문서가 오늘까지 남아 당시 유대 공동체의 정황을 간접적으로 전해 주고 있다. 선지자는 이렇게 멀리 떨어진 곳에 위치한 유대인들일지라도 고국으로 반드시 돌아올 것이라고 말하며 모든 이스라엘의 귀환을 대망한다.

선지자는 귀환을 희망하며 앞으로 이루어질 하나님의 구원의 역사를 찬양하는 찬양시로 이 구절을 끝맺고 있다(13절). 선지자는 야웨는 지치고 피곤한 그의 백성들을 위로하셨고 고난당하는 백성들을 불쌍히 여기셨다고 외친다. 이렇게 크신 야웨의 구원의 행위를 하늘과 땅과 산들이 함께 찬양하고 있다.

(2) 예루살렘의 회복(14~26절)

예루살렘의 회복에 대한 본문의 메시지는 예루살렘과 하나님의 대화 형식으로 되어 있는데, 세 번에 걸쳐 예루살렘이 하나님께 질문하고 그 질문에 대해 하나님께서 답변하시는 형식으로 이루어져 있다.

① 하나님께서 예루살렘을 잊지 않으셨다(14~20절).

② 하나님의 도성 예루살렘이 다시는 수치를 당치 않을 것이다(21~23절).

③ 하나님은 예루살렘과 대항하는 모든 세력을 폐하실 것이다(24~26절).

첫 번째 부분(14~20절)에서 하나님은 많은 세월이 흘렀지만 하나님의 거룩한 도성 예루살렘을 결코 잊지 않으셨음을 말한다.

14절에서는 시온(예루살렘)이 오히려 하나님을 향하여 야웨께서 자기를 잊어버렸고 버렸다고 탄식하고 있다. 하지만 하나님께서는 세상의 어머니도 자식을 잊지 않고 불쌍히 여기는 것이 순리인데 하물며 하나님께서 자신의 아이를 어찌 버릴 수 있으며, 설혹 세상의 어머니들이 자식을 버리는 경우가 생긴다 할지라도 하나님께서는 결코 예루살렘을 버리는 일이 없다고 확인시켜 주신다(15절).

여기서 하나님은 젖먹이 예루살렘을 보살펴 주는 어머니의 모습으로 묘사되는데, 많은 학자들이 하나님의 모성성을 나타내는 구절로 자주 활용하는 구절이다.

16~17절은 현재 파괴된 상태로 방치된 예루살렘이 회복될 것을 말한다. 하나님은 범죄함을 통해 심판을 받은 하나님의 도성 예루살렘이 파괴된 후 단 한 번도 예루살렘을 잊지 않으셨다고 말한다. 야웨의 시선은 예루살렘 도성을 늘 주시하였으며, 그의 손에는 예루살렘의 이름이 항상 새겨져 있었다. 야웨는 이제 예루살렘을 파괴한 사람이 곧 떠나고 새롭게 도성을 건축할 사람이 올 것이라고 말한다.

18절은 예루살렘을 신부의 모습으로 묘사한다. 하나님은 곱고 아리따운 신부와 같이 치장한 예루살렘을 향하여 하나님의 백성들이 몰려 올 것이라고 말한다. 비록 지금은 파멸되었고 적들이 들어 차 있지만 그들은 곧 떠날 것이고, 지금은 다니는 사람이 별로 없는 한적한 도성이지만(19절) 하나님의 도성 예루살렘은 돌아온 하나님의 백성에 의해 차고 넘치는 도시가 될 것을 희망 넘치게 선언하고 있다(20절).

두 번째 부분(21~23절)에서 하나님은 하나님의 도성 예루살렘이 다시는 수치를 당하지 않을 것이라고 말한다. 예루살렘이 다시 하나님께 질문한다. '나는 원래 아이가 별로 없었고 포로가 되어 버림 받았는데 이 많은 아이들은 도대체 어디서 왔단 말인가'(21절)? 하나님이 예루살렘에게 대답하신다. '내가 모든 백성에게 신호(ס ִנֵּ֑ס)를 보내면 그들이 너의 자녀들을 귀히 대접하며 데려올 것이다. 다시는 너나 너의 자녀들이 수치를 당하지 않을 것이다'(22~23절). 즉 하나님은 하나님의 도성 예루살렘이 본인도 놀랄 만큼 크게 회복될 것이며 다시는 수치당하는 일이 없을 것임을 약속하고 있다.

세 번째 부분(24~26절)에서 하나님은 예루살렘과 대항하는 모든 세력들을 폐하실 것이라고 말한다. 24절에서는 앞부분의 형식과 같이 질문이 선행한다. 하지만 그 질문의 주체가 누구인지는 명확하지 않다. 누군가 질문한다. '모두가 강대국인데 어떻게 전리품을 취하고 포로들을 빼낼 수 있나'(24절)? 다시 하나님께서 대답하신다. '너희의 힘이 아닌 내 힘으로 이 일을 이루겠다. 내가 싸워서 포로들을 빼내 오겠고 내가 싸워서 전리품들을 취하여 줄 것이다'(25절).

하나님은 자신의 능력에 대해 회의하는 사람들에게 이 모든 일을 자신의 능력으로 반드시 처리해 줄 것을 약속하신다. 그리고 예루살렘의 구원자시며 구속자이신 야웨께서 예루살렘을 억압하고 야웨의 계획에 대항하는 자들을 반드시 응징하실 것을 강하게 선포한다(26절). 이제 예루살렘은 야웨의 능하신 구원의 활동만 바라보면 되는 것이다.

2) 설교를 위한 적용

본문의 말씀은 크게 이스라엘의 귀환과 예루살렘의 회복을 강조한 부분으로 구분할 수 있는데, 포로기 예언자다운 아름다운 회복의 희망이 잘 나타나 있다. 포로기 백성들은 전반적으로 하나님께서 능력이 없으셔서 자신들이 바벨론에 끌려 왔다고 생각하거나 하나님께서 사랑이 없으셔서 버림 받았다고 생각하는 사람들이 많았다. 선지자는 이렇게 무겁게 가라앉아 있는 사람들을 향해 귀환과 회복의 메시지를 선포했던 것이다.

먼저 선지자는 포로민들이 고국으로 귀환할 것을 선언한다. 그들의 귀환은 정치적인 합의나 군사적 행동에 의해 이루어지는 것이 아니라 마치 목자가 양을 인도하듯이 하나님께서 이스라엘을 인도하실 것이다. 사막에 길을 내어 그들을 피곤하지 않게 하시며, 푸른 초장을 찾아 다녀 배고프지 않게 하시며, 샘물로 인도하여 목마르지 않게 하시며, 흩어진 원근 각처에서 그들을 모이게 하실 것이다.

여기서 선지자가 강조하는 것은, 야웨는 이스라엘의 잘못으로 말미암아 잠시 징계를 행하셔서 그들을 흩으셨지만, 그럼에도 불구하고 백성들을 사랑하시며 선한 목자의 모습으로 그들을 다시 고국으로 불러 모으는 하나님이라는 것이다.

또한 예루살렘의 회복 부분에서 선지자는 세 번에 걸친 질문과 대답을 통해서 하나님께서는 예루살렘을 잊지 않으시고 다시는 수치를 당하지 않게 하시며 예루살렘의 회복이라는 하나님의 뜻을 거스르는 자들을 반드시 멸하실 것이라고 예언한다.

이 부분에서 선지자가 표현하고자 했던 하나님의 모습은 전능하신 하나님의 모습이다. 즉 많은 백성들이 하나님의 능력에 대해 회의하고 바벨론에서 예루살렘으로 돌아갈 수도, 예루살렘을 회복시킬 수도 없다고 탄식하는 상황에서 선지자는 야웨가 자신의 이름을 두려고 택하신 도성 예루살렘을 결코 잊지 않으셨다고 하면서 그가 베푸실 예루살렘을 향한 구원을 선언한다.

다시 말해 예루살렘은 사람의 상식으로는 폐허에서 복구되기가 어려워 보이지만 하나님의 능력으로 이전보다 훨씬 큰 도성으로 회복될 것이며, 심판을 이미 받은 예루살렘을 해하려는 어떤 무리도 능력의 하나님께서 용납하지 않으실 것임을 강하게 선언하는 것이다.

우리의 삶 속에서도 하나님의 사랑에 대해 또는 능력에 대해 회의가 종종 일어날 것이다. 본문의 말씀에서 선지자는 이스라엘을 향해 외친 야웨의 명령을 우리에게 기억케 하면서, 지치고 힘든 현대의 일상에서도 우리를 향한 구원을 선포하시는 능력의 하나님을 의지할 것을 강하게 선포하고 있다.

변치 않는 하나님의 사랑과 세 번째 종의 노래(50장)

1. 나를 의롭다 하시는 이가 가까이 계시니(50:1~11)

1) 본문 주해

(1) 이혼증서가 어디 있느냐(1~3절)

이 구절을 이해하기 위해선 먼저 신명기 24:1~4에 기록된 하나님께서 명하신 이혼에 대한 특수한 법을 알 필요가 있다. 신명기 24:1~4에 의하면 남편이 부인과 이혼할 때는 이혼증서를 써서 그녀의 손에 쥐어 주고 그녀를 자기 집으로 돌려보낼 수 있다. 하지만 이혼한 적이 있는 여인은 이미 이혼증서를 받았기 때문에 전 남편과 다시 결혼하는 것은 야웨께 가증스러운 일이라며 이를 금지하고 있다. 포로기 예언자는 이혼증서를 써서 그 손에 쥐어 주고 자기 집에서 내어 보내는 신명기의 말씀을 인용하여 본문을 기록하고 있다.

선지자는 본문에서 위와 같은 신명기 법을 인용하여 하나님과의 관계에서 현재 이스라엘의 상태를 설명한다. 즉 하나님과의 관계에서 이스라엘은 하나님이 이혼증서를 써서 손에 쥐어 준 적이 없기 때문에 이혼이 성립한 상태가 아닌, 언제든지 회복이 가능한 상태라는 것이다(1절). 다시 말해 포로 상황은 그들의 죄로 인하여 잠시 하나님의 심판을 받고 있는 것이지 하나님과의 관계가 이혼증서를 써서 그 손에 쥐어 내보낸 상태와 같이 회복이 전혀 불가능한 상태가 아니라는 것이다.

그렇기 때문에 궁극적으로 나라가 회복되는 데는 아무런 장애가 없다고 선언하는 것이다. 이는 백성들을 향한 하나님의 변함없는 사랑을 나타내는 구절이라 할 수 있다.

2~3절은 이렇게 그들이 돌아올 때 생길 수 있는 모든 장애가 제거되었음을 보여 준다. 그리고 심판의 당사자인 하나님께서도 그들이 돌아오기를 기다리고 계신다. 그럼에도 하나님을 찾지 않는 백성들을 향하여 선지자는 하

나님은 능력의 하나님이심을 강조하며 백성들이 돌아올 것을 강조한다.

하나님은 손이 짧아서 이스라엘을 속죄하지 못하는 분이 아니며 힘이 없어서 구원하지 못하는 분이 아니다. 그는 바다를 말리시고 강을 광야로 바꾸시며 흑암을 하늘에 입히시는 천지의 모든 것을 주관하시는 능력자시다. 하나님의 뜻은 분명하다. 포로 상황은 죄에 대한 심판이었을 뿐 언약의 파기가 아니라는 것이다. 이제 백성들은 그들을 사랑하시는 능력의 하나님을 통해 회복의 기쁨을 노래하는 일만 남은 것이다.

(2) 세 번째 종의 노래(4~9절)

세 번째 '야웨의 종의 노래'에선 하나님을 신뢰하며 여러 고난 속에서도 묵묵히 야웨의 길을 걸어가는 종의 모습을 통해 야웨의 능력을 의지하지 않고 방황하는 이스라엘에게 종의 길을 따를 것을 요구한다.

4절에서 선지자는 종이 하나님을 가리킬 때 "주 여호와께서"라고 표현하며 '주님'과 '야웨'를 함께 사용하여 종이 하나님과 친밀한 관계임을 나타낸다. 이는 앞으로 당할 환난 가운데서도 그가 어떻게 하나님을 향해 신실한 모습을 보일 수 있었는지를 암시하는 구절이라 할 수 있다.

4절에서 두 번("학자들의 혀", "학자들같이 알아듣게 하시도다") 사용된 단어 '학자'는 히브리어로 '림무딤'(לִמּוּדִים)인데, 이는 주의 깊게 번역할 필요가 있다. '림무딤'은 가르치다, 가르침을 받다 등의 의미다. 이사야 8:16에도 이 단어가 쓰였는데 '제자들'로 번역되어 있다. 그런데 이 본문에서 첫 번째 쓰인 '림무딤'의 경우는 백성들을 향한 종의 사역을 나타내므로 '제자들의 혀를 주사'로 번역하는 것은 어색하다. '림무딤'의 다른 의미인 '학자들', '가르치는 자들'로 번역하는 것이 훨씬 자연스럽다.

그러나 두 번째 쓰인 '림무딤'의 경우는 하나님을 향한 종의 사역이 되기 때문에 알아듣게 하시는 행위와 연관해서 살펴볼 때 '학자들같이 알아듣게 하셨다'는 번역보다는 '제자들같이 알아들었다'로 번역해야 자연스럽다. 이는 히브리 시의 특징적인 언어 사용인 중의적인 용법으로 주어진 의미를 강조한 경우다.

4절은 또 '야웨의 종'의 역할에 대해 말한다. 여기서는 '종'의 역할을 더욱 세분화하여 하나님의 종이 감당해야 할 또 다른 측면을 보여 준다. 즉 백성에게는 가르치는 자의 입장에서 하나님의 말씀을 선포하고, 피곤하고 지친 사람에게 힘을 주는 사명이다. 또 하나님을 향해서는 제자의 입장에서 하나님이 알려주시는 말씀을 아침마다 듣고 깨닫는 일을 게으르지 않게 해야 한다. 하나님께 들은 말씀을 백성에게 선포하고 그로 말미암아 피곤한 백성에게 용기와 희망을 전해 주는 '야웨의 종'의 모습은 곧 '야웨의 제자'의 모습을 나타낸다.

5절에서 '귀를 열다'라는 표현은 4절의 '귀를 깨우치다'는 표현의 반복인데, 야웨 하나님께 전적으로 복종하기 위해 그의 말씀에 청종하는 종의 모습을 나타낸다. 히브리어에서 '귀를 열다'라는 표현은 하나님의 계시를 깨닫는 행위와 연관이 있는데(비교 삼상 9:15; 삼하 7:27) 이러한 행위의 연장선에서 종은 '귀를 열고' 야웨께 복종함과 동시에 야웨를 배반하지도 않고 뒤로 물러서지도 않으며 철저하게 순종하는 모습을 보여 준다. 이러한 종의 모습은 여러 면에서 예레미야의 고백록에 나타난 예레미야의 모습을 생각나게 한다.

6절에서는 네 번째 종의 노래 '수난 받는 종의 노래'에 나타난 종 못지않게 고난당하는 종의 모습을 그리고 있다. 하나님의 종은 그의 선포를 받지 않는 사람들에게 수모와 고통을 당한다. 6절에 나타난 종의 고난은 구약성경의 각 구절에서 병행구가 발견된다. '나를 때리는 자들에게 내 등(시 129:3)을 맡기며 나의 수염을 뽑는(사 7:20; 15:2) 자들에게 나의 빰(애 3:30)을 맡기며….' 또한 5절에서 하나님의 말씀을 청종하고 늘 복종하는 자세로 행하던 종은 수난의 상황에서는 당당하게 그리고 얼굴을 가리지 않고 모욕과 침 뱉음을 당한다. 즉 야웨의 종은 하나님께 항상 복종하지만 그 외의 경우에는 어떤 수난에도 굴하지 않는 모습을 보여 준다.

7절에서는 탄원시의 유형이 나타난다. 잘 알다시피 구약성경의 시편에서 가장 많은 유형의 시가 탄원시다. 탄원시는 자신이 당한 여러 가지 어려운 현실을 묻어 두지 않고 하나님을 향해 모두 내어 놓으며 안타까운 신원을 발하거나 억울함을 토로하지만 시의 마지막에는 자신의 어려운 상황이 완전히 해결되지 않았음에도 불구하고 하나님을 향하여 신뢰와 확신을 노래하는 이스라엘 시의 한 유형이다. 7절에서 야웨의 종은 자신이 당하는 고난의 상황이 아직도 자신 앞에 존재하고 조금도 사라지지 않았지만 그럼에도 불구하고 야웨께서 자신을 도우실 것이며 자신이 부끄러움을 당치 않게 하실 것이라고 탄원시적인 표현을 한다.

또한 종이 자신의 마음을 부싯돌같이 단단하게 만든다는 표현은 비록 고난을 당하기는 하지만 고난을 능동적으로 받아들이고 불평을 토로하지 않는 고난에 임하는 참된 종의 모습이다.

8절은 이사야 40~55장에 특징적으로 나타나는 법정 양식 구절이다. 여기서 하나님의 종은 "나를 의롭다 하신 이가 가까이 계시니"라고 선언하여 하나님에 대한 개인적 친밀감과 신뢰감을 나타낸다. 곧 자신을 변호해 주고 의롭다고 선언해 주시리라는 확신에서 이렇게 선언하고 있는 것이다. 신약성경의 바울도 이와 비슷한 상황에서 똑같은 표현을 사용하여 하나님께 대한 확신을 나타냈다(롬 8:31).

9절의 "보라"는 법정 양식에서 소송 절차의 결과를 소개하는 의미로 사용된다. 종은 야웨께서 자신을 도우시기 때문에 아무도 자신을 정죄하지 못하지만 자신을 해하려는 무리들은 마치 해어진 옷이나 좀에게 먹히는 옷과 같이 멸망하게 될 것이라고 말한다. 그러나 여기서 중요한 것은 종이 그의 대적들을 하나님께서 즉각적으로 복수해 주기를 원하지 않는다는 것이다. 다만 종은 하나님의 목적이 인간의 죄악보다 오래 지속될 것이라는 신뢰를 강하게 표현하고 있다.

(3) 순종한 자와 그렇지 않은 자의 운명(10~11절)

선지자는 고난 가운데서도 끝까지 야웨를 신뢰하며 하나님을 따라갔던 야웨의 종의 모습을 보여 준 후, 말씀을 듣는 하나님의 백성들에게 종과 같이 순종할 것이지 아닌지를 선택하라고 명령한다. 만일 그들이 하나님을 경외하고 그에게 순종한다면 구원의 대열에 동참할 수 있지만(10절), 하나님을 모독하고 횃불을 피워 놓고 경건한 사람들을 해하는 무리들 편에 든다면 자기가 피워 놓은 횃불로 망하게 될 것이라고 선언한다(11절). 이 말씀은 야웨의 종이 9절에서 말한 바와 같이 하나님의 보응이 반드시 임하실 것이라는 말씀이기도 하다.

2) 설교를 위한 적용

선지자는 50장에서 야웨의 종의 노래를 중심으로 포로기 백성들에게 하나님의 위로와 당부의 말씀을 선포하고 있다. 우선 선지자는 신명기 말씀을 인용하면서 이스라엘과 야웨의 관계는 이혼장을 써서 손에 쥐어 보낸 신부와 같이 모든 관계가 끝난 것이 아니기 때문에 언제든지 회복 가능한 관계라고 말한다. 즉 그의 백성들을 버리신 것이 아니라 죄의 심판을 받은 것이며, 그럼에도 불구하고 그들을 회복해 주실 준비를 항상 하고 계신다는 변함없는 사랑을 나타낸 말씀이다.

이 말씀에 이어서 세 번째 종의 노래를 통해 선지자는 하나님의 말씀을 묵묵히 수행하며 온갖 고난 중에도 야웨를 신뢰한 종의 모습을 보여 준다. 이를 통해 포로기 백성들에게 하나님이 무엇을 원하시는지 알기를 원한다면, 종과 같이 고난 중에라도 하나님을 신뢰하며 살아야 한다고 권고한다. 끝으로 선지자는 이러한 하나님의 뜻에 순종한 자의 운명과 그렇지 못한 자의 운명을 보여 주면서 반드시 순종하여 구원의 대열에 동참하라고 말한다.

포로기 예언자는 이 시대 우리에게도 그가 보여 준 종의 길을 걸어갈 것인가 아니면 순종치 않은 자의 길을 걸어갈 것인가 하는 질문을 던지면서 분명한 한 가지를 선택하라고 요청한다. 선지자는 수난 중에도 야웨를 신뢰하며 묵묵히 그 길을 걸어간 종의 모습이 오늘날 우리가 반드시 닮아야 할 종의 모습이라고 강하게 제시하고 있는 것이다.

다가올 구원의 역사의 대망(51장)

1. 예루살렘에 대한 위로와 하나님의 구원의 역사(51:1~23)

1) 본문 주해

(1) 예루살렘에 대한 위로(1~16절)

51장에서 하나님은 예루살렘을 이스라엘의 고난과 회복의 상징으로 이해하며 예루살렘에 대한 위로의 말씀을 선언하신다. 선지자의 예언에서 예루살렘의 회복에 대한 선언이 많이 등장하기 때문에 일부 학자들은 '야웨의 종'이 예루살렘을 지칭한다고 말하기도 한다. 하지만 종이 누구인지에 대해서는 아직도 많은 논란이 진행 중이다.

1~2절은 이스라엘의 조상 아브라함을 상기시킨다. 아브라함이 하나님의 부르심을 받았을 때 자식이 없었지만 하나님이 약속하신 대로 그의 후손이 큰 민족을 이룬 것과 같이 하나님은 그 백성들에게 하신 회복의 약속을 반드시 이룰 것이라고 말한다.

3~6절에서는 하나님의 회복의 역사가 구체적으로 시온에 이르고 있음을 보여 준다. 하나님은 황폐한 예루살렘을 야웨의 동산같이 회복시키겠다고 약속하신다. 하지만 하나님의 뜻에 반하는 이방 나라나 하나님의 백성을 괴롭힌 세력들은 반드시 공의의 심판을 받아 멸망할 것임을 선언한다.

7~8절에서 선지자는 세 번째 종의 노래에 나오는 종의 마지막 독백을 다시 인용하며(50:9) 하나님의 약속을 신뢰하는 자들은 그들을 핍박하는 자의 핍박과 그들을 비방하는 소리를 두려워 말라고 명하신다. 왜냐하면 그들은 좀이 옷을 먹음같이 사라져 버릴 것이기 때문이다.

8~11절에서 선지자는 백성들에게 하나님의 약속을 상기시키며 끝까지 하나님을 신뢰할 것을 외쳤던 분위기에서 급반전하여 모든 백성을 대신해 하나님께 탄원의 메시지를 전한다. 선지자는 옛 신화를 인용하면서 야웨께서

옛적에 혼돈과 악의 세력을 상징하는 라합을 물리쳐 주셨듯이 이스라엘을 괴롭히던 현재의 악의 세력을 물리쳐 달라고 간절히 탄원한다. 선지자는 야웨의 구원하심을 입어 영광스런 시온에서 아름답게 하나님을 찬양하는 포로 공동체의 모습을 소망한다.

12~16절에서는 선지자의 탄원에 대한 하나님의 대답이 즉각적으로 나와 있다. 하나님은 자신이 세상을 창조한 창조자이자 백성을 구원할 구원자이심을 강조하면서 반드시 자기 백성을 악과 혼돈으로부터 구할 것을 약속하신다. 그는 자신이 풀처럼 사라질 인생이 아닌 세상을 창조한 창조자이시며 세상의 억압자들을 멸망시키고 그의 백성을 해방시킬 구원자라고 말씀하신다. 이처럼 창조자 하나님이 곧 구원자 하나님이라는 신학적 주제는 이사야 40~55장에 처음 나타나는 것으로 선지자는 이전 예언자들의 신학적 사고를 발전시켜 새로운 지평을 열어 놓았다 할 수 있다.

(2) 깨어라 예루살렘아(17~23절)

이 구절에서 선지자는 예루살렘이 하나님의 심판을 받아 많은 고난을 받았지만 이제 예루살렘을 향한 야웨의 심판은 끝났고 야웨의 회복과 은혜의 시간만이 그들을 기다리고 있다고 선언한다.

17절에서 야웨의 분노의 잔을 받아 마신 예루살렘을 향해 선지자는 간절한 마음으로 깨어 일어나라고 외친다. 여기서 분노의 잔은 다른 예언자들도 자주 사용하는 심판의 상징인데(렘 25:15~29; 겔 23:32~34) 예루살렘은 이 잔을 바닥까지 다 들이마시고 이미 하나님의 무서운 심판을 받았다. 선지자는 이제 심판의 때가 끝나고 그들에게 회복의 때가 왔음을 선언하면서 예루살렘이 깨어나기를 외치고 있는 것이다.

18~20절에서 선지자는 야웨의 진노의 잔을 마신 예루살렘의 상태를 보다 구체적으로 증언한다. 하나님의 심판을 받은 예루살렘은 대를 이을 자녀가 없을 정도로 절망 속에 있었고(18절) 폐허와 기근과 칼이 끊임없이 그들을 둘러쌌으며(19절) 그들의 자녀도 책망을 받아서 여기저기 쓰러져 있는 상태(20절)

다. 이렇듯 절망 속에 있는 예루살렘은 이스라엘과 그의 백성을 상징한다. 하나님은 이러한 백성들에게 깨어날 것을 명령한다.

21~23절에서는 고통의 상황이 반전되어 야웨의 구원의 사건이 임박했음을 선언한다. 야웨는 고통당하는 예루살렘에게 이제 그가 준 진노의 잔을 거둘 것이라고 말씀하신다. 대신 예루살렘이 마셨던 진노의 잔은 그를 괴롭히고 학대하였던 자들이 마시게 될 것이라고 말씀하신다. 이제 남은 것은 예루살렘을 향한 하나님의 구원의 역사와 그들을 핍박한 자들이 받을 야웨의 진노의 잔뿐이다.

2) 설교를 위한 적용

51장에는 예루살렘에 대한 위로의 말씀과 그가 당한 고난이 끝날 것을 선언하는 말씀이 있다. 선지자는 고난당하는 이스라엘과 그의 백성의 모습을 예루살렘이라는 거룩한 도시의 고난을 통해 표현한다. 하나님은 믿음의 조상 아브라함에게 했던 약속을 기억하시고 이루어 주셨듯이, 예루살렘을 회복해 주실 것이며 그들을 괴롭게 했던 만민들을 심판하실 것이다. 그러나 선지자는 간절한 탄원을 통해 하나님의 도우심을 바란다. 이에 대해 하나님은 세상을 창조하신 하나님께서 예루살렘을 구원하실 것을 선언하면서 끝까지 그들과 함께 하실 것이라고 약속하신다. 이제 하나님의 구원의 역사를 통해 예루살렘의 고통은 끝이 나고 야웨께서 그들에게 주신 진노의 잔은 그들을 괴롭히던 자들이 대신 받을 것이다. 예루살렘의 모든 수고가 끝난 것이다.

위에서 언급하였듯이 본문의 말씀에서 선지자는 예루살렘을 이스라엘의 고난과 회복의 상징으로 이해하며 예루살렘에 대한 희망의 메시지를 통해 이스라엘의 회복을 노래하고 있다. 구원이 이루어지지 않은 안타까운 현실의 모습은 "여호와의 팔이여 깨소서 깨소서 능력을 베푸소서"라고 외치는 9절 말씀 중에 잘 나타난다. 선지자는 회복이 이루어지지 않을 듯한 상황에서 백성들을 대신하여 하나님께 깊은 탄원의 메시지를 전하지만, 곧바로 그들을 구원하실 하나님의 구원의 행동을 확신하며 창조주이자 구원자이신 하나님을 찬양한다. 선지자는 하나님의 말씀을 선포하지만 그 역시 힘들고 고통스런 현실을 강하게 느끼고 있다.

하지만 그가 발견한 회복의 희망을 통해 고통 중에도 아름다운 회복의 미래를 바라보라고 백성들에게 요청한다. 이제 선지자는 '깨어라 이스라엘아!'라고 외치며 고통을 끝내고 야웨를 바라보며 희망의 미래로 걸어갈 것을 예루살렘을 향해, 또한 야웨의 백성들을 향해 선포한다.

왕 되신 야웨(52:1~12)

1. 너의 하나님이 통치하신다(사 52:1~12)

1) 본문 주해

(1) 깨어나라 시온이여(1~6절)

1~2절에서 선지자는 과거 부정한 자, 할례 받지 않은 자에 의해 성전이 파괴되고 포로로 잡혀 가는 등 그간의 예루살렘 고난을 상기시키면서 이제 고난의 상황이 끝나고 아름다운 옷을 입으며 야웨의 구원을 받게 될 것이라고 말한다. 앞으로 그들은 바벨론의 잔재나 부정한 흔적들을 털어 버리고 야웨의 구원의 행렬에 동참해야 할 것이며, 압제의 사슬을 상징하는 목의 사슬을 스스로 풀어 버리고 야웨께서 그들을 위해 준비하신 영광스러운 자리에 좌정할 것을 선지자는 요청한다.

3절에서 야웨는 앞의 50:1에서 이혼증서를 써주지 않았기 때문에 이스라엘을 다시 데려오는 일에 전혀 거리낌이 없다고 말씀하신 것과 같이, 이스라엘을 값을 지불하고 팔지 않았기 때문에 그들을 데려올 때도 어떠한 대가를 지불하지 않아도 된다고 말씀하신다. 그러므로 이스라엘의 회복에는 어떠한 장애도 존재하지 않는다는 것이다. 하나님 편에서 회복은 이미 예비되었고 이스라엘은 하나님의 역사하심을 대망하기만 하면 되는 것이다.

4절에서 하나님은 이스라엘의 과거의 역사를 회고하신다. 이스라엘이 이집트에 거주하였을 때 이집트인들은 이스라엘을 강제 노역을 통해 괴롭혔고, 왕국의 역사에서는 앗수르가 북이스라엘을 멸망시키고 민족 혼합 정책을 통해 백성들의 정체성을 흔들어 놓았다. 또한 예루살렘을 침범하여 많은 백성들을 힘들게 하였다. 야웨는 그들이 아무 이유 없이 행했던 일들에 대해 반드시 보응해 주셨음을 말씀하신다. 즉 야웨는 이집트를 열 가지 이적과 재앙을 통해 심판하셨고 앗수르는 바벨론을 통해 멸망시켰음을 회고를 통해 말씀한다. 이제 심판은 이스라엘을 황폐하게 한 바벨론의 차례다.

5~6절에서 선지자는 과거 이스라엘을 괴롭히던 강대국들이 주님의 심판을 받았음에도 불구하고 야웨를 두려워하지 않는 사건이 바벨론에서도 일어나고 있음을 증언한다. 하나님의 백성 이스라엘은 까닭 없이 바벨론에 잡혀가 바벨론 사람들에게 조롱받았고 하나님의 이름조차 그들에게 모독 받았다. 하나님은 선언하신다. 바벨론의 운명은 이전 강대국들과 같이 하나님의 심판을 피할 수 없을 것이며 하나님의 백성은 절망의 포로 상황에서 벗어나 하나님의 이름을 알게 될 것이다. 이것은 다시 말해 그가 자신의 약속을 분명히 지키는 야웨이심을 이스라엘이 깨닫게 될 것이라는 말이다. 이제 바벨론은 멸망으로, 이스라엘은 하나님의 구원을 향해 달려갈 것이다.

(2) 왕으로 시온에 입성하시는 야웨(7~10절)

이 구절은 전형적인 찬양시의 형식인데 이스라엘을 향한 구원을 이미 이루시고 시온을 통치하시는 야웨의 모습을 생생하게 그리고 있다.

7절에서는 기쁜 소식을 전하기 위해 달려오는 전령의 모습을 '놀랍고도 반가워라! 희소식을 전하려고 산을 넘어 달려오는 저 발이여'라며 벅찬 감격으로 보도하고 있다. 그가 달려와서 전하는 말은 시온의 모든 고생이 끝났고 "네 하나님이 통치하신다"라는 외침이다. 이 말은 이제 바벨론의 시대는 끝났고 야웨께서 다스리시는 평화의 시대가 도래했음을 알리는 환희의 선언이다.

8절은 전령이 달려온 후 뒤이어 오시는 야웨 하나님이 예루살렘에 입성하는 모습을 파수꾼이 먼저 보고 기쁨의 감격으로 성 안의 백성들에게 기쁜 소식을 전하는 장면을 묘사하고 있다. 이러한 묘사는 야웨 하나님의 구원이 눈앞에서 일어날 구체적인 역사임을 더욱 생생하게 전하는 것이다.

9~10절에서 선지자는 현재의 상황에서 이스라엘이 어떻게 해야 할지를 말한다. 예루살렘은 아직 황폐하다. 하지만 선지자가 바라본 현재 예루살렘의 상황은 왕 되신 야웨의 입성을 알리는 전령이 이미 들어와 있고 파수꾼이 오시는 야웨의 모습을 보고 기쁜 소식을 이미 전한 상황이라는 것이다. 이제 예루살렘은 이곳에 오신 주님을 영접하고 그가 이방 나라 앞에서 능력을 드러내심을 바라보며 기뻐하고 땅 끝 백성들과 함께 하나님의 구원의 역사를 즐거이 바라보기만 하면 되는 것이다.

(3) 떠날지어다! 이스라엘이여(11~12절)

이 구절에서는 야웨의 모든 구원의 역사가 이루어졌고 예루살렘에 야웨께서 입성하시어 다스리고 있기 때문에 그들은 더 이상 바벨론에 머물 필요가 없으며 시온을 향해 떠나야 함을 말한다.

11절에서 선지자는 이스라엘에게 명령한다. "너희는 떠날지어다! 떠날지어다!" 선지자는 하나님의 백성이 더 이상 바벨론에 머물 이유가 없기 때문에 떠나라고 명한다. 그들이 오랫동안 살았던 바벨론에 어떠한 미련도 두지 말고 부정한 것도 만지지 말며 나오라고 명령한다. 또한 옛적 예루살렘이 바벨론에 멸망당할 때 야웨의 성전에서 탈취해 간 성물들을 다시 하나님의 도성 예루살렘에 돌려놓아야 하는데, 그 거룩한 일을 감당할 사람들에게 스스로 정결할 것을 아울러 명령하고 있다.

12절은 바벨론을 빠져 나와 시온으로 향하는 백성들의 행렬을 묘사하고 있는데, 과거 출애굽의 상황과는 다르다. 즉 과거 출애굽 당시에는 쫓겨나듯 급하게 나왔지만 바벨론에서는 황급히 나와 도망가듯 걸어갈 필요가 없다는 것이다. 왜냐하면 야웨의 주도로 이스라엘의 앞에서 행하시고 뒤에서 지켜 주시며 가기 때문에, 이스라엘은 보무도 당당하게 개선 행진을 하듯이 시온을 향해 걸어가면 된다는 것이다. 절망 속에서 포로기를 보냈던 백성들의 눈에 이제 절망의 끝이 보이고 있다.

2) 설교를 위한 적용

52장에서 선지자는 이스라엘에게 닥친 그동안의 고난의 역사를 회고하면서 보다 구체적인 야웨의 회복의 계획을 이스라엘에게 선포한다. 선지자는 절망의 심연에 깊이 빠진 이스라엘을 향해 깨어날 것을 명령한다. 즉 야웨의 구원이 임박하였고 야웨께서 그들을 괴롭히던 원수들과 싸워 마침내 승리하셨기 때문에 깨어서 구원의 기쁨을 함께 하자는 것이다.

그런 뒤 선지자는 전쟁에서 승리하신 야웨의 예루살렘 입성이라는 기쁜 소식을 가슴에 안고 달려오는 전령의 모습을 묘사하고, 전령이 들어온 뒤 멀리 야웨의 시온 입성을 제일 먼저 지켜본 파수꾼의 기쁨의 탄성을 백성들에게 생생하게 전하면서 슬픔 대신 승리의 환희가 이스라엘에 넘칠 것이라고 선언한다. 이제 하나님은 이스라엘에게 마지막 명령을 하신다. "너희는 떠날지어다."

하나님의 명령을 받은 이스라엘은 야웨가 앞에서 이끌어 주시는 대로 당당히 개선의 노래를 부르며 왕이신 야웨가 다스리시는 시온을 향하여 걸어가기만 하면 된다. 선지자는 그들의 고난이 끝났음을 선언하고 있다.

선지자가 말씀을 외친 때의 정황은 해뜨기 직전과 같이 어둠이 가장 기승을 부리고 있지만 어둠의 세력은 곧 물러가고 동이 트는 상황이다. 그렇지만 사람들은 마지막 기승을 부리는 어둠을 두려워하며 밤이 영원히 계속될 것만 같다고 생각한다. 선지자는 이렇게 절망한 백성들에게 시대적 상황을 인식시키면서 희망을 선포한다. 시대적 상황을 바르게 인식한 사람은 모두가 절망한 가운데서 희망을 노래하지만 그렇지 못한 사람은 절망할 이유가 없음에도 좌절해 있다.

고난당하는 야웨의 종의 노래(52:13~53:12)

1. 그가 찔림은 우리의 허물을 인함이요

이 구절은 이사야 40~55장에 나타난 4개의 야웨의 종의 노래 중 마지막으로 종이 고난당하는 장면이 너무나 생생하게 묘사되었기 때문에 특별히 '고난당하는 야웨의 종의 노래'라고 부른다. 선지자는 앞의 52장에서 선포한 회복의 과정이 우연히 나타난 것이 아니라 야웨를 신뢰하고 고난당한 종이 있었기 때문에 가능하였다고 증언하며, 회복에 대한 신학적 해석으로 종의 노래를 우리에게 들려주고 있다.

1) 본문 주해

(1) 내 종이 형통하리라(52:13~15)

13절에서 종의 노래를 시작하면서 하나님은 종을 형통하게 하고 그를 높이 들어 지극히 존귀하게 만들 것이라고 말한다. 이는 예루살렘을 회복시키겠다고 약속하신 앞 장의 구절과 연결되는 말씀인데 야웨는 종이 성공적으로 그의 사명을 완수하였기 때문에 그가 뭇 사람들에게 존경받을 것이라고 하신다. 다시 말해 장차 예루살렘의 고난이 끝나면 이스라엘이 야웨께서 베풀어 주실 구원을 보게 되듯이, 종도 곧 매와 침 뱉는 사람에게 당한 수난을 끝내고 야웨의 인정을 받아 높임을 받고 존경받게 된다는 것이다.

14절은 이전 종의 모습을 기억하고 있는 사람들이 그를 보고 놀라는 장면이다. 사람들의 기억에 종은 남들보다 안쓰럽고 더 상한 모습이었지만 야웨로 말미암아 크게 존귀하게 되어 높임 받는 모습을 보고 모두 놀라는 것이다. 이전의 종의 상한 모습은 과거 고난당한 이스라엘의 모습, 폐허가 된 예루살렘의 모습을 상기시키는 것으로, 이제 모든 고난의 환경이 끝나고 야웨의 구원이 이르렀음을 보여 주고 있다.

15절은 14절에서 존귀해진 종의 활약을 보여 준다. 그의 모습은 많은 이방 나라들을 놀라게 할 것이며 그가 말을 전하면 이방 왕들은 더 이상 할 말이 없어 입을 다물게 될 것이라고 말한다. 왜냐하면 그가 전하는 모든 내용이 이제까지 듣지 못한 것이요, 아무도 말해 주지 않은 것들로 가득 차 있기 때문이다. 이는 이미 48:6~8에서 약속하신 말씀으로 하나님의 종이 하나님의 사명을 잘 감당하고 있음을 보여 준다.

(2) 흠모할 만한 아름다운 것이 없도다(53:1~3)

1절에서 선지자는 종이 존귀한 이유에 대해 설명한다. 이방 왕들은 종이 갑자기 존귀하게 된 줄 안다. 그러나 종은 하나님께서 전한 말씀을 홀로 믿었기 때문에 하나님의 능력의 팔이 그에게 나타남으로 존귀해졌다고 말한다. 즉 종은 갑자기 나타난 사람이 아닌 하나님에 의해 준비된 사람이라는 것이다.

2절에서 선지자는 52:14에서 언급한 다른 사람들에 비해 많이 상한 이전의 종의 모습을 다시 한 번 구체적으로 보여 준다. 그는 야웨 앞에서 자라났지만 연약한 순 같고 거친 땅에서 자란 뿌리(줄기) 같아서 남들이 보기에 고운 모양도 풍채도 흠모할 만한 아름다운 것이 하나도 없었다고 말한다. 그는 사람들한테 온전치 못한 외모로 멸시를 받아 온 사람이었다. 하지만 선지자는 그를 '순'과 '뿌리'(줄기)로 묘사하며 이사야 11:1("이새의 줄기에서 한 싹이 나며 그 뿌리에서 한 가지가 나서 결실할 것이요")과 같이 다윗의 후손이나 메시아와 같은 존귀한 자로 표현한다.

3절에서는 2절에서보다 종의 고난을 더욱 구체적으로 묘사한다. 그는 사람들에게는 멸시와 버림을 받았던 사람이고 항상 병을 앓고 있어 욥을 바라보는 세 친구들의 생각같이 하나님에게도 버림 받은 사람처럼 인식되었다. 그렇기 때문에 사람들은 그를 바라보지도 않으려고 얼굴을 가렸고 '우리' 역시 그를 귀히 여기지 않았다. 야웨의 종은 다른 사람들에게도 '우리'에게도 버림 받은, 공동체 내부와 외부 모두에게 버림 받은 사람이었다.

(3) 그가 찔림은(53:4~9)

4절은 왜 야웨의 종이 모든 사람에게 소외되고 버림 받았는지 그 이유를 설명한다. 선지자는 '우리'가 이제껏 종이 고난을 당한 이유를 일반적인 인과 응보적인 사고를 가지고 판단하였다고 말한다. 앞에서 잠시 언급한 바와 같이 이러한 사고는 욥의 친구들이 욥이 당한 고난을 보며 죄의 대가를 치르고 있다고 진단한 것과 같다.

마찬가지로 사람들은 종이 멸시당하고 늘 병에 시달리며 많은 사람들에게 외면당한 이유를 하나님에 대한 자신의 죄의 대가를 치르고 있기 때문이라고 생각한 것이다.

하지만 선지자는 이제 말한다. 종이 고난을 당한 것은 자신의 잘못 때문이 아니라 바로 우리의 잘못 때문이라는 것이다. 선지자는 종의 고난을 한 차원 높여 그가 실로 우리 대신 우리의 고통과 슬픔을 짊어지고 고난을 당했다는 대속사상으로 그의 고난을 승화시키고 있다.

이러한 종의 대속적 고난은 종의 메시아적 해석을 통해 예수 그리스도와 연관되어 해석되고 있다.

5절에서는 우리에게 매우 익숙한 구절이 나온다. 종이 우리를 대신하여 고난당하는 모습을 구체적으로 표현한 이 구절은 예수 그리스도의 수난에 대한 예언의 말씀으로 해석되어 고난주일에 종종 인용되고 있다. "그가 찔림은 우리의 허물을 인함이요 그가 상함은 우리의 죄악 때문이라."

5상절에서는 종이 우리의 죄 때문에 고난당함을 말하고, 하절에서는 그의 고난의 결과 때문에 우리가 평화와 나음을 얻게 되었다고 말한다. 선지자는 '우리'의 대속을 위해 희생하는 종의 고난을 통해 포로기 이스라엘의 회복의 희망을 승화시켜 보여 준다.

6절에서 선지자는 종의 대속의 이유를 더욱 명확히 한다. '우리'는 양과 같이 그릇 행하여 멋대로 다니며 온갖 잘못을 저질렀는데 그 잘못을 야웨께서는 우리에게 묻지 않으시고 모두 종에게 대신하여 담당시키신다. 종의 이러한 모습 때문에 우리는 이 구절에 나타난 종이 우리를 위해 대속의 피를 흘리신 예수 그리스도의 계시라고 본다.

하지만 종의 모습이 예수 그리스도만을 가리키고 있는가에 대해서는 신중히 생각해야 한다. 왜냐하면 '종의 노래'는 예수를 닮기 원하며 고난 중에도 그의 뒤를 따라가는 이 시대의 수난 받는 종의 모습을 그리스도의 모습에 투영하여 나타내고 있기 때문이다. 다시 말해 선지자가 말한 완벽한 종의 모습을 구현한 분은 예수 그리스도시지만, 선지자는 예수 그리스도를 닮기 원하는 우리에게도 종을 닮을 것을 요구하고 있는 것이다.

7절에서는 4~6절에서 종에 대한 선지자의 고백 때문에 중단되었던 종의 수난 구절이 다시 등장한다. 야웨의 종이 도살장으로 끌려가는 어린 양이나 털 깎는 자 앞에서 잠잠한 양과 같이 아무 말도 없이 모든 고난을 묵묵히 받아들이는 모습을 묘사한다.

종을 끌려가는 양과 같이 묘사한 말씀은 예레미야 11:19의 고백에서 자신을 "나는 끌려서 잡히러 가는 순한 양과 같으므로"라는 구절과 매우 유사하다. 이 같은 유사성은 전 시대 예언자인 예레미야의 상징적 은유 구절을 포로기 예언자가 사용했기 때문이라고 본다.

8절에서는 끌려가 고난을 당한 종이 재판 받는 모습을 그린다. 하나님께서 맡겨 주신 사명을 완수하던 종은 결국에는 재판을 통해 사형선고를 받고 죽임을 당하게 된다. 여기서 '심문'(미쉬파트)은 재판 양식에서 사용되는 단어인데, 이전의 다른 구절에서 하나님의 정의를 표현할 때 사용되었던 것과는 달리 이 구절에서는 야웨의 주권에 반하는 세상의 주권을 나타낸다. 이것은 세상의 정의와 하나님의 정의의 차이를 보여 주기 위한 것으로, 선지자는 세상은 비록 그를 버렸지만 하나님은 그를 신실히 따랐던 종에게 고난을 보응하시는 차원에서 야웨의 정의(미쉬파트)를 선언하고 있는 것이다. 종은 산 자의 땅에서 끊어졌는데 이 역시 백성들의 허물로 인함이었다.

9절은 종이 죽은 후에도 그의 명예가 회복되지 않는 상황을 말하고 있다. 그는 폭력을 휘두르지도 거짓말을 하지도 않았지만 악인들과 동등한 취급을 받아 악한 사람들이 묻히는 무덤에 묻혔고, 옳지 않은 부자들의 무덤과도 함께 있는 모욕을 당하고 있다.

악인의 형통함의 문제는 지혜문서에 자주 등장하는 신학적 주제다. 사람의 눈에 보기에 악인은 형통하고 의인은 죽어서도 불의한 취급을 받는 것 같지만, 하나님께서는 이 모든 것을 반전시키시고 하나님의 종을 약속대로 존귀하게 만드실 것이다.

(4) 그가 존귀한 자들과 함께 몫을 받을 것이다(53:10~12)

이 구절에서는 종이 죽어 악인들과 함께 무덤에 들어간 이해할 수 없는 상황이 반전되어 종을 존귀하게 하시는 하나님의 모습이 강조된다.

10절에서 야웨는 종을 상하게 하고 병들게 하며 마지막으로 그의 영혼을 속건제물로 드리게 하신 것이 모두 자신의 의도였다고 말씀하신다. 야웨는 그의 뜻대로 온전히 산 그의 종이 잘 될 것이며 그가 다시 야웨가 세우신 뜻을 이루어 줄 것이라고 말한다.

여기서 종이 앞 절에서 죽었는데 그의 날이 길어질 것이라고 말하는 점을 들어 앞 절에서 종이 죽은 것이 아니라고 주장하는 사람들도 있다. 하지만 종을 어느 한 개인에 국한시키는 것은 선지자의 의도를 전혀 잘못 파악하는 것이다.

종은 수난 받는 이스라엘 혹은 하나님의 백성을 위해 하나님의 명령을 수행하는 존재를 형상화한 것으로 개인이 될 수도 있고, 단체가 될 수도 있으며, 살아 있는 존재가 될 수도 있고, 아닐 수도 있는 것이다. 즉 그 가능성이 크게 열려 있다고 보는 것이 타당하다. 그러므로 종을 특정 개인에 국한시킴으로써 본문의 의도를 축소시킬 이유가 없다.

11~12절은 야웨께서 고난당한 종을 어느 누구도 다른 의견을 낼 수 없게 확실히 존귀하게 만들어 주시는 장면이다. 야웨의 종 역시 자신의 영혼이 수고한 것을 바라보며 기뻐할 것이다. 야웨는 그에게 존귀한 자들과 함께 몫을 받게 해주시며 강한 사람들과 더불어 전리품을 함께 나누며 야웨께 인정받은 사람이 될 것이라고 약속한다.

다시 말해 야웨께서 종에게 분명히 확인시켜 주신 말씀은 그의 수고가 헛되지 않았다는 것이며 그 모든 것을 야웨께서 친히 지켜보셨다는 것이다.

2) 설교를 위한 적용

야웨의 종의 노래는 40~55장에 나타난 선지자의 신학을 가장 아름답게 표현한 것으로서 포로기 예언의 꽃이라고 할 수 있다. 본문의 네 번째 종의 노래를 통해 선지자는 앞 장에서 예루살렘의 회복을 노래하는 말씀에 이어 수난 당하는 종의 모습을 통하여 고난 당한 이스라엘이 반드시 회복될 수밖에 없음을 강하게 보여 준다.

선지자가 보여 준 종은 야웨의 사명을 감당하면서 많은 고난을 당한다. 선지자는 자신의 죄의 대가를 치르는 이스라엘과는 달리 오히려 이스라엘의 죄를 대신 짊어지고 고난을 받는 종의 모습을 보여 주면서 고난을 대속으로 승화시키고 있다.

또한 네 번째 종의 노래에서는 종의 죽음이 함께 기록되어 있다. 하지만 야웨는 사람들의 생각과는 달리 그의 죽음으로 모든 것이 끝났다고 말하지 않는다. 야웨는 종의 모든 고난을 기억하시고 그를 가장 존귀하고 영화로운 자로 인정하시고 대우하신다.

다시 말해 야웨는 종의 수고를 알고 계시며 그의 모든 고난과 야웨를 향한 헌신을 기억하시고 반드시 보응해 주신다.

선지자는 오늘 우리에게도 종의 길을 따르라고 말한다. 특히 본문에 나온 종의 모습은 예수 그리스도의 삶과 너무 흡사하다. 이는 선지자가 예수 그리스도를 예언했다고도 볼 수 있지만 더욱 타당한 대답은 하나님이 기뻐하시는 종의 길을 예수께서 완벽하게 걸어가셨듯이 예수의 길을 따르기 원하는 우리에게도 하나님은 종의 길을 걸으라 명령하고 계신다고 보는 것이 타당할 것이다.

이스라엘에 대한 위로(54장)

1. 이스라엘을 향한 위로와 미래의 예루살렘

1) 본문 주해

(1) 나는 너의 남편이 될 것이다(1~10절)

선지자는 야웨의 종의 헌신을 통해 이스라엘의 회복 예언을 정점에 올려 놓았는데, 이제 하나님께서는 그의 백성들을 향해 회복될 이스라엘을 전제하 며 하나님의 위로가 이스라엘을 향하고 있음을 선포한다.

1~3절에서 선지자는 이스라엘의 고난을 자식을 낳지 못하는 여인의 수 치에 비유한다. 고대 이스라엘 사회에서는 자식을 낳지 못하는 것을 큰 수치 로 알았다. 하나님은 이제 이스라엘에게 더 많은 자녀를 주실 것을 약속하시 면서 그들의 고난이 끝났기에 환성을 지르며 기뻐하라고 명령하신다. 이후로 그들이 바벨론에 포로로 잡혀 있던 수치는 제거될 것이고 그들이 살아갈 터 전에 커다란 장막을 지을 수 있을 것이며, 그들을 괴롭게 했던 이방 사람들이 물러가고 지금 황폐하여 사람이 떠난 옛 이스라엘의 성읍들이 다시 하나님의 백성들로 넘쳐나게 될 것이라고 선지자는 외친다.

4~6절에서 다시는 수치를 당치 않을 이스라엘의 모습을 1~3절에 이어 강조하고 있다. 하나님은 "두려워하지 말라"고 백성들을 위로하면서 말씀을 시작하신다. 우리에게 잘 알려진 이사야 41:10 등에서 사용한 "두려워하지 말라"는 원래 전쟁에 나가는 이스라엘 백성들에게 용기를 주시기 위해 사용 한 말씀이다(수 1:16). 하나님은 이스라엘에게 용기를 북돋워 주면서 다시는 부끄러움도 수치를 당하는 일도 없을 것이라고 약속하신다.

또한 하나님은 버림받아 홀로 된 이스라엘을 부르시고 그를 향하여 남편 이 되어 주실 것을 약속하신다. 즉 이스라엘은 하나님의 신부로 신분이 급반 전되어 다시는 고통도 슬픔도 수치됨도 없는 삶을 살며 영광만이 있을 것을 강조한다.

7~8절에서 하나님의 말씀이 다시 이어진다. 하나님은 이스라엘의 잘못으로 인해 그들을 바벨론 포로로 잡혀 오게 한 일을 잠시 그들을 버린 것으로 묘사한다. 하지만 하나님은 그들을 긍휼로 불러 모으실 것이며 진노하심으로 잠시 외면하셨지만 이제 모든 것을 용서하고 이스라엘에게 은혜를 베푸시며 변치 않는 영원한 자비로 그들을 사랑할 것을 약속하신다. 여기서 강조한 "영원한 자비"는 다윗 왕조와 하나님 사이의 언약에서 강조된 '영원한 언약'을 연상시킨다. 하나님은 이스라엘에게 무조건적으로 영원한 자비를 베풀어 주실 것임을 약속하고 있는 것이다.

9~10절에서 하나님은 과거 노아와 맺은 약속을 상기시키면서 이스라엘을 향한 자신의 "영원한 자비"의 약속이 불변할 것을 강조한다. 노아의 홍수가 끝난 후 다시는 물로 세상을 심판하지 않겠다고 약속하셨을 때처럼 이스라엘을 향해 다시는 노를 발하지 않겠다고 약속하시면서 이스라엘과 세운 평화의 언약이 세상이 무너질지라도 변치 않을 것이라고 약속하신다. 이 말씀을 통하여 하나님은 이후로 이스라엘을 버리지 않겠고 그들을 영광스럽게 하실 것이며 그 약속을 반드시 지키겠다고 선언하신다.

(2) 회복될 예루살렘(11~17절)

54장의 처음 부분이 이스라엘과 하나님과의 관계에 대해 말하고 있다면 나머지 부분은 회복될 예루살렘의 미래에 대해 말한다. 선지자의 회복의 예언이 더욱더 구체성을 띠고 발전해 가는 것이다.

11~13절은 신부와 같이 화려하게 치장될 미래의 예루살렘에 대해 묘사한다. 그동안 강대국의 침입 등 많은 격랑 속에서 고난을 겪었던 예루살렘이 이제 그 사면을 온갖 보석으로 치장하고, 그들의 자녀를 야웨께서 직접 가르치며, 그들을 위한 번영과 평화를 약속하고 있다. 회복된 예루살렘을 바라보는 사람들 중 과거의 폐허를 떠올리는 사람은 한 사람도 없을 것이다. 새 예루살렘에는 영광의 길만 예비되어 있다.

14~17절은 하나님께서 주신 새로운 평화가 임한 예루살렘의 모습을 보여준다. 새 예루살렘은 하나님의 공의의 터전 위에 세워질 것이기 때문에 흔들리거나 더 이상 황폐하지 않겠고 예루살렘을 공격하는 세력이 있다면 하나님께서 반드시 그를 패망시키겠다고 약속하신다.

야웨는 예루살렘을 해하려 시도하는 모든 세력들이 창조주인 자신의 피조물이기 때문에 하나님이 보호하시는 예루살렘을 누구도 해하지 못할 것이라고 천명하신다. 이제 예루살렘에는 야웨가 주시는 평화와 기쁨이 넘칠 것이다.

2) 설교를 위한 적용

선지자는 그가 살고 있었던 바벨론 포로기의 종교적 위기에 대응하기 위해 위로와 희망의 메시지를 전한다. 그는 뛰어난 학문과 문학성을 지닌 사람으로서 예부터 내려오던 여러 전승들을 종합 발전시켜 포로 시대의 예언을 신학적으로나 문학적으로 아름답게 꽃피웠다. 본문은 선지자의 예언이 마지막을 향해 가면서 이스라엘에게 회복의 희망을 보다 구체적으로 각인시켜 주기 위하여 더욱 강한 회복의 메시지를 외치고 있다.

하나님은 이스라엘을 향해 자신이 이스라엘의 남편이라고 말씀하시면서 그들이 홀로 되었을 때의 수치가 다시는 있지 않을 것이며 미래에는 영광과 기쁨만이 넘칠 것이라고 말씀하신다. 또 하나님은 이스라엘에 영원한 자비를 베풀 것이며 다시는 그들을 멸망시키지 않을 것이라고 약속하신다. 그리고 미래의 예루살렘은 아름다운 신부와 같이 회복되어 평화와 기쁨이 넘치는 하나님의 도성이 될 것이라고 약속하신다.

이러한 하나님의 선언은 미래의 회복을 더욱 공고히 백성들에게 알려주기 위함이며 하나님의 능력과 사랑을 의심하는 백성들에게 능력의 하나님이 자기 백성들을 극진히 사랑하심을 보여 줌으로써 희망의 미래를 향한 큰 시동을 걸고 있다.

언약의 재확인(55장)

1. 야웨가 약속한 영원한 언약

1) 본문 주해

(1) 목마른 자들아 물로 나아오라(1~5절)

선지자는 자신의 예언을 마무리하면서 이스라엘에게 회복에 대한 하나님의 가장 확실한 보증인 언약을 재확인한다. 더 이상 이스라엘이 하나님의 회복의 역사를 의심할 이유는 없다. 그들은 하나님이 값없이 베풀어 주신 은혜를 입기만 하면 된다.

1~2절에서 하나님은 지금까지 선지자를 통해 강조해 오셨듯이 백성들을 향해 값없이 베풀어 주시는 야웨의 은혜에 동참하라고 외치신다. 목마른 사람도 돈 없는 사람도 누구든지 나와서 하나님의 은혜를 입으라는 것이다. 하나님의 은혜에 동참하는 데는 신분의 귀천이나 차별이 있을 수 없고 대가를 지불할 필요도 없다. 모두 값없이 주시는 야웨의 구원의 잔치에 참여하기만 하면 된다.

3~5절에서 드디어 야웨는 이스라엘에게 영원한 언약을 재확인하신다. 그런데 앞 절에서 강조하였듯이 이 언약의 잔치는 특정인을 위한 초대가 아니라 모든 이스라엘을 향한 초대다. 이전의 다윗 언약은 다윗 집안에 국한된 언약이었다면 새롭게 재확인한 야웨의 언약은 온 이스라엘에 대한 언약으로 확장되어, 하나님의 영원한 언약 안에 모든 이스라엘이 초대되었음을 선언하고 있다.

하지만 새로운 언약이 온 이스라엘로 그 수혜 범위가 확대되었다 해서 다윗 집안이 배제된 새로운 계약을 의미하는 것은 아니다. 하나님은 그가 만민의 인도자와 명령자로 삼으셨던 다윗과의 약속을 분명히 기억하신다. 그렇기 때문에 새로운 언약은 다윗에게 초점을 맞춘 언약의 재확인이라는 성격도 있고 모든 백성이 참여한 영원한 언약이라는 특징도 있다. 야웨는 포로기 백성들의 거대한 회복의 청사진을 모든 백성에게까지 확대된 그의 언약을 재확인함으로써 마무리하고자 한다.

(2) 야웨께 돌아오라(6~11절)

앞 절에서 야웨가 백성들에게 다윗 언약을 재확인해 주셨지만 6~7절에서 선지자는 백성들이 가지고 있는 잘못된 사고를 수정해 줄 필요가 있었다. 여전히 이전의 다윗 언약을 맹신하는 사람들 때문이다. 이전의 다윗 언약은 하나님이 다윗 왕조를 영원한 왕조로 선택하시고 자기 이름을 두시려고 예루살렘을 택하셨다는 사상에 근거하여 생겨났다. 그렇기 때문에 이스라엘은 자신의 잘못은 외면한 채 다윗 왕조는 절대 망하지 않고 예루살렘도 결단코 이방에 정복되지 않는다는 다윗 언약을 맹신하고 있었다. 선지자는 이러한 문제를 해결하기 위해 이 구절에서 무조건적인 다윗 언약을 조건적으로 재해석하고 있다. 즉 회복의 조건이 다윗 언약에 대한 맹신이 아니라 하나님께 대한 회개임을 분명히 하며 회개를 통한 회복의 희망을 모든 이스라엘에게 불어넣고 있는 것이다.

8~11절은 야웨께서 그가 세운 언약을 파기하지 않을 것이라 말씀하셨던 54:10과 같이 자신의 생각은 사람과 다르기 때문에 이스라엘의 회복을 반드시 이루어 주실 것이라는 약속을 다시 한 번 백성들에게 하고 있다. 야웨는 말씀하신다. "내 입에서 나가는 말도 이와 같이 헛되이 내게로 되돌아오지 아니하고 나의 기뻐하는 뜻을 이루며 내가 보낸 일에 형통함이니라"(11절).

(3) 기쁨으로 나아가리라(12~13절)

이제 모든 예언이 끝났다. 남은 것은 하나님의 백성들이 기쁨의 행진을 하며 바벨론에서 나오는 일뿐이다. 선지자는 하나님이 지으신 모든 삼라만상들을 바라보며 그것들이 하나가 되어 하나님의 백성들이 고향으로 돌아가는 길을 축복하고 있는 모습을 묘사한다.

12~13절에서 모든 만물은 함께 어우러져 환희의 극치를 표현한다. 하나님의 백성들이 걸어가고 있는 모습을 환호하기 위해서다. 산과 언덕이 소리치며 노래하고 들의 나무가 손뼉을 치며 그들을 반기고 있다. 잣나무는 가시나무를 대신하고 값진 나무 화석류는 찔레를 대신하여 장차 올 백성들을 맞이할 것이다. 그러면서 이 모든 것이 영원히 남아서 야웨가 하신 위대한 일을 기념할 것이다. 이렇게 선지자는 하나님이 하실 위대한 역사를 기념하며 그의 예언을 마무리한다.

2) 설교를 위한 적용

40~55장 예언을 마무리하는 55장에서는 하나님이 말씀하셨던 회복의 말씀의 보증으로 이스라엘과 하나님 사이의 언약을 재확인한다. 이 언약은 다윗과 맺은 무조건적인 언약인데 새로 확인된 언약은 이전 언약과 비교할 때 몇 가지 독특한 특징이 나타난다.

먼저 하나님은 포로기 상황에서 언약의 대상을 모든 이스라엘로 확대시켜 다윗의 자손뿐 아니라 모든 이스라엘이 언약의 수혜자가 될 수 있다고 하신다. 또한 무조건적인 언약이라는 성격을 지닌 다윗 언약을 맹신하는 사람들로 말미암아 일어났던 포로 상황의 문제를 해결하기 위해 다윗 언약의 무조건성을 조건적으로 재해석하여 이스라엘이 회개하였을 때 언약이 유효하다고 말한다. 회개가 회복의 전제 조건임을 분명히 한 것이다.

이렇게 언약을 재확인한 선지자는 하나님의 말씀을 통해 이스라엘과 맺은 언약을 그가 결단코 파기하지 않을 것을 재확인하고, 모든 하나님의 피조물들의 축복을 받으며 영광스럽게 시온으로 돌아올 이스라엘의 모습을 보여 주며 그의 예언을 끝맺는다.

절망한 포로민들을 위한 선지자의 메시지는 많은 사람들을 좌절의 늪에서 끌어올려 희망을 바라보며 달음박질할 수 있게 해준 힘 있는 메시지였다 할 수 있다.

맺는 말

이상에서 살펴본 49~55장의 예언은 한마디로 포로기 상황에서 지치고 절망한 백성들에게 야웨 하나님의 회복의 희망을 전해 준 예언이다. 선지자는 하나님의 능력을 의심하고 하나님의 사랑에 대해 회의하는 포로민들에게 야웨의 종의 모습을 형상화함으로써 혹은 하나님의 도성 예루살렘을 의인화함으로써, 그들의 수고와 슬픔을 알고 계신 하나님이 이스라엘의 고난을 끝내고 하나님께서 베풀어 주신 영광스러운 회복이 곧 예루살렘에 임할 것이라고 선포한다.

그는 끝으로 하나님께서 영원한 언약을 통해 약속하신 회복이 곧 일어날 것이라 확증해 주었고, 모든 백성들이 승전가를 울리며 야웨의 뒤를 쫓아 개선 행진하는 영광스러운 장면을 보여 준다.

결론적으로 선지자가 바라본 회복의 희망은 하나님의 역사를 통해 그의 백성들에게 아름답게 이루어졌다. 또한 선지자의 회복의 희망은 이 시대 그의 예언을 듣는 우리에게도 신앙의 아름다운 회복을 꿈꾸게 해준다.

03

예배, 윤리,
그리고 하나님의 구원[1]

이사야 56~59장 주해와 적용

개요

베른하르트 둠(B. Duhm)[2] 이후로 56~66장은 제3이사야(서)라고 불렸다. 이와 같은 이해는 56장이 앞 단락과 다르다는 이유(이사야서가 엄격하게 연대기적으로 배열되었다는 전제 하에서)와 이 단락의 역사적 정황이 바벨론 포로 이후를 반영한다고 보았기 때문이다. 그런데 문제는 40~66장 전체의 역사적 정황이 모호하다는 데 있다.[3] 그러므로 이 글에서는 역사적 정황에 대한 언급보다는 본문 자체에 집중하려고 한다.

이사야서의 세 번째 단락인 56~66장은 1~39장('하나님의 종은 의로운 삶을 살아야 한다')과 40~55장('의로운 삶은 하나님의 은혜로만 가능하다')의 종합(즉 '하나님의 은혜로 의롭게 된 하나님의 종은 의로운 삶을 살아야 한다')이라고 볼 수 있다.[4] 그러므로 우리가 살펴볼 56~59장은 56~66장의 첫 부분에 해당하며 하나님의 종들의 인생 속에서 의가 필요하나 그 의를 생산해 내는 데 매우 무능력[5]함을 역설적으로 강조한다.

이와 같은 신학적 배경 속에서 우리는 이 단락에서 제외된 자들의 포용, 사회에 만연한 악과 불의, 종교적 형식주의, 하나님의 의와 구원의 목적, 우상숭배와 그와 관련된 성적 타락, 하나님의 심판, 자비, 긍휼 그리고 구원과 같은 다양한 주제들을 발견할 수 있다.

구조

56~66장의 일반적인 구조에 대해서는 학자들이 대략적으로 동의하고 있지만, 세부적인 면에서는 차이를 보이고 있다. 대체로 60~62장을 중심 단락으로 보지만, 56~59장 단락과 관련해서 오스왈트[6]는 종전의 56~66장의 교차대구적 구조에 대해 선뜻 동의하지 않는다. 오스왈트는 56~66장을 크게 두 단락(56:1~59:21, 63:1~66:24)으로 나눈다. 즉 앞 단락은 이방인 예배를 주제로 시작하고 신적 전사(divine warrior)로 끝나며 뒷단락은 신적 전사로 시작하여 이방인 예배로 끝난다. 그런 면에서 오스왈트[7]는 56~66장의 구조를 다음과 같이 제시한다.

> A 이방 예배자들(56:1~8)
> 　B 윤리적 의(56:9~59:15상)
> 　　C 신적 전사(59:15하~21)
> 　　　D 종말론적 소망(60~62장)
> 　　C′ 신적 전사(63:1~6)
> 　B′ 윤리적 의(63:7~66:17)
> A′ 이방 예배자들(66:18~24)

56~59장 단락에 대해서 오스왈트[8]는 병행적 요소들을 포함하는 56~57장과 58~59장으로 나눈다.

	56~57장	58~59장
실현된 의에 대한 특정한 예	56:1~8	58:1~14
일반적인 상황에 대한 사색	56:9~57:13	59:1~15상
주의 구원 의도의 선언	57:14~21	59:15하~21

이방 예배자들(56:1~8[9], 비교 66:18~24)

1상절은 전형적인 선지자의 신탁 인용 도입구(כֹּה אָמַר יְהוָה 코 아마르 야훼)다. 이 표현은 야훼의 말씀의 진정성과 권위를 드러낸다. 이 단락은 '나의 구원이 가까이 왔고 나의 의가 나타날 것이기 때문에 너희는 정의를 지키며 의를 행하라'는 야훼의 명령으로 시작한다. 이러한 현재적 명령과 미래에 임박한 야훼의 날에 대한 예고는 의와 공의의 수행이라는 점에서 병행한다. 하나님의 말씀을 듣는 인간이 정의와 의를 수행한다는 것은 안식일의 준수와 모든 악행을 금하는 것을 의미하며 이러한 행위를 견지하는 사람은 복된 사람이다. 그는 하나님의 명령과 성품을 본받는 자이며 미래에 있을 일을 현재적으로 미리 실천하고 맛보는 사람이기 때문이다.

그런데 이와 같은 하나님의 명령의 준수는 과거와는 달리 이제 혈통적인 이스라엘에만 국한된 것이 아니다. 하나님을 통하여 이스라엘에 속한 이방인들의 의심을 통하여 그와 같은 놀라운 계획이 드러난다. 사실 이러한 이상은 예수 시대의 헤롯 성전에서도 이루어지지 못했다. 아니 오히려 더 확고하게 고착되었다.[10]

모세의 율법(특별히 신 23장)에 따르면, 순수 혈통의 사람들만이 하나님의 총회에 들며 하나님의 선민이며 구원받은 자들로 여겨졌다. 그러나 이제 그렇지 않다. 놀라운 신분적 극복 혹은 초월은 이방인과 고자들의 예를 통해서 극대화된다. 즉 이방인들이라도 (그들의 출신 때문에) 나중에 하나님의 백성에게 버림을 받을까 걱정할 필요가 없다. 또한 하나님의 안식일을 지키며 하나님의 기뻐하시는 일을 행하기로 선택하고 하나님의 언약을 확실하게 준수하는 고자들은 (그들의 신체적 결합 때문에) 부당한 대우를 받을까 걱정할 필요가 없다. 이제 오히려 그들은 종전 하나님의 자녀들보다 더 좋은 유산과 영원한 이름을 얻어 대대로 유지될 것이라는 약속을 받는다.

이러한 이방인-고자의 패턴은 다시 이방인의 예로 돌아온다. 이 이방인은 야훼와 연합하여 그를 섬기고 사랑하며 종이 되며 안식일을 준수하고 그의 언약을 굳게 지키는 자다. 물론 이러한 표현은 하나님을 믿고 그의 명령을 지키며 안식일을 준수한다는 혈통적 이스라엘과 육체적으로 흠 없고 정결하다고 자랑할 만한 이스라엘 사람들의 이중성을 염두에 둔 것이다. 정상적인 이스라엘 사람들은 배척되거나 좋은 대접을 받지 못할 것이다. 앞서 언급한 이방인은 하나님의 성산으로 인도될 것이며 "기도하는 내 집에서" 기쁘게 될 것이며 그들의 번제와 희생이 하나님 제단에서 열납될 것이다.

이 기도하는 집은 솔로몬의 예루살렘 성전의 이상을 떠오르게 한다(왕상 8:22~61). 제사뿐만 아니라 이방인의 기도가 예루살렘의 야훼 전에서 받아들여질 것은 하나님의 집이 이스라엘뿐만 아니라 말 그대로 모든 사람들(특별히 이스라엘이 아닌 이방인들)이 와서 기도하고 제사하는 것이 하나님께 열납되는 곳이 될 것이기 때문이다. 이것은 이사야의 종말적 신앙 공동체의 환상과도 일치한다(참고 2:2~3).[11]

이제 하나님은 이방인이나 혼혈인이나 신체장애자라도 하나님의 백성으로, 하나님을 예배하는 자들로 삼으신다. 마지막 때에 하나님은 세상의 모든 사람들을 구원하시며 부르시고 그를 믿고 섬기는 자들을 차별 없이 대우하신다. 그러나 하나님은 원래 이스라엘도 버리시지 않는다. 세상에 흩어졌던 이스라엘을 다시 모으시는 하나님[12]은 계속해서 더 많은 백성들을 모으사 더 추가시키신다.[13]

설교를 위한 적용

불신자나 교회 다니기를 중단한 자들을 다시 '신앙생활' 하게 만드는 것보다 기존 신자가 이율배반적이며 율법주의화되는 것, 심지어 명목상의 기독교인(nominal christian)이 되기가 더 쉽다. 이는 신앙에 대한 잘못된 이해로 인한 것이거나 세월의 흐름에 따라 자연스럽게 발생하는 현상일 수 있다. 이러한 현상은 구약과 신약에서 종종 발견되며 현대 교회에도 큰 문제로 남아 있다.

21세기 한국 기독교에서 발견되는 그리스도와 대속적 죽음과 구원에 대한 독특성이 배제된 종교 다원주의적 신앙의 양산도 문제지만, 다원주의적 사회 내에서 잘못된 경험과 학습, 직책에 의해서 양산되는 배타주의와 선민의식도 세상 속에서 기독교인의 삶을 영위하는 데 걸림돌이 된다. 그런 면에서 이사야의 종말론적 신앙 공동체에 대한 이상은 이와 같은 혼란한 시대에도 유용하다. 하나님은 모든 사람을 부르시고 그들의 예배를 받기 원하신다.

먼저 신자 된 자들은 하나님의 종말론적 계획이 성취되도록 부르심을 받은 자들이지, 이방을 향한 구원의 문을 가리는 자들이 아니다. 그러므로 신자들은 자신이 이웃에 대해 배타적인 태도를 갖는지, 아니면 하나님의 뜻을 수행하기 위한 대리자로서 수행하고 있는지를 분별할 필요가 있다. 또한 일상에서 '힘겨운 노동의 굴레에서 해방되고(안식일 규례) 악을 멀리하는' 차원에서 정의와 의를 행하도록 노력해야 할 것이다.

윤리적 의(56:9~59:15상, 비교 63:7~66:17)

이 단락에서는 이스라엘의 행위적 의와 관련된 다양한 말씀들이 제공되는데, 세부적으로는 심판의 말씀(56:9~57:13), 거룩과 겸손(57:14~21), 의와 의식(58:1~59:15상)으로 분류할 수 있다.

1. 심판의 말씀(56:9~57:13)
이 단락은 지도자들에게 주어진 심판의 말씀(56:9~57:2)과 백성에게 주어진 심판의 말씀(57:3~13)으로 나눌 수 있다.

1) 지도자들에게 주어진 심판의 말씀(56:9~57:2)
이 단락은 이스라엘의 파수꾼에 대한 비난으로 시작한다. 본문은 모든 들짐승과 숲 속의 야생 짐승들에게 이스라엘을 약탈하고 공격하라고 초청한다.

이유는 다가오는 적들과 위험을 미리 알려야 할 '이스라엘의 파수꾼들'이 직무유기를 하고 있기 때문이다. 하나님은 이스라엘을 위하지 않고 이스라엘을 대항하사 그들을 공격하도록 원수들과 적대 세력들을 초청하신다. 이스라엘 지도자들은 맹인이고 어리석은 자들이며 다가오는 위험을 경고하고 알리지 못한다. 이들은 벙어리 개라고 불린다. 파수꾼 혹은 경계 업무를 수행하는 개들은 게을러서 꿈을 꾸며 누워 있으며 잠자기를 좋아하는 등 직무유기를 하고 있다. 이들은 자리보전하고 침대를 지키는 자들이다.

이같이 게으른 자들은 욕심도 많아서 이기심이 충만하고 만족을 모르며 무지한 목자들이다. 고대 근동에서 목자는 양 떼를 돌보는 자들이지만, 정치적으로는 지도자를, 군사적으로는 군대장관을 의미한다. 마찬가지로 히브리어 용례상 양 떼는 백성이며 또한 군대다. 이와 같이 '개들'이라고 불리는 이스라엘 지도자들은 하나님의 정의와 긍휼을 따르지 않고 이기적이고 파당적으로 행한다. 이성과 바른 판단을 호도하는 포도주와 독주에 만취했으면서도 계속 마시자고 주장한다.

이제 이스라엘이라는 사회는 의인들, 혹은 진실한 자들이 죽거나 희생되어도 아무런 관심을 갖지 않는다. 1하~2절은 해석하기가 모호하다. 1하절은 타락한 지도자들의 죄의 결과로 의인들이 죽게 되었거나 혹은 의인은 하나님에 의해서 악인들에게서 옮겨졌다로 해석된다. 이것은 사회에 악이 관영할 때 한편으로는 악의 관영과 승리를 의미할 수도 있지만, 한편으로는 하나님의 은혜를 통한 의인의 보존과 구원을 의미할 수도 있다. 2절은 앞 구절의 의미와 연관지어서 이해해야 한다. 의인의 궁극은 평안과 안식이지만, 이것이 현실적인 것인지, 죽음을 암시하는 것인지는 모호하다.

2) 백성에게 주어진 심판의 말씀(57:3~13)

이 단락에서 백성은 '너희'라고 불린다. 이 백성은 자신을 선민이며 의인이고 종교적이라고 이해한다. 그러나 실상 이 백성은 우상숭배자들이다.[14] 이들은 3절에서 "무당의 자식, 간음자와 음녀의 자식들"이라고 불린다. 이들과 서로 얼굴을 대하고 격렬한 대화가 시작된다. 이들은 스스로 그와 같은 존재가 되었을 뿐만 아니라 다른 사람들을 희롱하며 유혹한다. 또한 이들은 "패역의 자식, 거짓의 후손"이라고도 불린다. 이들은 하나님이 증오하는 온갖 우상숭배와 악행을 수행한다. 이들은 바위 틈과 나무 사이에서 음욕이 불 일듯이 일어나며 자기 자녀들을 희생제물로 삼았다.

이들은 살아 계신 하나님을 섬기는 대신에, 어리석게도 광야의 건천(wadi)에서 발견되는 반들반들한 돌을 제비뽑기하여 자신의 몫으로 삼는다. 아마도 광활한 광야에 비와 폭풍이 몰아칠 때만 물이 넘쳐나는 건천 한가운데 있는 돌이 신비스럽게 보였을 수도 있다. 그러나 돌은 돌일 뿐 백성이 믿고 의지하여 도움을 받을 수 있는 대상은 아니다.[15]

그런데도 백성은 그 돌에게 전제와 예물을 헛되이 바친다. 이제 선지자의 관심은 골짜기에서 산꼭대기로 전환된다. 지금도 그렇지만 과거에도 산꼭대기는 우상숭배의 장소로 활용되었다. 여기서 언급되는 침상은 이방제의가 성관계와도 관련 있었다는 것을 암시하는 것 같다. 사람들은 그곳에서 성관계도 맺고 제사도 지낸다. 그들은 하나님 말씀 대신에(비교 신 6:9; 11:20) 이교적 기념물을 문과 문설주 뒤에 두며 하나님을 버리고, 다른 사람들과 음행을 통하여 밀접한 관계를 맺는다. 그들은 (우상숭배의 목적으로) 몰렉에게 찾아가서[16] 귀하고 향기 좋은 올리브기름과 향품을 제물[17]로 바쳤으며, 신들을 찾아 섬기기 위해서 심지어 스올에까지[18] 사절단을 파견하였다.

그런데 문제는 백성이 이와 같은 수고와 노력을 하면서도 우상과 이방신들을 의지하는 일이 힘을 주는 일[19]이므로 헛되다고 말하지도 않고 지치지도 않는다는 것이다. 물론 이것은 착각이며 망상이다. 이처럼 백성들은 다양한 방편을 사용하여 하나님(신)의 응답을 효율적으로 추구하는 혼합주의를 실천한다. 이들은 개인적인 유익을 위해서 온갖 수단과 방법을 동원하여 신의 힘을 조작하고자 한다.

이제 하나님은 백성에게 질문하신다. 두려워하거나 놀랄 만한 자가 없음에도 하나님께 거짓을 말하고 하나님을 생각지도 마음에 두지도 않는 이유를 물으신다. 하나님 이외에 다른 어떤 신이 있어서가 아니라 하나님이 응답하지 않기 때문이 아니었는가?

하나님이 이제 백성의 공의를 확인하시면 그들의 수고와 노력이 헛된 것임이 밝히 드러날 것이다. 이제 백성은 기도할 때 그 대상에 대해서 시험해보라는 하나님의 요청을 받는다. 우상에게 기도하는 것은 한편으로는 유익하고 진실된 것으로 보일 수 있으나, 그 우상들은 부는 바람에 날라 가고 없어질 정도로 허무하며 값어치가 없는 것이다. 누구든지 하나님을 의뢰한다면, 그는 축복의 상징이자 약속의 성취로서 땅을 차지할 것이며 하나님의 거룩한 산을 기업으로 받게 될 것이다.

2. 거룩과 겸손(57:14~21)

이 단락은 하나님의 일[주어가 '그'(he)다]을 다루면서 백성의 우상숭배의 일(3~13절)과 명확한 대조를 이룬다. 여기서 "소성케 하며"(15절) "고쳐 주는"(18~19절) 하나님은 평지를 돋우며 거치는 것들을 제거하시는 방편으로 이스라엘 백성의 길을 준비하신다. 이것은 백성이 할 수 없는 일이며 하나님만이 하실 수 있는 일이다. 이사야서의 다른 곳에서 하나님은 하나님이 지나실 대로를 준비하도록 요청하신 적도 있다(사 40:3~5). 이 하나님은 "지극히 존귀하며 영원히 거하시며 거룩하다 이름하는 이"로도 불린다. 그러나 하나님은 비록 높고 거룩한[20] 하늘의 성전이나 궁정 회의를 주재하시더라도 이 세상에 계셔서 이스라엘 가운데, 그리고 "통회하고 마음이 겸손한 자"와 함께 하신다. 이러한 임마누엘의 신학은 "겸손한 자의 영을 소성시키시며 통회하는 자의 마음을 소생시키려" 함이었다.

여기서 하나님의 자비와 긍휼이 등장한다. 대부분의 구약 선지서에서 하나님은 이스라엘과 대결하는 분이시며 논쟁하시는 분으로 묘사된다. 그러나 하나님은 중대한 결정을 내리신다. 하나님은 인간의 연약함을 아시므로 인간의 죄와 반역 때문에 영원히 다투거나 끊임없이 진노하지 않을 것이다. 하나님의 인간에 대한 목적은 논쟁과 다툼이 아니라, 긍휼과 은혜를 끼치시는 것이다.

탐심한 이스라엘의 죄악으로 인해서 하나님은 그들에게 무자비하게("내 얼굴을 가리고") 진노하였고 공격하였지만, 이스라엘은 여전히 패역하여 하나님의 길을 따르지 않고 자신들의 마음에서 우러나오는 혹은 그 마음에 합당한 길로 행하였다. 하나님의 징계에도 불구하고 인간의 완악함과 교만함은 그칠 줄 모른다. 여기서 하나님의 자비와 인간의 완악함이 극단적으로 대조된다.

그러나 하나님은 앞서 말한 대로 무한 논쟁에 몰두하지도 그렇다고 심판에만 몰두하지도 않으시고, 오히려 악인을 고치고 인도하며 위로하려 하신다. 악인의 결과는 멸망인 줄 아시기 때문이다. 여기서 하나님의 권위와 은혜를 인정하는 (혹은 죄인이며 반역자임에 대한) 고백과 찬양의 목소리를 만드시는 분 역시 하나님이시라고 말한다. 하나님은 지치고 상심하고 갈 바를 알지 못하는 인생들(즉 이스라엘 사람이든지 이방인이든지간에[21])에게 온전한 평화(샬롬)를 주신다. 또 하나님은 인간이 그렇게 되도록 고쳐 주기를 바라신다. 하지만 하나님이 긍휼을 베푸시지 않는, 혹은 그 손길을 거부하는 악인에게는 평안도 없고 항상 불안정하며 화합하거나 단합하지 못하는 "물이 진흙과 더러운 것을 늘 솟구쳐 내는 요동하는 바다"와 같다. 그러므로 악인에게 (하나님이 말씀하시듯이) 평화가 없다는 것은 당연한 이치다.

3. 의와 의식(58:1~59:15상)

이 단락은 사람의 기쁨과 하나님의 기쁨(58:1~14)의 대조와 악행의 효과들(59:1~15상), 그리고 하나님의 팔의 승리(59:15하~21)로 나뉜다.

1) 사람의 기쁨과 하나님의 기쁨의 대조(58:1~14)

이 단락은 사람의 기쁨(58:1~5)과 하나님의 기쁨(58:6~14)이 대조를 이룬다.

(1) 사람의 기쁨(58:1~5)

여기서는 사람의 기쁨이 결국 자신들의 기준과 유익에 부합하기 위한 것이며 하나님의 뜻과 말씀의 본질과는 전혀 무관한 것임을 논증한다. 선지자의 사명은 크고 명확하고 주의를 끌 수 있는 방법으로 하나님의 백성 즉 야곱의 가족들이 죄를 깨닫고 그 죄가 드러나게 만드는 것이다. 사람들은 겉으로는 정기적으로 그리고 자주('매일') 하나님의 뜻을 구하며 하나님의 길을 배우는 것을 기뻐하는 듯이 보인다. 마치 '공의롭게 행하며 하나님의 규례를 준수하는 나라'처럼 하나님께 의로운 판단을 구하고 하나님을 항상 가까이 하여 그의 뜻을 알고 그의 뜻대로 행하는 백성 같다. 그러나 실상은 겉으로 보이는 모습과 전혀 다르다. 더 큰 문제는 이들의 생각 혹은 논의에서 발견된다.

그들은 수고와 정성을 다하는데 하나님께서 아무런 응답을 해주지 않는 것에 의아해 한다. 무엇이 문제인가? 우리가 문제인가? 정성이 부족해서인가? 우리의 정성이 하나님을 감동시키지 못했단 말인가? 하나님이 문제인가? 하나님이 듣고 응답하실 때 힘이 부족한가? 아니면 하나님이 잘 못 듣는가? 잘못된 신에게 기도했단 말인가? 이들은 몸을 학대하여 자신들의 경건함을 드러내고 하나님의 응답을 조속히 받기 위해 금식하며 마음을 괴롭혔지만, 하나님은 그러한 수고도 인정해 주지 않을 뿐만 아니라, 아무런 대꾸도 해주지 않으신다. 무엇이 문제인가?

그들은 하나님께 무언가를 아뢰는 날, 즉 금식하는 날에도 자신을 기쁘게 하는 오락거리를 찾는 반면에 일꾼들에게는 일을 시키는 모순된 행위를 한다. 그뿐이 아니다. 하나님께 무언가를 아뢰는 날, 즉 금식하는 날에도 분쟁과 갈등을 멈추지 않는다. 심지어 폭력까지 불사한다. 그러므로 이들의 금식은 자신들의 목소리가 하나님께 이르기 위해서 행하는 것이 아니다. 하나님만을 바라보고 하나님의 뜻을 구하는 상황 중에도 이들은 이기적이며 자신의 몫을 챙기기 위해서 힘든 노동을 시키거나 싸움질에 몰두한다는 점에서 그렇다. 그러므로 이러한 것은 하나님이 수용하시는 금식이 될 수 없다.

하나님을 기쁘게 하는 혹은 하나님의 마음을 움직일 수 없는 진실된 금식이 아닌 마당에야, 그것은 금식하는 자의 마음도 괴롭게 할 수 없는 날이 되어 버린 것이다. 사람들은 자기 머리를 갈대같이 숙이고 굵은 베와 재를 펴는 것을 일반적으로 애통과 회개와 금식이라고 부르겠지만, 그 실상을 알면 누가 그것을 금식이라고 말하겠으며, 누가 금식하는 날을 하나님이 기뻐하시는 날이라고 부를 수 있겠는가?

(2) 하나님의 기쁨(58:6~14)[22]

앞서 부정적인 측면에서 하나님이 받으시는 금식을 언급했다면, 이제는 긍정적인 측면에서 하나님이 받으시는 금식이 언급된다. 사실 구약에서 하나님이 요구하신 금식은 몇 번[속죄의 날(레 16:29)과 욜 1:14; 2:12, 15]에 불과하고 나머지는 위기 상황에서 자발적으로 행해졌다. 그러나 여기서 우리가 잊지 말아야 할 것은 하나님이 금식과 같은 특정한 종교 행위 혹은 기도 행위를 더 선호하시는 게 아니라는 사실이다.

본문은 하나님이 예배자의 특정한 '금식'에서 기쁨을 찾으신다는 말이 아니라, 사람들이 가장 선호하는 간구 형태가 갖고 있었던 모순을 지적할 뿐이다. 즉 하나님은 "흉악의 결박을 풀어 주며 멍에의 줄을 끌러 주며 압제 당하는 자를 자유하게 하며 모든 멍에를 꺾는 것"과 "주린 자에게 네 양식을 나누어 주며 유리하는 빈민을 집에 들이며 헐벗은 자를 보면 입히며 또 네 골육을 피하여 스스로 숨지 아니하는 것"을 가장 기뻐하신다. 즉 하나님은 그러한 윤리 의식과 행위가 기도의 응답을 받는 최선의 방식이라고 말씀하신다.

하나님은 빛이시다. 그 빛은 어둠을 몰아내는 기능을 한다. 빛은 진리를 드러내는 역할을 한다. 이와 같은 윤리적 정의는 어둠을 끝내고 떠오르는 새벽처럼 이스라엘을 열방을 향하여 찬란하게 비출 것이다. 이것의 효과로 질병이나 문제거리들이 급속도로 해결될 것이며 자신의 의로운 행위와 하나님의 영광이 마치 경호원이 그 대상자를 보호하고 인도하여 위풍당당하게 행하는 것처럼 될 것을 약속한다. 결국 이와 같은 사람의 기도는 하나님의 응답을 받을 것이며 기도할 때 하나님이 함께 하겠다고 약속하신다.

정의로운 자의 기도는 반드시 응답된다는 개념의 중요성을 빛, 인도와 만족, 축복과 풍요, 그리고 회복이라는 유사하지만 추가된 표현들을 통해서 다시 한 번 강조한다. 이스라엘이 진실되고 정의롭고 긍휼이 충만한 자가 되면("네가 너희 중에서 멍에와 손가락질과 허망한 말을 없애 버리고 주린 자를 동정하고 괴로워하는 자의 마음을 위로한다면") 어두운 세상 가운데서 빛으로 드러나며 심지어 의로운 자의 어두움이라도 낮처럼 밝을 것이며, 참된 목자이신 야훼의 지속적인 인도로 다음과 같은 결과를 얻을 것이라고 약속한다. 즉 심지어 메마른 곳을 지나더라도 부족함이 없어서 만족하게 될 것이며(비교 시 23편) 힘이 남아돌고 강하게 될 것이다. 여기서 하나님의 축복의 회복/극치를 상징하는 에덴 모티프가 사용된다. 즉 하나님은 의로운 자들을 항상 물이 흐르며 넘치는 정원(garden)²³과 같고 계속해서 샘솟는 샘물처럼 만드실 것이다(비교 창 2:10~14).

마지막으로 하나님의 인도와 회복과 관련하여 건축 모티프가 사용된다. 이러한 표현도 그 주제와 관련하여 보편적으로 사용된다. 의로운 자들이 오랫동안 황폐된 곳들을 재건축하고 역대의 파괴된 기초를 쌓게 될 것이므로 이들이 무너진 곳을 보수하는 자와 파괴된 길을 고쳐 사람들이 살게 만드는 자라고 불리게 될 것이다. 그러나 이것은 모두 미래적인 개념으로 설명된다.

이 단락의 끝(13~14절)에서 안식일 준수와 관련된 약속 혹은 축복의 교훈이 한 번 더 등장한다. 하나님의 거룩한 날, 안식일에 개인의 사업이나 일을 하지 않고²⁴ 안식일을 (하나님의 일을 행하는) 즐거운 날로, 야훼의 거룩한 날을 존귀한 날로 여겨 존귀하게 여겨 하나님의 도를 행하고²⁵ 개인적인 유익을 구하지 않으며 그와 관련된 말조차도 하지 않으면, 이것은 의로운 자가 엄격하게 안식일의 의미를 파악하고 하나님의 뜻대로 안식일을 사용하는 것을 말한다. 14절에는 안식일을 지키는 자에 대한 축복이 언급된다. 즉 그는 세상의 개인적인 유익과 필요로 인해서가 아니라 야훼 안에서 즐거움을 찾을 것이며, 그로 인해서 하나님은 그를 세상에서 존귀케 하실 것이다.

또 하나님이 일찍이 야곱에게 주신 땅을 얻고 번성하는 축복을 누리게 될 것이다. 이와 같은 일련의 교훈과 축복에 대한 약속은 이 모든 것이 "여호와의 입의 말"이라는 표현을 통하여 그 신적 권위와 확실성이 강조되며 확인된다.

2) 악행의 효과들(59:1~15상)

이 단락은 구원은 없다(59:1~8)와 정의가 없다(59:9~15상)로 이루어져 있다. 이사야는 공동체의 문제에 대해 책망을 하고 있다. 문체적으로는 2인칭 복수('너희' 2~3절)에서 시작하여 3인칭 복수('그들' 4~8절)로 전환되었다가 공동체에 만연해 있는 죄의 고백을 다루는 1인칭 복수('우리' 9~15절)로 돌아가는 형태를 취한다.

(1) 구원은 없다(1~8절)

이 부분은 58:1~5의 주제와 밀접한 관련이 있다. 이사야는 청중에게 다시 한 번 이스라엘의 문제를 설명한다. 기도의 응답 측면에서 볼 때 하나님에게는 아무런 문제가 없으며 이스라엘에게 문제가 있다고 말한다. 하나님이 구원을 요청하는 기도의 내용을 듣고 응답하는 능력이 부족해서 그들을 구원하지 못하는 것이 아니다. 선지자는 기도하는 자들의 죄악이 그들과 하나님 사이를 갈라놓았으며 그들의 죄가 기도를 듣고 은혜를 베푸시지 못하도록 하나님의 얼굴을 가려 놓아 듣지 못하게 만들었다고 주장한다. 하나님과 이스라엘 사이에는 죄라는 큰 간격이 있으며 그것을 해소하기 전까지 기도는 당연히 응답받지 못할 것이다.

이제 죄에 대한 설명이 나온다. 피가 가득한 손(비교 사 1:15), 죄악에 더러워진 손가락, 거짓으로 가득한 입술, 악독을 내는 혀에 대한 언급이 등장한다(3절). 사실 성전에서 야훼의 제단 앞에서 제사를 지내려면, 즉 동물의 멱을 따서 피를 온전히 쏟고 제물을 죽이려면 손에 피가 가득 고이게 마련이다. 그러나 하나님의 눈에는 그 피가 예배자의 죄를 속죄하고 하나님과 화목하기 위함이 아니라, 그 예배자가 평소 이웃에게 행한 악한 죄[26]를 드러내는 것으로밖에 보이지 않는다. 이웃에게 행한 악한 죄는 하나님의 정의와 긍휼을 드러내야 할 재판정에서 잘 발견된다. 즉 정의를 위한 소송은 없고 오로지 사사로운 욕심과 이웃을 해하려는 차원에서 소송이 제기되며 진리에 따른 판결도 없다. 이것은 총체적인 불의와 부정을 의미한다. 법정에 정의가 없으면 세상에 정의도 없는 것이다.

이와 같은 사회에서는 사람들이 헛된 논증을 주장하고 거짓말을 하며 악을 잉태하여 죄악을 낳는다. 이들이 행한 것은 위험한 일(독사의 알을 품는 것)이거나 헛된 일(거미줄을 짜는 것)뿐이다. 즉 그 알은 독사의 알이므로 먹을 수 없을 뿐만 아니라, 부화된다면 오히려 그 부화한 자를 물 것이다. 거미줄은 의복을 만들기 위한 실이 될 수 없으므로 수치를 가리기 위한 옷을 만들지 못하게 될 것이다. 그렇기 때문에 그들의 행동에서는 선하고 진실된 것이 나올 수 없다. 오히려 그들의 행위는 죄악의 행위로 판단된다. 그들은 신속하게 악을 행하고 죄를 빠르게 지어 무죄한 자들의 피를 흘리게 할 뿐만 아니라, 생각도 악하여 황폐와 파멸로 향하는 길을 행한다. 즉 그들은 외적(손과 발의 행위)으로나 내적(생각)으로나 총체적인 악의 화신이다. 그러므로 그들에게는 평화(샬롬)도 없고 정의도 없고 그 길을 굽으므로 그들의 길을 행하는 자들은 평화를 알지 못할 것이다. 그들은 악한 의도에서 이웃과 갈등하고 전쟁을 벌이기 때문에 평화가 없을 뿐만 아니라, 비록 이들이 원할지라도 하나님은 그들에게 평화를 주지 않으실 것이다.

(2) 정의가 없다(9~15상절)

이 단락은 이사야를 포함한 이스라엘 공동체의 죄악을 고백한다. 이스라엘의 죄악은 선지자를 제외한 다른 사람들의 것이 아니다. 선지자는 자신을 공동체와 분리함으로써 객관적인 관점을 유지하였는데, 이제는 공동체 가운데서 죄의 문제를 인식하고 공유한다.

앞서 언급한 대로 의로운 자들은 빛이며 빛을 발하겠지만, 현실은 그렇지 않다. 이스라엘에게 정의는 멀며 공의가 미치지 못하므로, 이스라엘에는 어둠과 캄캄함만이 남아 있다. 그러므로 이스라엘은 맹인처럼 담을 따라 더듬거리며 조심조심 행해야 한다. 이와 같은 수고와 조심에도 불구하고, 이들에게는 빛이 없으므로 대낮에도 어둑어둑해지는 황혼 때처럼 실족하여 넘어질 수밖에 없다. 빛을 보지 못하는 자는 넘어지게 마련이다. 즉 공동체 내에서

의를 행하는 자도 없고 하나님의 빛을 추구하는 자도 없다는 것이다. 그러므로 아무리 강한 자도 죽은 목숨에 지나지 않는다. 그들은 바른 길을 갈 수도 없고 바른 생각을 할 수도 없다.

더 심각한 것은 그러한 절망적인 상황에서 이스라엘의 정의와 구원에 대한 곰과 같은 갈망과 요구, 비둘기 같은 탄식과 절망의 소리는 전혀 소용이 없다는 사실이다. 그들에게 구원은 멀리 있을 뿐이다. 이와 같은 절망적인 상황 인식은 "하나님 앞에서" 죄의 인식을 갖게 하며 죄 가운데 있다는 것을 확인케 한다. 이러한 확인과 낙심이 이스라엘을 위하여 유익한 것이 될 수 있다. 죄를 인식하고 자신이 이 문제를 해결할 수 없다는 점을 인식하는 것은 매우 중요하다. 결국 이 같은 깨달음이 이스라엘의 허물을 고백하게 만든다.

그들은 하나님을 배반하였고 속였으며 하나님을 버리고 포학과 패역을 말하였으며, 마음속의 거짓을 말로 행하여 정의와 의에서 멀어졌으며, 진리와 정직이 사람들 사이에서 소멸하고 상실되게 만들었다고 고백한다. 원칙상 악을 행하는 자가 징계를 받고 교훈을 받아야 하는데, 현실은 진리가 상실되었기 때문에, 악에게서 떠난 자가 오히려 공격을 받고 보호받지 못하여 희생양이 되었다고 고백한다.

하나님의 팔의 승리(59:15하~21)

이 단락은 56~59장의 결론이다. 하나님은 전능하신 신적 전사(divine warrior)로 묘사된다. 하나님의 행동이 필요한 것은 인간이 죄에 대해 무능력하기 때문이다. 앞서 언급한 대로 인간 세상의 불의와 부정과 부패는 인간이 고칠 수 있는 문제가 아니다. 그만큼 악이 관영하고 총체적으로 타락했다는 말이다. 사실 앞서 말한 대로 하나님은 이스라엘이 악하기 때문에 구원을 위한 기도에 응답하지 않으셨던 것이다. 그러나 하나님은 이와 같은 총체적인 난국을 살펴보시고, 정의가 없음을 기뻐하지 않으셨다.

또한 하나님은 이러한 문제를 해결할 사람이 전혀 없다는 데 놀라시고 스스로 자신의 손('힘')으로 이들을 구원하시고 자신의 공의를 따라서 행하신다. 이와 같은 하나님의 공의 행위는 전쟁을 준비하는 무장(武將)의 모습으로 비유된다.

즉 "자기 팔로 스스로 구원을 베푸시며 자기의 공의를 스스로 의지하사 공의를 갑옷으로 삼으시며 구원을 자기의 머리에 써서 투구로 삼으시며 보복을 속옷으로 삼으시며 열심을 입어 겉옷으로 삼으시고"(16하~17절). 하나님은 정의의 심판을 수행하는 전사(戰士)의 모습으로 행하신다. 하나님은 악한 자들을 '그 행위대로'[27] 보응하실 것이다[28][가까운 데 있는 "그 원수에게[29]에게 분노하시며 그 원수에게 보응하시며 섬들(에 있는 자들[30])에게 보복하실 것이라"].

이와 같이 하나님이 자신의 영을 통하여 '신속하고 압도적으로'[31] 하는 정의로운 행위로 인해서 온 세상(서쪽과 해 돋는 쪽)이 하나님의 이름과 그 영광을 두려워하게 될 것이다.

이제 야훼의 말씀이라는 표현(20, 21절)이 반복적으로 등장하는 소단락이 있다. 이 표현들은 야훼의 구속과 구속의 권위와 확실성을 강조할 필요가 있다는 점에서 적절하게 사용되었다. 하나님은 이스라엘에게 죄를 심판하실 뿐만 아니라, 그들의 구속을 위해서 오시며 '야곱의 자손들 가운데서' 하나님의 정의의 실행과 심판을 통해서 죄를 떠나는 자들에게 임하실 것이다.

이제 하나님은 구속되고 죄에서 떠난 자들과 함께 "네 위에 있는 나의 영[32]과 네 입에 둔 나의 말이" 그들에게서 영원히 떠나지 않을 언약을 체결하실 것이다(비교 '영원히 떠나지 않는' 화평케 하는 언약 사 54:10; 55:3~5). 물론 이것은 하나님과 백성과의 배타적 상호성과 친밀한 관계성이 전제된다는 점에서 이전의 언약들과 연속성상에 있다. 그러나 이제 맺을 언약은, 여기서 명확치는 않지만, 이사야서 전반에서 암시되었듯이 하나님의 백성을 회개케 하고 정결케 하며 하나님을 영원히 진정으로 섬기게 하는 데 하나님의 영과 말씀[33]이 중요한 역할을 수행하게 될 것이라고 말한다.

설교를 위한 적용

이 단락은 현실 세계의 총체적 부실과 범죄, 의와 정의의 실천에 대한 요구, 그리고 하나님만이 하실 수 있는 정의와 의로운 일의 실현을 대조시키고 있다. 우리는 하나님의 뜻을 따라서 바르게 살아야 하지만, 세상은 악하고 우리는 하나님의 뜻대로 살아갈 수 있는 지식과 용기와 능력이 부족하다. 그러나 본문은 그와 같은 일이 궁극적으로 하나님만이 하실 수 있는 것이라고 해서 우리에게 적용과 실현의 짐을 지우지 않는 것은 아니다.

사실 우리는 불의한 세상뿐만 아니라 교회 내 존재하는 불의 때문에 절망하고 탄식하며 기도하곤 한다. 또한 겉보기에 바르고 굳건한 믿음을 가진 것처럼 보이는 신자들에게서도 형식주의, 냉소주의 그리고 권위주의 등을 볼 수 있다. 우리는 비록 우상을 섬기지 않고 불의를 행하지 않지만 여전히 자신을 즐겁게 하며 자기중심적인 세계관을 유지하고 있다. 그러면서도 예배 참석과 안식일의 준수 등 형식과 절차와 수량에 관한 한 건전한 신앙 생활을 하고 있다고 자부한다. 우리는 우리의 잘못으로 인해 하나님에게서 멀어지고 그로부터 응답받지 못하는 중언부언의 기도를 즐기는 우를 범할 수도 있다. 하나님은 듣지 않거나 응답할 수 없는 분이 아니시다.

본문을 통하여 하나님은 '예루살렘 성전' 내부가 아니라 밖에서 우리의 삶을 통하여 하나님의 신실함과 정의와 자비와 긍휼을 찾고 계신다. 그러므로 아무리 힘들고 어려운 일일지라도, 우리는 우리의 불의함과 타락한 상황을 인정하고 고백하고 회개해야 한다. 또한 우리는 우리 내부에 존재하는 형식주의와 이기주의적 신앙을 배척해야 한다. 그리고 우리는 하나님의 은혜와 자비를 통한 의의 실현이라는 겸손하고 하나님 중심적인 신앙을 받아들여야 한다. 우리는 이와 같은 본문 속에서 매일 적용이 가능하고 단순한 실천 과제를 발견하기 어렵다고 아쉬워할 것이 아니라, 비록 어렵더라도, 본문에 대한 심오한 신학적 사색을 통하여 하나님이 바라시는, 우리 삶 속에서 구현되어야 할 실천 원리를 발견하고 적용하는 연습을 할 수 있음을 기뻐해야 한다.

04

예루살렘의 영광된 미래

이사야 60~66장 주해와 적용

이사야 60~66장은 이사야서의 세 번째 부분의 핵심을 이루는 장들이다. 이곳에서는 예루살렘/이스라엘의 영광된 미래를 보여 준다.

배경과 상황

1. 배경

이사야 60~66장은 바벨론 포로 후에 예루살렘으로 돌아올 이스라엘의 구원의 날에 대하여 들려준다. 기원전 701년 앗수르 왕 산헤립의 침입으로 예루살렘 성만 남은 비참한 역사적 상황을 경험한(참고 왕하 18:23) 이사야 선지자는 이스라엘의 불경건과 배도로 인한 하나님의 심판이 올 것이지만, 그럼에도 불구하고 이스라엘은 하나님의 언약적 은혜로 구원을 받으며, 종국적으로 하나님의 제사장의 나라가 될 것임을 선포한다.

실제로 이스라엘은 기원전 586년에 패망하고 바벨론에서 포로의 삶을 살아가게 되었다. 그러나 기원전 538년 바사의 고레스 왕의 칙령(대하 36:22~23; 스 1:1~4; 6:3~5)으로 5만에 이르는 이스라엘 백성들이 예루살렘으로 돌아올수 있었다. 이와 같은 역사적 미래가 선지자 이사야를 통하여 선포되었다.

2. 본문의 상황

한편 이사야 60~66장은 바벨론 포로에서 돌아온 이스라엘에게 그들의 현실은 어렵지만 반대로 미래는 하나님과 함께하는 놀라운 시대일 것임을 보여 준다. 이스라엘 백성이 기원전 536년에 총독 스룹바벨과 제사장 여호수아를 중심으로 고국으로 돌아왔을 때 예루살렘은 황폐하였고 성전은 무너져 있었다. 그런 여건 속에서 이스라엘은 고레스 왕이 내어 준 성전기물과 각종 예물들로 성전을 재건하기 시작하였으나(스 3장) 주변의 시기(스 4장)와 경제적 어려운 여건들(학 1장)로 공사는 14년 동안 중단되었다.

그러나 521년 다리오 왕 때 학개와 스가랴를 통한 하나님의 독려하심으로 516년에 성전이 완공되었다(스 5:6~6:18). 하지만 하나님의 임재를 상징하는 성전 재건이 이루어졌음에도 여전히 이스라엘의 삶은 변하지 않고 있었다.

이런 상황을 미리 바라본 선지자 이사야는 이스라엘에게 임하실 하나님의 구원을 선포하며, 그들의 미래를 하나님으로 인하여 바꾸어 놓길 기대하고 있음을 본문을 통해 보게 된다.

구조와 전개

이사야 60~66장은 이사야서 전체에서 마지막인 세 번째 부분에 속한다. 이사야서는 역사적인 상황의 변화에 따라 크게 세 부분으로 나뉜다. 첫 번째 부분인 1~39장까지는 유다 왕 웃시야부터 시작하여 히스기야까지의 시대 곧 기원전 8세기를 묘사한다. 이 시기에 이스라엘은 하나님을 버리고 우상과 세상의 권력을 섬겼고 이로써 하나님의 징계/심판이 선언된다. 둘째 부분인 40~55장까지는 하나님의 심판으로 바벨론 포로로 사는 이스라엘에게 하나님의 위로와 회복의 약속 곧 예루살렘 귀환이 선포된다. 그리고 마지막으로 세 번째 부분인 56~66장에서 예루살렘으로 귀환한 이스라엘의 모습을 보게 된다.

이사야 56~66장에서 바벨론에서 예루살렘으로 돌아온 이스라엘은 이제 모든 나라와 왕들을 향한 빛의 사명을 부여받게 된다. 이는 60~62장을 중심으로 전개된다.

A 이스라엘의 복에 동참하는 이방인들(56:1~8)
   B 윤리적 의의 필요성(56:9~59:15상)
      C 신적인 전사(59:15하~21)
         D 세상의 빛으로서 예루살렘(60~62장)
      C′ 신적인 전사(63:1~6)
   B′ 윤리적 의의 필요성(63:7~64:12)
A′ 새 이스라엘(새 하늘과 새 땅)을 통한 이방인들 구원(65~66장)

그리고 60~66장은 D〉C′〉B′〉A′의 계단식 전개를 통해 세상의 빛으로서 예루살렘/이스라엘의 새로운 미래/사명을 제시한다.

주해와 적용

1. 세상의 빛으로서 예루살렘(60~62장)

이사야 60~62장은 세상의 빛으로서 예루살렘 곧 새 예루살렘을 보여 준다. 이때 새 예루살렘은 어떤 모습일까? 선지자는 새 예루살렘을 먼저 순종적인 이방인들의 구심점이며 윤리적인 의를 실현하는 곳으로, 그리고 신적인 전사의 모습을 가지고 있다고 선포한다. 그런 만큼 회복될 예루살렘(새 예루살렘)은 선지자가 바라보고 있는 예루살렘과 전혀 다른 모습일 것이다. 이는 그 구조(A-B-C)에서 잘 나타난다.

A 하나님의 빛의 임재(60장)

　　B 거룩한(즐거움과 기쁨) 도성으로서 변화(61장)

　　　C 영광스러운 미래 혹은 새 이름 부여(62장)

　위에서 보는 바와 같이 예루살렘의 미래는 하나님의 빛의 임재가 있고(A) 그 빛으로 인하여 즐거움과 기쁨으로 변화되며(B) 최종적으로 그에 걸맞은 새로운 이름을 가지게 될 것이다(C). 이는 마치 계단식으로 하나하나 차례로 이루어져서 그 최종적인 모습을 그리도록 하고 있다.

　1) 예루살렘 미래의 영광(60장)

　(1) 배경과 구조
　예루살렘의 미래의 영광에 대한 서술이다. 이는 회복될 예루살렘과 함께하는 것이 살 길임을 분명히 하는 동시에 하나님이 예루살렘에서 우주적인 통치를 하고 계심을 보여 준다. 60장은 예루살렘에 대한 회복/영광을 강조하는 교차 대구 구조다.

　　시적인 서론: 시온에서 빛(1~3절)

　　　시온이 열방을 인도하다(4~9절)

　　　　예루살렘의 영광(10~12절)

　　　열방이 시온을 찬양하다(13~14절)

　　여호와, 시온의 빛(15~22절)

　(2) 본문 주해
　① 시적인 서론(1~3절)
　본문에서 빛을 강조하는 것은 56~59장(특히 59:9~10)에서의 어둠과 대조를 이룬다. 이전의 완전한 어둠만 있던 곳에서 이제는 빛이 비취는 변화가 있다. 이 빛은 시온에게 주어진다. 또한 그 빛은 여호와의 영광을 반영한다. 이전에 여호와의 종은 '이방의 빛'이었다(42:6; 49:6). 그리고 열방이 그 종이 높이 들림을 볼 것이다(52:13). 여기서 빛은 하나님의 현현이다. 이는 59:20에 "구속자가 시온에 임하며 야곱 중에 죄과를 떠나는 자에게 임하리라"와 연결된다. 그렇다면 하나님은 구속자로서 예루살렘/시온에 임하고 그리고 예루살렘/시온은 하나님의 빛을 가지게 된 것으로 이해할 수 있다. 그래서 1절에서 "일어나 빛을 발하라 이는 네 빛이 이르렀고 여호와의 영광이 네 위에 임하였음이니라"고 여호와의 말씀이 시작될 수 있는 것이다.

2절에서 열방은 어두움에서 살아가고 예루살렘은 하나님의 영광으로 빛을 발한다. 어둠은 이사야에서 억압과 죄를 나타낼 때 사용되었다(참고 9:1 이하). 여기서 그 빛이 나타남으로 어둠이 갑작스럽게 사라지고 있다. 마치 태양이 떠오를 때 갑자기 어둠이 사라지는 것과 같은 대비를 이루고 있다. 이는 40:1~11에서 하나님의 약속의 시작이 어떤 것임을 알린다.[1]

3절에서는 예루살렘이여 "일어나라 빛을 발하라"의 실천적 결과를 자세히 묘사한다. 이는 바벨론에서 돌아온 이스라엘 백성들에게 출애굽기 19:5~6의 시내 산 언약의 성취가 되어 여호와 하나님의 '제사장 나라'가 됨을 선포한다. 3절에서 나라들과 왕들은 이스라엘/시온에 임한 하나님의 빛과 광명으로 나아올 것이다. 여기서 빛과 광명은 거부할 수 없는 강렬한 것이다. 이미 이사야 2:2~5에서 이사야가 바라본 것처럼, 모든 나라와 왕들이 예루살렘/시온에게로 밀물처럼 밀려올 것이다. 시온은 하나님의 임재가 있는 곳이고 온 땅 가운데 하나님이 통치의 중심이 되는 곳이다. 그러므로 시온 자체가 아니라 하나님이 시온에 있음으로 인하여 나타나는 빛과 광명이 온 땅에까지 퍼지는 것이다. 그러면 하나님의 거룩한 빛과 광명을 본 자들이 어떻게 예루살렘/시온으로 나아오는가? 그리고 와서는 무엇을 할 것인가?

② 열방이 나아옴(4~9절)

예루살렘이 하나님의 힘이 되고 난 후에 열방들이 그리로 몰려온다. 그리고 그 열방의 몰려옴은 그의 제물을 바치는 것과 같다. 이는 이스라엘이 이집 트에서 출애굽할 때 저들로부터 재물을 받아 나아오는 것과 같은 모습이다. 4절은 49:18을 연상하게 한다. "네 눈을 들어 사면을 보라 무리가 다 모여 네 게로 오느니라." 이스라엘이 포로 후에 다시 돌아오는 장면을 상상하게 한다. 그리고 이스라엘이 돌아오는 장소가 원방으로 지적되어 전 세계적으로 돌아 옴을 보여 준다. 이는 '예루살렘의 신적 변화'[2]의 시작이다.

5절에서 이스라엘의 돌아옴이 단순히 그들만의 잔치가 아님을 보여 준다. 이스라엘의 돌아옴은 기쁜 일일 뿐 아니라 상상할 수 없는 일이 일어난 것과 같다. 그에 대한 묘사는 "네 마음이 놀라고 또 화창하리니"에서처럼 믿을 수 없는 것과 같은 수준의 일이다. 그 이유는 열방의 부가 그들에게 함께 오기 때문이다. "바다의 풍부" 즉 열방의 재물은 이사야 13~23장에서 두로와 시 돈에서처럼 해양 무역을 통하여 부를 축적한 재물이 이스라엘에게 들어옴을 보여 준다. 그리고 열방의 재물은 이스라엘이 바벨론에서 돌아올 때 그들 나 라의 재물을 함께 가져올 것을 의미한다.

그뿐만 아니라 6절에서 남방으로 미디안과 에바에서 약대와 심지어 구애 굽인 스바의 금과 유향까지 예루살렘으로 들어올 것이다. 그리고 7절에서 게 달의 양, 느바욧의 수양이 예루살렘으로 나아온다. 이는 "여호와의 찬송을 전 파할 것이며"와 "내가 내 영광의 집을 영화롭게 하리라"가 연결되고 있다. 즉 열방이 예루살렘으로 나아오는 현상을 온 땅이 하나님의 영광을 돌리는 것으 로 이해할 수 있기 때문이다. 그들이 예루살렘으로 올라와서 여호와 하나님 의 예배에 참석할 것이다. 그리고 그들의 예물을 하나님의 전에 드릴 것이다. 이는 하나님의 나라의 완성으로서 최종적인 예배 장면이다.[3]

8~9절은 이방이 예루살렘으로 몰려옴을 계속해서 시적으로 표현하고 있 다. 마치 구름이 몰려오는 것과 같이 그리고 새가 보금자리로 날아가는 것과 같이 열방들이 예루살렘으로 나아옴을 표현한다. 이는 4절에서 네 아들들과 네 딸들과 함께 나아오면서 하나님께 은금으로 예물을 올리는 다시스를 통하 여 이루어질 것을 말한다.[4]

③ 예루살렘의 영광(10~12절)

열방이 예루살렘으로 나아오는 이유를 알게 된다. 1~3절에서 본 '하나님의 빛으로 변화된 예루살렘'으로 돌아오지 않으면 열방이 살 길이 없다. 10절에서 이방의 나라가 예루살렘의 성벽을 쌓는 것을 볼 수 있을 것이다. 이는 바사(페르시아) 왕 아닥사스다(Artaxerxer I)의 칙령에 의하여 느헤미야가 성벽 쌓기를 시작함을 알려 준다. 11절에서 주야로 문을 닫을 시간이 없을 정도로 많은 사람이 몰려와, 더 이상 성을 지켜야만 하는 군사적인 필요가 없어진다. 이는 하절에서 열방의 재물이 계속해서 들어오며 그리고 열왕들이 포로로 오는 상황과 연결된다. 사도 요한은 계시록 21:22~26에서 이런 이스라엘/예루살렘의 모습을 한 새 예루살렘을 알려 준다.

마지막으로 12절에서는 왜 열국이 재물을 가지고 나아오며, 왜 열왕들이 항복을 하러 오는가라는 물음에 답을 주고 있다. 이는 이스라엘을 섬기지 않는 나라는 파멸하고 그 백성은 진멸 당하는 것이다. 분명한 것은 하나님의 빛과 함께하는 것은 생명과 연결되고, 그 빛에 거하느냐 그렇지 못하느냐는 서로 다른 결론을 맺게 된다는 사실이다.

④ 열방이 시온을 찬양하다(13~14절)

13~14절은 10~12절 이후에 주어지는 것으로 4~9절의 내용 즉 열방이 예루살렘에 나아옴을 설명한다. 그들은 하나님 나라의 중심인 예루살렘을 영화롭게 하기 위해 나아온다. 13절에서 새로워진 성으로 보내는 '잣나무와 소나무와 황양목'은 마치 솔로몬이 두로 왕 히람에게 레바논의 백향목을 요구하여 가지고 오는 것과 비교된다(왕상 5:10). 이로써 새로이 짓는 예루살렘 성이 이전의 성보다 나음을 보여 준다.

게다가 14절에 그곳으로 나아오는 자들이 모두 한결같이 "여호와의 성읍이라. 이스라엘의 거룩한 자의 시온이라 하리라"고 찬양한다. 이는 1:26의 '의의 성읍, 신실한 성읍'이라고 칭함 받을 것이라는 하나님의 말씀이 성취될 것을 나타낸다.

⑤ 여호와, 시온의 빛(15~22절)

1~3절이 예루살렘에 임한 여호와의 빛을 묘사하였다면 15~22절은 여호와가 바로 시온의 빛임을 증거한다. 이 부분에서 여호와는 계속적으로 1인칭 대명사로 언급된다. 이 본문은 4개의 문단으로 이루어져 있다. 각각의 문단은 주제를 가지고 그에 대한 답변을 한다. 그 구조는 A-B-A′-B′의 평행을 이룬다.

　　A 여호와, 구원자(15~16절)
　　　B 네 성벽이 구원이라 네 성문이 찬송이라(17~18절)
　　A′ 여호와가 네 빛이라(19~20절)
　　　B′ 나의 영광을 나타낼 것이다(21~22절)

먼저 15~16절(A)에서는 여호와가 이스라엘의 구원자이심을 나타내고 있다. 여호와가 이스라엘의 영영한 아름다움과 대대의 기쁨이 될 것이다. '미움을 받던' 그리고 '황량하던' 땅이 '아름다움'과 '기쁨'이 충만한 곳으로 변화되는데, 그것도 하나님의 이름으로 시작된다(15절). 그리고 그 변화는 이스라엘에게 "열방의 젖을 빨며 열왕의 유방을 빨" 정도의 위치를 갖게 한다(16절). 이는 여호와가 이스라엘의 '구원자'이기에 가능하다. 그 하나님의 복으로 이스라엘은 경제적으로 풍성하게 될 것이다(신 33:19).

17~18절(B)에서는 여호와를 구원자로 모신 이스라엘의 모습을 잘 나타낸다. "금을 가져 놋을 대신하며 은을 가져 철을 대신하며 놋으로 나무를 대신" 할 정도로 이전의 예루살렘의 영광을 회복하고 있다(17절). 열왕기상 10:21, 27에서 솔로몬은 예루살렘에서 금과 은이 넘쳐나는 부의 상징이었다. 그의 회복이 이루어질 것임을 보인다. 그리고 강포한 일이 횡행하고 황폐와 파멸의 현장이 되어 버렸던 도시가 구원이 이루어지고 찬송이 들리는 장소로 탈바꿈한다(18절).

19~20절(A′)은 여호와가 이스라엘/예루살렘의 빛임을 분명히 선언한다.

이는 15~16절과 평행을 이루어 '여호와가 구원자이신 세상은 어떤 세상일까?'라는 물음에 답한다. 그런 세상은 어떤 세상일까? 아니 그런 예루살렘은 어떤 곳일까? 먼저 그런 곳은 세상의 빛 곧 해와 달의 빛으로 살아가는 세상이 아니라, '하나님의 빛'(רוֹאָ)으로 살아가는 곳이다. 이를 이사야는 '네 하나님이 네 영광이 되는 곳'이라고 말한다. 그렇다면 이제 예루살렘은 하나님의 영광이 머무는 곳이다.[5] 이는 요한계시록에서 하늘의 예루살렘은 자연의 혹은 인공적인 그 어떠한 빛도 필요하지 않고 오직 하나님의 빛으로 가득한 것과 같다(계 21:23, 25). 다른 말로 정리하면, 영원히 밤이 존재하지 않는 세상 즉 인생에서 슬픔의 날이 존재하지 않는 날이 도래함을 의미한다(20절).

21~22절(B')에서 예루살렘은 하나님의 영광을 드러내야 한다. 천상의 존재와 같은 예루살렘은 어떤 곳일까? 어떤 사람들이 모이는 곳일까? 17~18절에서 분명 그곳은 하나님의 구원과 찬송이 넘치는 곳이다. 그렇기에 21절에 그곳에 있는 백성을 모두 의로운 사람들이라고 선포한다. 그리고 그들이 비록 무리가 작다 할지라도 큰 무리를 그리고 강한 나라를 이루게 될 것이다. 그것이 21절에서 "나의 손"이 상징하는 하나님의 능력으로 이루어지고 22절에 하나님의 (정한) 때에 이루어질 것임을 시사한다.

(3) 설교를 위한 적용

첫째, 변화된 예루살렘에게 주어진 것은 하나님의 빛이었다(1~3, 15~22절). 세상에서 가질 수 있는 종류가 아닌 하나님에게서 주어지는 빛이어야 한다. 그 빛은 이미 예루살렘에 와 있었다. 하나님으로부터 오는 기쁨, 구원 그리고 영광이 예루살렘을 변하게 한다. 그렇다면 우리가 기도하여야 할 것은 영적인 예루살렘/이스라엘로서 우리 안에 주어진 주의 빛을 발할 수 있길 기도해야 한다.

둘째, 열방/온 땅을 하나님께로 인도할 수 있는 주의 백성이 되어야 한다(4~9, 13~14절). 우리에게 주어진 하나님의 빛은 우리에게만 유익하기 위하여 주어진 것이 아니라, 하나님 나라의 소식을 듣기 원하는 자들에게 비추도록 주신 것이다. 하나님은 열방을 구원하기 위해 예루살렘을 회복하고, 오늘날 우리를 회복하신다.

셋째, 하나님의 자녀는 복의 통로라는 사실을 기억해야 한다(10~12절). 하나님의 빛, 영광을 가진 예루살렘에는 고통의 시간이 존재하지 않고 하나님의 긍휼을 체험하는 시간만이 남게 된다. 비록 그 힘든 과정이 여전히 현실적으로 남아 있다 할지라도, 그 자체가 은혜가 되는 것이다. 게다가 그 은혜의 시간에 동참하는 자에게도 예루살렘에 임한 동일한 복이 주어지는 역사가 일어난다.

2) 즐거움과 기쁨의 도성으로서 예루살렘(61장)

(1) 배경과 구조
이사야 60장이 회복될 예루살렘에 임한 '하나님의 빛'을 나타내는 것이 주제였다면, 61장은 그 하나님의 빛을 발하는 예루살렘이 즐거움과 기쁨으로 변할 것임을 보여 준다. 그러면 어떻게 이 일이 가능할까? 어떻게 전개될까? 이는 단계적으로 계단식으로 진행될 것이다.

<blockquote>
A 여호와의 은혜의 해가 선포됨(1~3절)
  B 즐거움과 기쁨의 회복(4~9절)
    C 여호와를 찬양함(10~11절)
</blockquote>

즉 예루살렘에 여호와의 은혜의 해가 선포된다(A). 그리고 그 성읍에서 사라진 즐거움과 기쁨이 회복된다(B). 이와 같은 역사를 체험한 예루살렘 성읍의 백성들이 하나님을 찬양하게 될 것이다(C).

이와 같은 구조의 이사야 61장을 하나의 단락으로 생각할 수 있는 것은 1절과 11절에서 "주 여호와"(יהוה אֲדֹנָי 아도나이 엘로힘) 표현의 사용을 통해 양괄식으로 이해할 수 있기 때문이다.

(2) 본문 주해

① 여호와의 은혜의 해를 선포(1~3절)

1~3절은 예루살렘을 향하여 하나님의 은혜의 해를 선포하고 있다. 이때 선포하는 주체/화자가 누구인가? 이는 40~55장에 나오는 하나님의 종과 동일 인물로 보아진다.[6] 그는 자신을 1인칭으로 사용하여 나타내고 있으며, 다른 종의 노래에서 나타나는 것처럼 자신의 소명이 여호와에게서 부여 받은 것임을 알린다. 그리고 그의 소명은 다른 종의 노래에서 나타나는 것과 같이 아름다운 소식을 전하는 것(1절), 재 대신 화관을, 슬픔 대신 희락을, 근심 대신 찬송을 주시는 하나님을 높이는 것이다. 이는 10~11절에서 찬양의 노래가 따르는 것에서 알 수 있다. 이 여호와의 종은 예수 그리스도의 초기 사역의 모습을 잘 보여 준다. 누가복음 4:16~19은 회당에서 이사야의 이 본문(1~2상절)을 읽는 예수의 모습을 보여 준다.

여호와의 종은 자신에게 "주 여호와의 신(성령)"이 기름 부음을 받았음을 알린다.[7] 기름 부음은 소명을 위하여 구별되는 것과 또한 그 소명을 위하여 섬기는 자가 되어야 함을 알리는 의식이다. 그래서 종은 기름 부음을 통해서 가난한 자에게 아름다운 소식을 전하는 소명이 있음을 보여 준다(1절). 여기서 아름다운 소식은 무엇인가?

아름다운 소식 곧 종이 선포하여야 하는 것은 여호와의 은혜의 해였다(2절). '은혜의 해'에는 마음이 상한 자가 고침을, 포로 된 자가 자유함을, 갇힌 자가 놓임을 받는다(레 25:10; 렘 34:8, 15, 17, 참고 겔 46:17). 게다가 이 해는 슬픈 자들에게 주어지는 신원의 해와 같다. 3절에서 이는 "슬퍼하는 자에게 화관을 주어 그 재를 대신하여 희락의 기름으로 그 슬픔을 대신하여 찬송의 옷으로 그 근심을 (하는 사람을) 대신하시고 의의 나무"로 변하게 하는 역사가 일어난다. 이는 '가난'과 '슬픔'에 빠진 이스라엘/예루살렘을 향한 메시아의 사역과 같은 것이다. 이제 이스라엘/예루살렘에서 사람들은 상상할 수 없는 일 곧 구원의 역사가 일어나는 것을 볼 것이다.[8]

② 즐거움과 기쁨의 회복(4~9절)

종—메시아로 인한 은혜의 해가 선포되고 난 후에 예루살렘/이스라엘에게
는 어떤 일이 일어나는가? 이는 은혜의 해이면서 동시에 신원의 해가 될 것
을 보여 준다. 이 사실은 다음과 같은 대차 대조의 구조(A-A′〉B-B′〉C)를 통하
여 나타난다.

      A 이스라엘/예루살렘이 재건됨(4~5절)

         B 여호와의 제사장/하나님의 봉사자로 불림(6절)

            C 영영한 기쁨을 얻음(7절)

         B′ 여호와의 영원한 언약이 세워짐(8절)

      A′ 여호와의 복 받은 자손으로 인정됨(9절)

먼저 종—메시아가 선포한 은혜의 해는 예루살렘의 재건에 관한 것이다
(A-A′). 포로로 인하여 버려졌던 황폐한 곳을 다시금 쌓을 수 있게 될 것이다.
이는 하나님의 새 예루살렘 창조의 시작이 될 것이다. 하나님의 백성들은 예
루살렘에 다시금 거주하게 될 것이다. 그리고 예루살렘으로 올라온 이방 사
람들은 이스라엘의 종이 될 것이다(5절). 그렇다면 재건된 예루살렘/이스라엘
이 왜 은혜일까? 9절에서 설명한다. 재건됨은 잃어버렸던 혹은 잊혀져 버린
이름을 다시 찾음이었다. 이스라엘은 열방과 만민 가운데서 '여호와께 복 받
은 자손'이라고 불리기 시작할 것이다.

이제 새로운 예루살렘으로 재건되고 여호와의 복 받은 자손이라 불리는
것은 아브라함의 언약(창 12:2~3)의 성취임을 보여 준다(B-B′). 사람들은 이스
라엘을 '여호와의 제사장'으로 그리고 '하나님의 봉사자'라고 일컫게(קָרָא카라)
된다(6상절). 이는 열방과 만민이 하나님의 백성 공동체에 들어오게 되었기 때
문이다. 그들은 여호와를 "우리의 하나님"(אֱלֹהֵינוּ엘로헤이누)으로 부르며 새 예루
살렘/이스라엘의 영적인 권위를 인정할 것이다.[9] 그리고 저들은 여호와의 제
사장과 하나님의 봉사자들을 자신의 재물과 영광으로 섬길 것이다.

이와 같은 일은 신실한 하나님의 언약의 결과로 주어질 것이다(8절). 분명 하나님은 공의를 사랑하고 불의의 강탈을 미워한다고 선언하신다. 그렇기에 이스라엘이 제사장으로서 혹은 봉사자로서 열방의 재물과 영광을 가지는 것은 하나님의 보상적 차원에서 이루어진다. 이는 '전리품을 얻는 것'같이 그리고 '폭력적인 불의한 방법'을 동원하여 얻는 것이 아니다. 대신 하나님의 '영영한 언약'을 따라 얻게 되는 것이다.

마지막으로 새 예루살렘은 즐거움과 기쁨에 넘치게 된다(C). 재건/회복 그리고 언약을 통하여 이제 이스라엘은 지난날의 바벨론 포로의 수치에 대한 두 배의 보상을 땅(고토)의 분깃과 "즐거움"으로 받게 된다(비교 40:2). 여기서 '땅의 분깃'은 예루살렘의 얻음을 지칭한다. 이때 두 배의 배상은 단순히 땅을 잃었다가 찾음만이 아니라 그 기쁨의 배가됨을 통해서 이루어진다.

③ 여호와를 찬양함(10~11절)

이제 종은 여호와를 찬양할 일만 남았다. 여호와를 찬양함은 이스라엘에게 여호와의 은혜의 해를 선포하신 하나님을 송축하는 것이다. 그렇다면 종은 왜 여호와를 찬양할 수밖에 없는가?

10절에서 새 예루살렘은 크게 기뻐한다. 이는 마치 구원과 의로 단장한 신랑과 신부와 같은 즐거움이 언약의 하나님 앞에 선 자신의 모습에 있기 때문이다. 그리고 하나님의 구원의 결과인 하나님의 의가 주어지기(11절) 때문이다. 땅과 동산이 싹을 움트게 하여 뿌리를 내리게 하는 것같이 하나님의 의는 구원, 즉 하나님의 은혜로 주어지는 역사를 이룰 것이다.[10] 그리고 열방은 그 일의 증인이 될 것이다.

(3) 설교를 위한 적용

첫째, 하나님의 은혜의 해를 선포하자. 성령의 기름 부음을 받은 자는 은혜의 해를 선포하도록 부름을 받고 있다. 하나님으로 인하여 이스라엘은 어두움에서 빛으로, 슬픔에서 기쁨으로 나아왔다. 우리 주 예수 그리스도 역시 하나님의 구원을 선포한다. 그렇다면 오늘날 하나님의 사람으로서 우리는 무엇을 선포하여야 할 것인가?

둘째, 여호와의 제사장이요 하나님의 봉사자가 되자. 출애굽기 19:5, 6에서 하나님은 자신의 백성을 열방의 제사장으로 부르셨다. 본문은 우리의 이웃들인 열방과 만민들까지 우리를 여호와의 제사장이요 하나님의 봉사자로 높일 것이라고 말한다. 갈라디아서 2:20에 바울은 우리 안에 사신 이가 예수 그리스도라고 선언한다. 그렇다면 우리의 할 일은 무엇인가?

셋째, 영영한 기쁨이 되시는 예수를 기대하자. 회복된 예루살렘/이스라엘에게 하나님은 기쁨을 주신다. 이스라엘은 하나님의 백성으로 다시금 세움을 입을 때, 삶의 현장에서 받은 고통과 고난에 대한 '갑절의 보상'을 약속받았다. 하나님의 약속인 '갑절의 보상'이 우리를 주체할 수 없는 기쁨으로 즐거움으로 이끌어 간다. 이 세상에서 우리의 영원한 기쁨과 즐거움은 무엇일까? 예수 그 이름이 아닐까?

3) 새 예루살렘, 새 이름과 영광스러운 미래(62장)

(1) 배경과 구조
세상을 향한 하나님의 빛의 사명을 받은 이스라엘/예루살렘에게 영광스러운 미래가 펼쳐진다. 주전 586년에 완전히 파괴되고 뿌리째 뽑혀진 예루살렘이 다시금 회복되고 재건된 후 '다가올 미래'는 어떨까에 대하여 62장은 말한다. 이는 다음의 평행 구조(A〉B-A'〉B)를 통해 명확히 나타난다.

> A (여호와가) 예루살렘/시온에게 새 이름(헵시바와 뿔라)을 부여하심(1~5절)
>
> B (사람들이) 예루살렘/시온을 거룩한 백성이라 여호와의 구속한 자라 부름(10~12절)
>
> A' (여호와가) 예루살렘/시온을 위해 파수꾼을 세움(6~9절)
>
> B (사람들이) 예루살렘/시온을 거룩한 백성이라 여호와의 구속한 자라 부름(10~12절)

먼저 여호와 하나님은 이스라엘/예루살렘에게 새로운 이름을 주실 것이다(A). 그리고 그 새 이름에 걸맞은 보장/안전을 약속하여 주신다(A'). 여기서 A와 A'는 모두 여호와께서 예루살렘에게 행하시는 주체로 나타난다. 그러고 난 후 B는 하나님의 행동을 보고 있는 "사람들"이 예루살렘/이스라엘을 부르는 형식(calling-form)이다. 특히 10~12절(B)의 역할이 단순히 6~9절 이후에 연이어서 나오는 것이 아니라, 1~5절(A)과 6~9절(B) 모두에게 그 결과로서 주어진다고 볼 수 있다.

(2) 본문 주해
① 여호와가 예루살렘에게 새 이름을 부여하심(1~5절)
하나님은 예루살렘/시온에게 의와 공의를 세우실 것을 선포하신다(1절). 하나님은 예루살렘/시온의 영광스러운 날을 위하여 잠잠히(אֶחֱשֶׁה에헤셰) 있을 수가 없다.[11] 하나님의 계획은 공개적으로 그리고 확실히 열방과 열왕이 보는 앞에서 이루어질 것이다(2절). 이는 예루살렘/시온의 새로워짐을 드러내는 것으로 하나님의 부르실("여호와의 입으로 정하실") 새 이름에서 최종적으로 성취될 것이다. 그 새 이름은 "헵시바"(חֶפְצִי-בָהּ헵치-바 기쁨)와 "뿔라"(בְּעוּלָה브울라 결혼)다. 이 말의 뜻은 하나님의 기쁨이 되었다는 것이다. 이 이름은 이미 여호사밧의 어머니 "아수바"(왕상 22:42)와 므낫세의 어머니 "헵시바"(왕하 22:1)에게 사용되었다. 사실 이미 북왕국 이스라엘은 하나님과 이혼한 상태와 같았고 남왕국 유다는 잠시지만 분리된(헤어진) 상태와 같았다. 이제 예루살렘/시온의 새 이름 '헵시바/뿔라'를 통하여 하나님과 결혼한 상태와 같아지고 하나님의 기쁨이 되는 것이다.

하나님의 의와 공의로 주어질 예루살렘/시온의 새 이름은 왜 중요한가? 새 이름 '헵시바/뿔라'를 부여 받은 예루살렘/시온은 여호와의 손의 면류관이요 "네 하나님의 손의 왕관"이 된다(3절). 이는 하나님의 권위를 부여 받음을 보여 주는 것으로, 바벨론 포로 시대에 경험한 "버리운 자"의 지위와 "황무지"와 같은 존재에서 새로운 영광의 시대를 열어 가는 표식이 된다(4상절). 또한 하나님의 신부와 같은 존재가 된다(5절). 이는 청년이 처녀와 결혼함과 같이 하나님이 자신이 지은 예루살렘을 신부로 맞이하기에 가능하다. 특히 "네 아들들이(ד\u0327ְ בָּנַיִךְ 바나이크) 너를 취한다"에서 네 아들들은 '네 지은 자'로 번역된다. 하나님이 이스라엘을 그의 신부로 맞이함을 알 수 있다.

② 여호와의 맹세하심, 파수꾼을 세우심(6~9절)

하나님은 결혼식에서 그의 신부인 예루살렘/시온에 대한 자신의 맹세를 하여야 한다. 6절에서 여호와는 파수꾼을 세움으로 그의 맹세를 시작한다. 1절에서 하나님은 신랑으로서 잠잠히 있지 못하시는 것같이, 이번에는 파수꾼이 잠잠하지(יֶֽחֱשׁוּ 예헤슈) 못하게 하신다. 이는 파수꾼으로 하여금 잠을 자지 않고 지키도록 하는 것을 의미한다. 8절에서 그 이유를 잘 설명하고 있다. "네 곡식을 네 원수들에게 식물로 주지 아니하겠고, 너의 수고하여 얻은 포도주를 이방인으로 마시지 않게 할" 것이라는 맹세를 지키기 위함이다. 그리고 파수꾼은 하나님을 대신하여 세상에서 예루살렘/시온이 찬송을 받을 때까지 일해야 한다(7절). 이것은 9절에서 놀랍게도 추수한 자 예루살렘/시온이 여호와를 찬송하는 시간이며, 이때는 포도주를 가지고 하나님의 성소에서 마실 수 있는, 즉 예배를 드리는 때까지다. 이는 이미 예루살렘/시온이 열방의 제사장으로 역할을 하기 때문에 시온에서 드리는 예배는 온 세상의 하나님을 찬양하는 것과 연결되기에 그렇다.

③ 열방과 만민이 예루살렘/시온을 거룩한 자, 하나님의 구속한 자라 부름(10~12절)

열방과 만민이 예루살렘/시온을 인정하게 된다. 출애굽기 19:5~6의 모세를 통해 주어진 언약의 성취가 이루어지고 있다. 이는 마치 예레미야에게 새 언약이 주어지는 것과 같다. 1~5절에서 예루살렘은 하나님의 입에서 직접 주어지는 새 이름을 갖게 되고 하나님의 신부로서 새롭게 조명을 받게 된다. 열방이 예루살렘/시온을 인정하며 따라가게 된다. 이를 위하여 먼저 예루살렘/시온은 열방이 예루살렘으로 올라올 수 있도록 길을 만든다(10절). '성문로 나아가라', '백성의 길을 예비하라'는 40:3과 57:14의 주어지는 길을 만들어 가는 것에서 한 걸음 더 나아가 '열방의 백성까지 포함하는 모두를 위한' 길을 의미한다. 열방의 백성들은 예루살렘에 나부끼는 기를 보고 예루살렘을 하나님의 도성으로서 인식할 수 있기 때문이다.

열방이 예루살렘에 올라오면, 하나님은 온 땅에 예루살렘에 임한 구원을 선포할 것이다. "여호와께서 땅 끝까지 반포하시되"(11절). 그리고 하나님의 반포/선포하심을 들어야 하는 대상은 예루살렘이다. 예루살렘으로 올라오는 사람들의 입으로 하나님의 선포/반포가 행하여진다.

"보라 네(딸 시온의) 구원이 임하느니라.
보라 상급이 그에게 있고 보응이 그 앞에 있느니라"(11절).

이때 반포의 내용은 예루살렘에게 하나님의 구원 즉 상급과 보응이 주어지고 있음이다. 2:2~4의 내용이 여기서 이루어지고 있다. 예루살렘에서 하나님의 도가 흘러나오고 있음이다.

최종적으로 예루살렘/시온으로 올라오는 자들의 입을 통하여 예루살렘의 정체성이 확인된다(12절). 예루살렘/시온은 "거룩한 백성이라 여호와의 구속하신 자"라고 칭송을 받게 된다. 이는 열방들이 '하나님의 찾은 바' 된 예루살렘에서 하나님의 구원을 공유하기 때문이다.[12]

(3) 설교를 위한 적용

첫째, 자신의 소중한 존재로 우리를 부르시는 하나님을 기억하자. 우리는 하나님의 신부된 자다. 하나님은 자신의 신부를 위하여 결코 쉬지 않으신다. 그리고 그 기쁨을 이기지 못하신다. 게다가 이전의 잘못을 기억하시는 것이 아니라 장래의 아름다움을 위하여 새 이름으로 불러 주신다.

둘째, 하나님의 파수꾼 되심을 기억하자. 하나님은 자신의 백성의 안전을 위해서 그리고 평화를 위해서 파수꾼을 세우셨다. 그 파수꾼은 잠을 자지 않고 소리를 높여서 원수가 다가오는 것을 경계하도록 돕는다. 그의 사역은 마치 하나님이 그의 신부를 위하여 일하는 것과 같다. 예수님도 우리를 위해서 보혜사 성령을 보내신다고 하셨다. 성령은 우리의 약함을 돕고 항상 깨어 있도록 돕는다. 마치 하나님이 그의 백성을 사랑하고 지키시는 것같이 성령 역시 말할 수 없는 탄식으로 우리를 위해 기도하신다.

셋째, 하나님의 거룩한 백성이 되자. 거룩한 백성이란 헌신하는 백성이다. 주의 백성들이 돌아오도록 위험을 무릅쓰고 길을 만들고 하나님의 깃발을 들고 있는 모습은 헌신의 모범을 보여 준다(10절). 또 하나님의 때를 기다릴 줄 아는 백성이 거룩한 백성이다. 지난 시간에 대한 보응은 하나님이 결정하신다.

마지막으로 겸손한 백성이 되자. 열방이 예루살렘을 높인다. "거룩한 백성이라 여호와의 구속하신 자라." 단지 이스라엘은 그 소리를 들을 뿐 말이 없다. 이제 '하나님의 거룩한 자'라는 이름이 우리의 평가가 되어야 하지 않을까?

2. 신적인 전사(63:1~6)

1) 배경과 구조

이사야 선지자는 60~62장에서 세상의 빛으로 거듭날 예루살렘/이스라엘을 바라보았다. 그리고 새롭게 나아갈 이스라엘/예루살렘을 이끌어 갈 거룩한/신적인 용사가 나타날 것을 알려 준다. 사실 이스라엘에게는 하나님의 의를 행할 능력이 없음이 56~59장에서 지적되었다. 그리고 59:15하~21에서 하나님만이 '의'를 행할 수 있도록 이스라엘을 인도하신다는 사실을 선포했다. 그리고 60~62장에서 하나님의 인도로 예루살렘/이스라엘이 새롭게 되어 열방에게 하나님의 의의 빛을 비추게 되었다. 그렇다면 누가 이렇게 이스라엘을 인도할 것인가? 곧 신적인 용사가 그 일을 행할 것임을 알 수 있다. 그리고 그와 같은 용사가 나타나면 어두움의 세상은 어떻게 될 것인지를 알게 된다. 그래서 신적 용사를 통하여 하나님의 빛을 발하는 예루살렘/이스라엘에 참여하지 않는 자들에게 강력한 경고가 주어진다.

이스라엘의 대적을 상징하고 또한 하나님의 심판을 받을 백성들을 상징하는 것은 '에돔'이다. 일차적으로 에돔은 이스라엘의 피로 맺은 형제였다(신 2:4; 23:7~8). 에돔의 조상인 에서는 이스라엘의 조상인 야곱의 형제였다. 하지만 이스라엘은 에돔에 대하여 하나님의 저주를 기원하는 방향으로 바뀌어 갔다(렘 49:7~22; 암 1:11~12; 옵 1~21; 말 1:2~5).[13] 에돔과 관련하여 이사야서에서 주어지는 예언은 네 번에 걸쳐서 나타난다(11:14; 21:11~12; 34:1~17; 63:1~6). 그리고 그에 대한 하나님의 심판은 점점 더 강력여진다.[14]

신적 전사의 정체성에 대한 질문과 답(1~3절)
부가적인 설명(4~6절)

2) 본문 주해

(1) 신적 전사의 정체성에 대한 질문과 답(1~3절)

1~3절에서는 신적 전사의 정체성에 대한 질문과 답이 주어진다. 질문은 이사야를 통하여 두 번(1, 2절)에 걸쳐 묻는다. 그리고 그에 대한 대답은 여호와로부터 직접 두 번에 걸쳐(1하, 3절) 주어진다. 첫 번째 질문은 에돔에서 올라오는 신적 전사의 정체성에 대한 질문이다. "에돔에서 오며 홍의를 입고 보스라에서 오는 자가 누구뇨?" 이에 대한 답은 바로 그 올라오는 자의 입에서 나온다. '그는 내다' 즉 의를 말하는 자요 자신의 능력으로 구원할 수 있는 자라고 한다. 이는 그가 하나님의 의와 능력을 가진 자임을 보여 준다. 두 번째 질문은 "포도즙 틀을 밟는 자 같으뇨?"로 그 전사의 의복이 붉게 물들었음에 대한 질문이다.

3절에서 그가 직접 심판을 행한 결과로 답변한다. 그의 심판은 '포도즙을 밟는 것'으로 묘사된다. 이런 심판은 요엘 3:13과 예레미야애가 1:15에서도 나타난다. 그 심판의 결과는 "그들의 선혈" 자국에서 분명히 지적된다. 그렇다면 전상의 심판 행위는 언제, 누가, 그리고 누구에게 행하여진 것인가?

(2) 신적 전사의 심판에 대한 부연 설명(4~6절)

신적 전사의 의복이 붉게 물들게 된 배경에 대한 부연 설명이 세 가지로 주어진다. 첫째, 신적 전사의 심판은 "원수 갚는 날"에 행하여졌다는 것이다 (4절). 둘째, 아무도 도와주는 자가 없었기에 홀로 심판할 수밖에 없었다. 그의 심판은 스스로의 구원과 의를 행한 것일 뿐이라는 사실이다(5절). 분명한 것은 그의 분이 그를 붙들었기에 1절에 나타난 그의 의가 행하여진 것이다. 셋째, 그의 심판의 진노는 만민 위에 이루어졌고 그들의 피가 땅에 쏟아지는 과정에서 의복이 붉게 물들었다고 한다.

3) 설교를 위한 적용: 주의 날을 대비하자

하나님의 사자―전사는 세상에 대한 분명한 심판의 태도를 가지고 있다. 그는 결코 불신의 세상을 용납하지 않는다. 현실적으로는 아무런 일이 일어날 것 같지 않아도 첫째, 그의 심판의 날은 다가온다.

둘째, 심판이 이루어지는 날에는 그 분이 직접 하실 것이다.

셋째, 그 심판의 날에는 결코 인정이나 사정을 보아 주는 것이 없이 철저히 이루어질 것이다. 그렇기에 주의 심판의 날이 다가옴을 기억하여 주 앞에서 자신을 돌아볼 줄 알아야겠다.

3. 윤리적 의의 필요성(63:7~66:17)

1) 배경과 구조

63:1~6에서 새 예루살렘을 따르지 않는 세상에 대한 하나님의 심판을 분명히 선포했다. 그리고 이제 63:7~66:17까지 이스라엘/예루살렘의 변화된 모습, 즉 윤리적인 의의 실천이 이루어지는 모습을 보여 준다. 그렇다면 이와 같은 일은 어떻게 전개될 것인가?

63:7~66:17에서 윤리적인 의의 필요성은 다음과 같이 전개된다.

A 찬양과 기도(63:7~64:12)

  B 심판과 구원(65:1~16)

    C 새 하늘과 새 땅(65:17~65:25)

  B' 심판과 희망(66:1~17)

[A' 찬양과 기도(63:7~64:11)]

새 예루살렘/이스라엘에게 주어질 새로운 시간에 가장 중요한 것은 하나님의 의가 실천되는 것이다. 먼저 이사야는 하나님의 인도하심을 찬양한다 (A). 그 후 하나님의 심판과 구원이 주어진 것을 환기시킨다(B-B'). 그런 다음 하나님의 의가 실천되는 나라인 '새 하늘과 새 땅'을 바라본다.

2) 본문 주해

(1) 찬양과 (탄식)기도(63:7~64:12)

63:7~64:12은 하나님의 구원하심을 찬양함(63:7~14)과 하나님의 은혜와 용서하심을 구함(63:15~64:12)으로 대별된다. 하나님은 이스라엘의 아버지셨다(63:16; 64:8). 하나님의 자비하심은 하나님의 백성 이스라엘에게 계속 주어졌다. 그래서 이사야 선지자는 지난 시간 속에서 주어진 하나님의 은혜를 찬양하고 있다. 동시에 그는 이스라엘의 역사 속에서 반복적으로 행하여졌던 죄를 기억하고 탄식한다. 예루살렘/이스라엘은 반복적으로 하나님에게 반역하였다. 이와 같은 이유들로 이사야는 시편 44편과 74편에서도 사용된 '공동체 탄식'을 사용한다. 특별히 "(우리의) 죄를 영영히 기억지 마옵소서"(64:9)라는 시구는 공동체 탄식시의 특징을 잘 보여 준다.

(2) 하나님의 구원하심을 찬양(63:7~14)

7절에서 이사야 선지자는 이제까지 역사 속에서 '이스라엘의 집'에게 베풀어 주신 하나님의 언약적 은혜를 찬양한다. 8절에서 그 이유가 하나님이 언약을 베푸시고 구원자가 되셨기 때문임을 밝힌다. 이것은 모든 환난에 함께 하신 이가 하나님이셨고, 또한 사랑과 긍휼을 베풀어 그가 구원하셨기 때문이다(9절).

하지만 선지자는 이스라엘의 반역으로 인하여 하나님이 그들을 심판하셨다고 아파한다(10절). 그러나 하나님의 구원이 과거에 모세와 함께 하심과 같이 현재의 이스라엘에게도 여전히 있었음(11~13절)과 여호와의 성령이 동행함으로 구원된 것을 찬양한다(14절).

(3) 은혜와 용서를 탄원함(63:15~64:12)

반면에 이사야는 역사 속에서 반복적으로 이루어진 이스라엘의 죄에 대한 하나님의 은혜와 용서하심을 탄원하고 있다. 여기서 이사야 선지자는 여호와께 직접적으로 간청하는 형식을 취한다. 그리고 그 탄원시 형식에 따라서 불평/탄식(63:15~19)-간청(64:1~4)-죄 고백(64:5~7)-재간청(64:8~12)으로 구성되어 있다.[15]

① 불평/탄식(63:15~19)

이사야 선지자는 먼저 하나님을 향한 불평(cry)으로 시작한다. 하나님은 모든 것을 보실 수 있고 알 수 있는 '하늘'이라는 거룩하고 영화로운 처소에 계신데도 이스라엘을 돌아보지 않는다고 토로한다(15절). 이렇게 이사야가 불평할 수 있는 이유는 무엇일까?

이사야가 불평하는 이유는 여호와가 이스라엘의 아버지이기 때문이다. "주는 우리 아버지시라"(16절). '아버지'는 구속자의 다른 이름이라고 본다. 구약에서는 '신적 아버지'로서 하나님에 대한 절대적인 신뢰를 가지고 있다. 그렇기에 이사야는 하나님이 이스라엘을 그의 아들로 세우심을 확신한다(1:1~2; 43:6; 45:11; 63:16; 64:8).[16]

그러면 무엇을 아버지이신 하나님에게 불평/탄식하고 있는가? 그 불평은 세 가지로 요약된다. 첫째, 주께서 우리로 하여금 하나님의 길을 떠나게 하셨다(17절). 둘째, 주의 거룩한 성소가 대적에 의하여 유린당했다(18절). 셋째, 주의 다스림을 받지 못하고 있는 것 같다(19절). 주의 다스림을 받지 못하는 것은 주의 이름을 칭하지 못하는 자가 된다는 것을 의미한다. 이는 하나님의 백성의 자격을 잃고 이방인과 같이 지내고 있음을 강조한 것이다(히브리어 번역본).[17]

② 간청(64:1~4)
과거의 처량한 삶을 돌아보며 하나님을 향하여 탄식하던 이사야/이스라엘은 하나님의 직접적인 개입을 통하여 문제를 해결하여 달라고 간청(petition)한다. 이는 과거 시내 산에서 하나님의 임재가 있을 당시와 비슷한 상황을 보여 주고 있다. 이는 이스라엘로 하여금 하나님의 구원하심을 경험할 수 있도록 간청하는 것이다.[18]

이스라엘의 간구는 하나님께서 직접적인 나타나심을 통해 이스라엘의 문제에 개입하시길 원하는 것이다(1~4절). 마치 숨어 계신 것 같은 하나님에게 그만 나오셔서 그들을 도와 달라고 간구한다(1절). 그렇게 되면 어떤 일이 일어나길 기대하는가?

> A 하늘을 가르고 강림하셔서(1절)
>   B 주의 앞에서 (대적들을) 진동하게 하소서(2절)
> A′ 주께서 강림하사(3상절)
>   B′ 산들이 주 앞에서 진동하게 하소서(3하절)
>   C 주께서 자기를 앙망한 자를 위하여 일하심을 알리소서(4절)

이들의 간구는 하나님의 직접적인 개입을 원하는 것이다(A-A′). 하늘에 숨어 계신 것같이 있지 마시고 이제 그만 하늘이란 커튼을 열어젖히고 나오소서라고 부르짖었다(1, 3절). 그리고 그 부르짖음은 현재와 과거에 있는 그들의 대적들 곧 주의 대적-이스라엘이 하나님의 백성이니 그들의 대적은 하나님의 대적이 되는 것이다—이 완전히 무너짐을 요청하는 것이었다(2, 3하절). 그리고 이와 같은 일의 결과로 이스라엘이 하나님을 앙망하는 자임과 주께서 이스라엘을 위하여 일하심을 열방들이 알게 하도록 하라고 간청하고 있다.

③ 죄 고백(64:5~7)

탄식과 간구를 올리고 난 후에 이사야/이스라엘은 자신의 죄를 고백한다. 64:1~4까지 주체인 하나님을 2인칭(개역한글에는 '주')으로 사용하였지만, 이곳에서는 1인칭 복수(우리)가 그 주체에 연합하는 모습이다. 이는 이스라엘(공동체)이 하나님 앞에 죄를 고백하는 내용임을 알게 한다.[19] 죄의 문제를 가지고 있으면서 하나님에게 간구하는 것이 모순된 모습이란 것을 알고 있음을 보여준다. 이런 죄의 고백이 6절의 "우리는 다"라는 표현의 반복을 통하여 여호와의 종의 고백과 연결되고 있다(53:6).

이사야가 말하는 공동체의 죄 고백은 무엇에 대한 것인가? 이는 이사야와 그의 백성들의 제의적 부정함이었다. 6절에서 히브리어 '타메'(אָמֵט)는 의식적/제의적 부정함을 나타낼 때 사용된다(참고 레 10~16장). 좀 더 정확히 7절에서 예배를 드리지만 "주의 이름을 부르는 자가 없으며" 더구나 기도를 하지만 "주를 붙잡는 자가 없사오니"라는 표현이 이를 잘 나타낸다. 그러므로 하나님은 그들에게 얼굴을 숨기는 방법밖에는 없을 정도로 이스라엘이 하나님과 멀어져 있다는 것이다. 이는 하나님이 더 이상 그들에게는 구원자가 아닌 '숨은 자'이고 '없는 존재'와 같은 자다.[20]

④ 재간청(64:8~12)

이제 이사야는 다시 한 번 이스라엘을 향하여 구원/은혜를 베풀어 주실 것을 간구하고 있다. 왜 이사야는 하나님에게 다시금 간구하는가?

첫째, 이사야는 여호와는 이스라엘의 아버지이시기 때문이라고 한다(8상절). 진흙과 토기장이 비유를 통하여 지금의 이스라엘은 하나님이 지으신 결과임을 기억해 달라고 간청한다(8하절).

둘째, 이사야는 이스라엘이 하나님의 백성이기에 그렇다고 한다(9절). 분명 현재의 이스라엘이 하나님의 백성으로 지음을 받을 때는 "거룩한 성읍들"이었지만, 지금은 황폐한 상태로 전락하였음을 알리고 있다(10~11절). 게다가 우리라는 1인칭 복수 형태를 사용하여 더욱 분명히 "우리의 거룩하고 아름다운 전" 그리고 "우리의 즐거워하던 곳"을 지정하여 과거 이스라엘의 하나님의 거룩함이 지금은 사라진 상태를 강조한다. 그러므로 이사야의 간구는 63:15로 다시금 돌아가고 있다. 즉 "주여 하늘에서 굽어 살피시며 … 보옵소서."

그리고 64:1에서처럼 '주는 하늘을 가르고 강림하소서'의 표현으로 하나님의 직접적인 개입과 역사하심을 간청하는 것이다. 그래서 이사야는 마지막에 '주께서 억제하지 마시고 침묵하지 마소서'라고 한다(12절).

3) 설교를 위한 적용

첫째, 하나님의 구원하심을 찬양하자(63:7~14). 항상 삶을 돌아볼 수 있는 때가 오게 마련이다. 비록 돌아보면, 아픈 시간도 있고 괴로운 시간도 있겠지만, 주의 구원하심과 인도하심이 있음을 기억해야 한다. 주의 뜻은 지금의 시간에 지난날을 돌아보며 찬양하는 기쁨이 있길 원하시는 것이 아닐까?

둘째, 우리에게 필요한 것은 하나님의 은혜와 용서하심이라는 사실이다. 인생의 문제는 결코 우리의 노력으로 해결할 수 없다. 우리가 행하는 것은 죄 뿐이라는 사실이 우리를 아프게 하지만, 기억할 것은 '그럼에도 불구하고' 우리는 하나님의 자녀로 부르심을 받았다는 사실이다. 그렇기에 우리는 하나님을 '아바 아버지'라고 부를 수 있음을 기억하고, 하나님에게 '우리를 새롭게 하소서'라고 기도하자.

4. 새 하늘과 새 땅(65~66장)

1) 배경과 구조

이사야 65~66장은 선지자 이사야가 그의 비전 속에서 바라본 하나님의 구원 사역의 결과를 나타내는 장소다.²¹ 이는 하나님의 심판(1~39장)과 구원(40~55장) 그리고 그 후의 삶(56~66장)으로 단계적으로 이루어져 가는 비전 중에서 마지막 부분에 해당하는 것이다. 또한 65~66장은 실제적으로 40~66장까지의 회복의 메시지 안에서 이루어진다.

하지만 56~66장의 내용은 회복의 메시지(40~55장)가 선포된 이후의 회복적인 삶에 대한 메시지로 이해될 수 있다. 분명 이와 같은 형태는 회복과 삶을 분리하는 것이 아니라, 회복 이후에 이루어질 삶을 묘사함으로써 선지자 이사야의 비전 속에서 바라볼 하나님의 구원 사역이 최종적으로 성취될 것을 알려 주는 역할을 한다.

또한 이곳에서는 하나님의 새로운 창조물로서, 그리고 새로운 출애굽을 경험한 하나님의 백성으로서, 이스라엘(예루살렘)의 모습이 어떠하여야 하는가에 초점을 두고 있다.²²

게다가 이사야 56~66장의 마지막 부분으로서 65~66장은 마치 전체 이사야서의 축소판처럼 심판과 회복이란 주제로 시작되는 다음과 같은 오중 구조(A-B-C-B′-A′)를 볼 수 있다.²³

> A 심판과 회복(65:1~7)
> B 배교하는 종과 신실한 종(65:8~16)
> C 새 하늘과 새 땅의 창조(65:17~25)
> B′ 악인과 의인(66:1~14)
> A′ 심판과 회복(66:15~24)

A-A′에서 전체 이사야서의 주제인 하나님의 심판과 회복이란 주제가 전개되는 것을 알 수 있다. 이때 여호와 하나님에 대한 신앙을 저버린 이스라엘의 심판과(이방의) 회복은 하나님의 주권적인 계획의 결과다. B-B′는 하나님의 주권적 계획 안에서 하나님을 배교하는 종으로서, 악인과 하나님을 섬기는 종으로서 의인의 결말이 드러난다. 그런 후에 C(65:17~25)는 A-A′와 B-B′

의 이중적 샌드위치 구조에서 65~66장의 핵심을 이룬다.

다른 말로 설명을 한다면, 전체적으로는 하나님의 심판과 회복의 결과이며, 하나님을 배교하는 악인에게 심판으로서 그리고 하나님의 신실한 종에게 회복으로서 하나님의 새로운 창조가 이루어지고, 동시에 하나님의 나라로서 '새 예루살렘'의 시대가 열릴 것을 선포하는 것이다.

2) 본문 주해

(1) 심판과 회복(65:1~7)

앞 장에서 나온 선지자의 탄식에 대한 여호와의 답이 주어진다. 여호와는 악인을 심판하고 그를 섬기는 백성은 구원하실 것이다. 이 일을 위하여 하나님은 자신을 부르는 자들에게 즉각적으로 응답하실 준비가 되어 있음을 알린다(1절). 64:7에서 '주께서 얼굴을 숨기셨기에' 주의 이름을 부르는 자가 없다고 탄식하던 것에 대한 답이다. 심지어 주님은 자신을 부르지 않은 자에게까지도 자신을 보이셨다고 주장하신다. 문제는 하나님이 아니라 이스라엘에게 있다. 2절에서 하나님은 이스라엘을 "자기 생각을 좇아 불선한 길을 행하는 패역한 백성들"이라고 이름 한다.

하나님이 이스라엘을 패역한 백성이라고 하는 이유는 다음과 같다.

첫째, 그들이 우상숭배하며 희생을 드리는 행위를 하고 있었다(3절). "동산에서 제사하며"는 1:29과 66:17에서 언급되는 것으로 우상숭배하는 모습을 그리고 있다. 그리고 "벽돌 위에서 분향하며"는 하나님의 법에 따른 제단이 아닌 우상의 제단에서 예배하는 행위를 보여 준다.[24]

둘째, 가증한 행위를 행하고 있었다(4절). 그들의 가증한 행위는 죽은 자를 기념하는 것, 즉 "무덤 사이에 앉으며 은밀한 처소에서 밤을 지내'(יָלִינוּ; 얄리누)는 것이다. 또한 하나님의 제사에서는 금하는 돼지고기를 먹고 가증한─정결하지 못한─음식을 그릇에 담아 놓은 모습은 죽은 자를 위한 행위를 나타내며 이것은 모세의 율법에서 금하는 것이다(레 7:18).

셋째, 스스로 거룩하다고 교만히 행하였다(5절). 그들은 다른 사람에게 "네 자리에 섰고 내게 가까이 하지 말라"면서 자신을 스스로 거룩하다고 말한다.

이에 대한 하나님의 태도는 무엇인가? 하나님은 이스라엘의 패역한 모습과 죄에 대하여 보응하겠다고 분명히 한다. 3절에서 "내 앞에서 항상 내 노를 일으키는 백성"이라고 정의하신다. 그리고 6절에서 '반드시 보응하겠다'고 하신다. 심지어 7절에 그들의 죄악과 열조의 죄악까지 보응할 것을 다짐하신다.

(2) 배교하는 종과 신실한 종(65:8~16)

하나님의 백성을 찾아오시는 하나님은 자신의 종들을 '배교하는 자들' 속에서 구분하실 것이다. 그리고 주의 종들은 복을 받을 것이고 반역하는 자들에게는 저주가 주어질 것이다.

> A 하나님의 종, 남은 자들(8절)
>> B 남은 자, 하나님의 종들에게 주어질 하나님의 복(9~10절)
> A' 배교하는 종들(11~12절)
>> B' 배교하는 종들에게 주어질 운명(13~15절)
>> C 진리의 하나님을 찾으라(16절)

8절에서 하나님의 심판 속에서도 이스라엘의 남은 자들이 있다. 화자인 여호와 하나님은 포도원의 이미지를 사용하여 하나님의 종들은 포도즙을 내는 좋은 포도송이에 비유한다.[25] 그들은 하나님의 종(עֲבָדַי 아바다이 내 종)이라고 불리면서 심판의 멸망에서 살아남은 '남은 자'가 되어서, 하나님의 주시는 땅에서 거룩한 씨가 될 것이다(9절). 게다가 그들에게 주어진 땅의 경계는 가나안 땅 전체(샤론이라는 서쪽 해변의 풍요로운 평지에서부터 동쪽 여리고와 연결되는 아골의 메마른 골짜기까지)가 될 것이다.[26]

반면에 하나님을 배교하는 자들은 어떤 삶을 살아가는가? 11~12절에서 남은 자들과 다른 자들의 존재가 분명히 언급된다. 그들은 여호와를 버린 배교한 자들로서[27] 하나님 대신에 '갓'과 '므니' 같은 우상에게 음식과 포도주를 제물로 올리는 자들이다.[28] 또한 그들은 하나님을 고의적으로 찾지 않았음이 분명한다(12절). 이는 '내가 너를 불러도 너희가 대답하지 않았다'에서 잘 드러난다. 그렇기에 그들은 하나님께서 "칼을 붙일 것" 같은 심판을 받을 자들이다.

하나님을 배교하는 자들에게 주어진 심판은 어떤 것인가? 이는 하나님의 종들 곧 남은 자들에게 주어지는 복과 비교되어 주어진다(13~15절). 배교하는 자들은 하나님의 종들과 반대의 삶을 살아간다.

첫째, 외적인 삶의 곤고함, 즉 먹을 것이 없는 흉년의 고통을 받을 것이며 둘째, 마실 물이 없을 것이고 수치를 당하는 삶을 살아가야 한다(13절). 셋째, 내적으로 고통을 받아 마음이 상하여 울며 심령이 상하는 아픔을 가질 것이다(14절). 마지막으로 그들에게 죽음이 다가올 것이다(15절).

결과적으로 중요한 것은 무엇인가? 이에 대한 답을 16절에서 주고 있다. 하나님을 찾는 자에게 복이 있다는 사실이다. 분명 하나님을 찾는 자는 우상에게 예배하면서 자기 스스로에게 복을 구하는 자(15절)와는 다르다. 복은 우상이 아니라 진리의 하나님에게서 주어지고 복 있는 자의 맹세 역시 그 하나님의 이름으로 행하여야 한다. 그 이유는('키 16하절) 무엇인가? 왜 하나님을 찾아야 하는가? 바로 새로운 세상 곧 하나님이 이전의 죄를 다 용서하신 새로운 구원이 주어졌기 때문이다.[29] "이는 이전 환난이 잊어졌고 내 눈앞에 숨겨졌음이니라."

(3) 새 하늘과 새 땅(65:17~25)

이사야 56~66장의 핵심으로 65:17~25은 이사야 선지자의 새 하늘과 새 땅의 비전을 보여 준다. 새 하늘과 새 땅은 창조주 하나님의 절대 주권이 나타나고(17~23절), 하나님의 의가 실현되는 곳이다(24~25절).

A 새 하늘과 새 땅(17~19절)

   B 새 예루살렘(20~23절)

A′ 하나님의 대답하심과 들으심(24절)

   B′ 나(하나님)의 성산(25절)

1인칭 단수를 사용함으로써 본문의 주체가 여호와 하나님인 사실을 알 수 있다(A-A′). 결국 하나님의 창조하심은 하나님의 대답하심과 들으심으로 정리가 된다. 그리고 B(20~23절)와 B′(25절)에서 하나님의 사역에 대한 결과를 보여 준다. B와 B′에서는 인칭을 사용하여 하나님의 사역의 결과로 주어진(주어질) 존재들에 대하여 묘사하고 있다. B에서 새로운 이스라엘 곧 하나님이 기뻐하고 즐거워하는 존재로서 예루살렘을 묘사하고 있다. 하나님이 기뻐하는 예루살렘은 25절에서 하나님의 성산으로 표현된다. 성산에서는 진정한 평화가 있다. 그곳의 동물들은 모두 난폭과 이기적인 모습에서 하나님 앞에서의 모습으로, 마치 창세기의 에덴의 생활로 돌아온 것과 같다.

① 하나님의 절대 주권(17~23절)

이사야 65:17~23은 하나님의 종들(남은 자)이 살아갈 곳에 세워질 창조주 하나님의 주권이 강조된다. 여호와 하나님이 새 하늘과 새 땅을 직접 창조하셨고, 그와 같은 새 창조를 통하여 예루살렘을 즐거움으로 그리고 그곳에 거하는 백성을 기쁨으로 만드셨다(17~19절). 그리고 이어지는 20~23절에서 하나님의 새롭게 하시는 기적적인 창조에 대한 구체적인 내용이 전개된다.

17~19절은 하나님의 유다와 예루살렘의 신적-왕적 통치를 잘 보여 준다. 이 부분은 하나님의 왕적 선포에서 시작된다. 여기서 새 하늘과 새 땅의 창조(17상)는 18절과 평행을 이루어 예루살렘을 즐거움으로 그리고 그 백성으로 기쁨을 삼는 일임을 알 수 있다. 하늘과 땅은 마음에서 기억되거나 생각나지 않아야 할 정도의 존재다(17하, 19하절). 게다가 "기쁨"과는 정반대되는 우는 소리와 (고통에서) 부르짖는 소리가 가득한 곳으로 존재한다.

그렇다면 '새 하늘과 새 땅' 곧 새 예루살렘의 창조가 가져올 것은 무엇인 가? 그것은 하나님은 예루살렘을 기뻐하고 예루살렘은 하나님을 기뻐하는 곳이 되었다는 것이다(18상, 19하절). 17하절에서 옛적 하늘과 땅의 모습은 하나님의 새 창조에서는 다시는 기억되지 않는다. 게다가 19하절에서 하나님의 징계로 인한 "우는 소리와 부르짖는 소리"가 그 가운데서 들리지 않게 되었다. 이제 예루살렘이 기쁨과 즐거움의 모습으로 변하였기 때문이다.

그렇다면 하나님이 새롭게 하는 기적적인 창조는 어떻게 이루어지는가? 65:20~23에서 이는 육체적인 회복(20절)과 땅의 회복(21~23절)으로 이루어질 것을 보여 준다. 20절에서 이사야는 미래/종말에 주어질 새 하늘과 새 땅에서 현재의 상처투성이인 육체가 치유되는 것을 묘사한다.[30] 그곳에서는 백 세까지 생명의 복을 누리는 일이 지극히 일상적인 일이다.

비록 그곳에서 죽음이 존재할지라도 이제는 그 죽음이 왕 노릇하는 일이 없어진 생명의 평화가 넘친다. 이에 대하여 이사야는 다음과 같이 묘사한다. 즉 "백 세에 죽는 자가 아이겠고 백 세 못 되어 죽는 자는 저주를 받은 것이리라"(לֹא־יִהְיֶה מִשָּׁם עוֹד עוּל יָמִים וְזָקֵן אֲשֶׁר לֹא־יְמַלֵּא אֶת־יָמָיו כִּי הַנַּעַר בֶּן־מֵאָה שָׁנָה יָמוּת וְהַחוֹטֶא בֶּן־מֵאָה שָׁנָה יְקֻלָּל 한나아르 벤 메아 샤나 야무트 붸하호테 벤 메아 샤나 예쿨라르).[31]

반면에 65:21~23에서는 (이스라엘에게 주어진 약속의) 땅의 회복을 분명히 알리고 있다. 그곳에서는 일차적으로 다시는 전쟁이 없을 것임을 알린다. 평화가 정착/구축이 되어서 모두가 건축한다. 그리고 그들의 포도원을 다시금 재배하기 시작한다(21~22절). 이는 21절에서 건축한 가옥이 그대로 남아 있고 외국인(타인)이 건축한 집을 빼앗는 일도 없는 평화다. 그리고 자신이 지은 농작물인 포도원을 그대로 타인이 먹지 않고(재난으로 인한) 재배자인 자신이 먹도록 되어 있다. 그리고 이차적으로 이스라엘이 다시금 땅에서 하나님의 백성으로서의 자리/위치를 잡게 될 것이라는 사실이 주어진다.

22하~23하절에서 그 이유를 설명한다. 그들(이스라엘)이 다시금 하나님의 백성이라고 불려질 것이며(내 백성, 내 택한 자), 그들이 '여호와의 복된 자의 자손'으로 다시금 그들의 모습(정체성)을 찾게 되고 더불어 자자손손이 그와 같은 하나님 백성으로서 정체성을 지켜 갈 것이다.

② 하나님의 의로운 통치(24~25절)

하지만 24~25절에서는 하나님의 통치(응답하심과 들으심)가 하나님의 성산에서 이루어질 땅의 평화 곧 새로운 땅의 모습을 보여 준다. 24절에서 하나님은 이스라엘 백성의 소리를 들으시겠다고 선포한다. 이 들으심과 대답하심은 하나님의 신적 왕적 통치를 보여 준다. 특히 "부르기 전에" 그리고 "말을 마치기 전에" 주어지는 하나님의 실제적인 왕적 사역을 보여 준다.

그리고 25절에서 이스라엘의 삶의 자리 곧 그들이 하나님에게 부르짖고 하나님의 음성을 들을 수 있는 하나님의 통치의 실현은 일차적으로 평화를 나타낸다. 동물들 사이의 평화는 하나의 은유로 전체 인간 세상에 놀라운 평화가 이루어지는 것과 같은 것이다. 게다가 이와 같은 통치의 장소는 하나님의 거룩한 산(성산) 곧 예루살렘에서 이루어질 것임을 알 수 있다(66:20). 이와 같은 기적적인 하나님 자신의 임하심/통치하심이 24상절에 묘사되어 있다.

"그들이 부르기 전에 내가 응답하겠고"

(הָיָה טֶרֶם־יִקְרָאוּ וַאֲנִי אֶעֱנֶה 하야 테렘 이크라우 봐아니 에에네)

여기서 기억할 것은 하나님의 통치/임하심이 하나님 백성의 부르짖음의 결과가 아니라, 하나님 자신의 결정이었음을 강조한 것이다. 이는 하나님의 보좌인 하늘에서 직접적으로 이스라엘에 개입하심을 의미한다. 이는 이스라엘과의 사이에서 무너진 언약의 회복과 함께 그의 신적−왕적 통치의 시작을 알리는 것이다. 새로운 (메시아의) 시대가 시작되는 것이다. 분명 역대하 7:14에 다윗 계통의 왕의 통치에서는 하나님의 인간사 개입(응답하심)은 하나님의 백성들이 겸비한 모습으로 서고 그리고 그들의 문제를 두고 부르짖음이 있을 때였지만, 이제는 하나님의 메시아−신적 왕적 통치 안에서는 그의 백성들이 먼저 겸비할 조건과 하나님을 향하여 부르짖어야 할 조건이 필요 없는 이상적인 세상 곧 하나님이 자신의 백성들의 문제를 미리 아시고 해결하는 것을 보게 된다.

그렇다면 하나님의 응답으로서 나타날 메시아—신적 왕적 통치는 어떤 모습으로 시작될까(나타날까)? 이를 24절에서 설명한다. 공의와 성실 자체가 되어 버린 하나님(메시아)의 나라는 24절에서 하나님이 이스라엘을 즐거워하는 모습으로 나타난다. 하나님의 백성은 말하고 하나님은 그의 백성의 말을 듣는다. 즉 하나님의 들으심은 하나님에게 드리는 그들의 예배에 임재(좌정)하고 계심을 의미한다(구원의 실재가 이루어졌음을 나타낸다).[32]

1:10 이하에서 묘사되는 이스라엘의 예배 행위—하나님을 향하여 올리는 말 곧 기도—는 하나님에게 열납되지 못했다. 하지만 이제는 하나님이 그 '말하는' 백성의 신적—왕이심을 선포하신다. 이는 하나님 자신을 표현하는 1인칭 '내가'를 사용하는 데서 더욱 분명해진다. 그리고 그는 백성들의 말을 들을 것이다. 하지만 하나님 백성의 탄원이나 소원의 기도가 하나님의 들으심을 이끌어 내는 것이 아니라, 오히려 그들이 하나님의 백성으로서(가족으로서) 땅 위에서 '탄식과 소원'이 있을 수 없는 상황으로 이끌림을 받는 것을 의미한다.[33]

이와 같은 하나님의 신적—왕(메시아)적 통치의 결과가 25절에서 설명된다. 하나님의 통치(메시아의 통치)는 종말론적인/우주적인 그리고 완전한 평화의 시절이 다가옴을 알린다. 이전의 시대와 완전히 구별되는 새로운 시대다. 그리고 에덴의 회복이라고 볼 수 있다.[34] 이는 25절에서 그 바라봄의 '성취'를 강조한다. 결국 24~25절은 하나님의 통치 현장이 '의로운 메시아' 왕국이며 그곳에서 메시아로 말미암아 하나님의 평화가 실현되는 것임을 재차 확인하고 있다.

(4) 악인과 의인(66:1~14)

65:8~16에서 배교하는 종과 신실한 종을 구분하였던 것같이 하나님은 의인과 악인을 구분하신다.

악인: 외식하는 자들—제의주의자들에 대한 책망(1~6절)

의인: 다시금 태어날 이스라엘(7~14절)

새 하늘과 새 땅—기쁨과 즐거움으로 가득한 예루살렘—에 최종적으로 들
어갈 사람은 누구일까? 본문은 학개와 스가랴와 같은 선지자에서 나타나는
하나님 성전의 건축과 밀접한 연관이 있는 것은 사실이다. 하지만 비록 하나
님의 성전을 재건축하는 것은 중요한 일이지만, 하나님의 관심은 그의 신앙
공동체에 집중된다. 이사야 선지자는 바로 이 부분을 강조하기 위하여 이스
라엘에 있는 외식하는 자에 대한 책망과 의인으로 구성될 장래의 이스라엘에
대하여 알려 준다.

① 악인: 제의주의자들에 대한 책망(1~6절)

이사야는 회복될 예루살렘을 바라보면서 외식하는 자들—제의지상주의자
들—에 대하여 책망한다. 이사야 1장에서 이스라엘의 죄는 외식이었다. 마음
으로는 하나님을 섬기지 않고 자신의 안녕과 번영을 위하여 우상을 섬겼던
자세는 이제 다시금 회복될 이스라엘에게 가장 큰 문제일 것이다. 이에 대한
책망은 어떤 것인가?

가장 엄한 책망은 1~2절에서 하나님께서 자신이 인간의 손으로 만들어질
건물로서 성전에 머무는 신이 아님을 분명히 한 것이다. "하늘은 나의 보좌
요 땅은 나의 발등상이니 너희가 나를 위하여 무슨 집을 지을꼬 나의 안식할
처소가 어디랴?" 이는 솔로몬이 예루살렘을 위한 봉헌 기도(왕상 8:27)를 할 때
이미 인식되었고 신약 시대에 스데반 역시 이것을 선언하였다(행 7:48). 특히 2
절에서 하나님은 '나의 손이 이 모든 것을 지었다'고 역설적으로 선언하신다.

두 번째 책망은 하나님께서는 마음 없는 제물을 받지 않는다고 선언하신
것이다(3~4절). 마음이 따르지 않는 제물 드림을 살인, 개의 목을 꺾음, 돼지
피를 드림, 우상을 찬송함에 비교한다. 이것은 하나님의 눈에는 가증한 것들
이다. 이런 제물을 드리는 예배는 거짓 예배다. 이는 그들이 하나님의 말씀을

청종하지 않고 자신의 방법에 따라서 행하고 우상을 섬기는 것이다(4절).

세 번째 책망은 하나님이 제의주의자—외식하는 자—들을 "대적"이라고 부른 것에서 나타난다(5~6절). 사실 "여호와의 말씀을 인하여 떠는 자들"과 "대적"이라고 부르는 자들을 하나님은 구분하신다. 둘 다 하나님의 전에서 예배를 드리는 자로 나타난다. 왜 하나님은 책망하는 것일까? 그 이유는 대적들이 "하나님의 말씀에 떠는 자들"을 "미워하고," "쫓아내고," 하나님의 영광을 가로채려고 하였기 때문이다. 그렇기에 하나님은 "대적"을 향하여 성전에서 예배하는 순간부터 진노/전쟁의 소리를 높이신다. "훤화하는 소리가 … 성전에서부터 들리니"(6절).

② 의인: 다시금 태어날 이스라엘(7~14절)

그렇다면 누가 진정으로 새 하늘과 새 땅에 들어갈 의인인가? 그들은 어머니 예루살렘(7~9절)과 그녀를 사랑하는 자들이다(10~14절). 어머니 예루살렘은 풍요와 복된 존재다.[35] 예루살렘은 여인으로 의인화되어 나타난다. 이 여인은 임산부로서 해산의 진통이 오기도 전에 사내아기를 낳는 기이한 일을 행한다(7절). 분명 54:1에서 예루살렘을 잉태하지 못하고 해산의 진통을 경험하지 못하였다고 하였다. 그런 수치의 예루살렘이 갑자기 아이를 분만한다. 이것이 가능한 것은 여호와 하나님이 예루살렘을 선택해서, 그녀로 하여금 임신하게 하고 해산하게 하셨기 때문이다(9절). 게다가 여호와는 "네 하나님"(אֱלֹהָיִךְ 엘로하이크)이라고 표현함으로써 자신을 예루살렘의 하나님이심을 밝히고 있기 때문에 가능한 일이다.

게다가 '어머니 예루살렘을 사랑하는' 자들은 그녀와 함께 하나님의 기쁨과 평화/안전에 동참하는 존재다. 하나님으로부터 예루살렘의 기쁨을 함께 할 수 있는 권한을 부여받은 자들은("다 그와 함께 기뻐하라" 10절) 이전에 예루살렘의 황폐함을 함께 슬퍼하였던 자들이다(시 137:5~6; 애 1:16; 2:11). 또한 그들은 어머니 예루살렘의 젖을 먹고, 그 품에서 지내며, 그녀에게서 위로를 얻는 자녀와 같은 모습이었고, 그녀의 영광의 풍성함을 즐거워하는 자들이기 때문이다(11~13절).[36] 그래서 하나님은 그들을 연한 풀의 무성함과 같이 강하여지고, 여호와의 능력의 손을 체험하는 종들로 부름 받게 하셨다(14절).

(5) 심판과 회복(66:15~24)

66:15~24은 전체 이사야서의 결론으로 그리고 65~66장의 결론으로서, 심판과 회복이라는 주제를 요약적으로 제시한다. 이는 하나님의 구원의 완성 곧 새 하늘과 새 땅이 어떤 의미가 있는지를 보여 준다. 이는 크게 15~17, 24절에서 하나님에게 반역하는 자들에 대한 하나님의 심판과 18~23절에서 예루살렘 중심으로 이루어지는 하나님의 회복/구원으로 구성되어 있다.

> 패역자들(악인들)을 심판하심(15~17절)
>> 열국에서 남은 자를 모으심(18~19절)
>>> 열방에서 예루살렘으로 올라오는 제의공동체(20~22)
>> 모든 혈육이 내 앞에서 경배하리라(23절)
> 패역자들을 심판하심(24절)

① 15~17, 24절

하나님 앞에서 반역을 행한 자들은 먼저 심판을 받을 것이다. 하나님은 심판의 상징인 불과 함께 강림하심을 보여 준다(15절).[37] 또한 그의 모습은 강한 능력을 지닌 신적 전사처럼 회오리 바람과 같은 모양을 지닌 수레를 타고 칼을 가지고 있다. 특히 그의 오심은 "혁혁한 위세"와 "맹렬한 화염"과 같아서(15절) 모든 혈육은 하나님 앞에서 심판을 받아야 한다. 이때 그의 대적은 17절에서 "스스로 거룩히 구별하며 스스로 정결케 하고 동산에 들어가서 그 가운데 있는 자" 곧 우상을 숭배하는 자와 성경에서 금하는 "돼지고기와 가증한 물건과 쥐를 먹는" 일을 하여 악을 행하는 자들이다(레 11:7, 29). 24절에서 그들은 죽임을 당하고 불에 태워진다.

② 18~23절

반면에 하나님 앞에서 예배하길 원하는 자들은 예루살렘에서 제의공동체의 일원이 되는 은혜가 주어진다. 마지막 때가 되면("때가 이르면") 하나님은 열방과 열족들 중에서 그의 영광을 볼 수 있도록 그의 선택받은 사람들을 모으신다(18절). 그리고 그들 중에서 그의 영광을 전하는 사신이 되게 한다(19절). 이는 매 월삭과 매 안식일에 하나님을 예배하게 하기 위함이다(23절).

열방이 하나님을 예배하는 신앙 공동체가 된다는 것은 무엇을 의미하는가? 이는 세 가지를 의미한다. 첫째, 모든 열방이 하나님에게 예물을 드릴 수 있게 된다는 것이다(20절). 주의 성산 시온에게까지 이제 나아올 수 있음을 알게 된다(2:1~4). 둘째, 열방들이 하나님의 제사장와 레위인이 되어 하나님의 말씀 곧 구원받는 복음을 전하게 될 것이라는 사실이다(21절). 그리고 셋째, 열방이 하나님의 주권과 의로운 통치가 행하여지는 새 하늘과 새 땅에 참여하게 되며 영원히 함께할 것이라는 사실이다(22절).

3) 설교를 위한 적용

(1) 탕자의 아버지와 같은 하나님(65:1~7)

하나님의 백성 이스라엘을 향하신 하나님은 탕자의 아버지와 같은 모습을 보이신다. 그는 분명 자기 자녀의 모습을 잘 알고 있다. 그들의 우상 숭배, 가증한 행위 그리고 교만한 모습까지 살피신다. 하지만 그들을 먼저 돌아보시고 그들에게 다가가신다. 탕자가 돌아오기만을 매일 밤이 맞도록 기다리시는 아버지의 모습을 본다. 이제 우리의 어리석음과 위선을 버리고 주께로 돌아가자.

(2) 진리의 하나님을 찾자(65:8~16)

하나님의 사람으로 살아가길 소망한다면, 진리의 하나님을 찾는 삶을 살아야 한다. 세상 것의 화려함과 풍요로움에 정신을 잃어버리면 안 된다. 그와 같은 것들이 구원받은 자로서 우리의 삶에 주인이 되어서는 안 된다. 더구나 하나님의 자녀로 살아갈 때 복을 구하는 것과 맹세하는 것을 통하여 하나님을 시험하고 혹은 하나님을 조종하려고 해서는 안 된다. 오직 우리가 할 일은 하나님의 말씀을 통해서 진리의 하나님을 만나고 또 그의 말씀에 순종할 것을 기억하는 것이다.

(3) 여호와 하나님의 왕적 통치를 선포하자(65:17~25)

선지자 이사야는 자신이 살던 주전 8세기의 예루살렘 상황에서–우상숭배와 불의가 행해지던 상황–하나님이 통치하는 새 하늘과 새 땅을 꿈꾸고 있다. 이는 첫째, 하나님의 절대 주권이 실현되는 나라다. 둘째, 하나님의 의가 모든 곳에서 실천되는 곳이다. 선지자의 꿈은 그의 선포로 시작되었다. 그렇다면 오늘도 이사야와 같은 주의 종들이 일어나서 주의 나라가 임하심과 하나님의 왕적 통치를 선포하자. 그리고 이사야가 그 말씀에 의지하여 살아간 것처럼 우리의 삶과 모습도 하나님의 말씀을 절대 순종하며 살아가자. 그와 같이 행하는 것이 하나님의 왕적 통치와 의의 실현을 시작하는 것이리라 생각한다.

(4) 신령과 진정으로 하나님을 예배하자(66:1~14)

진정과 신령으로 하나님을 예배하자. 하나님은 우리의 창조자이시고 구원자이시다. 그런 하나님을 예배하는 것은 살아 계신 하나님 앞에 나아가는 것임을 기억해야 한다. 멋진 예배당 혹은 큰 예배당에서만 하나님이 임재하시는 것은 아니다. 진정한 마음으로 온 몸과 정성을 다해 하나님을 향해 무릎을 꿇는 모든 장소에서 주님은 우리와 함께 하신다. 훌륭한 그리고 값진 예물이나 헌금보다도 마음에서 우러나오는 정성을 더 귀하게 여기시는 하나님이심을 기억하자.

(5) 주의 재림을 기대하자(66:15~24)

이 땅에 오셨던 예수 그리스도는 다시 오실 것이다(히 9:28). 그때가 되면 하나님 앞에서 우상숭배와 거짓된/가증한 일을 행한 자들이 심판을 받을 것이다. 우리도 그날을 바라보고 항상 깨어서 스스로 삼가 조심하고 기도하는 생활을 증진하자. 또한 더 많은 사람에게 복음을 전하여 주의 재림을 같이 기뻐하며, 함께 주를 예배하는 날이 속히 오도록 힘쓰자.

주(註)

1부

1장
참고문헌

1. Eaton, J. H. *Festal Drama in Deutero-Isaiah*. London: SPCK, 1979.
2. Goulder, M. D. *Type and History in Acts*. London: SPCK, 1964.
3. Jensen, J. *The Use of Tora by Isaiah: His Debate with the Wisdom Tradition*. Washington: Catholic Biblical Association, 1973.
4. Kaiser, O. *Isaiah 1~12: a Commentary*. OTL. London: SCM LTD, 1974.
5. Kaiser, O. *Isaiah 13~39: a Commentary*. OTL. London: SCM LTD, 1983.
6. Knight, G. A. F. *A Biblical Approach to the Doctrine of the Trinity*. Oliver & Boyd, 1953.
7. Koole, I. L. *Isaiah. Part 3. Vol. 1: Isaiah 40~48*. Kampen: KOK Pharos Publishing House, 1997.
8. Koole, I. L. *Isaiah. Part 4. Vol. 2: Isaiah 49~55*. Kampen: KOK Pharos Publishing House, 1998.
9. Lindblom, J. *Prophecy in Ancient Israel*. Philadelphia: Fortress Press, 1962.
10. Ma, Wonsuk, *Until the Spirit Comes: The Spirit of God in the Book of Isaiah*. JSOT SS 271, Sheffield: Sheffield Academic Press, 1999.
11. Motyer, J. A. *The Prophecy of Isaiah*. Downers Grove: IVP, 1993.
12. Oswalt, J. N. *The Book of Isaiah. Chapter 1~39*. Grand Rapids: Eerdmans, 1986.
13. Oswalt, J. N. *The Book of Isaiah. Chapter 1~39*. Grand Rapids: Eerdmans, 1998.
14. Watts, J. D. W. *Isaiah 1~33*. WBC. Waco: Word Books, 1985.
15. Watts, J. D. W. *Isaiah 34~66*. WBC. Waco: Word Books, 1987.
16. Westermann, C. *Isaiah 50~66: a Commentary*, OTL. London: SCM LTD, 1969.
17. Wildberger, H. *Isaiah 1~12, a Commentary*, Trans. by T. H. Trapp, Minneapolis: Fortress Press, 1991.
18. Wildberger, H. *Isaiah 13~27, a Commentary*, Trans. by T. H. Trapp, Minneapolis: Fortress Press, 1997.

2장

1. '역사를 하나님의 목적과 의도가 관철되는 영역'이라고 보는 견해에 대해서는 마틴 노스의 다음 논평이 인용할 만하다. "The (8th century) prophets were the first to interpret the events of their time from this universal point of view, not explaining the past

retrospectively or making a vague forecast of the general trend of future event, but discerning in the evens of their own age the beginning of the operation of a divine plan." Martin Noth, *The History of Israel* (London: Adam & Charles Black, 1958), 256. 물론 우리는 주전 8세기 예언자들이 역사 속에 작동하는 신적 계획의 동태를 식별한 최초의 사람이라는 노스의 견해에는 찬동하지 않는다. 신적 계획의 역사적 작용에 대한 인식이 훨씬 이전부터 가능했을 것이라는 추측에 반하는 결정적 증거를 발견하지 못했기 때문이다. 고대 근동의 역사 속에서 신들의 활동에 대한 광범위한 인식과 평가에 대한 사례는 저자의 영어 논문 "The Plan of Yahweh in Its Ancient Near Eastern Context," KIATS Theological Journal 2(2005), 102~135를 참고할 것.

2. 구약성경에서 '메시아'라는 말은 하나님의 통치를 잠정적 혹은 상시적으로 수행하는 신정 통치의 인간 대리자를 가리킨다('대제사장' 레 4:3; '말씀의 사역자들' 시 105:15; '고레스' 사 45:1; '이스라엘과 유다의 왕' 삼상 14:6; '종말에 오실 하나님의 친정 통치의 지상 대리자' 단 9:25). 이사야 1~39장에서는 '메시아'라는 용어가 등장하지는 않지만 하나님의 통치를 지상에 구현할 다윗 계열의 이상왕이 메시아적인 존재로 등장한다(9, 11, 32장, 참고 "주 야웨께서 내게 기름을 부으사…" 사 61:1). 이 글에서는 공과 의로 나라를 다스렸다고 칭송되는(삼하 8:15; 23:1~7) 다윗 왕의 후손으로서 장차 올 이상왕을 가리킨다. 시편 72편은 솔로몬(다윗의 후임 왕들)에게 메시아적인 통치를 기대한다.

3. 다윗 왕조의 중심 신학인 시온-왕정 신학에 의하면 모든 다윗 계열의 왕들은 야웨의 이상적인 부왕(副王, 즉 메시아)으로 전제된다(시 72, 89, 132편; 사 9, 11, 32장). 적어도 유다의 왕정 신학에 의하면 다윗 계열의 왕들은 기름 부음을 받은 '메시아'로서 왕위에 오른다. 그래서 모빙켈은 구약성경의 '메시아'가 비종말론적인 현실적 왕을 가리키는 용어라고 주장한다. S. Mowinckel, *He That Cometh*, trans. G. W. Anderson (New York; Abingdon: Nashville, 1954), 3, 7.

4. 9장의 이상적인 지도자에게 기대되는 모든 왕적인 호칭들과 그와 관련된 의무들은 일차적으로는 종말에 도래할 신적인 왕이라기보다 지상의 군주와 관련된 것이다. 이 의무들은 유다의 다윗 왕조에게 으레 기대되는 덕목들이었다. G. Adam Smith, *The Book of Isaiah* (London: Harper, 1927), 135.

5. 포로 귀환 구절들은 앗수르와 애굽에서 귀환한 북이스라엘 포로들의 귀환 사건과 남유다의 바벨론 및 애굽 포로 귀환 사건을 동시적 구원 사건으로 본다(11:11, 15~16). 바벨론과 앗수르는 신학적으로 동일시되는 세계 제국 질서의 대표자다(이사야 13~14장의 앗수르=바벨론 지평 융합을 주목하라. 에스라 6장에서는 앗수르=페르시아의 지평 융합 발생, 베드로후서와 요한계시록에서는 바벨론=로마 제국의 신학적 동일시가 발견된다).

6. 마소라 본문의 첫 소절을 직역하면 '당신은 그 나라를 몇 곱절로 확장하였다. 아니.' 이것은 아주 어색한 문장이며 문맥상 어울리지 않는다. 많은 중세 사본들과 쿰란, 탈굼, 시리아역은 '하고이 로'(הַגּוֹי לוֹ)로 읽는데 이것도 불만족스럽다. 이 경우 '로'(לוֹ)는 '하나님'을 주어로 삼는 hirbītā(2인칭 남성 단수, 'you increased')와 일치하지 않는다. BHS와 뷜드버거를 비롯한 대부분의 주석가들처럼 '하고이 로'(הַגּוֹי לוֹ)는 다음 소절의 '하쉬므하'(הַשִּׂמְחָה 기쁨)와 대구를 이루는 '하길라'(הַגִּילָה 환희)라고 보아야 한다(앞의 책, 386).

7. '펠레 요에츠'(פֶּלֶא יוֹעֵץ)에서 앞 단어 '펠레'는 형용사적으로 해석할 수 있다. 직역하면 '계획/

전략의 천재'(wonder of counseling or wonder of a counselor)로 번역될 수 있다(참고 창 16:12). 골딩게이도 비슷한 견해를 피력한다. John Goldingay, "The Compound Name in Isaiah 9:5(6)," CBQ 61(1999): 243.

8. 70인역(LXX)은 히브리어 단어 '엘 기쁘르'(אֵל נִבּוֹר)에 대한 번역을 시도하지 않고, 아퀼라 (Acquila) 역은 이 단어를 두 개의 형용사 'mighty and powerful'로 바꾸어 놓는다. 심마쿠 스 역본과 테오도션 역본도 '엘'을 적어도 '하나님'으로 번역하지는 않는다. H. Wildberger, *Isaiah 1~12*, trans. T.H. Trapp (Minneapolis, IN: Fortress, 1991), 386~387. 이 경우 '엘'은 하나님을 의미하지 않고 용사, 혹은 전쟁 영웅을 의미한다. G. B. Gray, *The Book of Isaiah I*, 173. '엘로힘'은 일반 명사로서 사용될 때 재판관, 혹은 용맹한 전사 등을 의미한다 (겔 33:21은 엘로힘을 사람들에게 사용하고 겔 31:11은 느부갓네살에 대해 사용하고 있다. 요한복음 8장에서 예수님이 시편 82편 인용).

9. '영존하는 아버지'라고 번역된 히브리어는 '아비아드'(אֲבִיעַד)다(Gesenius, Ewald, Cheyne 등 고전적 주석가들의 입장이다. אֲבִי + עַד = אֲבִיעַד). 아버지라고 번역된 히브리어 '아비'(אֲבִי)는 일반적으로 관리자, 지도자의 의미를 갖는다. 예루살렘 시장 급에 해당하는 관리도 '아버지'라 고 불린다(사 22:21의 엘리야김은 예루살렘 거민과 유다 집의 아비로 불린다).

10. 이 대관식 예언시는(거의 의도적으로) '왕'(מֶלֶךְ멜렉)이라는 말을 사용하지 않는다. '왕'이라는 말이 이미 왕국 역사를 통해 동방 전제 군주에 의해 이미지가 오염되었기 때문일 수도 있다. 반면에 하나님에 대해서는 '왕'이라는 칭호를 여러 차례 사용한다(6, 33장). 메시아는 하나님 의 방백(지방 행정관 혹은 왕자의 신분이지만 지방 행정관)일 뿐이다.

11. '레마르베'(לְמַרְבֵּה)에 왜 מ의 꼬리형 ם이 사용되었는지를 놓고 학자들 간에 분분한 의견을 제 시하고 있다. 일부 중세 사본들과 1QIsa, Qere는 그냥 자음 멤의 서기관 오기라고 보고 모 두 '레마르베'(대단하게, 굉장한 정도로)로 읽는다. 어떤 학자들은 다섯 번째 왕위 등극 시 받 는 보좌 칭호(הַמִּשְׂרָה מַרְבֵּה마르베 함미스라 '왕국을 확장하는 이')의 일부라고 보는 반면[A. Alt, "Jesaja 8, 23 ~ 9, 6. Befreiungsnacht und Krönungstag," in *FS. Alfred Bertholet zum 80. Geburtstag gewidmet*, Ed. W. Baumgartner (Tübingen: Mohr Siebeck, 1950), 42], 뷜드버거는 '랍 함미스라'(רַב הַמִּשְׂרָה), 즉 '통치권에서 대단한'(great in sovereign authority) 으로 재구성한다(*Isaiah 1~12*, 387). 알트와 뷜드버거 모두 이집트의 경우처럼 유다 왕들도 즉위 때 다섯 개의 보좌 칭호를 받았다는 전제에 집착하고 있는데, 그렇게 만족스럽지 못하 다. 이사야 혹은 유다 왕실이 이집트 왕실의 다섯 개 보좌 칭호 수여 전통을 기계적으로 모 방하였다고 볼 이유가 없다는 점을 고려하면 이들의 주장은 설득력을 잃는다. 결국 우리는 BHS의 제안처럼 '라모 라바'(לָמוֹ רַבָּה) 혹은 '로 메루바'(לוֹ מְרֻבָּה)로, 즉 '그에게 대단한'으로 읽는다.

12. 9:1~7의 이사야 기원을 부정하는 주석가들은 연대 추정에 아주 다양한 견해차를 보인 다. 구테(Guthe)는 '포로기 이후가 아닌 한 시점'이라고 주장하고 스테이드(Stade)와 셰인 (Cheyne), 해크만(Hackmann)은 '포로기 이후의 한 특정 시점', 마르티는 '주전 540년경', 그레이(G. B. Gray)는 '포로기가 끝날 즈음에', 케네스(Kenneth)와 카이저(O. Kaiser)는 '주 전 140년경(마카베오 항쟁 시대)' 등 다양한 견해가 제시되고 있다.

13. K. Marti, *Das Buch Jesaja* (Tübingen: Mohr Siebeck, 1900), 95; G. B. Gray, *A Critical and Exegetical Commentary on the Book of Isaiah I~XXXIX*, Vol. 1 (New York: Charles

Scribner's Sons, 1912), 166.

14. Marti, *Das Buch Jesaja*, xix~xx.

15. 앞의 책.

16. 뷜드버거는 8:19, 20은 47:10하~12을 상기시킨다는 점에서 포로기 때 추가되었을지도 모른다고 주장한다(*Isaiah 1~12*, 364). 그러나 이 절들이 북이스라엘 왕국의 국가적 파산을 묘사했을 가능성이 많다는 점에서 반드시 포로기 상황에서 나올 만한 구절이라고 판단할 이유는 없다. '죽은 조상신 숭배'는 포로기 전 가나안 농민과 이스라엘 민중들 사이에서 광범위하게 행해지던 민중 종교였다. 따라서 국가 주도의 공식 종교가 파산하자 대중적 미신 종교가 기승을 부리는 장면을 그린 것으로 보아진다.

17. 히스기야의 대관식을 계기로 선포된 메시아 예언시라는 말은 이 단락에서 묘사된 이상왕이 역사적인 히스기야 왕의 치적을 추후로 묘사한 예언이라는 뜻이 아니다. 요세푸스를 비롯한 많은 주석가(Kimchi, Gesenius, Grotius 등)들은 5절의 네 가지 왕위 등극 시 불려질 칭호들이 히스기야를 가리킨다고 주장하는 반면에, 칼뱅이나 알렉산더 같은 주석가들은 히스기야가 아니라 그리스도 예수를 가리킨다고 주장한다. Joseph A. Alexander, *Commentary on the Prophecies of Isaiah* (Grand Rapids; MI: Zondervan, 1976), 203.

18. R. E. Clements, *Isaiah 1~39* NC주전 (Grand Rapids; MI: Wm. B. Eerdmans, 1980), 9.

19. 역대하 32:32을 진지하게 받아들인다면 이사야가 히스기야의 대관식(주전 715년경 혹은 726년경)을 전후해 저작한 대관식 예언시라고 보는 학자들의 의견은 경청할 만하다(폰라드, 뷜드버거, 로버츠, 윌리엄슨 등 이사야 연구의 권위자들).

20. J. J. M. Roberts, "The Old Testament's Contribution to Messianic Expectations," in *The Messiah. Developments in Earliest Judaism and Christianity*, Ed. J. H. Charlesworth et al. (Minneapolis: Fortress Press, 1992), 444.

21. 비교 R. E. Clements, *Isaiah 1~39* NC주전 (Grand Rapids; MI: Eerdmans, 1980), 106. 클레먼츠는 8:23을 디글랏빌레셀 3세에 의한 북쪽 지역 병합과 연결시키며 9:1~7 전체 단락을 주전 725년의 히스기야 왕의 대관식 맥락에 배치한다.

22. 주전 8세기 '다윗 제국'은 주전 10세기에 약 80년간 지속되었다고 믿어지는 역사적 실체로서의 다윗 제국이 아니라 신학적 실체로서 더 잘 알려져 있다. 즉 공평과 정의로 다스려지는 나라를 의미하였다(사 9:5, 6; 16:5, 참고 삼하 8:15; 23:3~5).

23. H. Donner, "The Separate States of Israel and Judah," in *Israelite and Judaean History*, Eds. J. H. Hayes and J. M. Miller (Philadelphia: Westminster, 1977), 426.

24. 이 대관식 예언시는 시리아-에브라임 전쟁이라는 역사적 사건을 배경으로 착상되어 히스기야의 왕위 즉위식과 관련해 선포되었을 가능성이 매우 높다. 특히 6절의 '우리/우리에게'라는 1인칭 복수대명사 사용은 이 시가 대관식이라는 극적인 의식(儀式)을 염두에 두고 저작된 것임을 짐작케 한다(Alt, von Rad, Roberts, 특히 Alt, *Jesaja 8:23~9:6 Befreiungsnacht und Krönungstag*, 29~49).

25. G. A. Smith, *The Book of Isaiah* (London: Harper, 1927), 131.

26. 히스기야는 북이스라엘의 남은 백성들에게 유월절 절기에 참여하도록 초청장을 보낸다. 9:1~7의 이상에 접근하는 포용 정책을 구사한 것이다.

27. Roberts, "Messianic Expectation," 43.

28. 앗수르 제국의 압제의 막대기를 꺾고 이스라엘 백성을 해방할 대리자가 메데나 바사와 같은 세상의 현실 세력이 아니라는 점이 이 메시아 예언시의 신학적 깊이를 더해 준다. 14:24~27에서도 앗수르의 멍에와 쇠빗장을 부술 주체가 하나님 자신으로 묘사되어 있다. 이사야 30:27~33에서도 하나님 자신이 친히 앗수르 왕을 처리하신다. 결국 이사야 9:1~7은 이사야의 다른 진정성 있는 예언들과도 일맥상통하고 있음을 알 수 있다.

29. 에드가 콘래드, 「이사야서 읽기」, 장세훈 옮김(서울: 기독교문서선교회, 2002), 88~89.

30. 또한 펠레 요에츠는 재판 과정에서 신적인 지혜를 구사하는 재능을 구비한 지도자를 가리킬 수 있다(왕상 3:16~28).

31. 앗수르 포위 작전에 대한 마지막 저항 장면(사 36~37장)에서 히스기야는 강력한 용사다움 (저항 정신)과 믿음의 결합을 보여 준다(사 36:5).

32. 윌리엄슨도 '엘 기쁘르'에 대해 군사적 지도자로서만 축소시켜 이해하는 것의 위험성을 경고한다. H. G. M. Williamson, *Variations on a Theme. King, Messiah and Servant in the Book of Isaiah* (London: Paternoster Press, 1998), 42.

33. '멜렉'이라는 말을 기피한 이유는 이사야 6장 소명묵시에 야웨 하나님을 왕으로 지칭하였다는 것과 무관하지 않을 것이다. 이사야는 하나님의 신정 통치적 구조를 효과적으로 부각하기 위해, 다윗의 후손으로 다윗의 위에 앉는 왕에게 '왕'이라는 호칭 사용을 극도로 자제했을 것이다. 다윗의 위에 앉는 유다 왕을 '아들/아기'라고 부르는 이유를, 아하스 왕이 디글랏빌레셀 3세에게 군사적 원조를 요청할 때 보낸 편지에서 자신을 가리켜 앗수르 대왕의 '아들'이라고 불렀던 최근 역사적 사건과 연결시켜 보는 것도 무리는 아닐 것이다(왕하 16:5~10). 이 입장과 유사한 견해를 보려면 Williamson, *Variations on a Theme*, 54 참고.

34. 사무엘하(주전 10~9세기)는 죄와 육으로 얼룩진 다윗 상을 가감 없이 보여 준 데 비해 주전 8세기 예언자들은 시적으로 승화된 다윗을 제시한다(사 11장; 미 5:2). 주전 6세기 열왕기하에서 다윗은 왕조를 수호하는 데 결정적인 역할을 맡은 한층 고양된 중보자로 승화된다(사 37장; 참고 왕하 19:34=사 37:35). 주전 5세기의 역대기서에서는 다윗은 아예 인간적 얼룩과 오점은 사상(捨象)된 채 우주적 예전과 찬송의 지도자요 영원한 멜기세덱 반열의 제사장으로 승화된다. 다윗에 대한 예언자적 승화가 주전 8세기에 처음으로 일어난다.

35. Smith, *The Book of Isaiah*, 136~137, 138.

36. 앞의 책, 138.

37. '남은 자' 사상을 다루는 모든 구절들도 결국 이사야 6:11~13의 빛 하에서 해석된다. 하나님의 심판은 절대적 공허(空虛)와 무(無)를 남기는 것이 아니라 '거룩한 씨'를 남겨 둔다는 것이다. 하나님의 심판은 거룩한 씨만을 남겨 재배하여 그 씨를 보존하려는 육종학적(우생학적) 실험 과정일 수도 있다. 북이스라엘의 남은 자들에 대한 예언자적 전망도 이사야 6:11~13에 이미 예견되어 있다.

38. 지탱 목회(sustaining ministry)란 역사적 재난 앞에서 절망에 빠진 사람들을 재난 너머에서 오는 하나님의 구원을 기대하도록 하는 목회를 말한다. 이사야의 예언은 여러 가지 면에서 단순히 임박한 재난을 예고하기보다 절망과 혼돈에 빠진 사람들을 인도하는 목회자적 열정을 보여 준다.

39. 산헤립은 자신의 전쟁 연대기에서 유다의 농촌 지역 46개 성읍을 정복하여 초토화시켰으며 20만 150명의 전쟁포로들을 사로잡았다고 주장한다(*ANET*, 287~288).

40. '남은 자만 돌아간다'는 불길한 예언은 고대 근동의 전쟁 결과를 보고하는 문서에 관용어법으로 자주 등장하는 '남은 자'와 '돌아간다'의 결합이다. 10:20~23과 28:5, 6의 '스알야숩'에는 신학적 차원의 의미까지 포함된다. 이 단락은 북이스라엘의 남은 자가 하나님 및 히스기야 왕에게 돌아올 것을 예언한다.

41. 다윗—솔로몬 왕정 신학은 왕조의 영속성을 옹호하고 확증하려는 신학이다(시 89, 132편, 참고 삼하 7:12~16).

42. 야곱 가문(the house of Jacob)은 북이스라엘 왕국의 가문별 지파 조직을 상기시키는 말이다(출애굽 때 가문별로 탈출이 이뤄졌음을 주목). 이사야 1~39장에서 야곱과 이스라엘은 대부분(특히 8:17; 19:20, 21) 북이스라엘 왕국을 가리킨다. J. J. M. Roberts, "Isaiah 2 and the Prophet's Message to the North," *JQR* 75 (1985), 293, 297. 이사야는 지금 종말론적으로 말하지 않고 당대의 역사적 정치적 맥락에서 예언하고 있다.

43. 이 절은 스알야숩의 이름 예언이다. 이어지는 구절이 '스알야숩'을 신학적으로 해석—혹은 현실 정치적으로—할 수 있는 실마리를 제공한다.

44. '능하신 하나님'으로 번역된 '엘 기뽀르'는 앞의 '이스라엘의 거룩하신 자 야웨'(Yahweh the Holy One of Israel)와 대구를 이루기 때문에 일단 '능하신 하나님'으로 번역해야 한다. 그러나 9:6에서 엘 기뽀르가 '강력한 용사'(다윗 계열의 왕을 가리키는 말)로 번역된 것을 고려하면 '능하신 하나님'은 이차적으로는 다윗 계열의 이상왕(현실적으로는 히스기야)을 의미할 수도 있다. 한편으론 엘 기뽀르는 '공평한 재판관'을 의미할 수 있다는 점을 고려하면 이 구절을 28:6과 연결해 이해할 수도 있을 것이다. 28:6은 강력한 용사 이미지(군사 지도자)를 가진 사람과 재판관 이미지를 가진 사람을 시적 대구로 병행시키고 있다.

45. 8:8에서 사용된 범람을 묘사하는 단어 '샤타프'(שָׁטַף)가 여기서는 분사형 '쇼테프'(שׁוֹטֵף)로 사용되고 있다. 앗수르 제국의 대범람은 하나님의 공의로운 심판을 집행하는 일환이었다.

46. '칼라 웨네헤라차'(כָלָה וְנֶחֱרָצָה)는 직역하면 '끝냄 그리고 (즉) 작정된 것'으로 해석된다. '웨네헤라차'(וְנֶחֱרָצָה)의 와우(ו) 접속사는 앞의 단어를 수식하는 접속사, '정도'를 나타나는 것으로 번역될 수 있다. '네헤라차'(נֶחֱרָצָה)는 '헤라차'(חָרַצָה 작정하다)의 니팔 분사형으로 실사(substantive)로 사용된다고 본다(R. J. Williams, *Hebrew Syntax*, 71 para, 434). '끝냄, 즉 작정된 것'은 북이스라엘에 대한 대파국적 심판을 의미한다.

47. 여기서 '아사'(עָשָׂה) 동사의 분사형이 사용되는데 이 동사는 하나님의 결단을 의미하는 '에차'(עֵצָה)의 동의어 '마아세'(מַעֲשֶׂה)의 어근이다. 이 단어는 이사야서에서 하나님 결단의 신학을 전개시키는 데 중요한 기여를 한다.

48. '이스라엘의 남은 자'와 '야곱 가문의 피난한 자들'은 10:24상의 '시온에 거한 나의 백성들'(유다 사람들)과 대조적인 운명을 맞이한 사람들을 가리킨다. 따라서 '이스라엘의 남은 자'와 '야곱 가문의 피난한 자들'은 주전 732년 재난과 주전 722년 재난을 당한 후 살아남은(앗수르 및 애굽으로 유배당하거나 피난한 자들 포함) 북이스라엘 백성을 가리킨다.

49. 학자들은 히스기야 시대에 만들어진 많은 항아리들이 북쪽 지역에서도 발견되는 것을 보고 히스기야가 북쪽 이스라엘의 남은 백성들을 적어도 현실 정치적으로는 복속시키려고 노력하였다고 본다. W. M. Schniedewind, *Society and the Promise to David, The Reception History of 2 Sam 7:1~17* (Oxford: Oxford University Press, 1999), 70~71.

50. 앞 구절('재판하러 앉는 자에게는 공평의 신이 되시며')과 시적인 대구를 고려하면, 이 절

은 '성문에서 소송 사건(전쟁, מִלְחָמָה하밀하마)을 중재하는 자에게 힘이 되시며'라고 하는 것이 더 나은 번역일 수도 있다. 그러나 이 경우에 두 가지 문제점이 발생한다. 첫째는 '밀하마'(מִלְחָמָה 전쟁)를 '소송 사건'으로 번역할 수 없다는 점이다. 둘째는 '샤아르'(שַׁעַר 성문)이라는 명사에는 방향을 나타내는 locale-he가 붙어 있으므로 '성문에서 재판하는 자'로 번역하는 경우 이 locale-he의 의미를 살리지 못한다는 점이다. 한편 위의 사역처럼 번역('성문에서 싸움을 물리치는 자')하는 경우 앞 구절과 시적 평행 관계(대구)를 확보하지 못한다는 문제가 발생한다. 그러나 locale-he의 의미는 살릴 수 있다. 전체적으로는 후자의 번역이 문맥상 더 잘 어울린다고 판단된다. 이 경우에는 앞 구절과 좀 더 넓은 의미에서 느슨한 시적 대구를 이룬다고 볼 수 있다.

51. 메시아는 공평한 재판관일 뿐만 아니라 환상적 지략가요 영웅적인 용력을 발휘하는 군사 지도자이기도 하다. 이사야 11:1~4은 재판 사역과 군사적 용력 발휘가 메시아 통치의 본질적 측면임을 잘 보여 준다. "2 여호와의 영 곧 지혜와 총명의 영이요 모략과 재능(גְּבוּרָה게부라)의 영이요 지식과 여호와를 경외하는 영이 강림하시리니 3 그가 여호와를 경외함으로 즐거움을 삼을 것이며 그의 눈에 보이는 대로 심판(מִשְׁפָּט미쉬파트)하지 아니하며 귀에 들리는 대로 판단하지 아니하며 4 공의로 가난한 자를 심판하며 정직으로 세상의 겸손한 자를 판단할 것이며…."

52. 주전 722/721년경이 이사야가 앗수르를 신학적으로 심각하게 단죄하기 시작한 시기였을 것이다(사 10:5~7, 15~19, 참고 사 13, 14장).

53. 이스라엘 사람들에게 '이스라엘'은 하나님의 선택과 구원의 역사를 일깨워 주는 말이었을 것이다(오경 전승의 '이스라엘'). '이스라엘'은 하나님의 과거 구원사를 한마디로 축약한 말이므로 어떤 경우에도 신학적으로 말소될 수 없는 개념이었을 것이다. 이사야를 비롯한 예언자들은 '이스라엘'이라는 구원사 중심 단어를 어떻게 해서든지 복권시키려고 분투했으며 이 과정에서 나온 사상이 신학적 차원의 '남은 자 사상'이었을 것이다.

4장

1. Christopher R. North, *The Suffering Servant in Deutero~Isaiah: An Historical and Critical Study* 2d ed. (Oxford: Oxford University Press, 1956). 노스는 종의 정체성에 대해 역사적 개인, 신화적 인물, 메시아적 인물, 집합적인 공동체로 구분하여 설명한다.

2. 이사야서 전체에 걸쳐 하나님의 대행자(God's agent)의 역할이 소개되고 있다. 왕, 종, 그리고 종들. 이사야 1~39장은 하나님의 대행자(God's agent)로서 다윗 왕조 출신인 왕에 대해 주로 다룬 반면에, 이사야 40~53장은 주로 종의 역할과 그 보상에 대해, 이사야 54~66장은 종들과 그 기업에 대해 제시한다.

3. Wilcox and Paton~Williams, "The Servant Songs in Deutero~Isaiah", *JSOT* 42(1988): 79~102.

4. 이사야 42:1~9에서 종의 사명과 관련해 사용된 단어인 공의(미쉬파트)와 의(체데크)는 이사야 9:6~7; 11:1~5; 16:5; 32:1~8에서 다윗 왕조의 왕의 역할을 묘사할 때도 동일하게 사용된다.

5. H. M. Orlinsky, "The So~called 'Servant of the Lord' and 'Suffering Servant' in Second

Isaiah", in *Studies in the Second Part of the Book of Isaiah* (VTSup 14; Leiden: Brill, 1967), 54.

6. Richard E. Averbeck, "אָשָׁם" in *NIDOTTE* 1: 564.

7. R. N. Whybray, *The New Century Bible Commentary: Isaiah 40~66* (Grand Rapids: Eerdmans, 1975), 171.

8. Melugin, *The Formation of Isaiah 40~55* (Berlin and New York: Walter de Gruyter, 1976), 167.

9. 한글성경은 52:15의 많은 사람(רַבִּים라빔)을 히브리어 원문에서 번역하지 않았다. 히브리 본문을 번역한다면 '나라들' 대신에 '많은 나라'들이다.

10. 53장의 정경적 역할은 40~51장과 54장을 주제적, 신학적 관점으로 서로 연결하는 경첩의 역할을 한다. 둠(Duhm) 이후에 많은 학자들은 52:13~53:12을 전후의 문맥으로부터 분리시켰으나 이 본문은 전후의 인접 문맥과 많은 어휘적 연관성을 보여 준다. 평화(52:7; 53:5; 54:10, 13), 여호와의 팔(51:5, 9; 52:7; 53:1), 자손(53:10; 54:3), 많은 사람(53:11, 12; 54:1), 의(53:11; 54:14, 17), 얼굴을 가리움(53:3; 54:8).

5장
참고문헌

1. H. H. Lowley. *The Servant of the Lord*. London, 55

2. F. F. Bruce. *The Book of The Arts*, in the New International Commentary. 1956, 283

7장

1. '받들어 높이 들려서'라고 번역된 히브리어 '야룸'(יָרוּם)은 시적 음보(meter)를 깨는 불필요한 추가물이다. 아마도 6:1의 "높이 들린"(하나님의 보좌)에 영향을 받은 서기관의 추가물처럼 보인다.

2. 마소라 본문과는 달리 두 개의 중세 사본, 시리아역, 탈굼과 같이 3인칭 단수 남성 접미사로 읽는 것이 더욱 적당할 것이다(14절을 보라).

3. BHS는 이 절 전체를 53:2 뒤로 배치하는 것을 권고한다.

4. E. W. Hengsternberg 등 많은 주석가들은 삽입 어구로 처리한다. E. W. Hengsternberg, *Christology of the Old Testament* vol. 1 (MacDill AFB: McDonald Publsihing Co., 1854), 580.

5. 동사 '나자'(נָזָה)의 히필형은 (피나 물을) '뿌리다'라는 의미로 사용된다. 이 경우 "그가 많은 열방들에게 (피)뿌리다"(참고 레 4:6; 5:16~17; 민 14:9)라는 의미로 사용될 수 있으나 문맥상 어색하다. 또한 '뿌리다'라는 동사의 목적어가 누락되어서 '뿌리다'라는 번역은 어색하다. 또한 '뿌리다'라는 번역은 앞의 소절(삽입절 바로 앞)과 시적 병행 관계를 깨뜨린다. '놀라게 하다'의 의미로 보는 것이 적당하다. 여기서는 70인역을 따라 '많은 열방'을 주어로 읽는다. 그러나 개역한글이나 NIV처럼 '그가'를 주어로 '그가 많은 열방을 놀라게 하리라'로도 읽을 수 있다.

6. 화자는 이제까지 야웨의 종을 통하여 설교를 들었으나 순종하지 않았던 하나님의 백성들, 즉

참회하는 백성들을 가리킨다.

7. 여기서 말하는 '질고'는 손상된 그의 몸 전신에 퍼져 있는 파생된 고통을 의미한다(왕상 22:34; 렘 6:7; 10:19).

8. '마스테르'(מַסְתֵּר)는 동사적 실사(substantivum verbale)로서 'hiding'(가리움, 감춤)을 의미한다.

9. 4하절과 5상절은 인칭대명사의 강조적 표현에 의하여 대구를 이룬다. "우리들이야말로 생각하였다. 그러나 그는…."

10. '무사르'(מוּסָר)는 여기서 응보적인 징벌을 의미한다(또한 Hengstenberg, 594).

11. '치료하다'는 히브리어 동사 '라파'(רָפָא)와 전치사 לְ가 연결되어 사용된 경우는 이사야 6:10과 여기밖에 없다(여기서는 니팔형 단순과거).

12. 앞의 시제들은 대부분 단순 과거시제(preterite)인데 왜 여기서는 미완료 시제를 사용하였는지 확실치 않다. 야웨의 종의 고난을 영원한 현재형(히브리어 미완료)으로 표현하고자 한 의도가 반영되었을 것이다.

13. 이 절은 아마 7하절의 중복오사(dittography)의 결과처럼 보인다(참고 BHS). 음률상 및 내용상 이 절은 여기서 필요 없다.

14. '오체르'(עֹצֶר)는 '옥죄임', '억압'을 의미하는데 뒤에 나오는 '미쉬파트'를 수식하는(즉 어떤 재판인가를 규정) 말로 해석한다. 즉 형식은 '재판'인데 내용상 억압적 재판이라는 것이다.

15. '누가 그의 대물림(대를 이어갈 자손)을 생각이나 하였는가?' 정도일 것이다. 아마도 이스라엘 백성들은 야웨의 종이 산 자의 땅에서 끊어질 것이라고 생각했을 것이다.

16. 8하절에 대한 저자의 번역은 개역성경과 다르고 NIV와 거의 근접한다. 개역성경은 "그 세대 중에 누가 생각하기를 … 내 백성의 허물을 인함이라 하였으리요"라고 번역한다. 이것은 일단 히브리어 원전의 구문(syntax)을 크게 이탈한 번역이다. NIV역은 "Who can speak of his descendants?"다. 원전의 구문을 잘 반영하고 있다. 우리는 '도로'(הַדּוֹר)를 세대(generation: 대물림되는 후손 계보의 의미)라고 번역한다.

17. 마소라 본문의 '내 백성'이라고 읽기보다는 BHS의 제안대로 '그들의 패역한 죄악'으로 읽는다. '내 백성'(עַמִּי)은 '미페샤암'(מִפֶּשַׁעַם)의 어미로 읽혀야 한다.

18. '라모'(לָמוֹ)를 3인칭 남성 단수어미(to him)로 보는 학자와 '라헴'(לָהֶם 3인칭 복수어미, to them)의 시적 변이형이라고 보는 학자들로 나뉜다. 여기서 우리는 단수로 볼 수밖에 없다(비슷한 경우로 신 33:2, 참고 사 44:15).

19. 흔히 전치사로 사용되는 '알'(עַל)이 양보 접속사(BDB 752, GKC 160c) 혹은 이유 접속사로 사용되었다고 보아야 한다. 헹스텐베르크는 '알'이하의 절을 오직 9하절과 연결시키며(그가 부자 묘실 옆에 묻힌 이유는) 이유 접속사로 본다. Hengstenberg, *Christology of the Old Testament vol. 1*, 600. 양보 혹은 이유 접속사 둘 다 가능하다. 여기서는 '이유' 접속사로 읽는다.

20. BHS의 제안처럼 읽는다(pual). 개역한글은 이 절의 주어를 '야웨'라고 읽는데 본문상의 근거가 약하다.

21. 개역한글이나 NIV는 "그의 앎 안에서"를 뒤따라 나오는 절("그가 의롭게 하리라")과 연결시키나 우리는 "그가 의롭게 하리라"와 연결시키는 대신에 "그가 만족하리라"와 연결시킨다.

왜냐하면 '보다'와 '알다'라는 동사적 개념들이 병행 관계를 이루기 때문이다. "그의 앎 안에
서"를 후속절과 연결시키면 시적 음률을 깨뜨리는 해석이 된다.

22. 인칭대명사가 접속사 뒤에 나오는 상황절로서 '그러나 그는'의 의미를 가진다.

23. G. Adam Smith, *The Expositor's Bible-The Book of Isaiah, vol. 2* (New York: Funk &
Wagnalls Co., 1900), 343(Hoffmann와 Dillmann도 같은 의견). 헹스텐베르크는 우리
를 '믿는 교회'(the believing Church)라고 본다. Hengstenberg, *Christology of the Old
Testament vol. 1*, 587. 문맥상 '우리'는 야웨의 종을 배척하고 박해하였다가 그의 대속적 고
난과 죽음 때문에 평화를 누리게 된 이스라엘 백성들, 즉 양심적 각성자들을 가리킨다.

24. 19세기 독일 구약학자인 헹스텐베르크는, 주전 6세기부터 예수님 오실 때까지 약 600년의
국권 상실 기간 동안 유대인들을 지탱시켰던 하나의 예언/약속이 있다면 그것은 바로 메시
아 도래에 대한 예언이었다고 주장한다. 그는 창세기 3:15(여자의 후손)의 원시 복음부터 말
라기 3:13~4:6의 '야웨의 날'의 도래 예언에 이르기까지 전체 구약성경이 그리스도의 고난
과 대속적 사역을 증거한다고 주장한다. Hengstenberg, *Christology of the Old Testament
vol. 2*, 1260.

8장

1. Walter Brueggemann, *Isaiah 40~66* (Louisville: Westminster John Knox Press, 1998),
228; John Oswalt, *The Book of Isaiah: Chapters 40~66* (Grand Rapids, Eerdmans,
1998), 603.

2. John Oswalt, *The Book of Isaiah: Chapters 40~66*, 623

3. Walter Brueggemann, *Isaiah 40~6*, 234.

4. John Oswalt, *The Book of Isaiah: Chapters 40~66*, 629.

9장

1. 이사야 40~48장의 구성에서 예언의 형식에 대한 연구로는 Claus Westermann, *Sprache
und Strufstur der prophetie Deuterjesajas* (Stuttgart:Calwer, 1981)를 보라. 40~48장의
수사학적 분석으로는 Jehoshua Gitay, *Prophecy and Persuasion A Study of Isaiah 40~48*
(Bonn: Linguistica Biblica, 1981)을 참고하라.

2. 사도행전 3:12~26에 기록된 베드로의 설교의 논리는 이러한 예를 따라 전개되고 있다(참고
특히 17~20절).

3. 여호와는 하나님의 사람을 세워 자신의 위대함을 증거할 것이다(40:1~4). 이 부분은 고레스
를 암시한 첫 부분이다. 이에 대한 언명들은 좀 더 구체적으로 44:28과 45:1에서 절정을 이루
면서 실제 이름이 주어진다. 하나님은 의-고레스의 의가 아니고 하나님의 의-가운데서 고레
스를 그의 발 아래 순종의 자리에 불렀다. 고레스는 여호와가 그를 사용하는지 알지 못한다.
그는 여호와의 예배자가 아니지만 고레스가 백성들을 고토에 돌아가게 한 행동은 하나님의
주권적 행동이 심지어는 이방 왕들의 사역에서도 나타났음을 보여 준다.

4. '여호와의 종'은 이사야서에서 가장 중요하고 가장 많이 논의되고 어떤 면에서는 가장 어려운

개념 중 하나다. 각 단락의 주해에서 분명해지듯이 이 어구는 다른 시기에 다른 방법으로 사용되었다. 다음 목록은 여러 용례에 따라 모아 본 것이다. 첫째, 하나님의 백성에 대하여 복수가 사용됨(54:17; 56:6; 63:17; 65:8, 9, 13, 14, 15; 66:14). 둘째, 이스라엘에 대하여 단수가 사용됨(41:8, 9; 42:19(2번); 43:10; 44:1, 2, 21, 26; 48:20). 셋째, 메시아에 대하여 복수가 사용됨(42:1; 49:3, 5, 6, 7; 50:10; 52:13; 53:11). 넷째, '선택된'(בָּחַר바하르) (41:8, 9; 43:10; 44:1, 2; 48:10; 56:4; 65:12; 66:3, 4).

5. 이제 우리는 '종의 노래' 가운데 처음 것을 다룬다. 이 단락에서 개별적인 강조점은 집합적 해석을 원하는 자들에게 문제를 야기한다. 다양한 견해에 대한 논의를 위해서는 McKenzie, *Second Isaiah, AB*를 보라. 그는 상당히 모호한 집합적 해석을 선호하였다. 그는 다음과 같이 말한다. "종은 미래에 속한다. 왜냐하면 그는 이스라엘이 마땅히 되어야 할 바가 될 것이다. 그러나 그 또한 과거에 속한다. 왜냐하면 그의 성품은 이스라엘의 역사와 그들의 지도자의 성품을 반향함으로 형성되기 때문이다 ⋯ 이스라엘이 종을 집합적 개념으로 수용하지 않는다면 이는 여호와와 신앙을 유지할 수 없다"(LV).

6. 고레스를 직접, 간접적으로 명시한 구절들(41:2, 25; 44:28; 45:1, 13; 46:11, 48:14).

7. 이와는 달리 McKenzie, *Second Isaiah*, 96은 이를 "여호와의 소명에 대한 고레스의 상상된 응답"이라고 한다.

2부

1장

1. 참고 한정건, 「이사야의 메시아 예언 I」(서울: 기독교문서선교회, 2006), 20~38.

2. 앞의 책, 444~455.

3. 이 논쟁에 대하여 팔머 로버트슨, 「선지자와 그리스도」(서울: P&R, 2007), 247~248을 참고하라.

4. R. E. Clements, "Beyond Tradition History: Deutero-Isaiahnic Development of First Isaiah's Themes", *JSOT* 31(1995): 98, cited from 최만수, 「이사야의 하나님—우리의 하나님」(서울: 그리심, 2005), 49; R. E. Clements, *Isaiah 1~39: The New Century Bible Commentary* (Grand Rapids: Eerdmans, 1980), 277을 보라.

5. R. E. Clements, "The Composition of the Book of Isaiah", in *Canon and Theology*, Ed. M. Kohl (Minneapolis: Fortress, 1993), 146~169.

6. B. S. Childs, *Isaiah: A Commentary the Old Testament Library* (Louisville, London, Leiden: Westminster, Joh Knox Press, 2001), 4 이하.

7. 참고 한정건, 「이사야의 메시아 예언 I」 23~27.

8. Clements, "The Composition of the Book of Isaiah", in *Canon and Theology*, Ed. M. Kohl , 100.

9. 최만수, 「이사야의 하나님—우리의 하나님」 75.

10. 존 와츠, 「이사야 34~66」, Word Biblical Commentary, vol 24, 강성철 옮김(서울: 솔로몬, 2002), 176.

11. 일반적으로 이 구절에서 '체데크'(צֶדֶק)를 '성공' 혹은 '승리'로 해석한다. 혹자는 '구원'이라고 해석하기도 한다. 와츠, 「이사야 34~66」, 194를 보라. 일반적으로 '체데크'는 '의'로 번역된다. 이것은 재판과 관련된 용어로서 '무죄함이 증명됨'을 의미한다.

12. George A., F. Knight, Isaiah 40~55 ITC (Grand Rapids: Eerdmans, 1984), 27.

13. 참고 와츠, 「이사야 34~66」, 193.

14. 참고 한정건, 「이사야의 메시아 예언」(서울: 기독교문서선교회, 2006), 116.

15. 참고 와츠, 「이사야 34~66」, 216~217. 와츠는 42:1 이하의 '여호와의 종'은 고레스이며, 49:5~6; 52:13; 53:11은 다리우스, 54:17과 65:13~16은 유대인들, 48:16~20은 세스바살, 53장의 종은 스룹바벨, 61:1~3은 또 다른 사람, 62:6~12은 느헤미야로 다양하게 본다.

16. 한정건, 「이사야의 메시아 예언 I」, 86~87을 볼 것.

17. 참고 앞의 책, 197~198.

18. ANET, 315.

19. 와츠, 「이사야 34~66」, 276.

20. 참고 E. J. Young, The Book of Isaiah, vol III (Grand Rapids: Eerdmans, 1974), 202.

21. 앞의 책, 202.

22. 카일 델리치, 「구약 주석 29: 이사야(하)」(서울: 기독교문화사, 1979), 115.

23. Young, The Book of Isaiah, vol III 245.

24. 물론 이사야 42장에도 미래적인 '종'이 등장하였지만, 48장에서 도입된 그분이 49장부터는 주도적으로 메시지를 이끌어 가고 있다.

25. Ridderbos, J., Bible Student's Commentary: Isaiah (Grand Rapids: Zondervan, 1985), 427; Young, The Book of Isaiah, 248.

26. Young, The Book of Isaiah, 247. 출애굽은 아브라함에게 언약을 맺으면서 예언으로 주셨다(창 15:13~15).

27. Ridderbos, Bible Student's Commentary: Isaiah, 427; Young, The Book of Isaiah, 248.

28. Ridderbos, Bible Student's Commentary: Isaiah, 428.

29. Young, The Book of Isaiah, 250.

30. 비평학자들은 '바라'(בָּרָא)를 특별하게 사용되었다고 할 수 없음을 이 구절을 들어 증명한다. 본 구절에서는 하나님께서 창조하시겠다는 일은 고레스를 통한 이스라엘의 회복을 말하며, 그것은 세상에서 일어날 수 있는 일 중의 하나라고 말한다. 여기에 대하여 한정건, "창조에서의 안식의 의미", 「개혁신학과 교회」 제6호(고려신학대학원, 1996), 33을 참조하라.

31. 13절 이하에는 새 일에 대한 창조를 천지창조와 비교한다.

32. 다니엘 9:2에서 다니엘은 예레미야의 책에서 '포로가 70년 만에 마치리라'는 예언의 말씀을 기억하고 있다.

33. 이사야서는 하나님의 권위와 능력을 강조하기 위해 자주 그의 창조 행위를 언급한다(40:12 이하, 22, 26, 28; 42:5; 44:24; 45:12, 18).

34. 참고 Watts, J. D. W., Isaiah 34~66: World Biblical Commentary (Waco:World,1989),

178. 영(Young)은 우주의 창조를 묘사할 때 땅을 먼저 말하고 하늘을 뒤에 말함으로써 유대인의 개념에는 땅이 창조의 우선이며 핵심인 것을 지적한다. Young, *The Book of Isaiah*, 255.

35. 참고 Young, *The Book of Isaiah*, 255.
36. 앞의 책, 257.
37. 히브리어 '딥바르티'(דִּבַּרְתִּי 힙일형) '밧세테르'(בַּסֵּתֶר)는 'to make solid by treading' 혹은 'to make a way'로 번역된다. 40:3 이하에 재난에 대한 예언의 준비와 같다. Claus Westremann, *Isaiah 40~66*: A Commentary (Philadelphia: Westminster, 1969), 202.
38. 물론 양쪽 진영 내에서도 약간의 차이를 보인다.
39. J. A. Alexander, *Commentary on the Prophecies of Isaiah* (Grand Rapids: Zondervan, 1978), 218을 참고하라. Alexander는 이 견해를 가진 여러 명의 학자들을 소개한다.
40. '헤요타'(הָיְוּתָהּ)에서 하야 동사로 인하여 혹자는 영원성을 의미하는 것으로 말한다. 참고 앞의 책, 218. 그러나 접미요소 '하'(הּ)가 그 주체(그것 혹은 그 말)를 한정시키고 있다. 따라서 이 구절을 두고 하나님(혹은 성자)의 영원성을 증명하는 데 사용하는 것은 부적절하다.
41. 참고 앞의 책, 218.
42. 앞의 책, 218; I. W. Slotki, *Isaiah: Hebrew Test and English Translation with an Introduction and Commentary* (NY: Soncino, 1983), 237.
43. J. Calvin, *Commentary on the Book on the Prophet Isaiah vol. 3* (Grand Rapids: Baker, 1979), 483.
44. 참고 Young, *The Book of Isaiah*, 258~259.
45. Calvin, *Commentary on the Book on the Prophet Isaiah*, 483.
46. Slotki도 이 견해를 가짐. Slotki, *Isaiah*, 237.
47. Ridderbos, *Bible Student's Commentary: Isaiah*, 431; Westermann, *Isaiah 40~66*, 203; Whybray, R.W., *Isaiah 1~39: The Lord is Savior* (Wm. B. Eerdmans Publishing Company, 1990), 132; Watts, *Isaiah 34~66*, 178.
48. 다음 장에서 성령의 문제를 다룰 것임.
49. 참고 Alexander, *Commentary on the Prophecies of Isaiah*, 218. 물론 그들은 16절 전체의 화자를 메시아로 본다.
50. 앞의 책, 218.
51. 앞의 책, 218.
52. 누가복음 4:17~21에 이 구절이 예수님에게 적용됨.
53. Young, *The Book of Isaiah*, 259.
54. 이사야 49:5하~6상, "…나를 태에서 나옴으로부터 자기 종을 삼으신 여호와께서 말씀하시니라 그가 가라사대 네가 나의 종이 되어…."
55. 물론 비평학자들은 그러한 구절들을 근본적으로 메시아에 대한 직접적인 묘사로 보지 않는다. 그들은 제2이사야 저자(주전 6~5세기경)가 이스라엘에 대하여 묘사한 것을 신약성경이 메시아로 채택하였다고 한다.
56. Young, *The Book of Isaiah*, 259.
57. 이사야 45:1에 하나님은 고레스를 "나의 기름 받은 자"라고 하였다. 다니엘 9:24의 기름 부

음 받은 자도 고레스로 볼 수 있다. 다니엘 9:26은 오실 메시아다.

58. 참고 Young, *The Book of Isaiah*, 259.

59. 스가랴 1:12은 "여호와여 여호와께서 언제까지 예루살렘과 유다 성읍들을 궁휼히 여기지 아니하시려나이까 이를 노하신 지 칠십 년이 되었나이다"라고 부르짖고 있다. 이는 그들이 이미 포로에서 돌아왔는데도 아직 진정한 회복이 이루어지지 않았음을 말하고 있다.

60. Young, *The Book of Isaiah*, 259.

3장

1. 필자는 이 단락을 포함한 이사야서 전체의 문체를 '환상과 상징적'(visionary and metaphorical)이라고 이해한다. 참고 Peter D. Miscall, *Isaiah*, *Readings: A New Biblical Commentary* (Sheffield: JSOT Press, 1993), 19.

2. B. Duhm, *Das Buch Jesaja* (Göttingen: Vandenhoeck & Ruprecht, 1892), 14~15, 19.

3. Miscall, *Isaiah*, 19은 고레스(44:28; 45:1)를 제외한 여기에 사용된 모든 인명(야곱, 이스라엘, 사라, 아브라함, 그리고 모세 등)은 포로 이후 시대의 역사적 존재들이 아니라고 주장한다. 게다가 페르시아라는 지명도 나오지 않는다. 이와 같이 기이한 현상과 관련해서 Miscall, *Isaiah*, 19은 "고레스에게는 나라(에 대한 언급)가 없고 바벨론에는 왕(의 이름에 대한 언급)이 없다"(Cyrus has no nation and Babylon has no king)라고 말한다. ( )는 인용자의 삽입. 또한 이에 추가하여 1~39장에 이미 바벨론의 몰락에 대한 언급이 종종 나타난다는 점과 56~66장에 사용된 용어들이 내용적인 측면에서 1~39장과 유사하다는 점도 반(反)연대기적 배열로서 이사야서를 이해하는 데 중요한 증거로 사용될 수 있다.

4. 존 오스왈트, 「이사야」, NIV 적용주석(서울: 성서유니온, 2007), 812.

5. John N. Oswalt, *The Book of Isaiah: Chapter 40~66* (NICOT; Grand Rapids: Eerdmans, 1998), 453. 더 자세한 논의는 J. N. Oswalt, "Righteousness in Isaiah: A Study of the Function of Chapters 55~66," in *Writing and Reading the Scroll of Isaiah*, Studies of an Interpretive Tradition. volume one SVT lxx, 1, C. C. Broyles and C. A. Evans eds. (Leiden: Brill, 1997), 177~191를 참고하라.

6. Oswalt, *The Book of Isaiah: Chapter 40~66*, 462 이하.

7. 앞의 책, 465. 이 구분이 존 오스왈트, 「이사야」, 813에서는 조금 더 부연된다.

8. Oswalt, *The Book of Isaiah: Chapter 40~66*, 453.

9. Watts, *Isaiah 34~66*, revised WBC (Nashville: Thomas Nelson, 2005), 811 이하는 전통적인 입장과는 달리 이사야 55:1~56:8을 하나의 단락으로 이해한다.

10. 선지서에 나타난 이스라엘과 이방인의 구원에 대한 보편주의와 배타주의의 관계는 그동안 다양하게 이해되었다.

11. 참고 Miscall, *Isaiah*의 서론 부분.

12. 이러한 표현에 대한 논의는 성기문, 「국제신학」 4(2002): 167~196과 성기문, "이사야 1~34, 36~39장에 나타난 회개와 회복 모티프", 「국제신학」 5 (2003): 73~115를 참조하라.

13. '그에게'(MT, 개역)는 1QIsaa를 따라서 '그들'로 읽혀진다.

14. 이것은 포로 이전 시대의 역사적 반영(historical reflection)이거나 포로 시대 이후의 재사

용(reuse)이라고 여겨진다. 이에 대한 고전적인 논의는 J. Payne, "The Eighth Century Background of Isaiah 40~66", *Westminster Theological Journal* (1967): 179~90; 30 (1968): 50~58, 185~203을 보라.

15. 반석이신 야웨에 대한 은유는 신명기 32:4, 18, 38에서 발견할 수 있다.

16. 이 단어는 문자적으로는 몰렉이다. 즉 신의 이름[우상숭배적 측면 G. W. Grogan, *Isaiah*, Frank E. Gaebelein ed., *The Expositor's Bible Commentary*. volume 6 (Grand Rapids: Zondervan, 1986), 319; B. S. Childs, *Isaiah* (OTL; Louisville: Westminster/John Knox Press, 2001), 467; Jan L. Koole, *Isaiah III 56~66* (Historical Commentary on the Old Testament, Leuven: Peeters, 2001), 74; Joseph Blenkinsopp, *Isaiah 56~66* (AB, New York: Doubleday, 2003), 160]이나 국제적 조약 체결의 측면에서 왕[Motyer, *The Prophecy of Isaiah: An Introduction & Commentary* (Downers Grove: IVP, 1993), 474]으로 해석할 수 있다. 그러나 Watts, *Isaiah 34~66*, 826은 에로틱한 문맥에 따라 '문지르다'로 읽는다.

17. 혹은 기념품/선물

18. 가장 먼 곳, 찾아가기가 아주 힘든 곳이라는 의미다. 문자적으로 본다면, 이 표현은 내세의 신 혹은 죽음의 신까지도 섬기려 했다고 이해할 수 있다.

19. 좀 더 구체적으로는 '성적인 만족과 쾌락을 주는 것'이라고도 이해될 수 있다. 참고 Oswalt, *The Book of Isaiah: Chapter 40~66*, 481. "네 힘이 살아났으므로 쇠약하여지지 아니함이라"(개역한글).

20. 이 표현은 6:1, 52:13, 57:15에서만 등장한다.

21. 문자적으로는 '먼 데 있는 자에게든지 가까운 데 있는 자에게든지'이다.

22. Motyer, *The Prophecy of Isaiah*, 489 이하는 기존의 입장과는 달리 이사야 59:14~63:6을 하나의 단락으로 여긴다.

23. 우리말 성경의 '동산'은 오역이다. 여기서 사용된 히브리어 '간'(גן)은 동산이라기보다는 울타리가 쳐진 인공으로 조성된 정원(walled garden)을 의미할 뿐이다. 현재의 낙원을 의미하는 '파라다이스'라는 표현은 이 정원을 의미하는 파이리다에자(pairidaeza)라는 고대 페르시아어에서 유래했다.

24. 개역한글에서는 "발을 삼가며 오락을 행하지 말라"로 되어 있는데, 이것은 개인의 일을 위해서 행하는 이동과 개인의 유익을 위한 일을 금하는 것으로 이해할 수 있다.

25. 구약의 안식일에 대한 논의는 성기문, "주5일 근무제와 구약의 '안식' 준수," 「한국개혁신학」 16 (2004): 31~63을 참고하라.

26. '피 흘리는 죄'라는 표현은 살인죄뿐만 아니라 아무런 잘못이 없는 자에게 심각한 위해를 가하는 죄도 포함한다.

27. 이 부분은 의역이다. 참고 Oswalt, *The Book of Isaiah: Chapter 40~66*, 525.

28. Oswalt, *The Book of Isaiah: Chapter 40~66*, 529는 여기서 사용되는 보응이 예살렘(샬롬)이라는 동사를 사용한 것으로 동해복수적 원칙이 아니라, 채무를 해소한다(pacify)는 의미로 사용되었다고 본다. 참고 Koole, *Isaiah III 56~66*, 203.

29. 내부적 원수들, 참고 오스왈트, 「이사야」, 852.

30. 아마도 페니키아와 블레셋의 해안을 의미하는 것 같다.

31. "여호와께서 그의 영에 몰려 급히 흐르는 강물같이 오실 것"(개정개역).

32. 이사야서에서 성령의 역할에 대해서는 W. Ma, *Until the Spirit Comes: the Spirit of God in the Book of Isaiah* JSOTSS 271 (Sheffield : Sheffield Academic Press, 1999)를 참조하라.

33. Watts, *Isaiah 34~36*, 856는 이 둘을 "통치를 위한 지혜의 말씀과 예루살렘의 행운과 관련된 말씀"으로 이해한다.

4장

1. Brevard S. Childs, *Isaiah*, *The Old Testament Library* (Louisville; London; Leiden: Westminster John Knox Press, 2001), 496.

2. 앞의 책, 496.

3. Allan Harman, *Isaiah: A Covenant to be kept for the Sake of the Church, Focus on the Bible* (Scotland: Christian Focus, 2005), 396.

4. 앞의 책, 395.

5. G. W. Grogan, "Isaiah" in *Expositor's Bible Commentary, vol. 6(12)* (Grand Rapid: Zondervan Publishing House, 1986), 331은 해와 달의 빛과 하나님의 빛을 대조적으로 사용된 것에 주의하면서 이는 구원이 하나님의 창조물인 해와 달에게서가 아니라(창 1:14~19) 창조주 자신에게서 이루어질 것을 말하는 것으로 본다.

6. 61:1~3의 화자의 정체에 대하여 많은 주장이 있어 왔다. 40~55장에 묘사된 '여호와의 종' 혹은 포로 후기의 익명의 선지자 '제3의 이사야' 혹은 에스라와 같은 사람이라고도 한다. 여기에 대하여는 John D. W. Watts, *Isaiah 34~66, Word Biblical Commentary, vol. 25* (Waco; Texas: Word Books, 1987), 301~302을 참고하라. John N. Oswalt, *Isaiah*, The New Application Commentary (Grand Rapids: Zondervan, 2003), 649는 화자를 메시아의 사역과 연결하여 이해하기도 한다.

7. Barry G. Webb, *The Message of Isaiah: On eargles's wings, The Bible Speaks Today* (Leicester, England; Downers Grove, Illinois: Inter Varsity Press, 1996), 233~234는 성령이 임한 것을 통하여 화자가 42:1에 나타나는 종의 모습과 11:1에 나타나는 메시아의 모습을 동시에 지닌 존재로 이해한다.

8. Oswalt, *Isaiah*, 650.

9. Jan L. Koole, *Isaiah III/3: Isaiah 56~66*, trans. Antont P. Runia, HCOT (Kampen, The Netherlands: Kok Pharos Publishing House, 1997), 283; J. Alec Motyer, *The Prophecy of Isaiah: An Introduction & Commentary* (Downers Grove, Illinois: InterVarsity Press, 1993), 505.

10. J. Alec Motyer, *The Prophecy of Isaiah: An Introduction & Commentary* (Downers Grove, Illinois: InterVarsity Press, 1993), 505.

11. 62:1의 '나는' 누구를 가리키는가 하는 문제는 전통적으로 '하나님'이라고 본다. 하지만 최근에는 '선지자' 자신이라고 보기도 한다. Claus Westermann, *Isaiah 40~66, Old Testament Library* (London: SCM Press Ltd, 1969), 374. 하지만 하나님의 이스라엘에 대한 반응—그들의 탄식과 아픔에 대한 하나님의 구원하심—의 결과로서 62장이 전개되고 있음을 기억한

다면 이는 여호와 하나님 자신의 말인 것이 분명하다.

12. Oswalt, Isaiah, 657.

13. 앞의 책, 661.

14. Harman, *Isaiah: A Covenant to be kept for the Sake of the Church, Focus on the Bible*, 407.

15. Oswalt, *Isaiah*, 669~672.

16. 최만수, 「이사야의 하나님—우리의 하나님」(서울: 그리심, 2005), 106~121.

17. 히브리어 본문의 번역은 단순하지 않다. 영역본들에서는 이를 다르게 번역한다.

    NIV "We are **yours** from of old; but you have not ruled over them."

    NAS "We have become **like** those over whom Thou has never ruled, like those who were not called by Thy name."

    NRS "We have long been **like** those whom you do not rule, like those not called by your name."

18. Harman, *Isaiah: A Covenant to be kept for the Sake of the Church,* Focus on the Bible, 414.

19. Oswalt, *Isaiah*, 672에 따르면 이스라엘이 하나님 앞에 도와주심을 간구하지만 죄의 문제를 가지고 있는 이상 그들이 하나님에게 간구할 수 없는 상황이므로 이는 모순적인 내용이라고 생각한다. 하지만 일반적으로 탄식시에서 하나님에게 간구한 후에 자신의 죄를 고백하는 것은 일반적인 기도자의 모습을 보여 주는 것이라고 할 수 있다. Christopher R. Seitz, "The Book of Isaiah 40~66," in *The New Interpreter's Bible, vol. 6(12)* (Nashville: Abingdon Press, 2001), 529.

20. Seitz, "The Book of Isaiah 40~66," 530.

21. 이사야 65~66장을 이사야서의 결론 부분으로 볼 수 있는 이유는 일반적으로 이사야서에는 1장과 65~66장을 중심으로 하는 양괄식 구조를 갖고 있기 때문이다. 최근의 연구는 이사야 1장과 65~66장이 양괄식 형식으로 서로 연결되어 있음이 밝혀지고 있다. 이런 연구는 L. J. Liebreich "The Compilation of the Book of Isaiah", *JQR* 46(1955~1956): 276~77; *JQR* 47 (1956~1957): 126~127에서 시도되었다. 그리고 Marvin A. Sweeney, "Prophetic Exegesis in Isaiah 65~66", in *Writing and Reading the Scroll of Isaiah*, Eds., C. C. Broyles & C. A. Evans (Leiden: Brill, 1997), 455~474와 David M. Carr, "Reading Isaiah from Beginning (Isaiah 1) to End (Isaiah 65~66): Multiple Modern Possibilities," in *New Vision of Isaiah*, Eds., Roy F. Melugin & Marvin A. Sweeney, *JSOT* Sup 214 (Sheffield: JSOT Press, 1996), 188~218에서 잘 정리되어 있다.

22. 이는 향후 오실 메시아이신 예수 그리스도의 날이 도달할 때까지 하나님의 왕권이 어떻게 이스라엘의 삶에 나타나야 하는지를 보여 준다고 하겠다.

23. 이사야 65~66장을 소단락으로 나눌 때 가장 큰 어려움은 66장의 내용을 정리하는 것이다. 왜냐하면 Childs, *Isaiah*, 533~534가 정리한 것같이, 5~17절에 대한 편집 비평가들의 편집층에 대한 가정(설)이 일치하지 않기 때문이다. 또한 보수(복음주의) 학자들 역시 비슷한 모습을 보여 준다. Young, *The Book of Isaiah,* Vol. III, 518~537은 1~4, 5~9, 10~14, 15~24절로 나누고, Oswalt, *Isaiah*, 694은 1~6, 7~14, 15~24절로, 그리고 Motyer, *The*

Prophecy of Isaiah, 522~523은 1~4, 5~14, 15~17, 18~21, 22~24절로 나누어 생각한다.

24. "벽돌 위에서 분향"은 율법에 따른 제단이 아님을 의미한다고 할 수 이다. 모세는 돌로 제단 (분향단)을 쌓았다. 그러나 주전 2세기 전 바벨론에서는 벽돌로 건축하는 양식이 유행하여 서 그런 말이 나온 것으로 간주하기도 한다. Harman, *Isaiah: A Covenant to be kept for the Sake of the Church*, 418, n. 13.

25. 이사야 5:2, 4, 7에서는 하나님의 심판을 받을 이스라엘을 나쁜 포도 열매에 비유하였다.

26. John N. Oswalt, *The Book of Isaiah: Chapters 40~66*, The New International Commentary on the Old Testament (Grand Rapids, Michigan; Cambridge, U.K.: William B. Eerdmans Publishing Company, 1998), 647.

27. Childs, *Isaiah*, 536. '하나님을 버린 자'(히브리어)는 구약성경에서 하나님과의 언약을 저버 린 경우에 나타나는 표현으로 신명기 29:25(24); 예레미야 2:13, 17, 19; 다니엘 11:30 등에 서 사용되었다.

28. 갓과 므나가 어떤 종류의 우상인지는 정확히 알 수 없다. 갓과 므나라는 단어는 창세기 30:11과 여기에서만 나타나고 있기 때문에 정확한 정체성을 이해하기 어렵다. 하지만 본문 에서 그들이 음식과 포도주와 관련 있는 우상이었음을 추측할 수 있다.

29. Koole, *Isaiah III/3*, 444.

30. Motyer, *The Prophecy of Isaiah*, 530은 이 구절이 아직 이루어지지 않은 현재의 삶에 대 한 느낌을 만들어 내고 있다(present life to create impressions of the life that is yet to come)고 본다. 칼뱅은 이 구절을 모든 아이들과 어른이 성숙한 나이에 이르기까지 이 르게 될 것으로 해석을 시도한다. 그곳에서는 정말 아이들과 어른들이 모두 자신의 생 명을 충족시키는 정도로 건강을 유지할 수 있다. 이는 아무런 장애가 없음을 알 수 있다. Westermann, *Isaiah 40~66*, 409은 여기서 생명이란 충만하게 채워진(생명이 가득한) 생명 으로 이해한다.

31. ESV에서는 "for the young man shall die a hundred years old, and the sinner a hundred years old shall be accused"라고 번역한다. 이는 역설적으로 Motyer의 주장처 럼 하나의 모티브로 사용되어 새 하늘과 새 땅에서는 존재하지도 않을(할 수도 없는) 죽음과 죄인의 모습을 그리고 있다.

32. Westermann, *Isaiah 40~66*, 410.

33. Koole, *Isaiah III/3*, 464.

34. Motyer, *The Prophecy of Isaiah*, 531.

35. Oswalt, *The Book of Isaiah: Chapters 40~66*, 674.

36. 이사야 60:16에서 이스라엘은 "열방의 젖을 빨며 열왕의 유방을 빨고, 나 여호와는 네 구원 자, 네 구속자, 야곱의 전능자인 줄 알리라"고 하였지만 66:11에서는 그 관계가 역전되어 있다.

37. 구약에서 불은 나답과 아비후(레 10:1~2) 그리고 고라의 아들들(신 16:1~35)의 경우에서 처럼 신적 심판을 상징한다.

원어 일람표(히브리어/헬라어)

P. 12
루아흐 카도쉬 רוּחַ קָדוֹשׁ
마임 מַיִם
샤마임 שָׁמַיִם
에레츠 אָרֶץ
하림 הָרִים

P. 13
마다드 מָדַד
타칸 תָּכַן
샤칼 שָׁקַל
샬리쉬 שָׁלִישׁ
쇼알 שַׁעַל
제레트 זֶרֶת

P. 14
눈 퀴리우 νοῦν κυρίου
루아흐 רוּחַ
누스 퀴리우 νοῦς κυρίου
타칸 תָּכַן

P. 15
아인 אַיִן
토후 תֹהוּ
보후 בֹהוּ

P. 16
야웨 יהוה
후 הוּא

P. 17
루아흐 피우 רוּחַ פִּיו
루호 רוּחוֹ

P. 18
라브 투브 רַב־טוּב
레헴 רֶחֶם
헤세드 חֶסֶד
헤믈라 חֶמְלָה
마라 מָרָה
루아흐 코드쉐카 רוּחַ קָדְשְׁךָ
말아크 파나우 מַלְאַךְ פָּנָיו
아짜브 עָצַב

P. 19
쉼 שִׂים
루아흐 רוּחַ

P. 21
루아흐 미쉬파트 רוּחַ מִשְׁפָּט
루아흐 바에르 רוּחַ בָּעֵר
미쉬파트 מִשְׁפָּט
바아르 בָּעֵר

P. 22
후파 חֻפָּה

P. 23
루아흐 야훼 רוּחַ יהוה
루아흐 밈아롬 רוּחַ מִמָּרוֹם

P. 24
아라 עָרָה
샤파크 שָׁפַךְ

P. 25
노즐림 נֹזְלִים

나잘 נֵזֶל

P. 402
엘 기뽀르 אֵל גִּבּוֹר
아비아드 אֲבִיעַד
아비 אֲבִי
멜렉 מֶלֶךְ
레마르베 לְמַרְבֵּה
마르베 함미스라 מַרְבֵּה הַמִּשְׂרָה
랍 함미스라 רַב הַמִּשְׂרָה
라모 라바 לָמוֹ רַבָּה
로 메루바 לֹא מְרֻבָּה

P. 404
엘 기뽀르 אֵל גִּבּוֹר

P. 405
엘 기뽀르 אֵל גִּבּוֹר
샤타프 שָׁטַף
쇼테프 שֹׁטֵף
칼라 웨네헤라차 כָּלָה וְנֶחֱרָצָה
웨네헤라차 וְנֶחֱרָצָה
네헤라차 נֶחֱרָצָה
헤라차 חֲרָצָה
아사 עָשָׂה
에차 עֵצָה
마아세 מַעֲשֶׂה

P. 406
하밀하마 הַמִּלְחָמָה
밀하마 מִלְחָמָה
샤아르 שַׁעַר
게부라 גְּבוּרָה
샤파트 שָׁפַט

미쉬파트 מִשְׁפָּט
체데크 צֶדֶק

P. 407
라빔 רַבִּים
야룸 יָרוּם
나자 נָזָה

P. 408
마스테르 מַסְתֵּר
무사르 מוּסָר
라파 רְפָא
오체르 עֹצֶר
미쉬파트 מִשְׁפָּט
도로 דּוֹרוֹ
암미 עַמִּי
미페샤암 מִפֶּשַׁע עַם
라모 לָמוֹ
라헴 לָהֶם

P. 410
바하드 בַּהַד

P. 411
체데크 צֶדֶק
바라 בָּרָא

P. 412
딥바르티 דִּבַּרְתִּי
밧세테르 בַּסֵּתֶר
헤요타 הֱיוֹתָהּ

* ו, ה, ס, צ는 원칙적으로 '부', 'ㅎ', 'ㅆ', 'ㅊ'로 음역했으나, 필자가 '우', 'ㅋ', 'ㅅ', 'ㅉ'를 선호한 경우 필자의 의견을 존중했습니다.
* יהוה는 필자에 따라 '야웨'(혹은 '야훼')나 '아도나이'로 표기했습니다.